정치입맛 경제밥상

김상민

서울대 경제학과를 졸업했다. 미국 산호세대 초빙연구원을 지내고, 미국 세인트루이스 소재 워싱턴대에서 MBA(경영학석사)를 취득했다. 매일경제신문에서 재정경제원 · 한국은행 · 대한상의 · 국회 등을 취재하면서 정치 · 경제 · 산업의 대한 이해도를 높였다. 매일경제신문 기업경영팀장과 산업부 부장을 역임했으며, MBN에서 경제부장과 보도제작(뉴스총괄)부장을 지냈다. 국회에서 일하면서 교섭단체대표연설 연설문을 다수 작성했으며, 국정 현안을 종합적으로 살피고 대안을 찾기 위해 노력했다. 현재 소설가, 경영 컨설턴트, 정치 어드바이저 등으로 활동 중이다. 저서로는 국민의 재테크 교양서인『재테크 마인드』, 시대의 흐름과 변화를 읽는『디테일을 잡아야 성공이 보인다』, 아시아를 93일 동안 여행하면서 직접 보고 겪은 체험담과 느낌을 담은『아시안 하이웨이 I, II(대표 저자)』, 군에 간 아들을 위한 에세이집『아버지에게서 받은 100개의 편지』 등이 있다.

정치입맛 경제밥상

**초판 1쇄 발행** 2022년 1월 20일
**초판 2쇄 발행** 2022년 2월 10일

**지은이** 김상민
**펴낸이** 박찬익
**펴낸곳** 패러다임북

**본부장** 심재진 / **디자인** 권윤미 모수진 / **편집** 정봉선
**마케팅** / 박부하 노희정 강수빈 **연구소** / 손경호

주소 경기도 하남시 조정대로45 미사센텀비즈 7층 749호
전화 031) 792-1195 팩스 02)928-4683
홈페이지 www.pjbook.com | 이메일 pijbook@naver.com
등록 2015년 2월 2일 제2020-000028호

**ISBN** 979-11-971230-9-2

**값** 18,000원

# 정치 입맛 경제 밥상

김상민 지음

패러다임북

| 머리말 |

## 꿈과 희망이 가득한 진실의 세상으로

21세기에 들어서고 20여 년이 지났다. 대한민국은 지금 어떤 역사 경로를 통과하면서 미래를 향해 나아가고 있을까?

국가 리더십이 흔들리는 대한민국에서 정치 환경은 갈수록 나빠지고 있으며, 경제는 새로운 성장동력을 찾지 못하고 있다. 국민의 일상이 분노와 불신으로 뒤덮여 있다. 화합과 통합으로 나아가야 할 대한민국이 갈등과 분열로 인해 퇴보하고 있다는 의견도 많다.

대한민국이 20세기에 빈손에서 출발해 세계적인 경제 강국으로 도약했다. 그렇지만 21세기 들어 대한민국은 퇴조의 물살에 휩쓸려 허덕이고 있으며, 심지어 잘못된 이념에 의해 국가 발전은 물론 국민의 삶까지 위협받고 있다.

대한민국은 자유민주주의와 자유시장경제라는 이념을 기초로 세워진 나라였고, 이를 기반으로 삼아 번영했다. 정치의 경제에서 강력한 에너지와 역동성을 지닌 나라였다.

대한민국은 지금 역동성을 잃어가는 상황이다. 극단적인 대립과 상호 배척의 분위기 속에서 민주주의의 기본이 무너지고 있다. 조너선 화이트 뉴욕대 스턴경영대학원 교수는 “민주주의는 차이를 없애는 게 아니라 견해차를 존중하는 것”이라고 정의했다. 스턴 교수의 말과 달리 대한민국에서는 지금 상호존중의 의식이 부족한 실정이고, 그러다 보니 국가의 기본 가치로 확고히 뿌리내려야 할 정의 · 공정 · 상식이 제자리를 잡지 못하고 있다.

정치는 경제와 밀접하고 연결되어 있다. 정치는 개인의 자유를 소중히 여길 때 안정을 이루고, 경제는 개인의 자유와 창의를 존중할 때 비약적으로 발전한다.

대한민국은 자유시장경제를 기반으로 아직도 성장엔진을 가동해야 하는 나라다. 그런데도 10여 년 전 운동권 출신 정치인이 말했던 "일 인당 국민소득 5,000달러면 어떤가. 모두 평등한 세상이 중요하다."라는 말이 지금도 많은 사람의 마음속에서 진리인 것처럼 받아들여지고 있다.

사마천은 『사기』에서 "꿈과 희망, 믿음을 상실한 상태가 난세다."라고 갈파했다. 난세의 사전적인 의미는 '전쟁이나 무질서한 정치 따위로 어지러워 살기 힘든 세상'을 말한다. 한국이 처한 상황을 보고 난세와 비슷하다고 정의하면 지나친 비약일까. 독일의 인문학자인 빌헬름 훔볼트는 "역사적 진실이란 마치 구름과 같아서 멀리 떨어져서 바라볼 때만 그 모양이 눈에 들어온다."라고 했는데, 과연 후세들이 오늘의 역사를 어떻게 바라보고 어떤 방식으로 쓸지 궁금하면서도 걱정이다.

“미래를 위해 현재의 어려움을 감내할 것인가? 아니면, 현재를 위해 미래를 희생시킬 것인가?“

대한민국의 역사를 만들어가는 리더나 국민은 이러한 질문을 던졌을 때 어떠한 답을 내놓을까? 자녀와 후손에 대한 배려심이 유난히 높은 문화 풍토에서 국민은 “미래를 위해 현재의 어려움을 감내하겠다.”라고 답할 것이다. 그렇지만, 현실은 그와 정반대의 방향으로 흘러가고 있다.

한국의 현대사를 표현한 여러 가지 용어 가운데 대표적인 낱말이 ‘압축성장’이다. 한국에서 19세기 말에서 21세기 초까지 100년 남짓한 역사의 흐름은 다른 나라의 500년, 1,000년과도 같은 시절이었다. 일본이 1868년 메이지유신을 단행하며 서양 문물을 도입할 때 조선은 개화세력과 쇄국 세력이 서로 주도권 싸움을 하면서 우왕좌왕하다가 나라를 잃었다. 결국 지배층의 무지와 무능 속에 나라 잃은 백성들만 온갖 멸시와 고난의 삶을 견뎌야 했다.

일제의 식민지 지배가 끝나고 열강의 도움으로 독립을 한 후, 좌우의 극심한 이념 대립에 시달렸고 급기야 형제끼리 총부리를 겨눈 한국전쟁을 겪었다. 그 후 가까스로 정신을 차리면서 빠른 속도로 산업화와 민주화를 성공적으로 추진했고 지금은 정보화 시대를 맞았다. 19세기 이후 한국에 가장 큰 영향을 미치는 나라도 애초에 청나라였다가 일본으로 이동했다. 광복 이후 미국과 소련으로 양분됐다가 지금은 미국과 중국이 가장 중요한 나라가 됐다.

변화와 발전이 워낙 급격하게 이뤄지다 보니 오랜 세월 차근차근 쌓아 구축해야 할 문화와 양식, 마음의 변화들이 한꺼번에 속성으로 쌓였다. 그 결과 한국인들의 마음속에 '동서양의 과거 · 현재 · 미래'가 동시다발적으로 그리고 뒤죽박죽인 모습으로 들어왔다.

이처럼 다양한 정보를 마구잡이로 받아들이다 보니 국가에 긍정적으로 작용해야 할 이념과 사상이 순탄하게 융합되지 못하고 분열적인 모습을 한 채 무질서하게 뒤섞이기만 했다. 역사의 발전 경로가 구불구불하고 대로는 숨이 턱턱 막히는 산길이라는 표현처럼, 대한민국의 오늘과 미래는 짙은 안개가 깔린 산길의 모습이 되었다.

노벨 경제학상을 받은 사이먼 쿠즈네츠는 경제 현상을 역사적 관점에서 통찰하고 해석했다. 특정 시기에 나타나는 경제적 사건은 이전부터 흘러오는 여러 가지 흐름 속에서 바라보고 해석해야 한다는 게 그의 학문하는 자세였다.

쿠즈네츠가 오래전에 한 유명한 말이 있다.

"중진국에서 선진국 문턱을 넘어가는 데는 많은 함정이 도사리고 있다. 그중에서도 가장 넘기 어려운 함정은 국민 의식의 전환이다. 많은 나라가 선진국 바로 문 앞에서 주저앉고 만 것은 국민 의식 전환의 실패 때문이었다."

그렇다면 국민 의식은 어떻게 바뀌어야 할까? 필자는 이 졸저에 현명한 국민으로서 우리 정치와 경제, 우리가 처한 현실을 어떻게 인식하고 대응해 나가야 하는지를 고민하는 내용을 담았다. 겉으로 보이는 세상이 아니라, '세상의 진면목, 세상의 진짜 원리'는 무엇인지 알아보고자 이런저런 생각을 포함했다. 정치 · 경제 · 사회 분야에서 서로 충돌하는 것처럼 보이는 주제들을 씨줄과 날줄처럼 짜이도록 노력했다. 길거리 피켓의 막연한 문구나 정치적 구호가 너무나 많은 사람을 헷갈리게 하는 현상이 이 책을 통해 조금이나마 바로 잡혔으면 하는 개인적인 바람도 실어 보았다.

제1부에서는 정치의 기본 이념과 원칙을 다룬다. 자유의 본질적인 자치와 평등과의 동반 관계, 민주와 공화의 진실, 보수와 진보 등이 현재의 모습까지 오게 된 역사적 배경과 이들이 우리 일상에서 어떻게 이해돼야 하는지를 짚었다.

제2부에서는 정치의 실행 방안을 논의하려고 시도했다. 민주주의의 취약성과 완벽한 정치체계, 선량한 권력 체계는 과연 존재하는가에 대한 고민을 담았다.

제3부에서는 국가의 생존은 치열한 생존경쟁 속에서 이뤄지는 것임을 강조했다. 막연한 희망과 감상주의적인 태도로는 국가의 존립이나 국민의 행복한 삶이 보장받지 못한다는 점을 지적하고자 했다.

제4부에서는 시장이 과연 우리에게 어떤 존재인지, 시장의 구성 원리인 분업과 협업이라는 시스템이 우리 삶을 얼마나 풍족하게 만들었는지 살펴봤다. 이를 바탕으로 경제의 기본 원리에 대해 대중들이 흔히 잘못 생각하는 오해와 오류를 해소해보자 시도했다.

제5부에서는 자본주의와 사회주의의 끝나지 않은 전쟁, 기업과 협동조합의 차이점, 재벌과 노동조합 문제, 국민의 시각 차이가 큰 노동시장과 부동산시장의 실체 등을 다뤘다.

제6부에서는 사회 안전망 구축에 꼭 필요한 복지와 복지재원 마련을 위해 국민으로부터 걷어야 하는 세금의 문제를 다뤘다. 기본소득, 토지공개념, 종부세와 법인세 등 국민의 관심사도 빼놓지 않았다. 이런 문제에 대해 과연 국가는 어떤 방향으로 움직여 나가야 하는지에 대한 합리

적인 견해를 담고자 했다.

인류는 지구상에 출현한 이래 그 형태를 바꾸어가며 끊임없이 경제와 정치 활동을 펼쳐왔다. 인류의 수많은 스승도 늘 정치와 경제의 양대 영역에 관심을 두었다. 먹고 사는 문제를 해결하는 게 경제이며, 서로 돕고 살도록 질서를 유지하는 게 정치였기 때문이다.

이처럼 정치와 경제가 중요한 세상에서 가장 중요한 가치로 여겨진 게 바로 '자유(自由)'이다. 개인의 존엄성이라는 생각이 자리 잡힌 근대 이후, 자신의 의지에 따라 사는 삶이야말로 무엇과도 바꿀 수 없는 지고의 가치였기 때문이다. 이러한 자유가 정치에서 구현되도록 한 시스템이 민주(民主)이며, 경제에서 구현되도록 한 시스템이 시장(市場)이다. 자유의지에 따른 투표가 있어야 민주주의가 실현되며, 자유의지에 따른 거래가 있는 곳이 바로 시장이기 때문이었다. 그런 만큼 민주주의에 반대로 가는 정치, 시장에 반대로 가는 경제정책은 의심하고 경계하고 물리쳐야 한다. 반(反)민주주의와 반(反)시장경제는 나의 삶, 내 가족과 이웃의 삶, 내가 속한 사회와 국가를 나락으로 떨어뜨리기 때문이다.

한국은 스트레스가 많은 사회다. 스트레스란 욕망과 능력 간 격차를 의미한다는 심리학적인 해석이 있다. 욕망이 높은 데 비해 능력이 이를 못 따라갈수록 스트레스가 커진다. 한국인 대부분은 무한 욕망을 달성하기 위해 무한 질주의 시대를 산다. 그리고 이를 만족시키지 못하다 보니, 그 반동으로 자본주의가 사회적 폐해와 스트레스의 원인이라는 진단을 내리는 지식인들이 늘어났다. 그 영향을 받아 많은 사람이 대한민국의 기존 질서를 부정하면서 반자본주의적인 행태를 보이고 이를 강조하는 경향이 있다. 이들의 주장이 솔깃하게 들리는 것은 하늘 아래 완벽한 시스템이 없기 때문이다.

자유민주주의와 자유시장경제도 수많은 문제점을 양산한다. 그렇다고 자유민주주의와 자유시장경제를 부정하고 훼손하는 사람들이 나라를 주도하고 우리 사회에서 정통성과 정당성을 가져서는 안 된다.

같은 지구상에 살고 있더라도 어느 국가에 속해 살아가느냐에 따라 세상살이의 모습이 확 바뀐다. 마실 물이 없어 날마다 수 킬로미터를 걸어 흙탕물을 떠오는 사람도 있지만, 수돗물을 값싸게 펑펑 틀어대는 사람도 있다. 식량이 없어 매일 먹거리를 걱정하는 사람이 있는 반면, 살을 빼느라 매일 체중계에 올라가는 사람도 있다.

경제사학자인 데이비드 란데스는 “세계는 체중을 줄이기 위해 많은 돈을 쓰는 나라, 살기 위해서 먹는 나라, 다음 끼니가 어디에서 올지 모르는 나라 등 3가지로 나뉜다."라고 설명하기도 했다. 여기서 풍요를 누리는 사회는 대체로 자유민주주의와 자유시장경제가 발달한 나라들이다.

프랑스의 사상가인 조제프 드 메스트르는 "모든 나라는 그 수준에 맞는 정부를 가진다. 국민은 그들 수준에 맞는 지도자를 갖는다."라고 규정했다. 막연히 기다린다고 해서 훌륭한 지도자가 오는 게 아니라, 국민이 스스로 훌륭한 지도자를 보는 역량과 안목을 키워 훌륭한 지도자를 뽑아야 한다는 것이다.

건강한 나라, 건강한 사회가 되려면 자유와 평등, 민주와 공화, 보수와 진보, 성장과 복지, 자본주의와 사회주의, 기업인과 노동자 등 서로 갈등 관계에 있는 것들이 대립을 넘어 조화로 이어져야 한다. 이러한 대립과 갈등은 해결책이 있는 문제가 아니라, 어차피 모두를 만족시키는 해결책은 없으니 항상 조심스럽게 관리해 나가야 하는 딜레마임을 인정할 필요가 있다. 딜레마에 부딪힐 때는 한쪽을 선택하는 게 아니라 양쪽을 오가며 장점은 키우고 단점은 줄여가며 관리해야 한다. 이를 통해 역사 속에서 우리가 어떤 책임감을 지니고 어떻게 행동할 것인지에 대한 방안을 모색해야 한다.

조지 레이코프는 "애국심이란 서로를 보살피는 것이다. 정치, 경제,

사회 모두를 키워서 커진 파이의 더 큰 부분을 나눠주는 것이다. 이분법이 아니다."라고 설명했다. 지금 대한민국은 새로운 역사적 인식을 요구하고 있다. 이기적 국민이 아니라 이타적 국민을 원하고 있다. 국민 개개인에게 말이 아닌 이타적인 실천을 요구하고 있다.

이 책이 대한민국의 정치, 경제, 사회현상에 대해 많은 국민에게 폭넓은 시각을 제공하고, 생각의 지평을 조금이나마 넓히는 데 도움이 됐으면 하는 바람이다. 책을 집필하는 데는 수많은 분의 도움을 받았는데, 필자에게 가르침을 주신 분들이 너무 많아 이름을 일일이 거명하지는 못하더라도 그분들에게 늘 감사의 마음을 간직하고 있음을 말씀드리고 싶다.

2022년 새해 아침에

김상민

|차 례|

# 제 1 부

## 정치, 누가 누구를 어떻게 다스리는가?

# 1장. 자유가 먼저인가, 평등이 먼저인가?

자유의 대가는 영원한 경계심이다.
— 토머스 제퍼슨 미국 제3대 대통령 —

'나는 누구인가?'라는 질문을 받으면 사람들은 어떤 답을 내놓을까. 몇 년 전 아리송한 이 질문을 주제로 인문학 지원재단인 '플라톤 아카데미'가 대중강연을 가졌을 때 수 많은 청중이 열광적으로 호응했다. 강좌 내용도 풍성했던 것으로 기억한다. 다만 청중들 가운데 자신이 누구인지 깨달은 사람은 몇이나 되고, 청중 앞에서 열강하던 분들은 자신이 누구인지 잘 알고 말씀하셨는지 여태까지 약간의 의구심이 남아 있다.

성현들은 그 나름대로 자신을 규정했다. 부처는 태어나자마자 '천상천하유아독존(天上天下唯我獨尊, 우주에서 나보다 더 존귀한 존재는 없다)'이라고 외치며 깨달음을 강조했다. 공자는 스스로 "배움을 좋아하는 사람"이라고 설명했다, 소크라테스는 지혜에 대한 사랑을 강조하며 "너 자신을 알라"고 강조했다. 신약성경 요한복음 14장 6절에 보면 예수는 "내가 곧 길이요 진리요 생명"이라며 자신을 구원자로 정의했다. 인류

정신문명을 세운 분들이 나름 자신에 대한 정의를 잘 내리셨지만, 이를 우리 자신에게 대입해본다 한들 '나는 누구인가?'에 관한 답은 여전히 풀리지 않는다.

생각해보니 언뜻 〈나는 자연인이다〉라는 TV 프로그램이 떠오른다. 프로그램에서 소개한 자연인의 정의는 '대자연의 품에서 저마다의 사연을 간직한 채 자연과 동화되어 욕심 없이 살아가는 사람들'이다. 여기서 자연인이 되는 조건은 크게 두 가지로 '자연에서 산다, 욕심이 없어야 한다.'로 볼 수 있다. 홀로 자연 속에서 사는 그들은 가진 것 없고 돈이 없어도 마음은 행복하다고 말한다.

이 프로그램을 즐겨 보는 시청자층은 40~60대 중장년들이다. 직장에서 상사와 부하 눈치를 보며 돈을 벌고, 가정에서 아내와 자식들을 돌봐야 하고, 사회에서 동료와 친구들 간에 체면을 중시한다. 그러다 보니 정작 '나는 누구인가'라는 본질은 잊고 사는 세대들이다.

이들이 인생의 모든 짐을 훌훌 털어버리고 가고 싶은 곳, 그곳이 바로 자연이어서인지 〈나는 자연인이다〉의 내용도 딱히 두드러질 게 없고 드라마틱한 전개가 없어도 은근히 인기가 높다. 온갖 고뇌와 번민, 책임을 벗고 자연인이 된 사람은 다른 말로 바꾸면 자유인이 된 사람이라고 표현할 수 있다, 그들은 자연 속에서 누구의 눈치도 보지 않고 살아가는 자유로운 존재이기 때문이다.

과거 인기가요 가운데 〈내 인생은 나의 것〉이라는 노래가 있었다. 노래 가사처럼 자신의 삶은 누가 살아줄 수 없이 자기 뜻에 따라 살아가야 한다는 것. 사람의 삶은 누구의 간섭 없이 '자기 결정의 원칙'을 실천하는 데서 진정한 의미를 지닌다. 〈나는 자연인이다〉의 주인공들도 자기 삶을 스스로 결정하기에 행복을 느끼며 살아가는 게 아닐까.

## 자유, 자기 삶을 위한 가장 본질적인 가치

자유(自由)란 한자 뜻 그대로 표현하면 '자신으로 말미암다'는 뜻이다. '말미암다'는 원인이나 이유가 된다는 순우리말로 자유는 결국 '스스로 주인이 된다'는 의미다.

서양에서 자유를 이르는 단어 리버티(liberty)와 프리덤(freedom)을 보자. 리버티는 1066년 영국을 정복한 노르망디 사람들의 언어에서 나왔는데 제도적이거나 공식적인 느낌을 주는 측면에서 큰 자유를 말한다. 어원은 로마의 언어였던 라틴어의 리베라(libera)이다. 프리덤은 정복을 당한 평민들 즉 앵글로색슨족의 언어로 일상적이고 구체적인 느낌을 주는 작은 자유를 말한다.

중국의 시인 도연명이 42세에 귀향한 후 2년이 지나 쓴 귀원전거(歸園田居)라는 시를 보자. 여기에 보면 '구재번롱리(久在樊籠裏, 오랫동안 새장 속에 갇혀 살다가) 부득반자연(復得返自然, 이제야 다시 자연으로 돌아왔네)'라는 대목이 나온다. 새장은 속세를 뜻한다. 도연명이 40대에 속세를 떠나 자연으로 돌아가며 행복을 느꼈다는 의미다. 도연명의 삶에 비춰보면, 40~60대 중장년들이 〈나는 자연인이다〉에 왜 공감하고 호응하는지 이해가 된다.

자연이란 단어와 리버티, 프리덤에서 보듯이 동서양 모두 외부의 제재를 받지 않고 '스스로 자기 인생의 주인이 된다.'라는 의미를 담고 있는 게 바로 자유다. 자유란 생활의 어느 부분에서나 외부의 힘에 얽매이지 않고 자기 마음대로 할 수 있는 권리다.

자유는 개인을 기초로 한다. 가족의 종속물이나 집단의 공유물인 사람에게 자유가 있다고 말하기는 어렵다. 정해진 공간 안에서만 살고, 가족이나 집단이 정해준 사람과 결혼하는 삶은 절대 자유로운 삶이라고 볼 수 없다.

흥미로운 사실은 자유를 누리는 근본적인 존재인 개인(individual)이라는 개념이 정립된 게 오래되지 않았다는 점이다.

오랜 역사를 보면 동서양을 막론하고 사람은 '개인'으로 평가받지 못했다.

그리스와 로마의 법률을 보면 소녀일 때 아버지의 지배를 받았고, 아버지가 죽으면 남자 형제들의 지배를 받았다. 결혼하면 남편의 보호 대상이 됐다. 남편이 죽으면 아들의 보호를 받고 아들이 없으면 가장 가까운 남자 친척의 보호를 받는 것이 당시의 관습이자 법이었다.

우리에게 삼종지도(三從之道)는 너무나 유명하다. 여자가 따라야 할 세 가지 도리가 있으니 어려서 어버이께 순종하고, 시집가서는 남편에게 순종하고, 남편이 죽은 뒤에는 아들을 따르는 게 도리였다.

인도 사회는 가부장적 제도를 근간으로 삼는다. 가부장은 가족 구성원에 대해 절대적인 영향력을 행사한다. 인도 말인 힌디어로 '파티 파르메시와르' 즉 '남편은 내 주인(主人)'이라는 말이 있을 정도로 남편과 부인의 관계는 주종의 관계로 인식된다. 학교에서 아무리 남녀평등을 교육받아도, 남녀가 평등하다고 여기는 인도인은 소수에 불과하다는 게 진실에 가깝다.

많은 지역에서 사용하는 사람의 이름을 짓는 작명법에서도 가문의 중요성이 나타난다. 아랍어 단어의 '-이븐'은 '아무개의 아들'을 의미하며, 빈센트 반 고흐는 '고흐 집안의 빈센트'를 말한다. 아이슬란드의 작명법은 기본적으로 '누구의 아들, 누구의 딸'로 짓기 때문에 콜베인 시그도르손은 '시그도르의 아들 콜베인'이 된다.

옛날 사람들은 자연적 불평등은 자연의 섭리라고 생각했고, 별다른 의심도 하지 않았다. 유교에서는 사회를 구성하는 관리 · 농민 · 공인(工人) · 상인을 사민(四民)이라고 했으며 중국에서는 기원전 1000년경부터 사용됐다고 한다. 관중은 『관자(管子)』에서 "사농공상 사민은 나라의 초석(士農工商四民, 國之礎)"이라고 했다. 농업을 본(本)이라며 중시했고, 상업은 말(末)이라며 천시했다. 본말(本末)이 전도됐다는 표현이 여기서 나왔으며, 농자천하지대본(農者天下之大本)이라는 말은 지금도 쓰인다. 농민우대의 사고방식이 여전한 것을 보면, 옛 사상의 영향력이 여전히 크다는 사실을 느낄 수 있다. (산업국가가 된 한국에서 농업이 GDP에서 차지하는 비중은 2% 이하인데도 정치적으로 농민의 영향력은 참으로 세다.)

중국 역사상 최초의 정치제도는 봉건제도이다. 주(周)나라의 주공이 만든 시스템인데, 천하(天下)와 국(國), 가(家)의 등급이 확실하다. 왕실과 제후는 단순히 정치적 군신 관계일 뿐 아니라 본가와 분가의 관계,

즉 공동의 조상을 모시는 한 집안임을 강조했다. 주나라는 또 천명사상, 즉 은(殷)나라에서 주나라로의 교체는 단순한 정권 교체가 아니라 하늘의 뜻임을 강조해 백성들을 나라의 지배를 받는 불가항력적 존재로 전락시켰다. 주나라는 정치제도는 봉건, 경제제도는 정전(井田), 사회제도는 종법(宗法), 문화제도는 예악(禮樂)을 채택해 나라를 다스렸다. 이처럼 천하의 질서를 잡은 높은 공로를 기려 공자는 주공을 성인으로 받들었고 꿈속에서도 주공을 보기를 원했던 것이다.

공자는 제(齊)나라 왕이었던 경공(景公)이 '정치가 무엇이냐?'를 물었을 때 즉석에서 '군군 신신 부부 자자(君君 臣臣 父父 子子)' 라고 말했다. 임금 신하 부모 자식이 각자의 역할을 다해야 한다는 얘기인데, 가만히 들여다보면 기존의 계급 질서를 그대로 지키고 순응하는 게 사람의 도리라는 설명이다. 중국의 질서는 지배하는 계급과 지배를 당하는 계급을 당연시하는 구조이므로 자유민주적 질서에 걸맞지 않았다.

조선에서도 신분의 차이는 엄격했다. 양반과 상민으로 나뉘는 철저한 계급사회에서, 한번 양반은 평생 양반이고 한번 상민은 평생 상민이었다. 양반의 비율은 조선 초기에 3~7퍼센트 수준으로 추정되며, 임진왜란과 병자호란을 거치고 족보가 흐트러지면서 조선 말기에 가면 가히 '양반 100퍼센트 시대'를 맞게 되었다. 지금 많은 사람에게 자신의 조상을 물어보면 모두 양반 가문이라고 하는데 과연 얼마나 진실인지 가늠할 길이 없다.

인도의 경우 유명한 계급제인 카스트가 있다. 카스트의 어원은 포르투갈어 카스타(casta, 혈액의 순수성 보존)에서 유래했다. 카스트는 크게 네 가지로 브라만(Brahman, 사제 · 성직자), 크샤트리아(Kshatriya, 귀족 · 무사), 바이샤(Vaisya, 상인 · 농민 · 지주), 수드라(Sudra, 소작농 · 청소부 · 하인)이다. 네 카스트는 존귀와 비천이라는 서열과 차별을 나타내며, 낮은 카스트의 사람은 깨끗하지 못한 존재로 인식됐다. 네 카스트 아래의 카스트를 불가촉천민(不可觸賤民, 하리잔)이라고 불렀는데, 인도 인구의 15퍼센트 즉 2억 명을 넘는다.

카스트는 원래 출생이 아니라 직무와 교육 자질에 따라 나뉘는 사회 체계였는데, 점차 신분이 되었다. 시대가 흐르면서 각 지역의 풍토와 혈통 등에 기초한 혈족 공동체(jati, 자티)가 카스트의 틀 속에서 자리를 잡았는데 현실에서는 직업군이나 특정 집단을 의미하는 사례도 많다. 수년 전 인도를 여행했을 때 어떻게 그 사람의 카스트를 아느냐고 물었더니 현지인이 "성씨(姓氏)를 보고 간단히 알 수 있으며, 출신 지역을 보면 더욱 확실해진다."라고 설명했다. 중국과 함께 세계 최대인구를 지닌 인도에서 카스트는 공식적으로 폐지됐으나 지금도 인도인의 의식 속에 강하게 남아 있다.

그리스와 로마에서도 계급은 분명하게 존재했다. 자유민과 노예는 엄격히 구분되었고, 부의 크기에 따라 원형경기장의 좌석이 달랐다. 미국의 고전학자인 로버트 냅(Robert Knapp)에 따르면 로마 인구를 5,000만~6,000만 명으로 봤을 때 0.05퍼센트, 즉 3만에서 3만 5,000명의 사람이 호네스티오레스(honestiores, 더 고귀한 사람)로 불리면서 전체 부의 80퍼센트를 소유했다.

동서양을 막론하고 '계급과 신분'이 거의 모든 사람의 인생 행로와 생활 방식을 정했고, 각자가 주어진 운명에 따라 알맞게 살면 큰 문제가 없다는 식의 사고방식이 오랫동안 자리 잡았다. 자기 삶을 스스로 결정하고 책임지는 개인이라는 존재는 물론 개인의 중요성에 대한 인식조차도 거의 없었던 게 인류의 역사였다.

## 민주주의의 시작 개인주의, 이기주의나 자기중심주의가 아니다

그렇다면 자유의지를 지닌 자유인으로서 '진정한 개인'은 언제 출현했을까?

동양 역사에서 보면 춘추전국시대에 양자는 "사람마다 털 하나라도 손해 보지 않고, 또 사람마다 굳이 천하를 이롭게 하려 달려들지 않으면 천하는 저절로 다스려진다(人人不損一毫 人人不利天下 天下治矣)." 라고 주장했다. 누구든지 조용하게 자기의 할 일만 하고 살아가다 보면 이 세상은 저절로 다스려진다는 것이다. 양자의 주장에 자유롭게 살기를 원했던 은자(隱者)들이 대거 호응했다고 한다. 개인의 중요성을 강조했던 양자는 극단적인 이기주의의 대명사로 불리기도 하나 그건 후세에 잘못 알려진 것으로 보인다.

맹자는 대장부란 '아무리 가난해도 지조를 꺾지 않고, 아무리 부귀해도 부패하지 않으며, 권위와 무력에도 굽히지 않는 사람'이라고 정의했다. 자유인의 모습 그대로였다. 중국의 위나라와 진나라 시절에 정치권력을 피해 노자와 장자의 무위자연 사상에 심취했던 죽림칠현(竹林七

賢)도 자유인의 모습으로서 유명하다. 죽림칠현은 자기중심주의적이며 무정부주의적인 모습을 보였다. 그러나 권력의 영향을 완전히 벗어나지 못했고, 죽림칠현을 대표하던 혜강(嵇康)은 권력에 의해 사형을 당했다. 중국 작가인 루쉰은 죽림칠현의 처세술이나 행동이 정치적 압력에 대한 소극적 저항이라고 표현했다. 이처럼 동양에서 자유를 찾는 운동은 정치적 제도로 만들어지지 못했고, 역사적인 일화나 이야기 수준에서 머물렀다. 황제와 왕이 지배하는 사회에서 독립적으로 생각하고 살아가는 개인의 진정한 자유는 없었다.

정치철학자인 래리 시덴톱(Larry Sidentop)은 '인류 최고의 작품은 개인의 발명'이라는 주장을 폈다. 개인이 있어야 자유와 양심, 책임 등 자유민주주의의 가치들이 자리 잡을 수 있다는 것이다. 그는 자신의 주장 근거로 서양 문명의 근간인 기독교를 등장시키는데, 기독교에서는 신 앞에서 '모든 인간의 평등'을 주장했다. 도덕적 평등이 그것이다.

사도 바오로가 갈라디아 사람들에게 쓴 서신인 갈라디아서 3장 28절을 보면 "그리스도 안에서는 유대인이나 그리스인이나 종이나 자유인이나 남자나 여자나 아무런 차별이 없습니다. 여러분은 그리스도 예수 안에서 모두 하나입니다."라고 되어 있다. 갈라디아서 5장 1절에서는 "그리스도께서 우리를 자유롭게 하려고 자유를 주셨으니 그러므로 굳건하게 서서 다시는 종의 멍에를 메지 말라."고 얘기했다.

래리 시덴톱은 기독교가 '모든 사람은 신 앞에 평등한 영혼'이라고 정의하고 설교하다 보니, 교회법 체계가 사람 개개인을 사회적 신분과 계급으로 구분하고 파악하며 차별하기가 힘들어졌다고 지적했다. 평등한 영혼에 관해 얘기하다 보려니 자유와 평등을 말하지 않을 수 없었다는 것이다.

래리 시덴톱이 쓴 『개인의 발명』이라는 책에 따르면 13세기 말 프란체스코 수도회의 신학자이자 철학자였던 존 둔스 스코투스(John duns Scotus)는 "자유의지에서 나온 행동이 아니라면 그 어떤 행동도 칭찬을 듣지 못하고 탓도 듣지 않는다."라고 설명했다. 사람의 어떤 행동이 고의냐 아니냐에 따라 평가가 전혀 달라지는 것처럼, 자유의지는 어떤 개인의 행동이 적절하고 도덕적이었는지를 판단하게 만드는 선제조건이었던 셈이다.

래리 시덴톱은 역사 속의 영어나 프랑스어 사전들을 봐도 '개인(individual)'이라는 단어가 15세기에야 널리 등장했다고 설명했다. 이 시대에 국가라는 단어도 폭넓게 사용됐다. 개인과 국가라는 단어가 동시에 사용된 것은 두 단어가 서로 의지하고 있기 때문이었다. 국민국가가 등장한 16세기 이후로, 서양에서는 '사회란 곧 개인들의 연합'으로 이해하게 되었기 때문이다. 다른 문화에서는 계급 · 씨족 · 부족 등이 사회의 기본 요소로 작용할 때, 서양에서는 개인이 기본 요소가 되기 시작했다는 게 래리 시덴톱의 설명이다.

'개인'이 발명되자 서양 정치사상사의 거물들이 이를 바탕으로 생각을 전개해 나갔다.

토머스 홉스는 개별 인간의 기본적인 평등을 주장하면서 다만 사회가 '만인에 대한 만인의 투쟁' 상태이므로 안전과 평화를 보장받기 위해 주권을 국가로 넘기게 됐다는 '평등한 복종'의 개념을 도입했다. 존 로크는 뒤이어 몇몇 자연권을 제시함으로써 인간 자유를 옹호했다. 로크의 자연권은 하늘이 준 인간의 권리라는 천부인권설로 발전했고, 제도적 구상은 입법 · 행정 · 사법의 삼권분립으로 진화했다. 로크가 언급한 저항권은 자유주의의 기본 정신이 되었다. 존 로크를 거쳐 장 자크 루소는 '개개인이 자연 상태에서 누리던 자유가 정치사회에서도 희생되지 않는 방법'을 모색했고 그 결과 국민 주권과 자치를 내세우게 된다.

서양의 역사를 보면 이처럼 '인간의 자유'는 오랜 세월을 두고 가꿔지고 만들어졌다. 동양권은 서양에 비해 크게 뒤처졌다.

대한민국의 경우, 인간의 자유를 보장하는 자유민주주의와 자유시장경제가 광복 이후 제도로서 출현했다. 정치적으로도 4 · 19혁명과 1987년 6월 항쟁 등을 통해 자유의 가치는 소중한 존재로 자리매김했다.

그러나 인간의 자유가 우리 한국인의 생각 속에 완전히 자리 잡은 것 같지는 않다. 일상생활을 보면 여전히 자유인으로서 개인은 서양만큼 존중받지 못한다. 혈연 · 지연 · 학연으로 이어지는 인간관계가 한국인의 생활을 상당 부분 지배하고 있기 때문이다.

많은 학자가 '한국의 기본적인 시스템은 가족'이라고 설명한다. 예컨대 사회생활 중에 만나는 사람을 '형님 혹은 동생'으로 부르고, 식당이나 가게 등에서 일하는 분을 '오빠, 삼촌, 언니, 이모'로 부른다. 모두 가족 간의 호칭이다. 경제개발 시대에는 회사의 사장님을 아버지처럼 모시고, 기업가들은 사원을 자식처럼 여겼다. (물론 사원을 머슴이라고 부른 고약한 사람도 있었다.)

한국사회의 기본 질서는 '장유유서(長幼有序)'라고도 하는데, 이는 연령적 질서를 확립하기 위한 윤리 규범이다. 장유유서는 형제의 윤리가 사회 윤리로 발전한 것이라고 볼 수 있다. 이러한 장유유서 사회에서 '자유의지를 바탕으로 한 개인의 존엄성'은 늘 침해의 위험에 노출될 수밖에 없다. 가족 사이에 발생하는 온정주의와 적당주의가 자리 잡아 개인의 판단력을 흐리게 하고 결국 개인의 자유의지에 따른 결정을 저해하는 부작용을 발생시켰다.

존 스튜어트 밀의 명저이자 고전인 『자유론』은 "사람에게 가장 소중한 것은 개인의 개성이다."라고 강조하며, 자기 자신을 위한 절대적 자유를 지향했다. 개인주의를 강조한 것이다. 『인형의 집』의 작가 헨리크 입센은 친구에게 보낸 편지에서 "순수하고 진정한 이기주의를 행해야 한다. 가끔 세상에서 가장 중요한 것은 오로지 나 자신이라고 자부하고 타인은 생각하지 않아야 한다. 사회에 기여하는 가장 좋은 방법은 스스로 훌륭한 사람이 되는 것이다."라고 썼다. 부처님도 "자기 자신에게 의지하고, 진리에 의지하라. 자기 자신을 등불로 삼고 진리를 등불로 삼으라(自燈明 法燈明)."며 '주인 의식'을 당부했다.

미국의 제3대 대통령인 토머스 제퍼슨은 "자유는 선택할 권리이며, 자기 자신을 위해 다른 선택지를 창조할 수 있는 권리이다. 선택이 보장되지 않고 그런 창조 행위가 허용되지 않는다면 인간은 인간일 수 없다. 그저 구성원일 뿐이며 도구이며 사물에 지나지 않는다. 자유의 대가는 영원한 경계심이다."라고 강조했다.

우리가 세상을 살아갈 때 각자의 개인성(individuality)을 살려내는 것이야말로 민주주의 발전과 개인의 행복 증진을 위해 중요하다. 자기 삶에서 자신의 목소리를 확실히 내는 것, 그게 진정한 자유이다. 인간의 모든 행동은 바로 개인성에 바탕을 둔 자유를 기반으로 이뤄진다.

한가지 분명히 할 개인주의(individualism)는 이기주의(selfishness)나 자기중심주의(egoism)와 전혀 다르다는 사실이다. 이기주의는 다른 사람이나 사회의 이익은 고려하지 않는 것을 의미하며, 자기중심주의도 모든 세상사를 오로지 자기 이익이나 자기 관점에서만 보는 것을 뜻한다.

개인주의는 인간으로 사람 한 명 한 명에 대한 존중이다. 신분, 나이, 성별, 빈부의 격차와 관계없이 사람이니까 절대적으로 존중한다는 개념이다. 개인주의는 사람의 의견과 선호는 그 사람의 영역 안에서 궁극적으로 인정해주는 것을 말하며, 개개인지 자신의 재능이나 취향을 자기 뜻대로 발전시키는 게 바람직하다는 믿음 의미한다.

그런 만큼 개인주의를 이기주의나 자기중심주의와 연관시키면 곤란하며 정확히 구별해야 한다. 개인주의는 집단주의에 대비되는 개념이므로, 집단 속에서 개인의 가치가 무시되거나 훼손되면 안 된다는 뜻이기도 하다.

개인주의 반대말은 집단주의다. 북한의 집단체조, 중국의 열병식 같은 모습이 바로 집단주의의 상징이다. 그곳에서 개인의 존재는 단지 숫자일 뿐이며, 개인의 자유가 자리 잡을 공간이 없다. 집단의 일사불란함을 강조하는 사회주의는 그러면서도 자유와 조직을 동시에 강조한다. 마치 물과 기름이 조화를 이룰 수 있다고 믿는 사람처럼.

## 진정한 자유는 평등 · 연대 · 책임 위에서 꽃을 피운다

사람에게 가장 중요한 자유가 존중받고 제대로 꽃을 피우며 열매를 맺으려면 어떻게 해야 할까?

사람들은 자유를 얘기하면서 자유방임주의를 얘기하는데 사실 자신의 자유에는 책임이 따르므로 인간 세상에 진정 필요한 가치는 자유책임주의라고 하는 게 옳다.

경제학자로 『노예의 길』을 쓴 하이에크는 "자유방임의 원리만 고집하는 아둔함이 자유주의의 명분과 가치에 해를 입힌다. 자유 사회의 제도적 틀을 점진적으로 개선하는 데는 시간이 걸리기 때문이다."라고 지적했다. 자유방임이 모든 걸 해결할 수 없다는 지적에 대해 자유방임주의자들이 '자유롭게 놔둬!'라고 막연하게 외치게 되면 사람들로부터 당연히 외면당하게 된다는 것이다. 그 과정에서 자유주의는 무책임한 이념으로 인식될 수 있다는 게 하이에크의 걱정이었다.

자유에 대해 깊은 통찰력을 보여준 존 스튜어트 밀은 절대적 자유를 강조하면서 단 하나의 제한을 두었는데, 그게 바로 다른 사람에게 해(harm)를 끼치지 말아야 한다는 것이었다. 절제되지 않은 자유는 야만으로 치닫게 되는 게 인간사 이치다. 타인의 권리를 침해할 수 없는 이유는 '인간은 인간 자체이므로 존중받아야 할 평등한 존재'이기 때문이다. 자유와 평등이 상호 보완적이라는 의미다.

기독교 윤리의 대표 원리로 성경 마태복음에 나오는 황금률(golden rule)이 있다. 예수가 말한 '남에게 대접을 받고자 하는 대로 너희도 남을 대접하라.'는 표현이 그것이다. 자기가 하고자 하지 않는 일은 남에게 강요하지 않는다는 가르침인데, 동서양의 현자들은 모두 표현은 약간씩 다르지만 같은 뜻을 전달했다.

그리스 철학자인 피타쿠스는 "이웃이 너에게 했을 때 싫었던 일을 이웃을 향해 행하지 말라"고 말했으며, 탈레스는 "남들이 행하는 것을 보고 원망했던 일을 하지 말라"고 강조했다. 불교에서 보면 "자신을 대하는 것처럼 남을 대하라. 남으로부터 피해를 당하지 않으려면 너 자신도 남을 해하지 말라."는 말이 있다.

자공이 공자에게 "평생토록 실천할 만한 것을 한마디로 하면 무엇입니까?"라고 묻자 공자는 '서(恕)'라고 대답했다. 서는 같을 여(如)와 마음 심(心)이 합쳐진 말로 '상대와 같은 마음이 된다.'라는 뜻이다. 공감(共感)과 비슷한 의미이며 다른 사람이 자기와 똑같은 존재이므로 자기를 대하듯 남을 대하는 마음이다.

이러한 황금률은 '사람과 사람 사이에 존재하는 평등의 원칙'을 내포한다. 사람들은 평등할 때만 타인의 시각에서 문제를 볼 수 있고, 역지사지가 가능하기 때문이다. 그렇게 되면 상대방과 평등할 때 진정한 자유가 찾아온다는 추론이 가능하다.

좋은 사례가 있다. 미국의 초대 대통령인 조지 워싱턴은 1799년 세상을 떠났다. 그는 유언장에서 아내 마사가 세상을 떠나고 나면 그 이후에 자신의 노예 277명을 전부 해방하도록 했다. 그런데, 워싱턴의 아내 마사는 워싱턴이 죽은 바로 다음 해에 노예 277명을 전부 자유인으로 만들었다. 사람들이 왜 그리 서둘렀는지 이유를 묻자 "하루 내내 내가 죽기만을 기다리고 있는 사람들 속에서 살고 싶지 않아요."라고 답했다.

워싱턴 부인의 노예해방은 스스로 진정한 자유를 얻기 위한 지혜에서 나온 산물이었다. 그녀는 자신이 심리적으로나마 위협받고 있는 상황에서 '안전과 평화'를 누릴 수 없었다. 노예해방을 통해 평등을 실현하고, 노예들에게 같은 인간으로서 연대와 책임 의식을 느낀 게 마사 워싱턴 자신의 진정한 자유를 만든 셈이었다.

평등이란 사전적으로 볼 때, 신분 · 성별 · 재산 · 종족 등과 관련 없이 인간의 기본적인 가치는 모두 동등하다는 뜻이다.

평등은 동일성(同一性)과 공정성(公正性) 두 가지 측면에서 해석할 수 있다. 동일성이란 사람을 대할 때 기본자세가 같아야 한다는 의미다. 인간은 빈부귀천의 차이 없이 누구나 똑같이 태어난 만큼, 잘난 사람이나 못난 사람이나 똑같이 대우라는 얘기다. 우리 속담에 '사람 위에 사람 없고, 사람 밑에 사람 없다.'는 표현이 있으며, 헌법에 '모든 사람은 법 앞에 평등하다.'라는 대목이 바로 동일성 기준에 따른 평등이라고 볼 수 있다.

공정성을 기준으로 평등을 판단할 때는 '평등과 관련한 규정과 실천이 정당한 규칙에 따라 적절하게 적용돼야 한다.'라는 의미로 해석할 수 있다. 어떤 결과가 평등하냐의 문제가 아니라, 어떤 과정이 평등의 가치를 만족시키느냐로 파악해야 한다는 것이다.

2016년 많은 국민이 서울 광화문 거리로 나섰을 때, 한 소녀가 마이크를 잡고 "저는 평등한 세상에 살고 싶습니다"라고 외쳤다. 과연 이 소녀는 어떤 기준에서 평등을 외쳤을까? 2019년 조국 사태에 분노한 국민은 왜 불공정과 몰상식에 화를 냈던 것일까?

우리는 흔히 평등을 쉽게 얘기하는데, 그건 '기회의 평등'일까 아니면 '결과의 평등'일까?

## 평등은 '기회의 평등', 그렇다고 자유보다 앞서서는 안 된다

노벨 경제학상을 받은 밀턴 프리드먼은 『선택할 자유(Free to choose)』라는 책에서 '결과의 평등'보다 '기회의 평등'이 평등의 정확한 의미라고 강조했다. 그러면서도 자유가 평등보다 앞서 있어야 함을 강조했다. (평등이 자유보다 앞서면 마차가 말 앞에 놓인 꼴이 되며 전진할 수 없다. 사회주의가 그랬다.)

황금률에서 의미한 인간의 평등은 도덕적 평등, 인격적 평등, 신 앞의 평등이었다. 프리드먼은 미국 독립선언문에서도 '신 앞의 평등'이 강조됐다며, 모든 인간은 아무도 빼앗을 수 없는 권리, 아무도 침해하지 못하는 권리를 부여받고 있다고 강조했다. 그러다가, 19세기 이후 자본주의가 발전하고 빈부 격차가 커지자 갑자기 '결과의 평등'이 강조되었다는 게 프리드먼의 설명이다.

'결과의 평등'을 얘기할 때 대표적인 사례가 소련을 중심으로 한 공산사회였다. 공산주의 사상의 창시자인 마르크스는 『독일 이데올로기』에서 이상향을 다음과 같이 설명했다.

"공산주의 사회에서는 아무도 배타적인 활동 분야를 가지고 있지 않으며, 각자는 그가 원하는 어떤 분야에서 성취를 이룰 수 있다. 사회가 일반적 생산을 규제하고 그래서 내가 오늘은 하나의 일을 하고 내일 다른 일을 하는 게 가능하다. 내가 생각한 것 그대로 사냥꾼, 어부, 양치기 혹은 비평가가 되지 않으면서도 아침에 사냥하고, 오후에는 낚시하며, 저녁에는 가축을 돌보고, 저녁 식사 후에는 비판을 쓰는 것을 가능하게 한다."

'결과의 평등'의 관한 담론은 처음 영국과 유럽 각국의 정부 정책에 영향을 미쳤고, 미국과 다른 나라에도 급속도로 퍼져나갔다. 많은 나라가 결과의 평등을 위해 복지 혜택을 급격히 늘린 것이다. 유럽 각국의 좌파 정치세력은 사회주의 이념을 받아들인 복지시스템을 받아들였고, 많은 지식인이 '결과의 평등'을 신앙처럼 받들기도 했다.

대표적인 사례가 1942년 영국에서 나온 「사회보험 및 관련 서비스 보고서」, 일명 「베버리지 보고서」로 '요람에서 무덤까지'가 보고서의 대표적인 구호였다. 소설 『이상한 나라의 앨리스』에서 나온 "모두가 이겼어요. 그러니 모두 상을 받아야 해요"라는 표현을 현실에서 구체화한 것이다.

국내에서 인문학 강의로 젊은이들 사이에 꽤 인기가 있던 철학자가 다음과 같이 말했다. 마르크스의 말과 비교해보며 읽어보기를 권한다.

"모두가 노예로 살아가고 있는 것이 자본주의의 현실입니다. 반자본주의적 생활공동체는 소비문화가 제공하는 화려함이나 모던함과는 거리가 먼 공동체이니까요. 무료로 공연하는 분들에게 음악을 들은 사람들이 고맙다고 고구마도 주고 감자도 주고 딸기도 줍니다. 자신이 좋아하는 연주를 하면서 살아가는 사람에게 필요한 것은 그것이면 충분합니다.

우리는 그렇게 큰 대가 없이도 기꺼운 마음으로 자신이 좋아하는 일을 하며 사는 사람들을 보호해야 할 의무가 있습니다. 물고기를 잘 잡는 사람은 물고기를 잡아서 주면 되고, 빵을 잘 만드는 사람은 빵을 만들어서 주면 됩니다. 그런 사람들이 모여 연대를 이뤄나가자는 것이 바로 자본주의의 유일한 대안입니다."

여기서 언급된 공동체와 연대라는 용어는 궁극적으로 '결과의 평등'을 지향하는 것으로 해석된다. 이 사람이 이야기하는 '함께 잘 사는 사회'라는 구호가 귀에 쏙쏙 들어오는 것도 사실이며, 그 결과 많은 젊은이가 자본주의 대안을 외치는 사람들의 말에 열광했다. 이러한 젊은이들이 자기의 생각 지평을 넓히려면 평등의 반대말인 불평등의 관점에서 달리 생각해 볼 필요가 있다.

불평등을 사전적인 의미에서 평등의 반대로만 해석하면 '신분 · 성별 · 재산 · 종족에 따라 차별을 두는 것'으로 풀이할 수 있다. 하지만 수입이 많고 적음이나, 축적된 재산이 많고 적음에 따른 대우의 차이를 차별이라고 하지 않는다. 소득과 재산의 차이는 '격차'라는 용어로 표현하며 차별과는 근본적으로 다르다.

역사의 발전단계를 보면 중세사회가 근대사회로 넘어오면서 신분과 계급 중심의 사회가 시민 중심 사회가 되었다. 신분과 계급사회에서는 신분에 따라 소득과 부가 정해졌다. 한나라 때 학자이자 정치가인 위현(韋賢)은 '자식에게 황금을 한 바구니 가득 남겨주는 것이 경서 한 권을 가르치는 것만 못하다(遺子黃金滿贏, 不如教子一經).'라고 말했다. 이 말은 제대로 된 인성을 갖춘 사람을 만드는 것이 중요하다는 진리라고 해석되지만, 다른 한편으로는 책을 읽어 과거에 합격해 신분(관직)만 상승하면 돈과 권력, 명예를 모두 거머쥘 수 있었던 신분사회의 다른 표현이기도 하다. 중국의 내전 역사, 당쟁으로 얼룩진 조선의 역사는 결국 '신분 상승을 위한 다툼'이었다. 신분이 모든 것을 갈라놓았기 때문이었다.

반면 자본주의 사회에서는 '기회의 평등'을 중시했고, 사람들은 자신의 능력에 따라 소득을 높이고 부를 쌓을 수 있었다. 여기서 자연스럽게 '격차'가 나타났다. 개인의 땀과 노력에 따라 생겨난 '격차'라는 의미에서 부의 불평등은 그 자체로 반드시 나쁜 것은 아니다. 중요한 문제는 그 불평등이 정당화될 수 있는가, 즉 그 불평등에 합당한 이유가 있는가였지 '격차의 불평등' 그 자체는 문제가 아니었던 것이다.

물론 격차(불평등)의 지나친 확대는 사회 불안정을 초래한다. 신자유주의 정책의 대명사로 불리는 워싱턴 컨센서스(Washington consensus)는 1989년 미국 국제경제연구소의 정치경제학자 존 윌리엄슨이 중남미 국가들에 제시했던 미국식 경제체제의 대외 확산 전략이다. 윌리엄슨은 중남미 경제위기 극복을 위해 긴축재정, 사회 인프라에 대한 공공지출 삭감, 외환시장 개방, 시장의 자율 금리, 변동환율제, 무역자유화, 외국인 직접투자 자유화, 탈규제, 국가 기간산업의 민영화, 재산권 보호 등 10가지를 제시했다.

1990년대 미국 행정부와 국제통화기금(IMF), 세계은행이 모여 있는 워싱턴에서 정책결정자들 사이에는 존 윌리엄슨이 제시한 방안에 관한 합의가 이뤄졌다. 그리고 워싱턴 컨센서스라는 용어는 국제통화기금

(IMF)、세계은행(WB)、미국 재무부 등 워싱턴의 3대 기관이 받드는 이데올로기가 됐다.

하지만 신자유주의가 정책을 펴면서 간과한 측면이 있었는데 그건 바로 '평등과 공동체 의식'이었다. 미소 냉전 시기가 아직 끝나지 않은 상황에서 미국은 자유와 개인권과 사적 기업을 보장하는 미국식 민주주의의 독자성을 강조했다. 반면 평등과 공동체 의식은 민주주의 진영도 중시했지만 사회주의 진영에서는 핵심 가치로 삼았기에 민주주의 진영에서 간과한 측면이 있었다.

냉전이 끝난 후 불평등 문제가 강조되면서 세계의 정치 지형을 흔들었다. 불평등을 타파한다는 정치세력이 포퓰리즘을 들고나왔고, 영국의 브렉시트나 미국의 트럼프 당선 등도 불평등에서 비롯된 측면이 강했다. 『21세기 자본』을 쓴 토마 피케티가 "부의 분배는 매우 중요한 문제여서 경제학자, 사회학자, 철학자들에게만 맡겨둘 수 없다."라고 했는데, 불평등이 정치 지형을 만들었다는 측면에서 그의 말은 맞았던 셈이다.

그렇다고, 기회의 평등이 아닌 결과의 평등을 지나치게 강조하다 보면, 그 사회는 '공정성 측면에서의 평등'이라는 가치를 잃게 된다. 노력을 통해 성과를 달성한 만큼 보상을 해주는 게 바로 공정한 사회이기 때문이다. '공정하지 않은 평등'이 나타난 곳이 바로 사회주의 국가였다.

미국에서 가장 진보적이고 혁신적인 대통령으로 평가받는 존 F. 케네디는 '자유와 기회의 평등'을 강조했다. 결코 결과의 평등을 지향하지 않았다. "모든 어린이가 평등한 재능, 평등한 능력, 평등한 동기를 가진 것은 아니다. 그러나 그들은 훌륭한 사람이 되기 위해 그들의 재능, 능력 및 동기를 발전시킬 수 있는 평등한 권리를 가져야만 한다."

자신을 진보라고 주장한 사람들은 과연 케네디의 발언을 어디까지 수용할까. 대한민국에서는 오늘도 '땀과 노력에 따른 격차'를 인정하지 못하고, 격차를 차별로 오해하면서 '결과의 평등'을 지향하는 목소리가 작지 않은 것 같다. 그들의 목소리에서는 정의, 공정, 상식이라는 자유민주주의 기본 가치가 잘 들리지 않는다.

# 2장. 민주와 공화는 함께 간다

정치가 관대하면 백성이 태만해진다. 정치가 가혹하면 백성이 다치게 된다. 관대함으로 가혹함을 돕고, 가혹함으로 관대함을 도와야 정치가 비로소 조화를 이룬다.

— 공자 —

"대한민국은 민주공화국이다. 대한민국은 민주공화국이다. 대한민국의 모든 권력은 국민으로부터 나온다."

대한민국 헌법 제1조는 2016년 말에 광화문광장에서 노랫말로 울려 퍼졌다. 헌법이 얼마나 중요하기에 사람들이 헌법을 중요성을 외칠까? 헌법 제1조 1항의 '대한민국은 민주공화국이다'라는 표현에서 민주(民主)와 공화(共和)의 의미는 무엇일까?

헌법(憲法)은 법치국가에서 기본 골격이 되는 법이다. 국가의 구성과 조직, 작용, 기본권 보장 등 나라가 되기 위한 기본적 원칙이 담겨 있다. 1789년 프랑스 인권선언은 제16조에서 "권리의 보장이 확보되지 않고 권력분립이 되어 있지 아니한 모든 사회는 헌법을 가졌다고 할 수 없다."라고 표현했는데, 여기서 보듯이 기본권 보장과 권력분립은 헌법의 불가결한 내용이다.

헌법(constitution)의 개념은 근대 정치철학과 정치사상이 등장한 유럽에서 만들어졌다. 어원은 라틴어 '콘스티투티오(costitutio)'인데, 이는 '함께'를 뜻하는 접두어 'con'과 '수립된 상태'를 뜻하는 어근 'stitutum'이 합쳐진 단어다. 헌법은 결국 실체가 불분명한 상태에서 국가를 유지하는 조건들을 모아 명확한 형태를 갖춘 것이며, '함께 구성된 것(con+stitution)'을 뜻한다. 여기에 국가를 세운다는 숭고한 의미가 더해져 '헌법'이 됐다고 볼 수 있다.

우리말 '헌법(憲法)'이란 단어는 노나라 좌구명(左丘明)이 쓴 『국어(國語)』에 나온 "선한 자는 상을 주고, 간악한 자는 벌을 주는 것이 나라의 헌법이다."라는 문장에서 처음 등장했다. 그러다가 근대에 들어와 서구문물을 받아들인 일본에서 미쓰쿠리 린쇼라는 사람이 프랑스어 'Constitution'에 해당하는 개념을 대체하기 위해 '헌법(憲法)'을 사용하면서 오늘날과 같은 의미로 굳어졌다는 게 정설이다.

## 민주는 국민의 권리이며, 공화는 국민의 책임이다

헌법에 대한 동서양의 차이를 굳이 따지자면 서양은 나라의 기틀을 만드는 차원에서, 동양은 나라를 유지하는 기본 원칙을 정하는 차원에서 헌법에 의미를 부여한 것으로 해석된다. 서양이 시민혁명을 통해 민주주의를 완성한 '상향식(bottom-up) 민주주의'였다면, 동양은 상부에서 정치체제를 결정한 '하향식(top-down) 민주주의'의 역사를 갖고 있기 때문으로 보인다.

서양에서는 "진정한 민주주의는 광장에서 왕의 목을 매단 뒤에 싹튼다."라는 얘기가 있다. 프랑스 혁명, 영국의 청교도 혁명 등을 보면 국민이 최고지도자인 왕을 처형한 역사를 지녔다. 동양에서 메이지유신을 이뤄낸 일본, 광복 이후 민주주의를 시작한 대한민국, 중국의 신해혁명 등을 보면 정치체제는 상부에서 결정됐고 국민은 이를 따르는 형식을 취했다.

유럽식 제도를 채택한 미국의 경우 주(州)가 모여 연방을 이룬 상향식 민주주의이며, 개인의 권리를 중시한다. 이와 관련해 흥미로운 판례도 있다.

2013년 미국의 네바다주에 사는 웨인 헤이지(Wayne Hage)라는 목장주가 연방을 상대로 재판을 건 사건이 있다. 정부가 목장주의 소들이 국유지에 무단 침입해 이익을 취한 만큼 벌금을 내라고 하자, 목장주는 '그 땅은 원래 주인 없이 자연적으로 주어진 것이며, 국유지는 뒤늦게 연방이 무단으로 점유해 국가 재산으로 귀속시킨 만큼 국가가 소유권을 주장할 근거가 없다.'라는 내용이었다. 2016년 1월 연방 순회법원의 판결에서 목장주의 방목 권리를 인정하지 않는다는 판결을 내렸지만, 아무튼 '시민의 권리가 국가의 권리보다 우선이다.'라는 미국인 특유의 사고방식을 보여줬다는 점에서 매우 신선하게 다가온 사건이었다. 코로나 사태에도 불구하고 많은 미국인이 백신 접종을 거부하는 것도 '개인의 권리'를 신성시하는 그들의 사고방식 때문으로 볼 수 있다.

헌법은 나라의 최고법인 만큼 모든 법에 우선한다. 다만, 헌법은 철학책으로 불러도 좋을 만큼 추상적인 언어로 표현되는 경우가 많아 사건 하나하나에 직접 적용하기가 어려우므로 헌법이 추구하는 궁극적인 목적 즉 '헌법정신'에 따라 하위법 위에서 군림하게 된다. 우리 헌법을 보면 '모든 권력은 국민으로부터 나온다.'라고 되어 있으니, '헌법정신은 곧 국민의 뜻'이라고 해도 무방하다.

2004년 5월 노무현 전 대통령에 대한 '탄핵 기각 판결문'에 보면 다음과 같은 구절이 있다. "대통령의 직을 유지하는 것이 더 이상 헌법수호의 관점에서 용납될 수 없거나 대통령이 국민의 신임을 배신하여 국정을 담당할 자격을 상실한 경우에 한하여, 대통령에 대한 파면 결정은 정당화되는 것이다"라는 대목이 그것이다. 이 문장은 대통령이 국민의 신임을 배신했다고 인정되는 순간, 헌법정신 위반으로 해석할 수 있다.

실제로 2017년 3월 10일 박근혜 대통령 탄핵 심판 결정문을 보면 "피청구인의 이 사건 헌법과 법률 행위는 국민의 신임을 배반한 행위로서 헌법수호의 관점에서 용납될 수 없는 중대한 법 위배행위라고 봐야 한다."라는 표현이 있다. 국민의 신임, 즉 국민의 뜻을 배반했으니 헌법수호의 관점에서 용납할 수 없다는 대목에서 새삼 헌법의 무게를 느끼게 된다.

헌법에 담긴 추상적인 언어 가운데 늘 말만 했지 깊이 생각해보지 못한 단어가 바로 민주공화국이다. 민주(民主)는 대략 '나라의 주인은 국민이다.'라는 의미로 배워서 알고 있는데, 공화(共和)는 학창 시절에 배운 적이 한 번도 없었다. 사전을 찾아보면 민주공화국이란 '주권이 국민 전체에 있는 공화국으로, 공화국은 군주국에 대립하는 개념'이라고 되어 있다.

그렇다면, 민주공화국은 국민이 주인이 되어 국정을 왕이 아닌 다른 사람들이 이끌어가는 시스템이라는 얘기가 된다. 국민이 나라의 주인으로서 권리를 행사하되, 국정의 책임은 여러 사람이 나눠 부담한다는 의미가 되는 것이다. 그렇게 되면, 민주는 국민의 권리가 되고, 공화는 국민의 책임이라는 간단한 이해가 가능해진다.

## 불완전하지만 위대한 민주주의

민주의 개념과 실현은 인류의 긴 역사에서 그리 오래되지 않았다. 영국의 윈스턴 처칠 전 총리는 "민주주의는 최악의 정치형태다. 이제까지 시험해 본 민주주의 이외의 모든 정치형태를 제외할 때 그렇다."라고 말했다. 민주주의가 여전히 결함이 매우 많아 끊임없는 수리가 필요하다는 의미다.

민주 즉 국민이 주인이고 국민이 중요하다는 인식은 동양의 경서에서도 끊임없이 발견된다. 중국의 철학자 맹자는 왕도(王道)를 '성인(聖人)의 도'라고 말하면서 왕은 하늘의 아들로서 좋은 정치를 하늘로부터 위임받았다고 규정했다. 맹자는 특히 왕이 악정을 펼치면 국민이 하늘의 이름으로 봉기하여 왕을 권좌에서 몰아내고 폭군을 죽이는 것까지 허용했다. 맹자는 "백성이 가장 귀하고, 종묘사직(국가)이 다음이며, 군주가 가장 가볍다."라고 설명했다. 민심이 천심이며, 백성을 하늘로 여겨야 한다는 것은 중국에서 오랫동안 내려온 민본정치의 철학이었다.

한국의 동학도 유명한 인내천(人乃天)사상을 통해 사람이 곧 하늘임을 강조했다. 이 같은 사실을 근거로, 김대중 전 대통령은 1994년 미국의 국제정치학술지인『포린 어페어즈』에 기고한 글에서 "아시아에도 서구에 못지않게 심오한 민주주의의 철학적 전통이 있음이 확실하다."라고 설명했다. 김대중 전 대통령의 설명이 옳다고 하더라고 정작 동양에서는 민주주의라는 철학이 제도로 만들어지지 않았다. 군주의 권력에는 제한이 거의 없었고 백성은 지배를 받아야 했다.

서양에서도 민주는 고대 그리스의 아테네에서 잠깐 등장했다가 사라진 후 근대에 들어서면서 역사의 전면에 다시 등장한 정치체제다. 그러다 보니 문자 그대로의 민주주의는 한 번도 실현된 적이 없고, 민주주의를 향한 노력이 있을 뿐이라는 설명이 오히려 타당하다는 게 정치학자들의 설명이다.

예컨대, 민주주의(democracy)의 어원은 그리스어에서 인민 혹은 국민을 의미하는 '데모스(demos)'와 권력을 의미하는 ''크라티아(kratia)'가 결합해 생긴 말이다. 데모스는 마을을 뜻하는 그리스어로, 아테네에서는 행정구획의 최소단위 명칭이었다. 자연적으로 발생한 촌락을 중심으로 하는 데모스는 지방자치를 행하는 공동체이자 국가체제의 기본단위로서 약 150개가 있었다고 한다. 데모스가 중심이 된 아테네의 민주주의는 소득과 신분이 안정된 계급, 그것도 남성만이 참여하는 제도였다. 의사 결정의 정당성도 '다수결에 따르는 결정은 지적으로 우월하다.'

는 취지에서 이뤄졌기 때문에 지금의 시각으로는 매우 취약하기만 한 제도라고 할 수 있다.

근대 정치사상사에서 민주주의를 처음 등장시킨 인물은 영국의 정치사상가인 존 로크(1632−1704)라고 보는 게 일반적이다. 존 로크에 앞서는 토마스 홉스(1588~1679)는 권력이 인민으로부터 나온다는 '인민주권의 원리'를 최초로 천명하고, 사회 구성원들의 합의로 국가가 성립된다고 하는 사회계약설을 주장했다. 그러면서도, 개인 개인의 안전한 삶을 위해 각 개인의 힘을 뛰어넘는 강력한 힘, 즉 국가권력이 필요하다고 주장하면서 결국 절대군주제를 옹호했다.

홉스의 뒤를 이은 존 로크는 인민주권의 원리, 사회계약 등을 주장하면서도, 정부는 민주주의 실현을 위한 하나의 수단에 불과하다고 인식했다. 로크의 자연권은 천부인권으로 발전했고, 제도적 구상은 삼권분립으로 진화되었으며, 저항권은 자유주의의 정신이 되었다. 존 로크의 민주주의는 의회정치 발달의 기초를 확립한 명예혁명(1688년)을 통해 영국에 정착했고, 서유럽 민주주의의 이론적 토대가 됐다.

오늘날 국가의 권력을 다수의 손에 맡기는 민주정치의 여러 가지 방식과 제도는 영국인들 즉 앵글로색슨족이 만들었다고 한다. 1215년 만들어진 대헌장(Magna Carta)은 권리를 문서의 형태로 만든 것으로, 이때부터 의회가 국왕을 견제할 수 있는 권한을 갖게 된다. 1295년에는 영국에서 귀족과 고위성직자 외에 일반성직자, 기사, 각 도시의 대표자까지 참여하는 의회, 즉 근대의회제도의 기원인 '전형의회(model parliament)'가 만들어졌다.

영국의 식민지였던 미국은 1776년 독립을 선언했고, 1789년 세계 최초의 성문헌법을 만들었다. 투표를 하는 사람이 이름을 쓰지 않아 신분이 노출되지 않는 무기명투표는 영국의 식민지였던 호주에서 1856년 처음 시작됐다.

이러한 민주정치를 가장 잘 표현한 말로는 바로 미국의 링컨 대통령이 1863년 행한 게티즈버그 연설이 꼽힌다. '국민의, 국민에 의한, 국민을 위한 정치가 이 지구상에서 사라지지 않게 할 것입니다(government of the people, by the people, for the people, shall not perish from the earth)'란 표현이 그것이다. 여기서 'government'는 정부가 아니라 정치로 해석해야 한다. 민주주의는 말 그대로 모든 사람이 자기 자신을 위해, 자신이 지닌 정치적 영향력을, 자신의 손으로 행사하는 것을 목표로 삼기 때문이다.

서양의 민주주의 역사를 보면 자유의 실현을 위해 민주주의라는 정치제도를 고안했다고 할 수 있다. '국민주권의 원리'로 작동되는 민주정치가 실현되어야만 독재 권력에 휘둘리지 않고 인간의 기본적인 자유가 보장받을 수 있다고 봤기 때문이다.

그렇다고 민주주의가 마냥 안정적인 것만은 아니었다. 아돌프 히틀러는 『나의 투쟁』에서 다음과 같이 얘기했다.

"대중의 심리란 대개 어중간하고 유약한 것에 대해서는 감수성이 둔하게 마련이다. 마치 여성과 같다. 여성들의 정신적 감각은 … 정의를 내리기 곤란한 감정적인 동경이라는 근거에 의해 결정된다. 따라서 약한 자를 지배하기보다는 강한 자에게 굴복하는 것을 더욱 즐긴다. 대중

또한 복종하는 사람보다는 지배하는 사람을 더 좋아하고, 해방적인 자유를 누리기보다는 차라리 적을 용서하지 않는 교설을 듣고 한층 만족을 느낀다."

오바마 전 미국 대통령은 2016년 11월 민주주의 발상지인 그리스를 방문해서 다음과 같은 요지로 연설했다.

"민주주의는 불완전하고 더디고 의심스럽지만, 권력을 평화적으로 이양할 수 있어서 위대하다. 민주주의 체제에서는 자기가 지지하지 않았던 사람에게 정권이 넘어갈 때도 안심할 수 있다. 민주주의는 실수를 바로 잡는다. 언론과 집회의 자유, 신앙의 자유, 침묵을 강요받지 않을 권리, 법치와 인권, 자유롭고 공정한 선거제도, 권력분립과 독립적인 사법부 등이 국가권력의 집중을 막는다."

오바마 대통령이 말한 민주주의는 완전체가 아니었다. 고장 나면 수리하고, 부품이 낡으면 갈아 끼우고, 사람이 잘못되면 다른 사람을 앉히는 체제였다. 무엇보다도 민주주의는 '권력의 독점을 막는 제도'였다. 19세기 영국 정치가 액튼 경이 "모든 권력은 부패한다. 절대 권력은 절대 부패한다."라고 했는데 그건 만고불변의 진리다. 민주주의 국가에서도 권력이 지나치게 집중되면 독재국가처럼 곧바로 부패의 길로 접어들었다.

민주주의는 완전체가 아닌 만큼 국민은 의회를 말만 무성하고 실천은 없는 무능한 존재로 인식하기 쉽다. 그러면 사람들은 무능한 의회보다 오히려 일사불란하고 강력한 독재가 효율적이라며 환영할 수 있다. 문제는 독재가 환영받는 순간 특정 계급이나 집단의 이익을 대변하는 자들이 다른 계급이나 집단에 대해 자신들의 가치체계를 강요할 정도로 강력한 독재 권력을 획득하기 위해 온갖 권모술수를 사용한다는 것. 그 결과 독재 권력이 등장하면 자유가 사라지고 민주주의가 무너지는 끔찍한 일이 발생하게 된다.

## 공화는 절대 권력을 막는 정신이다

공화(共和)는 민주주의 체제에서 절대 권력을 막는 역할을 하므로 민주(民主)에 버금가는 가치를 지닌다. 미국의 독립선언문을 기초하고 제3대 대통령이 된 토머스 제퍼슨은 "국민이 통제하지 않으면 어떤 정부도 계속 좋은 일을 할 수 없다."라며 절대 권력의 출현을 경계했다. 왜 세계의 많은 나라가 정식 나라 명칭에 '리퍼블릭(republic, 공화국)'이란 단어를 쓰는지 생각해본 적이 있는가?

공화국의 의미는 군주가 없는 정치체제이며, 공화 정신은 정치 · 사회적으로 공적이익을 추구하는 정신을 중시하는 것을 말한다. 민주가 개인주의이자 이기주의적인 측면이 강하다면, 공화는 공동체를 중시하며 이타적인 측면이 강하다고 할 수 있겠다. 그런 측면에서 세습 왕조인 북한이 '조선민주주의인민공화국'이란 국호를 쓰고, 북한 매체에서 "공화국 인민들~"이라고 표현하는 것을 듣다 보면 참으로 어이가 없어 말문이 막힌다.

북한이 공화국이란 표현을 워낙 자주 쓰다 보니, 상대적으로 대한민국에서는 공화의 개념을 제대로 교육하지 못하는 상황이 발생했다. 우리 현대사에서도 공화라는 이름은 개발독재 시대의 정당 이름이나, 1980년대 군부독재 시절을 표현한 '제5공화국' 등을 통해 다소 부정적인 의미로 다가온다. 공화는 헌법 제1조에 있는 너무나도 중요한 개념인데도 불구하고, 정말 인기도 없고 우리가 실감하기 어려울 만큼 다소 멀게 느껴지는 용어인 셈이다.

공화의 흔적은 동양과 서양 모두에서 발견된다. 공화(共和)라는 단어 자체도 역사의 산물이었다.

중국 주나라 시대에 려왕(厲王)이 폭정을 일삼자 지배층에 해당하는 경(鄉)과 대부(大夫) 등 국인(國人)이라고 불리는 사람들이 반란을 일으켰다. 려왕이 도읍인 호경(지금 중국의 시안)을 벗어나 피신하자, 기원전 841년 제후인 주정공(周定公)과 소목공(召穆公)이 려왕을 대신해 함께 국정을 맡았다. 두 사람이 공동으로 화합하여 14년간 정무를 보았다는 고사(古事)에서 이를 '공화(共和)' 혹은 '주소공화(周召共和)'라고 불렀다. 왕이 없이 다수의 참여와 합의로 정치가 이루어지는 '공화제(共和制)'란 말이 여기에서 비롯되었다. 다만, 20세기 이전까지 한국 · 중국 · 일본 등에서 공화제를 기반으로 하는 정치체제는 출현하지 않았다.

서양에서 공화주의 이념은 로마의 정치체제를 배경으로 로마의 정치가이자 철학자인 키케로에 의해 개념이 정립됐다. 18세기 프랑스의 계몽사상가 볼테르는 "고대 그리스 철학자 모두와 한 사람의 비중은 같다"라고 말한 바 있는데, 그가 바로 마르쿠스 툴리우스 키케로란 인물이었다.

공화국(republic)이란 말의 어원은 '공공의 것'을 뜻하는 라틴어 '레스 푸블리카(res publica)'이다. 키케로는 『국가론』이란 자신의 책에서 "공화국은 인민의 일들이다. 그러나 인민은 아무렇게나 모인 일군의 사람을 뜻하는 것이 아니라, 정의와 공동의 이익을 인정하고 동의한 사람들의 모임이다."라고 정의했다.

로마는 공화주의 이념을 실현하기 위해 혼합된 정치체제를 만들었다. 로마에는 집정관(통령), 원로원, 민회가 있었는데, 집정관은 통령(統領)으로도 번역된다. 통령(consul)은 행정 및 군사의 최고지도자로서 정원은 두 명이고 임기는 일 년이었다. 집정관은 민회(民會)의 하나인 병원회(兵員會, 코미티아)에서 선출했다. 원로원은 일단은 집정관의 자문기관이었는데, 명망가나 현직 및 전직 고위인사 대부분이 원로원의 의원이 되었다. 원로원은 로마의 외교와 내정 등의 결정권을 장악한 실질적인 통치 기구였다. 로마를 가리키는 단어인 SPQR란 '원로원과 로마시민(Senatus Populusque Romanus)'의 약어였다. 민회는 정무관 선출, 법령 제정, 사형 집행, 전쟁 결정, 동맹 체결과 파기 등의 최종결정권을 가졌다고 하지만 실제 의사 결정은 정무관 주도로 이뤄졌다.

로마의 시스템을 보면 결국 1인 혹은 2인인 집정관, 소수인 원로원, 다수인 민회의 공동 지배를 특징으로 한다. 로마의 시민이 되면 누구의 지배를 받지 않는 자유를 누릴 수 있었다. 공화정 체제에서 로마의 시민들은 도시를 지키고 자유를 보존하기 위해 모든 것을 희생할 수 있다는 것을 보여줬다. 로마 시민들에게 자유를 대체할 수 있는 유일한 것은 노예 상태 또는 죽음뿐이었다. 역사상 가장 유명한 전쟁 중의 하나인 포에니 전쟁 당시 카르타고의 명장 한니발에게 연전연패를 거듭할 때도,

로마의 여인들은 끝내 굴복하지 않고 남편과 자식들을 전쟁터로 보냈다. 로마는 여인들까지도 공화 정신에 충실했던 것. 미국의 정치가이자 독립운동가인 패트릭 헨리가 1775년 연설에서 "자유가 아니면 죽음을 달라"고 얘기한 것은 키케로가 추구했던 공화주의를 정확히 이해한 것으로 해석되고 있다.

공화주의는 이처럼 공적인 책임 의식, 즉 공공의 선을 위한 노력이 포함된다. 대한민국이 공화국이라면 우리도 공적인 책임 의식을 갖고 그에 걸맞은 행동을 해야 한다는 의미다.

대한민국의 교육 과정에서 빼놓지 않고 가르치는 게 국민의 4대 의무다 국방, 납세, 교육, 근로의 의무가 바로 그것이다. 21세기 들어 초저출산 문제가 워낙 심각하다 보니, 결혼과 출산을 합쳐 5대 의무로 하자는 의견도 있으나 그것은 어디까지나 나라를 걱정하는 마음에서 나온 의견에 불과하다.

국민의 4대 의무를 찾기 위해 헌법을 들여다보면 실제로 국민의 진짜 의무는 국방과 납세 두 가지뿐이다. 제38조에 '모든 국민은 납세의 의무를 진다.'라고 되어 있고, 제39조에 '모든 국민은 국방의 의무를 진다.'라고 쓰여 있다.

교육과 근로는 권리이자 의무의 성격이 강하다. 헌법 제31조에는 '모든 국민은 균등하게 교육을 받을 권리를 지닌다.'와 '모든 국민은 자녀에게 초등교육과 법률이 정하는 교육을 받게 할 의무를 진다.'라고 되어 있다. 헌법 제32조는 1항에서 '모든 국민은 근로의 권리를 가진다.'라고 해놓고 2항에서 '모든 국민은 근로의 의무를 진다.'라고 쓰여 있다.

헌법 조항으로만 해석할 때 결국 대한민국의 진짜 국민이 되려면 국방과 납세의 의무를 충실히 이행해야 한다. 병역의무를 회피했거나 세금을 제대로 내지 않은 국민은 민주공화국인 대한민국의 일원이 될 자격이 한참이나 부족하다고 생각하면 된다. 이렇게 볼 때, 병역의무를 제대로 이행하지 않았거나 세금을 제대로 내지 않은 사람이 공직을 맡는 것은 국민 정서에도 맞지 않을 뿐만 아니라 공화 정신에도 부합하지 않다고 할 수 있다.

리콴유 전 싱가포르 총리는 "내 집을 장만하고 세금을 내야 애국심이 생긴다."라고 강조했다. 애국심까지 들먹이지 않더라도, 내가 살아가는 공동체에 대한 책임 의식을 높이기 위해 세금은 반드시 제대로 내야 한다는 얘기다. 공화국 이념이 강한 미국의 경우 나라를 수호하는 제복 즉 군인 · 경찰 · 소방관 등을 우대하고, 시민들을 다른 말로 납세자(taxpayer)라고 즐겨 표현하는 데는 모두 그만한 이유가 있는 것이다.

## 우리가 꿈꿔야 할 진짜 유토피아

대한민국 국민 모두가 만족하는 민주공화국을 만든다는 것은 사실상 불가능에 가깝다. '모두를 만족시킬 수 있는 나라'라는 단어 자체가 '어디에도 존재하지 않는 이상(理想)의 나라'를 의미하는 유토피아(Utopia)이기 때문이다. 500년 전인 1516년 유토피아를 쓴 토머스 모어도 그리스어의 '없는(ou-)'과 '장소(toppos)'라는 두 의미를 결합해 유토피아라는 단어를 창조했다.

유토피아의 내용을 보면 세습이 아닌 인민의 결정에 의한 군주 선택, 상향식 민주제도와 국가 운영, 공공 사안에 대한 공적 결정의 정당성 강조, 사적 결정의 금지, 여섯 시간 노동, 공동 식사 등이 담겨 있다. 흥미로운 사실은 500년 전 꿈만 같았던 내용 가운데 상당 부분이 오늘날 현실로 이뤄졌다는 것이다.

민주사회에서 세습의 부정과 국민에 의한 지도자 선출은 진리가 되었다. 폭군을 시민들이 벌주는 것은 근대 시민혁명 과정에서 여러 차례 실현됐다. 공공 사안은 당연히 법과 제도에 의해 결정되며, 선진국의 근로시간은 주당 40시간 이내가 됐다. 하루에 일하는 시간은 대략 6~7시간이다. 공동 식사의 개념은 학교나 교회, 병원, 기업 등에 실현됐다.

유토피아가 그려낸 최대의 지혜는 상향식 민주제도다. 매년 30가구가 모여 한 명의 필라르크(촌장)를 선출하고, 10명의 필라르크가 대표(arch) 필라르크를 뽑고, 다시 200명의 필라르크는 전체 도시 네 지역을 대표하는 네 명의 지도자 가운데 한 명의 최고지도자를 선출한다. 이러한 일련의 과정이 마을 자치부터 출발해 모든 단계에 민주적 원리를 적용해 최고지도자까지 선출하는 대의민주주의의 모습이었다.

역사상 많은 지성인이 '최적 상태의 공화국'을 고민하고 생각했다. 플라톤은 최적 정치 단위 규모를 5,040명으로 얘기했고, 노자는 닭 우는 소리와 개 짖는 소리가 들려도 서로 옮겨 다니지 않을 정도의 작은 나라와 적은 백성(소국과민 · 小國寡民)을 이상적인 나라로 생각했다.

미국을 최초의 민주공화국으로 만드는데 앞장선 토머스 제퍼슨도 토머스 모어처럼 상향식 체제를 생각했다. 그의 구상은 인구 2,000~3,000명을 '기초공화국'으로 삼아 '군 공화국' '주 공화국' '연방 공화국'으로 커지는 시스템이었다. 인도의 마하트마 간디도 판차야트라는 70만 개 마을을 '기초공화국(판차야트)'으로 삼아 타르카(20개 마을), 지역, 주, 인도로 커지는 시스템을 생각했다. 유토피아의 '재산 공유'를 이유로 유토피아가 급진적인 이상주의라는 해석도 있지만, 실제로 유토피아가 민주주의 발전의 앞날을 밝혀준 등불 역할을 했다는 사실을 부인할 수 없다.

유토피아의 반대말이 영화 제목으로도 사용된 디스토피아(Dystopia)다. 1868년에 존 스튜어트 밀이 아일랜드에 대한 영국의 토지 정책을 비난하면서 처음 쓴 것으로 알려져 있다.

유토피아는 최선의 인간공동체를 만들기 위한 인간의 꿈이 지상에서 실현되기는 참으로 어렵다는 사실을 역설적으로 표현했다. 실제로 인류가 만들어낸 민주주의는 매우 위험한 제도이기도 하다. 독일의 히틀러도 민주 선거에 의해 뽑혔고, 2016년 세계적인 뉴스메이커 중 하나인 로드리고 두테르테 필리핀 대통령도 필리핀 국민의 선택이었다. 그는 "독일에 히틀러가 있었다면 필리핀엔 내가 있다."라고 주장하기도 했다.

민주주의는 유능한 리더를 뽑는 최선의 제도가 아니었다. 니얼 퍼거슨 하버드대 교수는 "민주주의라는 제도가 타락하면서 민주 국가들이 '거대한 퇴보'에 직면했다."라고 지적하기도 했다. 실력과 거리가 먼 사람들이 지배하는 제도, 즉 가장 나쁜 사람들에 의한 통치를 카코크라시(kakocracy)라고 부른다. 대중이 투표로 리더를 뽑는 민주주의

(democracy)가 카코크라시로 변질하면 유능하거나 열심히 헌신하는 사람이 제대로 대우를 받지 못하게 된다.

사회주의 정치체제인 중국은 아예 민주주의의 약점을 지적하며, 과거 시험 전통에서 내려온 메리토크라시(meritocracy), 다시 말해 실력주의가 더 낫다고 주장하는 실정이다. 다니엘 벨 칭화대 교수는 『중국 모델, 정치적 실력주의와 민주주의의 한계』에서 "1인 1표만으로 리더를 뽑는 방법이 도덕적으로 합당하다는 데 동의할 수 없다."라고 주장하기도 했다. 지방 선거에 뽑혀 능력과 자질이 확인되고, 그러한 정치 리더 가운데 오랜 훈련과 검증을 통과한 사람이 최고지도부에 오르는 게 인기투표와 다를 바가 없고 늘 포퓰리즘에 휘둘릴 가능성이 큰 민주주의보다 낫다는 것이다. 벨 교수의 주장은 그럴듯해 보이지만, 민주주의를 사랑하는 사람들이 동의하는 것 같지는 않다.

많은 국민이 대한민국은 민주공화국이라고 얘기하지만, 대한민국을 진정한 민주공화국으로 만들고 발전시키며 성숙시켜 나가는 길은 정말 쉽지 않은 여정이다. 국민이 개인의 권리를 강조하는 민주주의 정신뿐만 아니라 시민의 덕성과 공공의 선(善)을 위해 노력하는 공화주의 정신까지 두루 갖춰야 제대로 된 민주공화국이 되기 때문이다.

사람마다 의견은 다르겠지만, 최장집 교수는 『민주화 이후의 민주주의』라는 책에서 "나는 민주화 이후 한국 사회가 질적으로 나빠졌다고 본다."라고 지적했다. 실제로 고대 그리스에서도 왕정, 과두정, 참주 정치를 거쳐 수백 년 만에 민주주의가 만들어졌으며, 그나마 민주주의의 전성기는 길지 않았다. 『미국의 민주주의』를 설명한 알렉시스 드 토크빌도 "의미 있는 시민 유대가 희미해지고 시민들이 점차 물질에 집착하며 자기 자신에게만 몰두할 때 민주주의가 부식하기 시작한다."라고 경고했다. 민주주의의 소중함을 잊고 민주주의를 당연시하면 안 된다는 것. 민주주의의 진정한 가치를 가슴에 새기고 지키려는 노력이 부단히 필요하다는 의미다.

다시 강조하면, 제대로 된 민주공화국을 만들어가는 과정은 멀고도 힘들다. 그렇다고 포기할 수도 없고 절대 포기해서도 안 되는 게 민주공화국이기도 하다.

# 3장. 나는 보수일까, 진보일까?

양쪽 극단에서 공격을 받으면 당신이 옳다는 뜻입니다.
— 장 폴 사르트르 —

대한민국 사회에서 386 세대는 '진보의 아이콘'으로 불렸다. 386 세대는 1960년대에 태어나 80년대에 대학을 다닌 세대를 뜻했다. 통계청이 2016년 12월 발표한 자료에 따르면, 386세대를 대표하는 1960~64년생 가운데 자신이 보수적이라고 생각하는 비율이 42.5%였다. 2012년 대통령선거 당시 이들의 64.4%가 보수정당 후보를 지지했다. 그들은 대통령 탄핵이 있었던 2016년을 기점으로 다시 진보로 변했다가 2020년 이후 보수로 바뀌는 모습을 보이고 있다.

'진보의 아이콘'이라고 불리던 세대가 왜 나이가 들면 보수화가 되는 것일까. 우리 사회에서 보수와 진보를 얘기하는 사람은 많지만, 진정한 보수와 진보의 가치와 의미에 대해서 나름 소신을 지니고 말하는 사람은 극히 적다. 오히려 사안에 따라 보수와 진보를 오가는 사람들이 많은 게 현실인 만큼, 특정 인물을 보수나 진보 중 하나로 재단하는 이분법적 사고야말로 가장 멀리해야 할 필요가 있다. 대한민국 현실에서 경계해야 할 것은 건전한 보수와 진보가 아니라, 이념의 양극단에 포진하고 있으면서 자신의 세계에만 집착하는 사람들이 아닐까?

## 전통과 문화유산의 수호자, 보수주의

보수주의(conservatism)는 '보존한다(conserve)'는 말에서 비롯된 개념이다. 1818년 프랑스의 샤토브리앙이 발행한 『보수주의자(Le Conservateur)』라는 잡지명에서 유래했다. 프랑스의 보수주의적 사상가들이 기존 질서와 시대적 요구를 조화시켜나가는 자신들을 '문화유산과 정의를 수호하는 사람'의 의미로 보수주의자(conservateur)라고 명명했다는 것이다.

보수라는 말은 일상에서 여러 가지 의미로 쓰인다. 클린턴 로시터(C. Rossiter)는 이를 기질적(temperamental) 보수, 상황적(situational) 보수, 정치적(political) 보수, 철학적(Philosophical) 보수 등 네 분야로 나눴다.

기질적인 보수는 익숙해진 것을 좋아하고 새로운 것에 두려움을 느끼는 심리적 태도를 의미한다. 인간은 예로부터 익숙한 삶의 유형에 친근감을 느끼고, 익숙하지 않은 변화는 거부하는 경향이 있다. 그런 만큼 기질적 보수주의란 본능적인 현상이라고 할 수 있다. 일상적으로 "너는 너무 보수적이야, 아빠 세대는 보수적이야."라는 표현이나, 나이가 들면 보수화된다는 것은 바로 기질적 보수주의를 뜻한다.

상황적 보수주의란 특정한 사회적 상황에서 나오는 반응으로, 어떤 세력이 새로운 질서를 요구할 때 기존 질서를 옹호하는 태도를 말한다. 흥미로운 사실은 상황적 보수주의자들이 수호하려는 기존체제의 성격이 일정하지 않고 역사적으로 변한다는 점이다. 보수주의는 19세기에는 민주주의적 개혁에 반대했다가, 21세기에는 자유민주주의의 수호자가 됐다.

대체로 가진 것이 많은 사람, 즉 재산이 있는 사람은 자기 것을 지켜야 하므로 변화를 싫어하는 상황적 보수주의에 호응하는 성격을 지닌다. 예컨대, 1990년대 초 사회주의 정권이 붕괴하던 폴란드의 경우, 노동자들은 사회주의가 노동자와 농민을 억압하는 이념이라고 믿고 있었다. 한국과는 완전히 반대되는 모습인데 사회주의가 우파 보수, 사회주의에 반대하는 반공 인사들이 좌파 진보로 분류됐다.

결국 보수주의는 기존체제에 대한 변혁의 필요성 주장에 대항해 기존체제가 어떠한 성격이든 상황이 변하면 거기에 맞게 채택될 수 있는 유연성을 지니고 있다. 상황에 맞추다 보니 이념과 원칙이 없다는 비난도 많이 받는다.

정치적 보수주의와 철학적 보수주의는 정치사상이나 이데올로기로서 보수주의를 말한다. 기존의 사회질서나 도덕 체계 등을 근본적으로 개혁하든가 타파하려는 새로운 이념이나 세력이 도전해 올 때, 철학적이나 사상적 기반을 가지고 기존체제를 유지하거나 옹호하는 태도 혹은 이데올로기라고 할 수 있다.

서구 보수주의의 선구자인 에드먼드 버크는 1790년 출간한 『프랑스

혁명에 관한 성찰』에서 보수의 기본 아이디어를 도출해냈다.

버크는 인간의 합리적 능력은 제한돼 있고, 사회는 이성이 아니라 전통적 도덕 · 관습에 의해 재생산되며, 문명은 사회 안정을 도모함으로써 유지될 수 있다고 봤다. 인간의 지식은 한계가 있으며, 역사적으로 발전되어온 제도들을 보존하는 게 중요하다는 게 그의 생각이었다.

버크는 기존 제도를 과격하게 파괴하면 더 나은 새로운 질서가 만들어지는 게 아니라 무정부 상태가 되며, 결국 군사적 독재자가 출현할 것이라고 예언했다. 1789년 프랑스 혁명이 발생한 후 일 년 뒤 제시됐던 버크의 예언은 나중에 '나폴레옹의 등장'으로 현실이 됐다. 이를 계기로 버크의 명성은 높아졌다 (프랑스는 대혁명 이후 두 번의 제정(帝政), 두 번의 왕정, 세 차례의 피를 흘린 혁명 등을 겪은 후 1870년에 와서야 지금과 같은 공화국이 되었다. 프랑스 대혁명이 추구했던 정치체제는 80여 년이 지난 후에 그나마 모습을 갖췄다).

버크의 보수주의는 '전통과 질서, 점진적 개선'을 중시하면서, 계몽주의와 마르크스주의(사회주의)로 대표되는 진보와 대비됐다.

버크는 역사와 전통을 중시하며 다음과 같이 강조했다.

"오래된 제도들은 여러 필요성과 편의의 산물이다. 그 제도들은 종종 어떤 이론에 따라 설립된 것이 아니다. 오히려 이론이 그 제도에서 추출된다. 오래된 제도들에서는, 우리가 원래 계획이라고 상상하는 것과 수단이 완벽하게 조화되지 않는 듯 보이는 곳에서 그 목적이 가장 잘 성취되는 것을 종종 보게 된다. 경험에서 얻은 수단이, 원래 계획에 따라 만든 수단보다도 정치적 목적에 더 적합할 수 있다."

버크는 사회를 계약 관계로 파악했다. 그는 같은 저서에서 "사회는 진정 일종의 계약이다. 국가는 동업자 합의보다 더 나은 바가 없다고 해서는 안 된다. 국가는 일시적이며 사라져버릴 연대(partnership)가 아니다. 그것은 모든 학문에서 연대이다. 모든 기예에서 연대이며, 모든 도덕과 모든 완전성에서 연대이다. 그러한 연대 관계가 목표로 삼는 것은 여러 세대를 거치더라도 성취될 수 없으므로, 그 연대는 살아 있는 자들 사이뿐 아니라 산 자와 죽은 자들 그리고 태어날 자들 사이의 연대가 된다."라고 강조했다.

보수를 얘기하면서 '보수는 보수(補修)하는 것' 즉 낡은 것을 수선하고 고쳐나가는 것이라고 표현하는 사람도 있다. 이들의 말에는 사람이 살아가는 세상에서 좋은 것을 허물기는 쉬워도 쌓기는 쉽지 않다는 생각이 담겨 있다. 인간의 본성, 역사와 전통을 어겨가며 급격하게 사회를 변화시키는 게 어렵다는 의미다.

## 보수를 실현하려면 개혁이 필요하다

에드먼드 버크가 프랑스 혁명의 대표적 폐해로 지목하면서 자신의 책에 소개한 내용이 있는데, 그건 프랑스 혁명 당시 국민의회 지도자인 라보 드 생테티엔(Rabaud de St. Etienne)의 말이다. 생테티엔의 표현을 잘 음미해보자.

"프랑스의 모든 낡은 것이 인민들의 불행을 뒤덮고 있다. 그들에게 행복을 돌려주기 위해서는 그들을 개조하지 않으면 안 된다. 그들의 생각을 바꾸게 하고, 그들의 규범을 바꾸고, 그들의 관습을 바꾸어야 한다 … 인간들을 변경하고, 사물을 변경하고, 말을 변경해야 한다. 모든 게 파괴되어야 한다. 그래야 모든 것을 다시 창조할 수 있다."

2016년 12월 촛불시위가 벌어졌을 때 한 인사는 "정부, 국회, 모두 일할 생각이 없나 보다. 다 갈아엎으면 된다. 우리가 당분간 주 7일 근무하면 된다. 겨울이 되면 원래 땅 한 번씩 갈아엎고 논둑에 불 한 번씩 지르고 다음 해 농사를 준비한다."라고 주장했다. 생테티엔의 말이나 한국의 진보 인사가 내뱉은 과격 발언이나 가만히 생각해보면 섬찟하다. 모든 걸 파괴한다는 게 현실적으로 가능하고, 그게 나와 내 가족의 삶을 어떻게 망가뜨릴지 알 수 없기 때문이다.

보수는 이러한 급진주의를 싫어했다. 보수주의 이념이 허용하는 개혁의 범위에 대해 버크는 보수하기 위해서는 오히려 개혁이 필요하다고 보았다. 보존과 교정이라는 두 원리가 작동해야 진정한 보수주의라는 것이다. 그는 "변화할 수단을 갖지 않은 국가는 보존을 위한 수단도 없는 법이다. 국가가 변화할 수단을 갖지 않는다면 독실한 마음으로 보전하려 했던 헌정의 부분을 상실하는 위험에조차 빠질 수 있다."라고 경고했다.

보수주의의 역사를 통해 보수의 개념을 정의한다면, 보수는 훌륭한 전통과 유산을 계승하고 잘못된 부분을 고쳐나가는 점진적인 개혁을 의미한다. 보수는 사적인 이익을 추구하기보다는 더불어 살아가는 공적인 대의를 존중해야 하며, 변화를 추구하되 국민 일상의 안정을 중시한다고 볼 수 있다. 버크가 말한 헌정 보전과 관련해 설명한다면, 보수는 헌법에 명시된 민주공화국의 원리를 수호하고, 자유민주주의와 시장경제, 법치주의를 지켜나가는 이념이라고 말할 수 있다.

버크의 '고전적 보수주의'가 20세기 사회변동 속에서 새롭게 보여준 흐름이 '신자유주의적 보수주의'였다. 이를 대표하는 경제학자로 프리드리히 하이에크와 밀턴 프리드먼이 있으며, 정치가로는 대처와 레이건이 꼽힌다. 신자유주의적 보수주의는 전통과 질서를 중시한다는 점에서 고전적 보수주의를 계승했지만, 자유시장경제를 적극적으로 옹호한다는 점에서 보수주의의 새로운 변신을 추구했다.

그렇다고 모든 보수주의가 같은 길을 걷지는 않았다. 영국의 보수주의는 따뜻함을 잃지 않았다. 영국의 한 보수정치인은 "가진 사람이 가난한 사람에게 더 베풀려고 진실성을 지니고 노력하는 것이 보수다. 그렇지 않으면 신이 노여워하게 된다."라고 설명하기도 했다.

한국 사회에서 보수주의의 기반은 취약했다. 보수의 가치와 이념이 정착하려면 역사와 전통이 있어야 하는데, 한국에서는 1948년 정부가 수립되면서 갑자기 하향식(top-down) 자유민주주의와 시장경제가 자리 잡았기 때문이다.

실제로 보수주의는 역사가 오래돼 지키고 보존해야 할 것이 많고, 번영과 위세가 계속 유지돼야 하는 선진국에서 타당한 이념이다. 보수주의자들이 보수하려는 제도란 역사적으로 발전한 전통 제도인데, 역사가 짧은 나라는 그러한 전통 제도가 거의 없기 때문이다. 에드먼드 버크가 활동했던 18세기와 19세기에 영국이 보수주의에 앞장서고, 20세기에는 미국이 보수주의 아성이 된 것도 두 나라가 가장 발전했기 때문이다. 후진국에서는 지켜야 할 것이 없으니 안정속에서 변화를 추구하는 보수주의가 자리 잡을 이유가 별로 없는 것이다.

광복 이후 최빈국이던 한국에서 보수주의는 지켜야 할 가치를 역사와 전통 대신에 북한의 존재와 대비해서, 즉 북한과의 체제경쟁에서 찾았다. 해방 이후 분단체제의 성립과 한국전쟁의 생생한 체험은 우리 사회를 '보수 주도의 사회'로 바꿔놓았다. 여기에 박정희 정권은 반공을 국시로 삼았고, 그와 함께 경제성장을 이뤄냈으니 대한민국 보수 세력은 공산주의 척결과 경제성장을 위한 시장경제의 옹호자가 됐다. '뉴라이트'로 불리는 보수주의의 경우 국가가 주도하는 개발독재를 시장이 선도하는 성장제일주의로 바꾼 것에 불과하다는 평가를 받기도 했다. 여기에 오랜 세월 대한민국 국민에게 체화된 유교적 전통주의와 도덕주의도 역사와 전통을 중시하는 서구 보수주의와 성격이 일맥상통했다.

그런 측면에서 한국의 보수주의는 기존 정치 질서를 옹호하는 집권 세력의 상황적 보수주의, 즉 '철학 없는 보수 세력의 보신주의'로 비친 측면이 강하다. 급변하는 정세 속에 살아남아야 하는 상황에서 몸에 체득된 '생존 본능과 그에 따른 임기응변식 태도'가 보수주의로 포장된 만큼, 보수주의의 품격이 높아지기가 쉽지 않았다.

## 자율과 경제적 평등의 지지자, 진보주의

진보주의(進步主義, Progressivism)는 기존 정치 · 경제 · 사회 체제를 급격한 변혁이라는 수단을 통해 새롭게 바꾸려는 성향이나 태도를 말한다. 보수주의자인 에드먼드 버크에 대응하는 진보적인 인물로 영국 태생의 미국 이민자였던 토머스 페인(Thomas Paine)이 꼽히기도 한다.

토머스 페인은 미국의 독립을 위해 목소리를 냈고, 프랑스 혁명 당시 파리와 런던에서 활동하며 혁명가들의 가치를 지지하는 유력한 인물이 되었다. 버크의『프랑스혁명에 관한 성찰』은 일 년 동안 1만 9,000부가 팔렸다. 반면 버크와 '팸플렛 논쟁'을 벌인 토머스 페인의 저서『인간의 권리(The Rights of Men)』1, 2부가 1791년과 1792년에 나왔는데, 페인은 쉬우면서도 직설적인 문체로 프랑스 혁명을 인권의 이름으로 옹호했다. 페인은 영국에 대해서도 공화주의적 헌법을 제정하자고 주창했다.『인간의 권리』는 진보적 성격의 저서들이 그러하듯이 대중의 눈길을 끌어모으면서 버크의 책보다 열 배 이상 팔렸다.

정치사상가이자 경제학자인 존 스튜어트 밀은 19세기 영국의 상황, 즉 빈부격차와 정치권의 무능 · 부패, 개인주의 만연에 따른 인간 소외, 환경파괴 등에 대해 심각한 우려를 표명했다. 밀은 영국이 갖는 문제점에 대한 처방으로 표현의 자유 보장, 남녀평등, 무상 초등교육, 최저생활 보장, 노동조합 육성, 땅과 상속에 대한 사유재산권 제한, 환경보호를 위한 개발의 중단, 개인주의의 재정립 등을 제시했다. 그의 주장들은 오늘날에도 진보적인 정치인이나 시민단체들의 목소리에서 무수히 발견할 수 있다. 사회변혁을 위한 선구적인 주장으로 인해 존 스튜어트 밀은 '진보적 자유주의의 시초이자 대표'로 불리고 있다.

진보는 질서 유지와 경제적 자유를 추구하는 보수와 달리, 상대적으로 자율성과 경제적 평등이라는 가치를 옹호한다. 진보도 보수처럼 시대와 역사에 따라 달라지는데, 진보로 분류할 수 있는 여러 사상이나 정치 집단이 있으며 그 스펙트럼도 다양하다. 시대와 지역에 따라 진보주의와 보수주의 이념이 서로 엇바뀔 수도 있으니 명확한 구분이 어렵다. 대체로 진보적인 사상으로는 공산주의, 사회민주주의, 민주사회주의, 무정부주의 등이 포함된다. 대한민국에서는 북한의 존재로 인해 사회주의에 대한 거부감이 워낙 강하기 때문에 진보주의, 평등주의, 생태주의 등을 표방하는 경향이 있다.

자율성과 경제적 평등을 강조하는 진보주의는 미국의 민주당 출신 대통령 사례에서 많이 발견된다. 프랭클린 루스벨트는 1933년 제32대 대통령 취임식에서 "우리가 두려워할 것은 두려움 그 자체밖에 없다."라고 말해 유명해졌는데, 그는 당시 금전적 이익보다 더 숭고한 사회적 가치를 반영해야 한다고도 역설했다. 그는 미국의 현대 복지국가 기반을 확립하면서, 힘을 가진 자가 약자를 수호하는 정신을 확립했다는 평가를 받는다.

존 F. 케네디 대통령은 취임식에서 "자유 사회가 수많은 가난한 사람을 돕지 못한다면, 몇 안 되는 부자도 구제할 수 없을 것입니다."라고 말했다. 케네디 대통령은 "진보란 뒤를 보지 않고 앞을 보는 사람이고, 경직된 반응을 보이지 않고 새로운 아이디어를 받아들이는 사람이며,

시민들의 안녕 즉 그들의 건강 주택 학교 직장 인권 그리고 시민적 자유에 관심을 보이는 사람입니다. 만약 이런 것이 그들이 말하는 진보라면 나는 진보라고 자랑스럽게 말하겠습니다."라고 강조했다.

케네디 대통령은 그렇다고 완고한 진보주의자가 아니었다. 그는 취임사에서 "국가가 여러분을 위해 무엇을 할 수 있는가를 묻지 말고, 여러분이 국가를 위해 무엇을 할 수 있는가를 물어보십시오."라는 명언을 남겼는데, 그가 강조한 국민의 참여와 책임은 보수의 대표적인 덕목이다. 또 케네디의 "맑은 날 지붕을 고쳐 놔야 비가 와도 걱정이 없다."라는 말도 보수의 냄새를 부쩍 풍기는 표현이다. 케네디 대통령은 진보와 보수의 틀에 얽매이지 않았음을 알 수 있다.

린든 존슨은 1964년 민권법에 서명한 후 보좌관에게 "이제 민주당은 아마도 30~40년은 남부에서 지지를 받지 못할 걸세."라고 속내를 털어놨다. 자신의 정치생명과 민주당의 운명을 걸고 민권법을 통과시켰다는 것을 얘기한 것. 실제로 남부 및 중하류 백인층은 반전운동 등으로 진보세력이 득세하는 민주당에 불만을 표시하고, 종교, 결혼, 총기 문제 등에서 보수적 견해를 지지하는 보수주의를 지지했으며 남부는 보수정당인 공화당의 아성이 되었다.

미국의 경제학자 폴 크루그먼은 『새로운 미래를 말하다, The Conscience of a Liberal)』에서 다음처럼 강조했다.

"나는 기관들의 뒷받침으로 지나친 부나 빈곤이 제한되는 비교적 평등한 삶을 신봉한다. 나는 민주주의, 시민의 자유, 법치주의를 신봉한다. 그래서 나는 진보이며, 이것을 자랑스럽게 여긴다."

진짜 보수와 가짜 보수라는 말이 있듯이, 진보에도 위선적인 진보가 있다. 영어 가운데 '리무진 리버럴(Limousine Liberal)'이란 표현은 껍데기만 진보인 부유층을 말한다. 부유층의 모든 편의와 특권을 누리면서 진보적 활동에 앞장서거나 사회적 이슈에 립서비스(lip-service)만 하는 위선자를 가리키는 말이다. 대형 차량을 몰고 다니는 환경주의자, 온갖 즐거움은 다 누리면서 매사에 약자 편을 드는 모습을 보이는 할리우드 스타 등이 그들이다. 국내에서 보면, 사회적 이슈에 개념 있는 발언을 한다는 평가를 받으면서 인기를 얻는 연예인, 저소득층과 빈민들을 지원하는 재단을 운영하면서 대기업으로부터 기부금을 뜯어내는 사회운동가, 대학 강단에 앉아 대안없이 비판만 하는 교수 등이 여기에 해당한다고 할 수 있다.

비슷한 의미로 부자는 아니지만 렉서스를 타고 다니는 렉서스 리버럴, 스타벅스 등에서 비싼 라떼를 시켜 마시는 족속을 뜻하는 '라떼 리버럴(latte liberal)' 등이 있는데, 우리식 표현으로 바꾸면 위선적인 '강남 좌파'쯤으로 표현이 가능할 듯싶다. 겉모습만 좌파의 모습을 보인다고 해서 '패션 좌파'라는 용어도 있다.

## 민주주의의 본질인 관용과 러셀 커크의 원칙

보수와 진보를 표현할 때, 우파와 좌파로 표시하는 경우가 있다. 우파는 이념적으로 보수적이고 전통과 자유주의, 자본주의를 중시한다. 좌파는 사상적으로 진보와 혁신을 강조하며, 평등의 이념을 더욱 강조하는 성향을 보인다. 1789년 프랑스 혁명 이후 프랑스 국민공회에서 의장을 중심으로 급진파인 자코뱅당이 왼쪽에 자리했고, 온건파인 지롱드당이 오른쪽에 앉았던 데서 유래했다. 이러한 좌우 개념은 정치적 성향에 따라 급진 좌파, 중도 좌파, 급진 우파, 중도 우파 등 다양한 스펙트럼으로 나뉘기도 한다.

대체로 우파는 경제 문제에서 시장원리를 신뢰하고, 자율을 기반으로 하는 경제적 효율성을 중시한다. 공기업에 대한 민영화 주장, 규제 철폐 등이 우파의 목소리다. 국가의 개입을 최소화할 것을 주문하면서, 복지 정책에서도 성장 우선의 논리와 성과에 대한 차등 분배를 옹호하는 경향이 강하다.

반면, 좌파는 시장에 대한 국가의 개입을 강조하면서 시장의 자율성 못지않게 형평성을 강조한다. 국영기업이나 공기업의 확대를 통해 형평성을 달성하려는 의지를 보인다. 평등과 분배를 중시하고 사회적 약자에 대한 배려를 강조하다 보니 국민에 대한 복지 정책의 확대를 강조하게 된다.

그렇다고, 보수와 진보의 가치가 아주 멀리 떨어져 있는 것도 아니다. 국가안보, 경제성장, 법치주의 등은 보수가 주목하는 가치인데, 그렇다고 진보세력도 이러한 가치를 완전히 무시하는 것은 아니기 때문이다.

보수와 진보를 오간 인물도 많은데 대표적인 인물이 제26대 미국 대통령인 시어도어 루스벨트다. 그는 진보 측으로부터 미국 역사상 최악의 전쟁광이자 제국주의자로 혹평을 받았는데, 보수주의자들은 그가 마련한 독점금지법을 예로 들면서 자유시장경제를 억압한 사회주의자로 인식했다.

시어도어 루스벨트는 스페인과의 전쟁에서 싸운 전쟁영웅이자 미국의 영향력 확대를 꾀한 대통령이었다. 국내에서는 당시 강도귀족(robber barron)으로 불리던 대기업을 통제하기 위해 독점금지법을 만들어, 자유 방임시장을 그대로 두지 않고 정부가 통제와 감독에 나섰다는 선례를 남겼다. 기득권과 소시민, 가진 자와 못 가진 자 사이에서는 서민과 약자를 위해 뛰었다. 국내에서도 김대중 대통령의 경우 인권과 복지 측면에서 진보적인 대통령으로 불릴 수 있으나, 경제에서는 외환위기 극복을 위해 보수주의자들의 이념인 신자유주의를 받아들였다.

보수와 진보를 한국에 한정해 보면, 한국의 보수는 '경제성장과 안보제일주의'에 너무 매달렸고, 진보는 이를 대신할 수 있는 민주적인 대안을 마련하지 못했다는 비판을 받는다. 보수는 공정경쟁을 기반으로 하는 시장경제와 개인의 자유를 강조하는 자유민주적 대안을 내놓아야 하고, 진보는 사회민주주의와 복지국가를 강하게 얘기해야 하는 데 그렇지 못했다는 것이다. 우리 사회의 지식인층에서 한때 '보수는 능력은 있으나 부패했고, 진보는 깨끗하나 능력이 없다.'라는 표현도 사용됐지만, 지금 보면 진실과 참으로 먼 문장에 불과하다는 느낌이다.

보수와 진보는 상호 배격하는 개념이 아니라 보완하고 함께 가는 개념이다. 보수와 진보가 공존해야 할 때 즐겨 쓰이는 표현이 바로 '새는 좌우의 날개로 난다.'라는 말이다. 미국의 케네디 대통령이 대통령선거에 나왔을 때 "당신은 케인지언(keynesian)인가, 아니면 공산주의인가?”라는 질문을 받았다. 케네디는 ‘세상의 진실은 왼쪽이나 오른쪽 끝에 있는 것이 아니라, 그 가운데 어느 지점엔가 있다.’라는 우문현답(愚問賢答)의 발언을 했다. 무슨 ‘주의’나 ‘사상’만을 강조하는 언행은 선명성에서는 있어 보일지 모르지만, 세상의 진실을 말해주지도 않고 해결책을 도출하는 데 도움도 되지 않는다.

모든 사상과 이념에 대해 관용(톨레랑스)을 보이는 것은 민주주의의 기초다. 자기 생각이 소중한 만큼 다른 사람의 생각을 존중해야 대화와 타협, 절충이 가능하다. 관용이 없으면 세력을 확장하지 못하고 소수로 전락하게 된다. 민주주의 정치에서 소수로 전락하면 집권할 수도 없고, 자기의 정책을 조금이라도 반영할 기회를 잃게 된다.

민주주의와 달리 자신들만 옳다며 남을 배격하고 권력을 독차지하려는 게 패권주의다. 다양성을 인정하지 않고 오로지 하나의 생각만 강조하는 게 전체주의다. 독일의 나치나 일본의 군부, 소련의 공산주의 등 전체주의는 역사에서 늘 비극적 종말을 맞았다.

국가와 국민을 위해 필요한 것은 보수와 진보의 양분법이 아니다. 사실 진정한 보수와 진보의 차이도 사회 변화에 대한 태도와 속도감에서 구분될 뿐이다. 세상은 늘 변한다. 변화의 스펙트럼을 놓고 모든 것을 다 바꿔야 한다는 것 즉 혁명을 일으키자는 게 급진주의이며, 변화에 대해 일절 거부감을 보이며 완고한 특성을 보이는 게 수구다.

보수가 과연 어떤 것인지에 대해서는 미국 보수주의의 아버지로 불리는 정치사상가 러셀 커크의 ‘보수주의 열 가지 원칙’을 살펴보는 게 좋다. 동의하든 그렇지 않든 커크의 견해는 우리의 생각 지평을 크게 넓혀

준다. 보수의 정의를 진보와 비교해 생각해보는 방식도 괜찮아 보인다.

첫째, 보수주의자는 인간에게 불변의 도덕적 질서(신이나 인간이 꼭 지켜야 할 규범)가 존재한다고 믿는다. (진보는 모든 질서나 규칙, 규범이 상황에 맞게 빨리 변할 수 있다고 생각하며, 대의나 혁명을 위해 폭력도 가능하다는 식의 사고를 지닌다.)

둘째, 보수주의자는 관습이나 오랜 세월 합의된 지혜와 연속성을 중시한다. (진보는 관습이나 전통도 빠르게 바꾸거나 혁파의 대상으로 삼을 때가 많다.)

셋째, 보수주의자는 예로부터 자연적으로 형성된 규범이라는 원칙을 신뢰한다. (진보는 규범이 오히려 인류의 발전을 막는 장애물로 여길 때가 많다.)

넷째, 보수주의자는 신중함이란 원칙을 행동 기준으로 삼는다. (진보는 대의나 환경 변화를 위해 급격한 변화를 추구하는 욕구가 있다.)

다섯째, 보수주의자는 다양성의 원칙을 중시한다. (진보는 평등주의적 이상향을 모든 사람에게 똑같이 구현하고자 한다.)

여섯째, 보수주의자는 인간이 불완전하다는 원칙에 따라 스스로 절제하고 자제한다. (진보는 인간이 모든 걸 할 수 있다고 믿으며, 새로운 변화나 이상향을 구현하기 위해 힘을 집중시키고 열정을 불사르는 데 관심이 있다.)

일곱째, 보수주의자는 자유와 재산권이 밀접하게 연관된다고 확신한다. (진보는 세금을 통한 재산 분배에 집중하며, 평등한 세상을 위해 국가권력의 확대와 개인 재산권의 억제를 주장한다.)

여덟째, 보수주의자는 자발적인 공동체는 지지하나 강요된 집단주의나 집산주의는 반대한다. (진보는 평등한 이상향을 만들기 위해 국가의 강제력을 동원한 평등적인 조직을 구성하는 데 관심이 크다.)

아홉째, 보수주의자는 인간의 격정이나 권력이 신중하게 자제돼야 한다고 믿는다. (진보는 평등한 이상향을 만들기 위해 주어진 권력을 최대한 활용하여 기존 제도나 법률을 마구 바꾸려는 경향이 있다.)

열째, 사려 깊은 보수주의자는 활력이 넘치는 사회를 위해 역사를 통한 영속성과 지속성을 반드시 인정하고 변화를 신중하게 모색해 두 가지를 조화시켜야 한다고 생각한다. (진보는 지속성보다는 변화에 방점을 두고 빠른 변화를 원한다.)

러셀 커크의 표현에서 보듯이 진짜 보수는 개혁을 추진하되 좋은 것은 보전하며 가자는 것이며, 진짜 진보는 혁명이 아니되 변화에 과감하게 나서자는 것이다. 그러므로 보수와 진보가 사생결단식으로 대결할 성질은 아니다. 한 나라나 국민에게 진정 필요한 것은 보수와 진보 모두 실사구시(實事求是)에 기초해 생각하고, 미래의 변화에 실용적이면서 적극적으로 대처하는 열린 지혜와 관용이 아닐까?

보수와 진보를 표현할 때 우스갯소리로 '보수는 결혼, 진보는 연애'라고 말하는 사람도 있다. 연애할 때는 장밋빛 환상과 무지개로 가득 찬 세상이 보이나, 막상 결혼하면 책임과 의무가 따르는 실제 삶이 도래한다는 것. 정확한 비유는 아니지만, 시쳇말로 느낌이 확 오는 표현인 것 같다.

# 4장. 다수를 따르되 소수는 존중돼야 한다

민중만큼 불확실하고, 여론만큼 우매하며, 정치가만큼 거짓된 것은 없다.
— 키케로 —

민주주의는 국민 주권의 원리와 다수결의 원리를 준칙으로 삼아 작동한다. 어떤 안건에 대해 의견이 엇갈릴 때 누군가 "다수결로 정합시다!"라고 얘기하면 대체로 참석자 대부분의 동의를 얻을 수 있다. 그렇다면, 우리가 알고 있는 다수결은 어느 정도의 정당성을 갖는 것일까.

다수결이 정치에서 지니는 의미를 이해하려면, 현대 민주주의 국가에서 정치적 선거의 4가지 기본 원칙인 보통선거, 평등선거, 직접선거, 비밀선거를 알 필요가 있다. 보통선거는 제한선거의 반대말로 일정한 나이가 되면 누구나 투표권을 행사할 수 있는 권리를 의미하며, 평등선거는 1인 1표를 뜻한다.

하지만, 보통선거와 평등선거가 자리 잡기까지는 오랜 시간이 걸렸다. 민주주의 선구자들조차 똑똑하고 현명한 사람이 국정의 주요 현안을 결정해야 하며, 무지몽매한 일반 백성이 정치에 참여하면 국정이 망

가진다고 생각했기 때문이다. 계몽사상가인 장 자크 루소조차 "여성은 남성에게 기쁨을 주기 위해 창조됐다."라며 지금 기준으로는 정말 말도 안 되는 망언(?)을 했다.

민주주의를 정착시킨 영국은 1688년 명예혁명 이후 오랫동안 소수에게만 투표권을 주었다. 연 40실링의 세금을 지방세로 낼 수 있는 지주로 제한한 게 대표적인 기준으로, 실제 참정권을 행사할 수 있었던 사람은 전체 성인 가운데 3% 수준에 불과했다. 그러다가 1832년 제1차 선거법 개정을 통해 집을 보유하거나 지대(rent)를 낼 수 있는 사람에게 투표권을 허용했는데, 대략 성인 남성 7명 중 1명이 투표권을 갖게 됐다. 노동자와 여성은 여전히 제외였다. 1867년 제2차 선거법 개정을 통해 많은 숙련된 노동자도 투표권을 갖게 돼 성인 남성 3명 중 한 명꼴로 투표를 할 수 있었지만, 여전히 여성은 투표권이 없었다. 그 후 1918년 21세 성인 남성에는 보통선거권이, 30세 이상 여성에게는 제한된 선거권이 인정되었고 비로소 1928년 남녀 모두 21세 이상이면 투표권을 가질 수 있도록 바뀌었다.

미국 여성은 1920년 수정헌법 제19조가 비준된 뒤에야 투표권을 얻었는데, 1870년 흑인 남성이 투표권을 얻은 것과 비교해 50년이나 늦었다. 인권과 평등의 나라라는 프랑스도 1946년에야 여성 투표권을 허용해 대한민국보다 고작 2년 앞설 정도였다. 직접민주주의의 모범국가인 스위스의 여성들은 흥미롭게도 1971년이 되어서야 투표권을 가질 수 있었다.

## 민주주의는 시끄러운 사회다

투표권의 확대는 '대중은 이성이 부족하다.'라는 기존 인식에 반하여, '사람은 모두 평등하며, 일반 대중도 충분히 공적인 일에 관해 판단하고 의사결정을 할 수 있다.'는 주장의 승리였다. 이를 통해, 민주사회의 의사결정 방식인 다수결의 원칙에 따라 일반 대중의 목소리가 매우 커졌다.

다수결의 원칙은 소수의 판단보다는 다수의 판단이 더 합리적일 것이라는 가정에서 출발했다. 제임스 서로위키는 『대중의 지혜』라는 책에서 "집단은 집단 내부의 가장 우수한 개체보다 지능적"이라며 집단 지성을 강조했다. "사공이 많으면 배가 산으로 간다."라는 옛 속담도 있지만, 이는 틀렸다는 것이다.

실제로 민주주의는 간단히 말해 '말 한마디면 되는 세상'에서 '여러 가지 말이 필요한 사회'로의 전환을 의미한다. "민주주의는 원래 시끄러운 것"이라는 말까지 있는 만큼, 사람들이 갑론을박하는 것을 나쁘게 봐서는 안 된다는 지적이다.

서로위키는 정치에 대해 다음과 같이 설명했다.

"정치는 궁극적으로 시민의 일상에 미치는 정부의 영향이다. 좋은 정치가 시민의 일상적인 삶과 가능한 한 많이 떨어져 있다고 생각하는 것은 매우 이상하다. 건전한 민주주의는 사람들의 투표와 여론으로부터 얻는 정보와 정보의 부단한 유통을 필요로 한다. 이것은 전문가나 선거로 뽑힌 의회 구성원들이 얻을 수 없는 정보인데, 이는 그들이 사는 세상이 아니기 때문이다.

고립된 엘리트가 올바른 결정을 내린다고 믿는 것은 어리석다. 대부분의 정치적 결정은 어떻게 할 것인가에 관한 결정이 아니다. 오히려 무엇을 하는가에 관한 결정, 가치와 교섭을 포함하는 결정, 어떤 사람들이 혜택을 받느냐에 관한 선택이다. 전문가들이 일반 투표자들보다 그러한 결정을 더 잘하리라고 생각할 이유는 없다."

대한민국의 정치역사를 보더라도 유력 정치인이 시내버스와 지하철 요금이 얼마인지 몰라 아주 곤란한 지경에 빠진 적이 많았다. 시내버스와 지하철은 그가 사는 공간이 아니었기 때문이다. 그래서인지 세계 곳곳에선 정책의 입안과 결정 과정에 시민이 참여하는 다양한 방안을 마련 중이다. 스페인의 수도 마드리드에서는 유권자 2%의 동의를 얻은 제안은 무조건 주민투표에 부쳐지고 과반의 동의를 얻으면 실제로 입법화되는 방안을 마련했다.

그렇다고 다수결이 곧 정의이며 옳은 결정으로 이어지지는 않는다. 거짓과 조작에 취약하고, 미디어에 비치는 이미지에 따라 표의 쏠림 현상이 나타나기 때문이다. 2016년 11월 벌어진 미국의 대선에서도 악의적으로 조작·유통된 가짜 뉴스의 문제가 심각하다는 지적이 나왔다. 미국 온라인 매체 『버즈피드』의 조사 결과, 대선 직전 3개월간 페이스북에서 가장 많이 공유된 상위 20개 '가짜 뉴스'의 공유 숫자는 871만여 건으로 집계됐는데, 이는 기존 언론에서 생산된 상위 20개 '진짜 뉴스'의 공유 숫자 736만여 건보다 많았다. 가짜 뉴스에는 '프란치스코 교황이 트럼프 후보 지지를 선언했다.', '클린턴 후보가 이슬람국가(IS)에 무기를 팔아넘겼다.' '클린턴과 민주당 인사들이 성매매 사업을 한다.' 등한눈에 봐도 비상식적인 내용이 대부분이었지만 적지 않은 미국인들이 그러한 뉴스를 사실로 믿었다.

2016년 6월 23일 영국은 '유럽연합(EU) 탈퇴'라는 국가적으로 중대한 사안을 결정했다. 영국(Britain)과 탈퇴(Exit)의 합성어인 브렉시트(Brexit) 찬반투표에서 투표에 참여한 영국 국민 3,355만 명의 51.9%인 1,742만 명이 브렉시트 찬성에 표를 던지면서 반대(48.1%)를 3.8% 포인트 차이로 이겼다. 브렉시트 여론은 유럽 재정위기를 계기로 촉발됐다. 유럽연합(EU)의 재정 악화로 영국이 내야 할 분담금이 커지자, EU를 떠나자는 여론이 일었다. 여기에 취업 목적의 이민자가 크게 늘고, 중동에서 난민 유입이 증가하자 EU 탈퇴를 요구하는 목소리가 커졌다.

브렉시트가 막상 결정되자, 세계는 물론 투표에 나섰던 영국인들조차 몹시 놀랐고 '뒤늦은 후회'의 목소리를 내는 사람도 많았다. 영국이 EU를 탈퇴하도록 여론을 조장하고 국론을 분열시킨 보리스 존슨 전 런던 시장은 영국인들이 자신을 미워한다는 것을 알게 되자 총리 불출마를 선언했다. 하지만 투표 결과는 뒤집을 수 없었다.

민주주의가 시끄러운 것은 갈등을 표면 위로 드러내기 때문이다. 민주주의 세상에 사는 사람들은 서로 지적하기 바쁘다. 뉴스 하나만 나와도 온갖 댓글이 붙고, 심지어 SNS에서 격렬하게 논쟁을 벌이거나 말싸움한다. 민주주의 국가의 의회를 가보면 의원들끼리 삿대질하거나 육두문자를 쓰고 심지어 몸싸움을 벌이기도 한다. 대한민국에서는 이런 국회를 보고 '동물 국회'라는 표현을 쓰기도 했다.

민주주의와 달리 사회주의는 조용하다. 갈등을 억압하고, 지적을 인정하지 않기 때문이다. 사회주의 정치체제인 중국에서 SNS에 올라온 반정부 댓글은 즉각 삭제를 당하며, 반정부 인사는 곤욕을 치르기 일쑤다. 중국이나 북한의 인민대표회의가 열리는 모습을 보면 어떤 안건에 대해 백 퍼센트 찬성이 나오며 몸싸움은 물론 말싸움도 없다. 당의 명령, 사실은 국가 최고 권력자의 명령에 대해 이의를 제기하는 모습은 보이지 않는다.

사회의 갈등은 드러내고 치유해야지 감추고 누르면 병이 된다. 1989년 베를린 장벽이 무너지고 얼마 지나지 않아 소련과 동유럽 등 사회주의 국가들이 줄줄이 붕괴한 것도 오랜 세월 축적된 갈등이 한꺼번에 분출했기 때문이다.

민주주의가 시끄럽다는 것은 그만큼 민주주의가 건강하다는 의미다. 시끄러운 걸 싫어한다고 사회주의 국가로 가면 어떻게 될까? 사회주의 국가에서는 말하고 싶은 내용을 마음껏 내뱉을 발언권이 없다. 더욱 무서운 것은 당이 명령할 때 침묵할 권리도 없다는 사실이다. 우리가 흔히 얘기하는 묵비권이 허용되지 않는 게 사회주의다. 당신은 발언권도 묵비권도 제대로 행사할 수 없는 사회에서 살고 싶은가? (북한에서는 최고 권력자 김정은의 지시에 말대꾸하거나 연설 때 졸았다고, 심지어 건성건성 손뼉을 쳤다고 처형된 사례도 있었다.)

민주주의는 '법의 지배(rule of law)'를 기반으로 삼는 사회이다. 법의 지배란 해당 법률이 어떤 정신을 추구하느냐를 기초로 한다. 반면에 '법에 의한 지배(rule by law)'는 법률의 문구에 의해 지배되는 사회이다. 다수가 동의하면 합법적으로 입법할 수 있다는 생각이 퍼지면 '법의 지배'가 무너지고, '법에 의한 지배'가 대세로 자리 잡으면 악법이 양산되고 진정한 법치가 망가진다.

## 포퓰리즘은 다수결이 초래하는 위험한 함정

다수결의 원칙을 단순히 숫자로만 생각하면, 소수 의견은 아무리 옳더라도 배척당할 수밖에 없다. 비판적 사고가 부족하고 편견을 지닌 사람들에 의해 정치가 좌우되는 중우정치(衆愚政治)가 활개를 치거나 다수의 횡포에 따라 국론 분열이 심해지는 현상이 나타날 수 있는 것이다.

일부 전문가들은 이에 대해 '민주주의라는 게 국민이 나라의 주인이라는 아름다운 포장지만 걷어내고 나면 더 이상 한심할 수 없다.'라고 지적한다. 수학의 통계에서 널리 사용되는 개념 가운데 '정규 분포(normal distribution)'가 있는데, 이는 신장 지능 지성 등에 대입하면 평균치를 중심으로 가운데가 볼록하고 좌우로 점차 낮아지는 모습을 띠게 된다. 정치 행위인 투표에서는 지성과 관계없이 1인 1표이므로 상위 1%의 지성인이나 하위 1%의 백치나 같은 목소리를 내게 되는데, 이게 납득이 되지 않는다는 게 다수결의 위험성을 지적하는 사람들의 논리다. 사람의 인격에는 차이가 없지만, 지성에는 차이가 있는데 이를 무시하다 보니 자칫 이성보다는 감성에 휘둘리는 정치가 판을 치면서 '인기몰이에 능한 리더'만 양산할 수 있다는 것이다.

21세기 들어 활개를 치는 포퓰리즘을 들여다보자. 포퓰리즘은 민주주의 국가의 가장 큰 문제점으로 지적되고 있다. 포퓰리즘은 인기에 영합해 표를 얻으려는 선심성 정책을 말한다. 포퓰리즘 정책으로 혜택을 입은 사람들은 나중에 이를 당연한 권리로 여기는데, 그러면 다른 사람들도 경쟁적으로 혜택을 요구한다. 정치 권력이 '선심성 정책의 파탄'을 무책임하게 다음 정권으로 넘기면 국가는 걷잡을 수 없이 무너진다.

포퓰리즘은 1890년 미국의 양대 정당인 공화당과 민주당에 대항하기 위해 생긴 인민당(Populist Party)이 농민과 노조의 지지를 얻기 위해 경제적 합리성을 도외시한 정책을 표방한 것에서 유래했다. 세계 정치사에서 포퓰리즘의 대명사로 아르헨티나의 후안 도밍고 페론(1895-1974)이 꼽히는데, 그는 대중의 인기를 노리고 노동조건의 개선과 임금인상 등 선심성 경제정책을 남발해 국가 경제를 파탄으로 몰고 갔다. 흥미로운 사실은 페론이 1955년 군사쿠데타로 물러났다가 18년 뒤인 1973년 대통령선거에서 부활했다는 점이다. 포퓰리즘에 한번 중독된 국민으로부터 다시 선택을 받은 셈이다.

포퓰리즘은 국민의 다수를 차지하는 '저소득층과 빈민층'을 표면적으로 우대하는 정책을 펴기에 다수결의 원칙이 작용하는 선거에서 이길 확률이 높다. 예컨대 우리 정치권은 2016년 국회에서 5억 원을 초과하는 소득에 대해 소득세 최고세율을 38퍼센트에서 40퍼센트로 올렸다. 소득세 최고세율 인상으로 정부는 연간 6,000억 원의 세금을 더 걷을 수 있게 됐다. 적용 대상자는 4만 6,000명이다. 2014년 기준으로 상위 1.5퍼센트에 해당하는 연 소득 1억 2,000만 원 이상 근로자가 전체 소득세의 40.9퍼센트를 냈다. 범위를 소득 상위 10퍼센트로 넓히면 이들이 전체 소득세의 86퍼센트 수준을 부담한다.

소득세 인상을 놓고 전 국민을 대상으로 투표에 부친다면, 당연히 고소득층의 소득세 인상은 압도적인 차이로 통과될 가능성이 크다. 다수의 사람이 세금은 소수인 부자가 내고 혜택은 다수가 본다는 사실을 잘 알기 때문이다.

법인세는 더 편향적인 모습을 보인다. 상위 10퍼센트 기업이 법인세의 90퍼센트 이상을 내는 구조로 되어 있다. 문제는 이러한 세금 인상이 자칫 징벌적인 성격을 지니면 열심히 일해서 소득을 높이고 재산을 축적한 사람을 괴롭히는 제도가 될 수 있다는 점이다.

하지만, 정치권은 단순히 '1인 1표의 다수결 원칙'이 적용되는 상황을 고려해, 득표에 도움이 된다는 차원에서 세금 인상을 쉽게 얘기한다. 학교 급식을 공짜로 해주겠다는 것이나, 교통비와 각종 공과금 면제, 학자금 감면 등의 정책이 먹히는 것도 '소수의 부담, 다수의 혜택'이라는 방식이 적용되고, 선거에서는 늘 혜택을 받는 다수의 지지를 얻기가 쉽기 때문이다.

일본의 경제학자인 사카이 도요타카 게이오대 교수는 『다수결을 의심한다』는 책에서 민주주의의 기본 원리라고 여겨지는 '다수결의 원칙'에 심각한 의문을 제기했다. 다수결이 실제로 '다수의 의견'을 반영하지 않으며, 특히 양자 대결이 아닌 다자 대결에서 나타나는 '표의 분산'에 무척 취약하다는 것이다.

예컨대, 다수결 원칙의 선거에서는 유권자가 1순위 지지 후보에게만 투표할 수 있다. 2순위나 3순위 후보에게는 전혀 표를 줄 수 없으므로, 모든 유권자 즉 전 국민의 이익 극대화를 위해 세심하게 신경을 쓰는 정치인일수록 불리하게 된다. 선거에서 이기려면 특정 유권자에게만 1순위로 지지를 받기만 하면 되는 구조이기 때문이다.

실제로, 2000년 미국 대선에서 민주당의 앨 고어 후보가 전체 유권자 투표에서 48.4퍼센트의 득표율로 47.9퍼센트를 득표한 조지 부시 공화당 후보보다 앞섰으나 대선에서는 패했다. 대다수 주가 '승자가 선거인단을 독식한다.'라는 원칙을 따르는 상황에서, 부시 후보의 선거전략가인 칼 로브는 접전 지역의 득표에 총력을 기울이는 전략을 폈다. 공화당과 민주당이 팽팽히 맞선 접전 지역 가운데 몇 주만 이기면 선거인단의 과반을 획득할 수 있었기 때문이다.

2016년 대선에서 도널드 트럼프는 보편성과 인간 존중이 미흡한 '막말 선거운동'에도 불구하고 백인 서민층의 열렬한 지지로 대선에서 승리했다. 클린턴이 총 득표에서 200만 표 이상 앞섰는데도, 미국의 독특한 '선거인단 독식' 선거제도로 인해 트럼프가 승자가 됐다.

포퓰리스트들은 아주 복잡한 문제를 매우 단순화해 설명하는 해결책을 내놓기 좋아한다. 예컨대, 트럼프는 일자리를 빼앗아간 주범으로 이민자와 자유무역을 지목하면서 멕시코 국경에 장벽을 세우겠다고 말했다. 미국의 한 연구에 따르면 지난 10년 동안 미국에서 사라진 일자리의 85퍼센트가 로봇(자동화 공장) 때문이었다. 이민자와 자유무역은 주범이 아니었다. 노벨 경제학상을 받은 앵거스 디턴 교수는 "트럼프의 말과 달리 요즘 걸어서 멕시코 국경을 넘는 사람은 적다. 대부분이 비행기를 타고 이동한다."라고 지적했다.

결국 단순한 다수결 선거에서는 열렬한 추종자를 거느린 소수집단을 위한 정치, 대립과 분열을 통해 자기 편만 챙기는 정치가 승리할 가능성이 크다.

대표적인 인물이 아돌프 히틀러로, 1933년 1월 30일은 현대사에서 히틀러가 독일 총리에 올라 인류 파멸을 향해 진군나팔을 울린 날로 기억된다. 히틀러는 뛰어난 대중선동으로 적과 아군을 구분 짓고, 흑백논리로 이성을 마비시키며, 적개심을 부추겨 권력 쟁취에 성공했다. 히틀러가 어떤 마을에 가서 "이 마을에서 보트를 즐길 수 있도록 선착장을 만들어주겠다."라고 약속했는데, 마을 주민들이 "우리 마을에는 강과 호수가 없어 보트를 탈 수 없다."라고 지적했다. 히틀러가 "그렇다면 강과 호수도 파서 선물해 드리겠습니다."라고 했다는 믿거나 말거나 식 얘기도 전해질 정도다.

히틀러가 이끄는 나치당은 1928년 총선에서 2.6퍼센트의 지지율에 그쳤지만, 대공황 직후에 치러진 1930년 총선에서 18.3퍼센트의 지지율로 제2당이 되었다. 이후 1932년 7월 총선에서 나치당은 37.4퍼센트라는 지지율로 230석을 얻어 원내 1당이 되었고, 1933년 3월 5일 총선에서는 무려 43.9퍼센트의 지지를 얻어냈다. 히틀러의 독일은 인류 역사에서 결코 지울 수 없는 제2차 세계대전을 일으켰다.

## 여론이 하느님인 세상, 어디까지 믿어야 하나?

사카이 도요타카 게이오대 교수는 다수결에서 적용하는 1인 1표의 한계를 극복하기 위한 대안의 하나로 '보르다 투표법'을 제안했다. 이는 1위에 3점, 2위에 2점, 3위에 1점을 주는 식으로 점수를 매기고 그 합계로 전체 순위를 결정하는 방식이다. 이러한 투표법에서는 극단적인 세력이 일부 점수를 얻더라도 합계에서는 높은 순위가 되지 못한다. 실제로 태평양의 인구 일만 명에 불과한 섬나라 나우루는 보르다 투표법을 구체화했다. 3년에 한 번 국회의원을 뽑는데, 의원 2명을 뽑는 선거구에서 시민들이 1위에게 6점, 2위에게 3점, 3위에게 2점씩 차등 점수를 매기고 총점이 높은 2명을 당선자로 하는 방식이다.

사카이 교수는 다수결 원칙이 '왜 소수파가 다수파 의견에 따라야 하는가?'에 대한 윤리적 과제를 해결하지 못했다고 지적했다.

대한민국도 마찬가지지만 현대 국가들은 대부분 1선거구에서 1인을 뽑는 소선거구제를 주로 채택하고 있다. 소선거구제에서 10명의 후보 가운데 최다 득표자가 20퍼센트를 얻어 당선됐다면, 나머지 80퍼센트의 민의는 외면받을 수밖에 없다. 사카이 교수는 일본의 사례를 들면서 자민당이 2014년 중의원 선거에서 약 48퍼센트 지지율로 76퍼센트의 의석을 확보한 것은 민의의 왜곡이라고 지적했다.

선거와 달리 다수결의 원칙이 적용되지 않는 분야도 많다. 이념이나 신념의 문제, 사회에 대한 인식 문제 등은 다수결에 의해 통일이 될 수 없다. 가치 판단의 문제도 사람에 따라 다를 수 있으므로 다수결을 적용할 수 없으며, 자율적이지 않은 분위기에서 이뤄지는 다수결은 정당성을 상실한다. 『동물농장』의 작가인 조지 오웰은 "여론에 의한 지배보다 더 압제적인 정치는 없다."라며 다수결의 위험성을 경고하기도 했다.

다당제 국가인 스위스를 보면, 2016년 기준으로 하원의 200개 의석을 13개 정당이 나눠 갖고 있으며 46석의 상원에 7개 정당이 참여하고 있다. 하원의 여당은 인민당(65). 사회민주당(43), 자유민주당(33), 기독교인민민주당(27)을 포함하는데, 이를 합치면 전체 의석의 84퍼센트인 168석에 이른다. 의석 숫자가 곧 민의라면 스위스 의회는 국민의 80퍼센트 이상의 의사를 대변하고 있는 셈이다. 여기에 비주류 정당까지 합치면 정당 숫자가 약 30개에 이른다. 이렇게 다양한 정당이 국민의 다양한 목소리를 대변하다 보니, 소수의 반발이 적다.

민주주의의 대체적인 작동 원리는 '다수의 의견을 따르되, 소수의 의견을 존중한다'로 해석할 수 있다. 이를 위해서는, 되도록 국가적 의사결정에 참여하는 사람을 늘릴 필요가 있다. 과정이야 번거롭지만 '대화와 타협을 통한 협치'의 필요성이 제기되는 이유다. 단순한 다수결의 논리에 익숙한 사회에서 쉽지 않은 일이지만, 그렇다고 '다수결의 절대적 존중'을 외치다가는 국론이 쪼개질 가능성이 매우 커진다.

국민의 화합과 통합을 위해서는 다수의 의견을 따르기 전에 소수의 의견을 수렴하거나 최소한 들어주는 절차가 필요하다. 실제로 대통령제를 채택한 미국과 한국에서는 대통령 당선자들이 국민의 50퍼센트 언저리에서 지지를 받고 전권을 행사해왔다. 이는 결과적으로 국론의 분열을 초래하고 국민통합의 큰 걸림돌이 되는 게 엄연한 현실이다.

# 제 2 부

## 역사가 말해주는 정치의 작동법

# 5장. 민주주의는 규율 위에서 작동한다

모든 나라는 그 수준에 맞는 정부를 가진다.
국민은 그들 수준에 맞는 지도자를 갖는다.
— 조제프 드 메스트르(프랑스의 사상가) —

국제기구에서 오래전부터 유행하던 농담이 있다. 개발도상국의 부정부패를 꼬집는 이야기로 다양한 버전이 있는데, 대략 정리하면 다음과 같다.

인도, 동남아, 아프리카의 관료 3명이 국제회의에서 자주 마주치다 보니 서로 친해졌다. 그러다가 나중에는 초대를 받아 상대방의 집을 방문하게 됐다.

먼저 인도(혹은 중국) 관료의 집을 가보니 외부는 평범한데 내부에는 호화롭고 값진 물건이 많았다. 비결을 묻자 창문을 열고 멀리 보이는 다리를 가리키며 손을 살짝 들어 보였다. "요만큼 더 (공사비를) 얹었지요"

다음에는 동남아 관료의 집에 가니, 진입로는 그저 그런데 건물은 매우 호화로웠다. 비결을 묻자 멀리 보이는 다리를 가리키며 말했다. "20

퍼센트.” 부실 공사가 되든 말든 공사비를 20퍼센트나 빼돌렸다는 의미였다.

마지막을 아프리카 관료가 초청해 그의 집을 가보니 진입로가 엉망이었다. 포장도 제대로 되어 있지 않은 초원길을 덜컹거리며 한참 달리니 궁전 같은 건물에 하인들이 여기저기 보였다. 궁전을 짓게 된 비결을 묻자 창문을 열고 손가락을 들어 “저기 멀리 다리가 보이지?”라고 묻는 것이었다. 인도와 동남아 관료가 의아해하며 “아무것도 안 보이는데…” 라고 답했다. 아프리카 관료가 씩 웃으며 하는 말이 “100 퍼센트”라고 하는 것이었다. 영국의 잡지 『이코노미스트』가 이와 비슷한 내용의 일화를 소개하며 후진국의 부패상을 꼬집은 적이 있다.

우리 사회에서 ‘대통령의 리더십’이 문제가 될 때마다 많은 사람이 “대통령을 잘 뽑아야 하는데, 마땅한 사람이 없어.”라고 말한다. 사람들에게 사람이 문제가 아니라 제도가 진짜 문제 아니냐고 물으면, “사람이 문제이지, 제도가 무슨 뚱딴지같은 얘기냐?”고 반박한다. 특히 민주주의 역사가 짧고 왕정의 경험이 오래된 동양 사회에서는 완벽한 리더, 즉 성군(聖君)에 대한 기대감이 높다.

사람들은 사악한 자들의 행동 때문에 사회적 악이 만연한다고 생각하는 경향이 있다. 그들은 착한 사람이 권력을 가지면 모든 게 잘 되리라고 믿는다. “대통령이 정말 무능해!”라고 말하면 지지자들은 “대통령? 사람은 착하잖아.”라고 대답한다. 이렇게 답하는 사람은 정말 리더십이 뭔지 전혀 모른다고 할 수 있다.

일본항공을 회생시킨 인물로 유명한 이나모리 가즈오 교세라 창업자는 "소선(小善)은 대악(大惡)과 닮아있고, 대선(大善)은 비정(非情)과 닮아있다."라는 말을 자주 하곤 했다. 몇몇 사람에게 작은 선을 베푸는 게 전체적인 파국을 초래할 수 있다는 것. 리더는 결단을 내리는 사람이다. 경영자는 어려운 경영환경을 극복하기 위해 과감히 임직원을 줄이고, 장수는 전쟁터에서 과감히 진격 명령을 내리며, 대통령은 부실기업의 퇴출에 제동을 걸지 않아야 한다. 약자를 배려하는 온정주의로 일관하다 보면 나라 전체가 병이 들고 결국 쇠락하기 때문이다.

착한 성품의 리더가 좋은 리더가 아니듯이, 어떤 국가가 어떤 세상에서 최고의 리더십을 발휘해 모두를 구원할 수 있는 메시아는 이 세상에 없다. 슬프게도 이 세상에 오지 않는다. 아무리 뛰어난 리더라도 나라의 모든 문제를 해결할 수 없다. 국가나 기업 등 어떤 조직도 권한위임과 시스템을 통해야 잘 운영되는 것이지 리더 하나만 뛰어서는 훌륭하게 운영될 수 없다.

서울 광화문의 교보문고에 가면 '사람이 책을 만들고, 책은 사람을 만든다.'라는 유명한 문구가 있다. 마찬가지로 제도는 사람이 만들었으나, 사람이 만든 제도는 인간의 욕망을 이성의 힘으로 억누르고 통제한다. 제도가 마련돼야 타인은 물론 제도를 만든 자신도 효율적으로 관리할 수 있다. 제도는 그 자체로 생명력을 가지면서 변덕스럽기 이를 데 없는 인간의 본성을 억누르기 때문이다.

제도가 제대로 기능을 발휘하지 못하면, 나라던 기업이던 누가 권력을 잡아도 그 권력이 사달을 일으키게 되어 있다. 철학자인 플라톤도 이미 오래전에 "통치에 있어 불의를 허용하는 나라는 공동체로서 기능하지 못할 뿐만 아니라 파괴될 것"이라고 경고했다.

## 인치(人治), 동양 정치의 지배적 원리

대한민국이 속해 있는 유교 문화권에서 '제도의 강력한 힘'이 발휘된 사례가 있다. 중국을 처음으로 통일해 오늘날 차이나(China)란 말의 어원이 된 '진(秦)'이 그 대표적인 사례다.

중국에서 전국시대는 기원전 403년에서 진시황이 통일을 이룬 기원전 221년까지를 말한다. 전국시대 초기에는 각국의 국력에서 큰 차이가 없었다. 그러다가 진나라의 효공이 '상앙의 변법'을 받아들이면서 진나라의 힘이 세지기 시작했다. 변법의 두 기둥은 농업의 생산력을 높이는 농본(農本)과 '법에 의한 통치(rule by law)'를 의미하는 법치(法治)였다. 진나라 재상인 상앙은 법치주의자로서 법의 제정이나 시행에 매우 신중했다. 그가 법의 신뢰성을 높이기 위해 고안한 묘책에서 나온 게 바로 이목지신(移木之信)의 고사다.

사마천이 지은 『사기(史記)』의 상군전(商君傳)에 이목지신의 유래가 전하는데, 그 주인공이 상앙이다. 상앙이 한번은 법을 정해 놓고도 즉시 공표하지 않고 기다렸다. 왕이 이상하게 생각해서 그 이유를 묻자 "법을 만드는 것만이 능사가 아니라 백성들이 법을 믿고 따르도록 하는 것이 중요하기 때문입니다."라고 대답했다.

상앙은 백성의 믿음을 얻기 위해 요즘으로 얘기하면 당근책을 꺼냈다. 그는 도성의 남문 근처에 길이 3장(三丈, 어른 키의 3배)에 이르는 나무를 세워 놓고 이렇게 써 붙였다. "이 나무를 북문으로 옮겨 놓는 사람에게는 십 금(十金)을 주리라." 그러나 아무도 그 말을 믿고 옮기려 하는 사람이 없었다. 그래서 오십금(五十金)을 주겠다고 상금을 올려 써 붙였더니 이번에는 촌사람 한 명이 '밑져야 본전'이라는 생각으로 옮겼다. 상앙은 약속대로 오십 금을 주었다. 상앙은 사람들을 깜짝 놀라게 한 이벤트를 치른 후 법령을 공표했고, 백성들은 그제야 법을 믿고 잘 지켰다. 중국의 법가 사상을 집대성한 한비자는 "법을 받드는 것이 강하면 강한 나라가 되고, 법을 받드는 것이 약하면 약한 나라가 된다."라고 지적했는데, 진나라는 법에 있어서는 정말 강했다.

중국의 시인이자 사학자이며 중국의 초대 사회과학원장을 지낸 곽말약(郭沫若)은 진효공을 중국 역사를 통틀어 가장 대공무사(大公無私)한 정사를 펼친 군주로 꼽았다. 곽말약은 "진효공이 역사상 가장 대공무사한 정사를 펼칠 수 있었던 것은 상앙을 전폭 신임했기 때문이다. 그의 상앙에 대한 신임과 지지는 춘추시대 관중에 대한 제환공의 신임, 삼국시대 제갈량에 대한 유비의 신임, 북송대 왕안석에 대한 신종의 신임 등 그 어느 것과도 비교할 수 없을 정도로 높았다."라고 설명했다.

상앙은 진효공이 죽고 후계자인 진 혜문왕이 즉위하자 재상직에서 바로 쫓겨났다. 그는 신변에 위협을 느끼자 다른 나라로 망명을 하려고 했다. 그가 국경지대인 함곡관에서 객점(客店)에 들어가 자려고 하자 객점 주인이 신분증을 요구했다. 신분증을 잃어버렸다고 하자 객점 주인은 "그대는 상군(商君. 상앙을 높여 부르는 말)의 법을 아시오? 신분증이 없는 자를 재우면 재워준 사람까지 참형을 당하게 되어 있소."라고 거부했다. 상앙의 변법이 예외 없이 잘 시행되고 있음을 보여주는 대목이다.

상앙은 나중에 진나라 군대에 붙잡혀 본인은 사지가 찢기는 거열형을 당하고, 일족도 모두 죽음을 면하지 못했다. 이는 법 위에 왕이 군림했던 동양권에서 제도의 한계를 보여주는 대목이기도 하다. 아무리 좋은 제도를 만든 인재도 권력자의 눈 밖에 나면 자신의 안전을 보장받지 못했다. 다만, 진나라는 상앙이 만든 변법의 효능이 매우 뛰어남을 알고, 상앙의 변법을 변함없이 추진해 결국 통일의 주역이 되었다.

삼국시대의 조조 사례도 동양권에서 제도의 한계를 보여주는 대목이다. 조조가 전쟁터에 나갈 때 민심을 달래기 위해 "백성의 보리밭을 함부로 밟는 자는 참수에 처하겠다."라고 명령했다. 그런데, 마침 날아오르는 새에 조조의 말이 깜짝 놀라면서 보리밭을 엉망으로 만들었다. 조조는 형법을 담당하는 주부에게 군법에 따라 형을 집행하라고 명했다. "법령을 정한 사람이 법을 어겼는데 어찌 군사를 이끌 수 있겠는가?"라고 말하며 자신의 목을 칠 것을 요구했다.

주부는 『춘추(春秋)』의 사례를 인용해 "존귀한 사람에게는 형벌을 내릴 수 없습니다."라고 조조를 설득했다. 조조는 "『춘추』에서 그렇게 말하니 참수는 면하되 머리카락을 자르도록 하겠다."라면서 스스로 목을 베는 대신에 자신의 머리카락을 자르는 것으로 대신했고, 결국 리더십을 바로 세웠다는 것이 주요 내용이다.

효의 원칙과 규범을 수록한 『효경(孝經)』에서는 '신체발부(身體髮

膚), 수지부모(受之父母), 불감훼상(不敢毁傷), 효지시야(孝之始也)'라고 언급했다. 몸과 살과 머리카락은 부모에게 받은 것이므로 다치지 않게 소중히 다루는 것이 효의 시작이라는 의미다. 이러한 옛날 논리로 보면 머리카락을 자르는 것도 큰 불효였다. 1984년 갑오개혁 당시 단발령이 내렸을 때 "내 목을 칠지언정 내 머리카락은 자를 수 없다."라는 소동이 한반도에서 벌어진 게 이해가 되는 대목이다. 조조도 그런 측면에서 머리카락을 자르는 소동을 벌였던 것이다.

조조의 사례를 보면, 지도자의 신분으로서 참수형을 받을 수 없었던 상황 논리가 이해가 가지 않는 것은 아니다. 그렇다고 하더라도, 법이 적용대상에서 예외를 두고 있다는 점은 완전한 법치가 아니다. 아무리 최고지도자라도 헌법과 법률 위에 군림할 수 없도록 한 현대 민주주의 시각에서 볼 때, 유교 문화권에서 '제도의 힘'은 늘 미약할 수밖에 없었던 것은 바로 이 때문이었다.

현대 동양 사회에서도 인치(人治)의 역사는 계속됐다. 중국의 개혁개방을 이끈 덩샤오핑은 국가 제도상 국가원수가 아니었다. 그런데도 "권력은 총구에서 나온다."라는 유명한 마오쩌둥의 말처럼 중앙군사위원회 주석의 신분으로 최고의 권력을 휘두르며 죽을 때까지 최고지도자 혹은 최고 실권자로 군림했다. 일본의 현대 정치에서는 총리를 역임했던 다나카 가쿠에이(田中角榮)와 가네마루 신(金丸信) 등이 금권정치를 펼치며 오랫동안 막후 실력자로 인정받았다. 한국에서도 역대 대통령마다 '측근, 실세, 비선' 등으로 불리는 실력자들이 법과 제도를 뛰어넘어 막강한 힘을 행사하는 경우가 많았다.

## 제도의 힘이 이룩한 대영제국

서양에서 '제도의 힘'을 가장 실감하게 만든 나라가 영국이다. 영국의 면적은 잉글랜드, 스코틀랜드, 웨일스, 북아일랜드를 합쳐도 24만 3,610㎢로 세계 80위다. 남북한을 합친 한반도 넓이보다 약간 더 크다. 인구는 약 6,400여만 명이다. 대영제국이 위용을 발휘하기 시작하던 1820년으로 되돌아가면 영국의 인구는 2,123만 명으로 당시 프랑스(3,125만 명)의 68% 수준이었다.

그렇다면 대영제국을 만든 영국의 위인들은 누가 있을까? 트라팔가 해전을 이긴 넬슨 제독, 워털루전투에서 나폴레옹을 이긴 웰링턴 장군, 의회정치의 모범인 디즈레일리와 글래드스턴 등이 거론되지만 딱히 '대영제국을 세운 시대의 영웅'으로 불리기까지는 조금씩 부족한 느낌이다.

여기서 각국의 민족성을 보여주는 농담을 보자. 대단히 의미심장하게 느껴지는 농담이다.

'한 명의 독일인은 철학을 즐기고, 두 명의 독일인은 법률을 만들며, 세 명의 독일인은 전쟁을 일으킨다. 한 명의 프랑스인은 예술을 즐기고, 두 명의 프랑스인은 사랑을 속삭이며, 세 명의 프랑스인은 혁명을 일으킨다. 한 명의 영국인은 말수도 없는 바보처럼 보이며, 두 명의 영국인은 스포츠를 즐기며, 세 명의 영국인은 위대한 대영제국을 만든다.'

영국의 정신을 보여주는 표현으로 "영국은 어떻게든 해낸다(Britain muddles through)."라는 속담도 있다. 전투에서 매번 패해도 마지막 전투에서는 승리함으로써 결국 전쟁을 승리로 이끈다는 것이다. 영국은 이러한 방식으로 해가 지지 않는 제국을 건설했다.

영국 입헌정치의 시발점으로 인정받는 대헌장(Magna Carta)은 왕과 귀족들 간의 약속으로 전문(前文)과 63개 조로 되어 있다. 부당한 상납금과 군역 면제금 징수의 반대, 귀족들의 봉건적 특권 존중, 부당한 벌금이나 자유민에 대한 비합법적인 체포 금지, 적정한 재판과 행정의 실시, 상인의 보호 등이 대헌장의 주요 내용이다. 대헌장은 국왕도 법 아래에 있다는 원칙을 확립한 중요한 문서이며, 특히 세금 징수가 법을 통해서만 이뤄져야 함을 설명하고 있다. 대헌장이 나오게 된 배경에는 부당한 세금과 군역에 대한 반발이 있었다.

영국이 일찍부터 확립한 조세법정주의는 특히 전쟁이 발생했을 때 들어가는 비용을 마련할 때 큰 효력을 발휘했다. 나폴레옹 통치 시절 프랑스는 돈을 빌리지 않고 세금으로 재원을 마련하려고 했다. 토지세에 손을 댔으나 큰 효과가 없었고, 창문에 숫자에 따라 매기는 창문세가 그나마 성공적이었다. 조세국가로서 수준이 높지 않았던 프랑스로서는 전쟁자금을 조달할 방법이 제한적이다 보니, 봉급을 받지 못한 군인들은 점령지역을 약탈해 본인의 수입으로 삼았다. 당연히 점령지 주민들은 큰 고통을 겪었고, 크게 반발할 수밖에 없었다.

영국은 경제를 마비시킬 수 있는 거래세는 아예 검토도 하지 않았다. 영국 총리인 윌리엄 피트는 1798년 오랜 논쟁 끝에 소득세 징수를 허가하는 법안을 제출해 의회로부터 승인을 받아냈다. 오늘날 모든 나라가 적용하는 근대적인 소득세의 역사는 이때 시작됐다.

나폴레옹이 집권한 프랑스와의 전쟁자금을 조달하기 위해 만들어진

소득세는 풍부한 세원이었다. 소득세로 징수한 세금이 영국군을 든든하게 뒷받침해 주면서 결국 나폴레옹을 물리칠 수 있었다. 소득세야말로 나폴레옹을 무찌른 가공할만한 무기였던 셈이다.

영국에서 입헌군주제와 의회정치가 도입되면서 자유민주적인 자본주의가 점차 성숙했고, 이는 창의적 발명과 산업발전으로 이어져 결국 산업혁명이 시작되었다. 성문법 형태의 최초 특허법도 1624년 제정된 전매조례였다. 당시 유럽 대륙과 비교해 공업이 뒤처져 있던 영국은 대륙의 과학기술자들을 유치하기 위해 이른바 전매조례로 불리는 특허법을 만들었고 그때 영국으로 과학기술자들이 몰려들었다. 개인의 자유와 재산권을 보호하는 자유민주주의와 산업기술에 대한 개발권을 보장하는 특허제도가 바탕이 된 만큼, 산업혁명이 영국에서 일어난 것은 우연이 아니라 제도의 힘 덕분이었다.

프리드리히 하이에크는 "정치적 자유가 주어지니 경제 활동이 활발해지면서 경제의 성장, 과학기술의 경이로운 발전이 이뤄졌다."고 분석했다. 데이비드 란데스 하버드대 교수도 『국가의 부와 가난(The Wealth and Poverty of Nations)』라는 책에서 중국이 화약 · 종이 · 나침반 등을 먼저 개발하고도 영국에 뒤진 것은 그 기술을 사회의 공동자산으로 키우고 확산시키는 제도의 미흡과 부재 때문이었다고 지적했다.

## 좋은 제도는 왜 필요한가?

전통적인 경제학자들은 부의 원천으로 자원과 노동을 꼽는다. 하지만, 현실을 보면 지식과 발전하는 기술이 부의 원천이 되는 경우가 더 많다. 자원과 인구가 많다고 잘 사는 나라는 별로 없지만, 지식과 기술을 발전시킨 나라는 예외 없이 부국이 됐다.

부의 창출 과정은 다음과 같다. 끊임없이 지평을 확장해가는 지식과 새로 등장하는 기술 중에서 시장에서 선택된 기술과 사업전략만 살아남게 된다. 이러한 기술과 사업전략은 널리 복제되고 퍼진다. 혁신이 쌓일수록 경제시스템은 진화하고 부는 늘어나는 것이다. 이러한 부의 축적 과정에서 재산권을 보호하는 법률과 금융제도, 부패 척결 등 사회적인 제도가 매우 중요한 역할을 한다.

경제발전을 연구한 많은 대가들이 가장 중시한 번영의 조건은 '선진 사회제도'였다. 에비너시 딕시크 프린스턴대 교수는 "좋은 제도가 있으면 경제를 지속적으로 발전시킬 수 있지만, 그런 제도가 없으면 아무리 많은 富(부)라도 흔적 없이 사라진다."라고 설명했다. 그러면서 제도는 국민이 열심히 일하고, 자신과 나라를 사랑하고, 이웃과 세계를 위해 헌신하게 만드는 인센티브를 제공할 수 있는 단순한 원리에 따라 만들어져야 한다고 강조했다.

미국 메릴랜드대의 허먼 데일리 교수는 지속 가능한 경제의 최대 적으로 '정치적 불가능성'을 꼽았다. 정치적 이해관계가 복잡하게 얽힌 나라일수록 제도를 만들기 어렵다는 것이다. 이러한 나라에서는 정치적

이익과 이념, 계층, 감정 등에 따라 제도가 도입되는 경우가 많게 된다는 것이다. 이 같은 제도에서는 부정부패와 태만, 권력을 얻기 위한 당파적 투쟁이 늘게 되고 나라도 동반 추락할 수밖에 없다.

대한민국은 최근 들어 저성장의 고착화 즉 나라 전체의 부가 커지지 않음에 따라 사회가 크게 불안한 모습을 나타내고 있다. 자기 몫이 늘어나지 않거나 오히려 줄어든 사람들이 쏟아내는 분노와 불만으로 갈등과 분열이 커지고 있기 때문이다. 저성장을 탈피하려면 제대로 혁신하거나 제대로 일하는 사람에게 인센티브가 주어져야 한다. 그러나 한국에서는 정치 · 경제 · 인권 · 문화를 신장시킬 수 있는 인센티브가 취약하므로 나라 전체가 성장을 멈춘 것이라는 지적도 많다.

특히 저성장 문제를 해결하기 위해서는 제도를 개혁하여 해결하는 방식, 혹은 제도는 그대로 둔 채 재정지출과 통화팽창을 통해 해결하는 방식이 있다. 재정지출과 통화팽창이 유효하지 않다는 것은 '잃어버린 20년'을 겪은 일본의 사례가 잘 보여줬다. 반면 독일의 경우 2003년 '하르츠 개혁'으로 불리는 노동시장 제도 개선을 통해 위기를 극복해나갔고, 두 나라의 경제성적표는 확연히 엇갈렸다.

한국에서 법과 제도의 큰 문제는 새로운 제도들이 문제의 본질을 건드리지 못하는 데다, 비현실적인 엄격한 법령과 행정의 재량권이 확대되기 때문이라는 시각이 있다.

새로운 틀, 새로운 법과 제도를 만들게 되면 기존의 지식과 경험, 인적 네트워크 등의 영향력이 떨어지거나 단절되게 된다. 이는 기존의 질서에서 이익을 얻는 집단의 기득권이 약해짐을 의미하므로, 기존 세력은 교묘하고도 필사적으로 저항을 하게 된다.

새로운 법과 제도에 이해관계가 걸리는 부류로는 국가(공무원), 시장(기업), 전문가, 근로자 등을 꼽을 수 있다. 정치인과 공무원들은 영향력을 잃지 않으려고 하며, 기업들은 정부에 기대어 먹거리를 해결하려고 하며, 전문가나 근로자들은 자신들의 일거리를 지키려고 노력하게 된다. 이들의 저항을 뚫지 못하게 되면서 법과 제도가 본래의 취지를 잃고 왜곡된다는 것이다.

법령과 행정의 재량권이 확대되면 잠재적인 처벌 대상이 무한히 늘어나게 된다. 예컨대, 개인정보 보호와 관련된 법령의 경우 보호와 이용의 조화를 꾀해야 하는데, 보호에만 치중하면서 누구도 준수하기 어려운 법이 됐다. '김영란법'으로도 불리는 '부정 청탁 및 금품 등 수수의 금지에 관한 법률'은 수많은 사람을 잠재적 범죄자로 만들었다. 털어서 먼지 안 나는 기업이 없도록 법을 만들고, 벌을 줄지 말지를 권력이 임의대로 결정하는 방식이 오랫동안 가동되다 보니 우리 사회에 '권력자의 명령 즉 인치'가 더 강력해졌다.

한국 사회의 전과자 수는 2010년 기준 1,100여만 명으로, 15세 이상 인구 대비 비중이 26.5퍼센트에 이른다는 분석도 있다. 이처럼 전과자가 많게 되면 법과 제도의 무게감이 떨어질 수밖에 없고, 진정한 법치사회 구현이 어렵게 된다. 법령의 모호함이 지속되고 적용대상이 확장되면 소위 법령 해석권을 가진 이들을 중심으로 한 '갑질 문화'가 더욱 기승을 부릴 수 있다.

선진국과 후진국의 차이는 진정한 법치냐, 무늬만 법치냐에 따라 달라진다. 법에 예외가 없는 진정한 법치국가는 선진국의 길로 가고, 법에 예외가 있는 인치의 국가는 후진국의 길로 간다는 사실을 인류의 역사는 되풀이해서 보여주고 있다. 19세기 영국의 법학자인 헨리 메인은 자유롭고 평등한 존재인 시민이 역사의 주역이 되는 현상을 설명하면서 '신분에서 계약으로'라는 명언으로 남겼다. 신분으로 대변되는 인치에서 계약에 의한 법치의 우위를 설명한 것이다.

2016년 말 대한민국의 촛불집회를 지켜본 마이클 브린 전 주한외신기자클럽 회장은 「한국 민주주의에서는 국민이 분노한 신(神)이다」라는 글을 미국 외교전문지인 『포린 폴리시』에 기고했다. 영국인인 그는 "한국에서는 군중의 감정이 일정한 선을 넘어서면 강력한 야수로 돌변하면서 법체계를 붕괴시킨다. 한국인들은 이를 민심(public-sentiment)라고 부른다. 한국에서 민주주의 개념은 국민을 맨 위에 놓는다. 법치를 바탕으로 한 민주주의에서 살던 사람들은 이러한 개념을 유효한 것으로 받아들이기 어렵다."라고 지적했다.

민주주의가 잘 이뤄지는 국가에서는 군중 집회가 소통의 수단이지, 막강한 힘으로 작용해 법과 제도를 지배하는 상황까지는 이르지 않도록 절제의 힘이 작용하는 데 한국은 그렇지 못하다는 점에서 염려스럽다는 게 그의 시각이다.

정치사회학자인 프랜시스 후쿠야마는 사적인 인정에 좌우되는 정치를 넘어서는 것이 정치 발전이고, 권력이 법치를 훼손하는 게 정치의 후퇴라고 지적했다. 경제학자인 윌리엄 이스털리는 『전문가의 독재』라는 책에서 '경제발전은 개인이 자신의 권리를 자유롭게 행사할 때 이뤄진다.'라고 설명했다. 권리와 자유를 보장해야 사람들이 아이디어와 혁신을 교환하기 때문이다. 이스털리는 "다수의 개인이 스스로의 발전을 위해 올바른 행동에 나서도록 북돋우려면 어떠한 정치적 · 경제적 권리 체계를 갖춰야 하는지를 정치인이나 리더들이 늘 고민해야 한다."라고 설명했다.

# 6장. 무결점의 권력체계는 없다

물을 머리에 부으면 흘러내려 발까지 다다른다.
(水注於頂 流歸于足, 윗물이 맑아야 아랫물이 맑다)
— 중국 속담 —

캐나다 출신 미국 정치학자인 데이비드 이스턴은 "정치란 사회의 가치들을 권위적으로 배분하는 과정"이라고 정의했다. 이는 정치학 교재에 가장 먼저 등장하는 개념이다. 이스턴은 "행정은 정치 권력을 배경으로 공공정책 형성 및 구체화를 이루려는 행정 조직의 집단행동이며, 법은 국가의 강제력이 수반되는 사회 규범"이라고 설명했다.

정치는 결국 사회의 다양한 이해관계를 '권력(power)'을 통해 조정하고, 법과 합리적인 권위(authority)를 바탕으로 자원과 가치를 분배하게 된다. 여기서 정치의 핵심 키워드이자 본질은 바로 권력이다. 권력이란 남을 복종시키거나 지배할 수 있는 공인된 권리와 힘으로, 다른 행위자가 하고 싶어 하지 않는 행위를 강제할 수 있는 영향력을 뜻한다. 쉽게 얘기해 누가 명령을 내리느냐의 문제다. 정치 행위는 누가 권력을 차지하고 어떻게 정책을 형성해 나가는지에 따라 다양한 모습으로 나타난다.

인류의 역사가 시작된 이래 권력은 어떤 식으로든 행사되어왔다. 근대 민주주의가 확립된 이후에는 권력 행사를 위한 정치체제를 어떻게 가져가는 것이 좋은가에 대한 다양한 연구가 이뤄졌다. 이러한 과정에서 대부분 동의하는 답변이자 원칙은 권력이란 되도록 모든 시민에게 평등하게 분배되어야 한다는 것이다. 권력의 평등 분배가 바로 정치적 평등이며, 대표적인 실천 방안이 '1인 1표 원칙'이라는 데 이견을 보이는 사람은 거의 없다.

사람들은 오늘날 민주주의의 평등한 권력 분배, 이에 따른 정치적 평등의 가치를 당연시하는 경향이 있다. 하지만, 정치체제로서 민주주의는 역사적으로 매우 이례적이었다. 군주정이나 귀족정 못지않게 다수결 원칙에 따르는 민주정의 결함도 적지 않았기 때문이다.

『군주론』을 쓴 니콜로 마키아벨리는 "제각기 다른 정치 체제들의 결함을 아는 신중한 입법가들은 군주정, 귀족정, 민주정 가운데 어느 하나를 채택하는 것을 삼가면서, 그것들을 모두 공유하는 체제를 선택했다. 왜냐하면 같은 국가 내에서 군주정, 귀족정, 민주정이 각각 상대를 견제하면서 존재한다면 그러한 정부가 더 강력하고 더 안정적일 것이라고 그들이 생각했기 때문이다."라고 설명했다.

헌법은 정치적 · 경제적 권리체계의 대표적인 기본 틀이다. 대한민국 사회에서 1987년 만들어진 헌법 체제가 '제왕적 대통령제'라고 불리는 것은 대통령에게 권력이 지나치게 집중돼있기 때문이다. 견제 세력이 거의 없는 권력의 집중은 자연스럽게 국가 의사 결정의 유연성을 떨어뜨리게 되고, 개인의 자유와 권리가 침해받을 소지가 커질 수밖에 없다. 한국 사회에서 '누가 대통령이 되어도 권력 집중의 문제가 발생한다.'라고 한 것은 현행 헌법이 그렇게 만들어져 있기 때문이다. '절대 권력은 절대 부패한다.'라는 말처럼, 대한민국의 권력 집중 구조에서 역대 정권들은 늘 불행으로 막을 내렸다.

선진국들의 정치 발전과정을 보면 예외 없이 '권력의 집중을 어떻게 막을 것인가'에 논의의 초점이 맞춰져 있다. '권력의 견제와 균형'이 정치의 주요 화두였으며, 선진국 대부분의 권력구조도 권력분립의 정신을 기반으로 만들어졌음을 인식할 필요가 있다.

## 선진국은 의원내각제, 후진국은 대통령제?

민주주의 정치체제도 대략적인 윤곽은 비슷해 보일지 모르지만, 나라마다 실행방식은 조금씩 다르다. 편의상 큰 틀에서 의원내각제와 대통령제, 또는 두 체제의 혼합인 이원집정부제 등으로 구분하고 있을 뿐이다.

대통령중심제는 국가권력을 기능에 따라 입법, 사법, 행정으로 분리하여 서로 대등한 지위를 가지고 상호 견제와 균형을 이루도록 하는 엄격한 권력 분립론에 기초해 만들어졌다. 국가의 원수가 자신의 단독적인 의사로 내각, 즉 대통령 내각을 조직하는 제도이다. 의원내각제는 의회의 다수당이 내각을 조직하여 행정권을 장악하는 정치형태 또는 제도이다. 영국에서 왕과 의회가 투쟁하는 과정에서 성립된 제도로 1840년 영국에서 확립되었다.

흥미로운 점은 선진국은 대부분 의원내각제나 이원집정부제이며, 후진국은 대통령제가 압도적으로 많다는 사실이다.

OECD(경제협력개발기구)는 서방세계 전체의 경제성장과 세계경제 발전을 목적으로 하는 국제기구다. 2021년 상반기 기준으로 38개국이 회원국이며, 유럽과 미국, 캐나다, 일본, 한국, 호주, 뉴질랜드, 이스라엘, 터키 등 세계 선진국들이 대부분 포함돼 있어 흔히 '선진국 모임'으로 불린다.

OECD 회원국만 보면, 의원내각제가 전체의 74퍼센트로 28개국에 이른다. 통치는 하지 않되 군림만 하는 왕을 두면서 의원내각제를 채택하는 나라는 12개국이며, 왕이 없는 의원내각제는 16개국이다. 대통령제와 의원내각제를 혼합한 이원집정부제는 프랑스와 포르투갈, 리투아니아 3개국이며, 스위스는 직접민주제에 가까운 의회정부제로 분류된다. 스위스 정부(각의)는 7명의 연방의회 의원으로 구성되며, 이들의 소속 정당이 4개다. 각료들이 1년씩 돌아가며 대통령직을 수행한다.

OECD 38개국 가운데 대통령제를 택한 나라는 미국, 멕시코, 칠레, 콜롬비아, 코스타리카 그리고 한국 등 6개국뿐이다. 미국은 의회의 권력이 강한 연방제이며, 멕시코도 연방제이나 대통령 권력이 비교적 센 편이다. 칠레는 원래 내각제 요소가 강했고, 정치권이 내각제로 개헌 합의를 했다. 대통령제를 채택한 나라 가운데 대한민국의 대통령이 가장 권력이 크며, 그래서 많은 정치학자로부터 '제왕적 대통령제'라는 평가를 받는다.

의원내각제를 채택한 나라 28개국 가운데 단일 세력이 집권한 경우는 거의 없고 대부분 여러 정당이 세력을 합쳐 정부를 구성하는 연합정부(연정) 모습을 보이고 있다. 흥미로운 사실은 아일랜드의 경우 백 년 앙숙인 통일아일랜드당과 공화당이 연정을 이뤄냈으며, 인구 33만 명에 불과한 아이슬란드에서도 2~3개 정당이 연정하여 집권하기도 했다.

OECD에 가입하지 않은 나라들의 정부 행태를 보면 대통령제가 압도적으로 많다. 전 세계적으로 대통령제를 채택하고 있는 국가는 약 100개 정도이다. 제2차 세계대전 이후 열강의 식민지들이 잇따라 독립하면서 미국의 대통령제를 모방하는 경우가 많았기 때문이다. 현재는 순수 형태의 대통령제를 채택한 국가들보다 내각책임제의 요소를 반영한 나라들이 많아지는 추세이다.

대한민국에서는 여론조사를 할 때마다 대통령제에 대한 선호도가 높게 나타난다. 여론조사 기관 갤럽이 2016년 10월 전국 성인 1,033명을 대상으로 조사한 결과에 따르면 '현행 대통령제에 문제가 있으므로 개헌이 필요하다(54퍼센트)'라는 의견이 '제도보다 운용상의 문제이므로 개헌이 필요치 않다(33퍼센트)'보다 높았다. 의견 유보는 14퍼센트였다. 지금도 여론조사를 해보면 대통령 직선제에 관한 찬성이 늘 높게 나온다.

의원내각제에 대한 불신은 4·19혁명 이후 출범한 의원내각제의 제2공화국이 일 년 동안 존재하며 보여준 혼란, 그리고 제2공화국 이후에는 시행해본 적이 없어 도입을 불안해하는 측면이 작용한 것으로 보인다. 여기에, 세계 최강대국인 미국이 대통령제인 만큼 대통령제가 좋다는 막연한 심리가 자리하고 있는 듯하다. 특히 국회의원 등 정치인에 대한 불신으로 인해 국가 최고지도자 선출을 의회에 맡길 수 없고 국민이 직접 뽑아야 한다는 심리가 여전한 것도 의원내각제의 인기가 높지 않은 이유로 꼽힌다. "대통령을 내 손으로!"라는 구호 앞에서 의원내각제의 인기는 지지부진하다.

## 미국 대통령제는 철저한 삼권분립을 지향했다

대한민국 대통령제의 모델인 미국의 대통령제를 제대로 이해하려면 정확한 역사적 배경에 관한 지식이 필요하다. 미국은 영국의 식민지배에 반발해 식민지인들이 세운 나라다. 미국이 만들어지기 전에 독립한 13개 주는 각각 헌법을 제정하고 주권국가가 됐다. 그러다가 1787년 필라델피아 제헌의회에서 독립 후 11년간의 정치 경험뿐만 아니라 근대 및 고대의 정치철학과 경륜이 합쳐진 헌법을 만들었다.

미국의 헌정 체제와 정치 이념을 이해하는 데 반드시 언급되는 게 바로 제임스 매디슨, 알렉산더 해밀턴, 존 제이가 함께 쓴 '연방주의자 논고(The Federalist Papers)'이다. '미국 헌법의 아버지'로 불리는 제임스 매디슨이 목표로 하는 헌정 체제는 커다란 공화국이었다. 그러면서 공화국의 통치는 공공복지를 위해 헌신하는 정신을 갖추고 파벌 조성의 욕심이 없는 다수의 사람이 떠맡아야 한다고 생각했다.

대통령제를 채택한 미국에서 초대 대통령인 조지 워싱턴은 건국이념의 완성을 상징하는 인물이었다. 조지 워싱턴과 제3대 대통령인 토머스 제퍼슨 등이 역할 모델로 삼은 인물은 로마 시대의 전설적 인물인 루키우스 퀸크티우스 킨키나투스(Lucius Quinctius Cincinnatus, BC 519-430년)였다. 킨키나투스는 로마제국의 고유문화를 일컫는 로마니타스(Romanitas)의 구현자로서, 시민으로서 역할과 본분을 다하는 인간의 이상형을 추구했던 인물이었다.

농장을 운영하던 킨키나투스는 어느 날 로마가 함락 위기에 처했다는 소식과 6개월간 독재관에 임명됐다는 전갈을 받았다. 처음에는 나서기를 주저했으나 원로들의 삼고초려로 마지못해 직책 임명을 수락하고, 로마 군단을 지휘하여 적을 불과 몇 주 만에 물리쳤다. 그러고 나서 무한한 권력을 지닌 독재관 임기가 한참 남았음에도 불구하고 자리에서 물러나 자신의 농장으로 돌아가 묵묵히 농사에만 전념했다.

조지 워싱턴은 킨키나투스를 모델로 삼아 왕으로 추대하겠다는 제의를 물리치고, 8년 동안 나라의 구심점으로 일한 이후 정치를 떠나 자신의 농장으로 돌아갔다. 이것이 전통이 되어 이후 미국의 대통령들이나 권력자들도 대통령이나 장관, 의원 등의 직책을 국가와 사회에 봉사하는 명예직으로 알고 근무한 다음 이전 자신의 위치로 돌아가는 삶을 추구했다. 이러한 전통 속에서 자신이 가진 권력을 기반으로 사익을 추구하는 행위가 만연하기 어려워졌다.

토머스 제퍼슨도 공공에 대한 헌신을 자기 삶에서 최고의 가치로 삼았다. 제퍼슨은 생전에 묘비명을 직접 지어뒀는데 그 문구는 "미국 독립

선언문의 기초자, 버지니아 종교자유법의 제안자, 그리고 버지니아대의 창설자 토머스 제퍼슨, 여기에 잠들다."였다. 대통령을 지냈다는 기록은 없다. 한 가지 덧붙일 이야기는 킨키나투스의 이름을 도시 이름으로 삼은 곳이 바로 미국 오하이오주의 신시내티(Cincinnati)라는 것. 킨키나투스가 미국을 건국한 사람들에게 얼마나 존경을 받았는지 알 수 있는 대목이다.

미국 헌법에는 애초 대통령의 권한이 제대로 명시되지 않았다. 건국 이후 강력한 리더십이 필요했던 조지 워싱턴은 헌법과 관계없이 외교, 국방, 재정, 법의 집행 등에서 권력을 행사했고, 이게 오늘날까지 미국의 대통령이 행사하는 행정 권력의 기준이 되고 있다. 하지만 대한민국에 비하면 대통령의 권력은 상당히 제한적이다.

예컨대 대통령 권력의 원천은 인사권인데, 미국 대통령은 대통령 비서실을 제외한 모든 정무직 인사를 임명할 때 의회의 인준을 받아야 한다. 미국 행정부는 대한민국과 달리 법안 제출권도 없고, 우리의 국회법에 해당하는 의사 운영 규칙에도 간섭할 수 없다.

예산의 경우 한국은 정부안이 국회에서 소폭 수정될 뿐이지만, 미국에서 행정부가 제출하는 예산안은 그저 참고 자료에 불과하다. 의회가 만드는 세출안도 항목과 금액이 세세하게 적혀 있어 행정부가 간여할 여지가 거의 없다. 미국의 상원의원 100명, 하원의원 435명은 대통령과 관련 없이 정치를 하는 사람으로서 대통령이 공천권을 행사하는 것은 있을 수가 없다. 2016년 대선에서 폴 라이언 하원의장은 미국의 장래를 위해 기본적 자질을 갖추지 못했다고 같은 당 대통령 후보인 트럼프에 관한 지지를 철회하기도 했을 정도다.

미국 사법부의 경우 '지혜의 아홉 기둥'으로 불리는 아홉 명의 연방대법관이 종신직이므로 자리가 비지 않으면 임명 자체가 불가능하다. 어떤 대통령은 단 한 명의 대법관 후보도 지명하지 못하고 임기를 끝낼 수 있다. 특별검사도 대통령이 아니라 사법부가 선택한다. 대법원장은 대통령이 임명하는 게 아니라, 대법관들이 호선하게 되어 있다. 미국의 대통령은 대법관을 지명해 놓고 후회하는 일도 종종 발생한다. 자신의 의도와 전혀 다른 방향에서 판결을 내리기도 하기 때문이다.

미국의 제34대 대통령인 드와이트 아이젠하워는 재임 시절 실수를 한 적이 있느냐는 질문에 "두 가지 실수를 했다. 둘 다 지금 대법원에 있다."라고 답했다고 한다. 공화당 소속으로 보수주의적인 아이젠하워는 1953년 얼 워렌 대법관을 지명했고, 1956년 윌리엄 브레넌 대법관을 지명했는데 둘 다 나중에 가장 진보적인 판결을 많이 한 대법관이 됐다. 아이젠하워는 그게 실수였다고 드러내놓고 말한 셈이다.

미국의 대통령제는 철저한 삼권분립, 견제와 균형의 원리를 중시하는 체제로 인사 독식이나 예산 빼먹기 등의 부정이 자리 잡기가 사실상 불가능하다. 건국의 아버지 중 하나인 토머스 제퍼슨의 경우 정부의 목적은 국민이 태어날 때부터 갖고 있던 권리, 다시 말해 결코 빼앗을 수 없는 신성불가침의 권리를 보장하는 것이며, 정부를 운영하는 엘리트들을 철저히 감시해야 한다고 생각했다. 제퍼슨은 "당신이 원하는 것을 다 줄 수 있을 만큼 정부가 크다면, (그 정부는) 당신이 가지고 있는 것을 모두 빼앗아갈 만큼 강하기도 하다."라고 지적하면서 권력의 집중과 큰 정부를 경계했다.

권력 분산이 이뤄지다 보니 미국의 대통령이 가장 중시하는 일이 의회 및 국민과의 소통과 타협이었다. 대통령이 정치적 목표를 달성하기 위해서는 타협해야 하는 게 미국 정치의 현실이었다. 국민 분노에 편승해 허풍이나 떠는 대통령은 막강한 의회 권력에 막혀 일을 제대로 할 수 없었기 때문이다.

미국의 대통령제와 달리 후진국의 대통령제 가운데 성공한 나라는 거의 없었다. 미국의 제도는 역사의 전통 속에서 견제와 균형의 그물을 촘촘히 짠 반면, 후진국의 대통령제에는 과거 권위주의 시절의 제도적이고 관행적인 잔재가 많이 남아 있었기 때문이다. 특히 대통령을 왕과 버금가게 생각하는 역사와 문화 속에서 대통령제는 곧바로 독재와 폭정으로 이어지는 일이 부지기수로 발생했다.

예컨대, 민주주의 경험이 없었던 아시아에서는 여성 대통령이나 여성 총리가 많이 나왔는데, 대부분 권력자였던 아버지나 남편 등의 후광으로 대통령이나 총리가 됐다. 인도의 인디라 간디 전 총리는 초대 총리인 자와힐랄 네루의 딸이었다. 파키스탄의 베나지르 부토 전 총리의 부친은 대통령과 총리를 지낸 줄피카르 알리 부토였다, 인도네시아의 메가와티 수카르노푸트리 전 대통령은 초대 대통령인 수카르노의 차녀였고, 미얀마의 실권자 아웅 산 수지 여사의 아버지는 독립 영웅인 아웅 산이었다. 필리핀의 코라손 아키노 전 대통령은 남편이  베니그노 아키노 상원의원이었고, 글로리아 아로요 전 대통령의 부친은 디오스다도 마카파갈 대통령이었다.

아시아와 달리 영국 최초의 여성 총리인 마거릿 대처, 독일 최초의 여성 총리인 앙겔라 메르켈은 모두 자수성가형 정치인이었다. 이렇게 볼 때, 동일한 정치체제도 그 나라의 역사와 문화, 국민의 의식 수준에 따라 크게 다른 결과를 만들어내고 있음을 알 수 있다. 중국 고사에 보면 남귤북지(南橘北枳) 즉 강남의 귤이 회수를 넘으면 탱자가 된다는 말처럼, 정치체제도 주어진 환경에 따라 전혀 다른 모습이 되는 것이다.

## 좋은 정부를 빚어내는 국민의 진정한 힘

대통령제와 의원내각제의 장단점은 정치학자나 전문가에 의해 다양하고 세밀하게 분석되어 있다. 예컨대, 대통령제는 대통령의 임기가 보장되므로 정치 안정과 행정의 능률을 높이는 데 도움이 되고 위기관리에 유리하다고 한다. 대표적 단점으로는 국정 리더십이 대통령 한 사람에 집중돼 독재화의 우려가 있고, 정당정치와 의회정치의 발전이 어렵다는 점이 꼽힌다.

의원내각제의 대표적 장점으로는 의회와 행정 권력이 융합돼 있어 변화하는 환경에 직접적인 대응이 가능하고 정당에 의한 책임정치가 가능하다는 점이 꼽힌다. 특히 권력의 일인 집중화를 막고 세대교체를 촉진한다는 점에서 가장 민주적인 제도로 불린다. 의원내각제는 그러나 야당이 내각에 대한 불신임 결의를 하면 내각이 빈번하게 교체돼 국정이 불안정해진다는 한계를 지닌다. 독일은 1918년부터 히틀러가 출현한

1933년까지, 프랑스는 대통령제를 정착시키기 전인 1958년 이전에 이런 문제로 고통을 받았다. 이탈리아는 1945년 이후 62년 동안 매년 한 개꼴로 60개의 다른 정부가 들어서기도 했다.

대통령제와 의원내각제의 이러한 특징을 달리 풀이하면, 국민의 목소리를 더 잘 들어주고 국민 명령으로 즉각적인 권력 교체가 가능한 시스템은 의원내각제다. 대통령제의 경우 임기 말까지 어지간한 잘못이 없으면 아무리 인기가 없어도 권력의 자리에서 끌어내릴 수 없다. 예컨대 2016년 말 프랑스의 올랑드 대통령과 한국의 박근혜 대통령 지지율은 4%였다.

의원내각제의 경우 연정이 가능하므로 보다 많은 국민의 목소리가 자신이 지지하는 정당을 통해 국정에 반영될 수 있다. 예컨대, 독일에서는 제1당이 원내 과반수에 달해도 연정을 통해 많은 국민의 의사가 정치에 반영되도록 하고 있다.

대한민국의 대선을 보면 1987년 노태우 후보는 36.6퍼센트의 득표율로 당선됐다. 나머지 63.4퍼센트의 의견은 묻혔다. 당시 김영삼 후보는 28퍼센트, 김대중 후보는 27퍼센트, 김종필 후보는 8퍼센트를 얻었다. 1992년 대선에서 김영삼 후보는 42퍼센트를, 1997년 대선에서 김대중 후보는 40.3퍼센트의 득표율로 대통령이 됐다. 노무현 전 대통령은 48.9퍼센트, 이명박 전 대통령은 48.7%퍼센트 얻었다. 2012년 박근혜 후보는 51.6퍼센트의 득표율로 직선제 도입 이후 처음으로 과반의 득표율을 기록한 대통령이 됐다. 2017년 문재인 대통령도 겨우 41.1%를 얻는 데 그쳤다. 대통령선거에서 당선자를 뽑지 않은 많은 국민은 대통령이 실정을 하고 대통령에 실망할 때마다 “내가 뽑은 대통령이 아니야!”라며 반발하기 일쑤였다.

의원내각제의 강점 중 하나는 국민의 검증을 거친 의원만이 각료가 될 수 있다는 사실이다. 한국의 경우 정치와 행정의 비전문가인 교수나 학자 출신, 기업인이 바로 장관으로 오는 경우가 많아 관료들의 불만이 매우 높다. 줄곧 정치에만 몸담은 정치인의 각료 임명도 불만의 대상이다. 부처 업무와 조직 파악에 최소 6개월 이상 걸리기 때문에 행정 낭비가 많기 때문이다.

교수나 학자가 바로 장관이 되는 경우가 많다 보니, 연구와 강의는 뒷전인 채 선거철만 되면 정치권을 기웃거리는 폴리페서(정치참여 교수)가 많아진다는 지적도 있다. 정부 부처에 근무하는 관료들은 “행정을 전혀 모르는 교수들은 자존심이 강하고 고집이 세서 장관으로 부임하면 대체로 부처 내 관료들과 충돌하기 일쑤다. 공직에 대한 자세가 부족하고 업무 파악하는 데 시간도 오래 걸려, 부처에서 오래 근무한 공무원들의 좌절감이 너무나 크다.”라고 말한다.

미국의 도널드 트럼프 행정부에도 공직 경험이 없는 외부 인사들이 많다는 비판을 받았다. 백인에다가 부유한 경영자 일색으로 내각이 짜였다는 것이다. 도널드 케틀 메릴랜드대 교수는 “정부의 핵심 역할은 두루두루 여론을 조율하고, 국회와 타협하고 소통하며, 정부 관료주의에 잘 대처하는 것인데, 트럼프가 발탁한 인물은 공직 경험이 없다는 게 큰 문제”라고 지적했다.

대통령제와 의원내각제의 장단점 비교에서 특히 지적되는 게 안보 등

위기관리 부분이다. 예컨대 미국 대통령도 대외정책 같은 부문에는 대통령의 권한이 막강하다. 대외정책 중 가장 핵심적인 사안은 전쟁하는 권리인데, 절차상으로는 전쟁수권법이라는 것이 있어 미 의회의 인준이 필요하다. 하지만, 실상은 대통령이 먼저 선전포고를 하면서 전쟁을 시작하고, 그러면 미 의회가 나중에 나서서 그것을 인준하는 형태로 운영되고 있다.

그렇다고 의원내각제가 안보에 대해 약한 것도 아니다. 대표적인 나라가 이스라엘이다.

이스라엘은 전국이 하나의 선거구로서 정당별 비례대표제를 채택한다. 의석 확보를 위한 최소 득표율이 2퍼센트에 불과해 많은 소규모 정당들이 의회에 진출한다. 이스라엘이란 나라 자체가 각국에서 흩어져 살다 돌아온 유대인들이 건설한 나라인 만큼 각종 현안에 대해 다양한 생각을 가질 수밖에 없다는 점을 인정하고, 다양한 집단의 이해를 대변하는 많은 정당이 정치에 참여하도록 했던 것이다. 2016년 말 기준으로 총 120석 가운데 의석을 가진 정당만 해도 리쿠드(30석), 이스라엘 노동당(10석), 예시 아티드(11석), 쿨라누(10석), 유대의 집(8석), 샤스(7석), 유대교 토라연합(6석) 등 16개 정당에 이른다. 이스라엘의 정치는 이들 정당 간의 연정을 통해 이뤄지는데, 이러한 이스라엘이 국가안보에서 허술하거나 미흡하다고 지적하는 전문가는 아무도 없다.

## 세상을 구하는 정치 영웅이나 지도자라는 허상(虛想)

미국의 정치학자 월러 R. 뉴웰은 자신의 책『대통령은 없다: 대통령이 갖춰야 할 10가지 조건』에서 미국 대통령 가운데 열 가지 조건을 갖춘 완벽한 대통령은 없었다고 결론을 내렸다. 지도자가 필요로 하는 자질은 모순적인 특징을 대거 포함하고 있기 때문이다.

전통적인 잣대로 볼 때 지도자의 자질로 '도덕적인 품성, 지적 수준, '통찰력, 공감 능력, 공직에 대한 헌신' 등이 꼽힌다. 그렇지만, 리더가 제대로 된 역할을 하려면 그와 정반대의 특성인 '교활함과 속임수, 권력에 대한 야심, 냉정하고 야비하다고까지 비칠 수 있는 결단력' 등도 꼭 필요한 요소이기 때문이다. 정치 권력의 본질을 밝혀낸 '마키아벨리즘'도 지도자에게는 필요하다는 것이다. 지도자가 사심과 사욕이 없으니 지도자로서 합격이며 아무런 문제가 없다는 인식은 근본적으로 잘못됐다는 얘기다. 착한 대통령이 좋은 대통령이라는 등식은 성립하기가 사실상 불가능하다.

뉴웰의 설명에 따르면 존 F. 케네디는 지적이지만 성적으로 자유분방했고, 린든 존슨은 사회의식이 있었으나 제왕적 대통령으로 구시대적 정치를 구사했다. 리처드 닉슨은 지적 탐구력과 민첩성에 바탕을 두면서 빼어난 정치적 수완을 발휘했지만, 워터게이트 사건으로 자멸했다. 지미 카터는 선행본능을 지녔으나 충동적이고 불안하며 무기력했다. 레이건 대통령은 자신감이 넘쳤으나 타인에 관한 진정한 관심이나 감정이입 능력이 없었다. 빌 클린턴은 탁월한 성과를 이뤄내고 소통도 잘했지만, 섹스 스캔들로 자신의 이미지를 망쳤다.

윌러 뉴웰은 미국 역대 대통령의 장점만을 조합하면 이상적인 지도자가 될 수 있을지 물었다. 예를 들면 케네디의 매력, 닉슨의 영리한 외교적 수완, 카터의 선의, 레이건의 낙관, 아버지 부시의 훌륭한 인품과 클린턴의 소통 그리고 아들 부시의 단호한 의지를 갖춘 인물상을 유추해 낼 수는 있다. 그러나 이런 인물은 현실에 존재하지 않는다. 세상을 모두 구할 수 있는 영웅이나 메시아는 없는 셈이다.

미국의 사회운동가 파커 J. 파머는 민주주의를 가리켜 "우리가 가지고 있는 무엇이 아니라, 우리가 하고 있는 무엇이다."라고 정의했다. 그의 말을 바꿔 설명하면 민주주의는 어떤 정치체제를 갖느냐와 관계없이 모든 국민이 함께 가꾸고 키워나가야 한다는 것이다. 민주주의를 지키고 유지하는 데 국민 개개인의 참여와 실천이 매우 중요하다는 의미다.

# 7장. 꾸준하고 성실한 정치라는 일꾼

정책이란 꾸준히 이어가지 않으면 시작하지 않느니만 못해 위기만 더욱 심각해질 뿐이다.
— 시오노 나나미 —

1980년대에 중국에서 크게 유행했던 농담이 있다. 미국의 도널드 레이건 대통령, 소련의 미하일 고르바초프 서기장, 중국의 덩샤오핑 최고 지도자가 자동차 운전에 나섰다. 레이건 대통령은 운전하다가 갈림길이 나오자 오른쪽 깜빡이를 켜더니 우회전했다. 고르바초프 서기장은 왼쪽 깜빡이를 켜더니 좌회전해서 차를 몰았다. 덩샤오핑은 왼쪽 깜빡이를 켜더니 주저하지 않고 오른쪽 길을 택해 운전했다. 중국인들은 이를 '왼쪽 신호를 주되 오른쪽으로 돈다(signaling left and turning right)'로 표현하면서, 덩샤오핑이 겉으로는 사회주의 체제를 유지하면서도 안에서는 시장경제 체제를 도입한 것을 은근슬쩍 비꼬았다.

정치에 조금이라도 관심이 있는 사람이면 대부분 '정치는 생물'이라는 말을 들어봤을 것이다. 정치는 한 치 앞을 내다볼 수 없을 만큼 상황이 수시로 바뀌고, 정치인의 위상은 놀이공원의 롤러코스터처럼 순식간에

급상승했다가 급추락하기 때문이다. 그래서인지, 놀이공원에서 가장 인기 있는 놀이기구가 롤러코스터라면, 인간 세상에서 가장 재미있는 게 정치인 듯하다.

예컨대, 독자 여러분이 이 문장을 읽는 시점에 경제 상황을 보라. 대체로 1년 전, 혹은 6개월 전에 예측한 내용과 비슷하다. 정치는 이와 달리 1년 전, 혹은 6개월 전에는 상상하기도 힘들었던 상황이 전개돼있음을 알 수 있을 것이다.

한국에서도 총선이나 대선 등 선거가 있을 때마다 국민의 머리는 아프다. 표를 얻기 위해 마구잡이로 쏟아내는 각종 정책의 불확실성이 너무나 크기 때문이다. 기존 정책을 뒤집는 공약도 나날이 쏟아진다.

캐나다 출신의 미국 경제학자 존 케네스 갤브레이스(John Kenneth Galbraith, 1908~2006)는 1977년『불확실성의 시대』라는 책을 펴냈다. 갤브레이스는 책을 통해 지금의 시대를 '사회를 주도하는 지도원리가 사라진 불확실한 시대'라고 규정했다. 정치인 학자 기업인 모두 확신을 갖지 못하며, 진리라고 여겨왔던 수많은 것들이 의심스럽기 이를 데 없고, 이성과 합리성에 기반을 둔 지적 산물들도 많은 사람에게 믿음을 주지 못하고 있다는 것이다.

갤브레이스는 경제사상의 변화 등을 설명하고 있는데, 불확실성의 시대라는 표현은 나중에 경제에만 그치지 않고 정치와 사회 전반의 문제로 확대됐다. 갤브레이스의 말은 나중에 전 세계의 화두가 되었다. 그의 저작이 나온 지 벌써 40년이 훌쩍 지났으며, 세상은 나날이 더욱 불확실한 모습으로 변하고 있다. 세상이 지금 당면한 불확실성은 갤브레이스가 언급한 불확실성의 몇 곱절은 되지 않을까?

정치 부문의 불확실성에 대해 많은 국민과 기업인들은 '정치 리스크가 너무 높다'라고 얘기한다. 여기서 짚고 넘어가야 할 용어가 바로 리스크다.

리스크(risk)의 어원에 대해서는 여러 가지 설이 있다. 아랍에서 비롯됐다는 설이 강력한데 '위험한 일을 추진하여 이익을 얻다'라는 의미가 있다고 한다. 이탈리어어로 '용기를 갖고 도전하다(riscare)'라거나, 라틴어로 '절벽 사이로 배가 위태롭게 지나가다(resicum)'에서 비롯됐다는 설명도 있다. 어찌 됐든 리스크는 어떤 일을 했을 때 이익을 볼 수도 있고 손해를 볼 수도 있는 상황을 말하며 그런 면에서 '리스크 테이킹(risk taking)'이란 표현을 많이 쓴다. 반면에 우리말로 위험으로 번역되는 데인저(danger)는 손실만 있을 뿐 이익이 되는 게 전혀 없다. 자칫하면 사망이나 부상 위험이 있는 깊은 물이나 절벽 등에 붙은 표지판은 그래서 모두 'danger'로 표기돼 있다.

정치는 인간 세상에 꼭 필요한 분야라서 그걸 'danger'라고 할 수는 없다. 그렇다면 '리스크'가 확실한데, 리스크는 관리 여하에 따라 축복이 될 수도 있고 저주가 될 수도 있다. 리스크 관리의 몫은 정치인에 그치지 않고 온 국민에게도 해당된다. 국민이 정치 리스크를 잘 관리해야 정치가 축복이 될 수 있다는 의미다.

## 정치의 가장 큰 위험은 비일관성이다

조선공사삼일(朝鮮公事三日)이라는 말이 있다. 유몽인의 『어우야담(於于野譚)談』에 나온다고 하는데, 등장하는 인물이 임진왜란 때 맹활약한 유성룡이다. 유성룡이 한 번은 공문을 전국 고을에 보내라는 명령을 역관의 관리에게 내렸는데, 역리가 며칠째 시행하지 않았다. 이유를 물어보니 예전부터 항상 많은 업무를 지시하고 며칠이 지나면 취소하곤 하니 명령이 취소될 때까지 기다렸다는 이야기다. 나랏일이 사흘을 가지 못했으니 얼마나 오락가락했는지 짐작할 수 있다.

정치에서 가장 큰 위험은 '비일관성'이라고 할 수 있다. 나쁜 신호일지라도 일관성만 있다면 큰 문제가 없는데, 신호가 정해진 규칙에 따르지 않고 오락가락하면 어떻게 행동해야 할지 모르기 때문이다. 교차로에서 신호등이 고장 나면 도로 전체가 금세 자동차로 뒤엉키는 것을 연상하면 된다.

특히 정치사상의 두 축인 보수와 진보의 갈등으로 인해 어느 나라나 큰 비용을 치르는 경우가 많다. 보수와 진보는 앞서 길게 설명했지만, 간단하게 축약하면 인간 본성을 어떻게 볼 것인지와 시장이나 국가의 역할을 어디까지 인정해줄 것이냐에 따라 나눌 수 있다. 모든 사물을 대하고 정책을 추진하는 데 있어 인식과 선택의 차이가 크다는 것이다.

보수는 개인의 자유와 책임을 중시하고 사회 안정과 자연적이며 점진적인 발전을 신봉함으로써 현실에 적합하다는 의미를 지니고 있으나, 변화에 더디다는 특성으로 인해 기득권층을 편드는 것으로 여겨지는 측면이 강하다. 진보는 사회 약자를 보호하고 사회를 개혁해야 한다는 의미가 있었으나, 현실과 맞지 않아 허황하고 몽상적이라는 특징이 있다.

보수와 진보의 장단점이 나타나자 1990년대 등장한 게 '제3의 길'이다. 좌우 양측의 극단적이고 순수한 이념에 바탕을 둘 경우, 현실 문제를 해결하는 데 거의 도움이 안 된다는 뼈저린 학습을 했기 때문이다. 많은 국가는 보수와 진보로 나눠 싸우는 좌우 대결이 아니라 이념에 얽매이지 않고 어떻게 하면 최상의 상태로 진화하느냐에 초점을 맞추는 쪽으로 국정의 방향을 틀었다.

국가의 역할은 발전을 위한 제도적 틀을 만들고 큰 축에서 흔들리지 않고 이를 지켜나가는 것이다. 시장의 발전을 촉진하고, 경제주체 간 협력과 경쟁이 균형을 이루도록 돕고, 사회가 건강하게 유지될 수 있도록 효과적으로 대응해야 하는 게 국가의 임무다. 그러한 측면에서 경제주체들이 올바른 신호를 보고 판단할 수 있도록 국가정책이 오락가락하지 않는 문제가 중요해졌고, 실제로 정치체제 못지않게 정책의 일관성 문제가 국가 성패의 주요인이 되고 있다.

정책의 일관성 측면에서 대한민국은 과연 어느 수준일까? 대한민국 국민이 피부로 접하는 대표적인 제도가 부동산과 세금인데, 언론에서 두 분야를 놓고 즐겨 쓰는 표현은 '얼기설기 부동산, 누더기 세제'였다. 예컨대, 문재인 정부에서 부동산 정책인지 대책인지가 25차례 혹은 29차례 나왔다고 하는데 그 내용을 제대로 아는 사람은 아예 없다고 하는 게 맞을 것이다. 세무사들마저도 세금 계산이 불가능하다는 말에 아연실색할 수밖에 없다. 정책의 일관성이 전혀 없는 모습을 보노라면 그저

한숨만 나올 뿐이다.

## 중국과 소련, 독일과 일본의 미래를 만든 큰 차이

사회주의 국가였던 중국과 소련은 개혁개방 이후 전혀 다른 길을 걷는 나라가 됐다. 두 나라 모두 시장경제를 도입했으나, 그 과정은 물론 결과는 너무나 달랐다.

중국이 세계 2강(G2)이 된 데는 미래를 보는 혜안을 지닌 덩샤오핑의 공이 가장 크다고 할 수 있다. 덩샤오핑과 그를 따랐던 중국 지도자들은 완고한 공산주의자와 사회주의자들의 반대를 무릅쓰고 '좌회전 신호(사회주의), 우회전 정책(시장경제)'을 일관되게 밀고 나갔다.

시진핑 중국 국가주석의 부친인 시중쉰(習仲勳)이 1978년 광둥성 제2서기로 일할 때 일화가 있다. 당시 광둥성 당국은 홍콩으로 밀입국하는 사람들이 많아 국경을 지키는 문제 때문에 골머리를 앓았다. 광둥성에서 일하던 한 간부가 시중쉰에게 "홍콩으로 밀입국하는 원인은 간단합니다. 여기 농민들은 일 년 내내 밤낮을 가리지 않고 일을 해도 배불리 먹지 못하지만, 홍콩에서 일 년만 일하면 원하는 것은 무엇이든지 가질 수 있기 때문입니다."라고 솔직하게 설명했다. 시중쉰은 그 자리에서 "동지의 (사회주의) 사상에 문제가 있다. 동지의 직책을 박탈하겠다."라며 버럭 화를 냈고, 그 간부는 "감사합니다. 저도 일찌감치 그만두고 싶었습니다."라면서 나가버렸다.

시중쉰은 그날 밤 숙소에서 곰곰이 생각하다가 결국 그 간부의 말이 옳다는 것을 인정했다. 시중쉰은 다음날 해당 간부에게 정중히 사과한 후 사직을 만류했다. 시중쉰은 덩샤오핑에게는 미치지 못하지만, 중국 내에서는 개혁개방의 상징이 됐고 8대 원로 중 하나로 꼽혔다. 그의 후광에 힘입어 아들인 시진핑이 중국 최고지도자가 됐다고 해도 과언이 아니다.

중국의 또 다른 8대 원로 중 한 명인 완리(萬里)는 농가 세대별 생산 책임제를 도입하는 등 농촌개혁에 앞장섰다가 자본주의 노선을 걸으면서 사회주의를 버리고 있다는 비난을 받았다. 완리는 이에 대해 "내게 농민들이 배불리 먹을 수 있게 하는 방안과 당신들이 말하는 사회주의 노선 중에서 하나만 택하라고 한다면 나는 농민들을 배불리 먹이는 길을 택하겠다."라고 선언했다. 1980년대 중국에서는 "개혁을 하다가 잘못을 범하는 것은 용서할 수 있어도 개혁을 하지 않는 것은 용서할 수 없다."라는 말이 유행하기도 했다.

1989년 천안문 사태의 후유증으로 중국의 공산당 내에서는 보수파와 개혁파 간 갈등이 심해졌다. 이러한 상황에서 덩샤오핑이 행동으로 중국의 미래 방향을 제시한 것이 제2의 개혁개방으로 불리는 남순강화(南巡講話)였다. 남순강화는 덩샤오핑이 남쪽 지방을 순회하면서 개혁개방을 촉구한 일련의 연설이라는 의미다. 1992년 1월부터 2월까지 당시 88세였던 덩샤오핑은 보수파들을 견제하기 위해 노구를 이끌고 남부지방 순시에 나섰다. 그는 설날인 1월 20일부터 21일까지 선전과 주하이 경제특구를 방문해 이렇게 말했다.

"개혁개방 정책을 실행할 때 우리가 우려해야 할 것은 다급함이 아니라 주저함이다. 국가는 이 정책이 필요하고 인민은 이것을 좋아한다. 누구든 개혁개방 정책에 반대하는 자는 바로 물러나야 한다."

덩샤오핑의 남순강화 이후 중국 경제는 다시 고속성장 궤도에 진입했다. 1989년 8.4퍼센트까지 떨어진 성장률이 1992년 12.5퍼센트, 1993년 13.8퍼센트로 상승했다. 천안문 유혈사태로 '마오쩌둥보다 더한 독재자'라는 비난을 받은 덩샤오핑은 경제 재도약의 분위기 속에서 다시 구국의 영웅이 됐다. 그는 서방 자본이 거대한 시장인 중국을 결코 포기할 수 없다는 사실을 인식하고 국외 자본을 유치해 기술과 생산력을 키우면서 자신이 원하는 방향으로 중국을 이끌었다. 1978년 이후 40년 가까이 이어진 개혁개방의 일관성은 오늘의 중국을 만든 원동력이었다. 덩샤오핑의 남순강화는 1992년 10월 열린 제14차 공산당 대표대회 보고서에 거의 전문이 수록되었고, 소위 '중국식 사회주의 시장경제론'의 기초가 됐다.

소련도 개혁개방을 추진했으나 결과는 실패였다. 정책이 일관성을 잃으면서 소련 국민의 의식구조가 시장경제를 따라오지 못했기 때문이다.

소련은 1985년 3월, 54세의 '개혁파 리더' 고르바초프가 최고지도자인 당 서기장이 됐다. 그는 취임 연설에서 글라스노스트(개방)를 외치며, 개혁의 청사진을 펼쳤다. 그는 일 년 뒤에는 페레스트로이카(총체적 개혁)를 제창했다. 그렇지만, 평생을 사회주의의 틀 속에서 살아온 지도층이나 국민 모두 급격한 시장경제를 수용할 준비가 전혀 되어 있지 않았다. 경제의 시장화와 기업의 사유화 등이 만병통치약처럼 포장돼 추진됐으나 일관성도 떨어지고 혼란만 더욱 부추길 뿐이었다. 결국 사회주의 소련은 몰락하고 15개 공화국으로 조각났으며, 고르바초프의 개방과 개혁의 꿈은 아무런 결실을 거두지 못했다. 세밀하지 못한 개혁개방이 오히려 국가 몰락으로 이어졌고 그 피해는 고스란히 소련 국민의 몫이었다.

2015년 노벨문학상을 받은 스베틀라나 알렉시예비치는 『세컨드핸드 타임(사회주의적 인간의 최후)』이라는 책에서 "소련 몰락 당시 러시아인들은 모두가 자유에 흠뻑 취해 있었지만, 정작 자유를 얻을 준비는 되어 있지 않은 상태였다. 옐친은 러시아를 바꿨다는 이유로 욕을 먹었다. 고르바초프는 모든 것을, 20세기 전체를 송두리째 바꾼 대가로 욕을 먹어야 했다."라고 썼다.

알렉시예비치가 만난 러시아인은 다음과 같이 설명했다.

"스탈린이 만든 국가는 밑에서는 결코 뚫고 올라갈 수 없는 국가였습니다. 그렇게는 결코 관통할 수 없었어요. 하지만 위에서부터라면 얘기는 달라져요. 나약하고 무방비 상태였던 국가였습니다. 소련이 위에서부터 무너지리라고는, 소련이라는 나라를 최고지도부에서 먼저 배신할 것이라고는 아무도 생각지 않았습니다. 크렘린을 장악한 총서기장이 혁명의 주체가 되었습니다. 엄격한 위계질서와 법도가 오히려 소련에 해가 되었습니다. 역사에서도 전례를 찾아볼 수 없는 매우 독특한 경우입니다 고르바초프는 누구일까요? 공산주의의 무덤을 판 자, 조국의 배신자, 노벨상을 거머쥔 개선장군, 소련을 파산시킨 장본인, 대표적인 60년대 사람 중 하나, 최고의 독일인(독일 통일에 기여), 선지자, 배신자인 가롯 유다, 위대한 개혁가, 위대한 배우, 위대한 고르비, 고르바치 등이 모두 한 사람을 가리키는 이름입니다."

민주주의 국가에서도 정책의 일관성을 지키는 것과 그렇지 못한 것에 따라 격차가 크게 발생한다. 의원내각제를 채택한 일본과 독일은 경제적 어려움을 겪을 때 대처 방법이 달랐다. 결과도 확연히 달랐다.

일본에서 거품경제(버블)가 막바지로 치닫던 1989년 12월 미에노 야스시(三重野康)가 일본 중앙은행인 일본은행 제26대 총재로 취임했다. 미에노 총재는 취임 일 년 만에 기준금리를 세 차례나 올리며 긴축정책을 폈다. 일본에서 1987년 10월 일어났던 '블랙 먼데이(주가 대폭락)'의 여파로 증시와 부동산의 거품이 빠졌을 때 일본은행과 재무성은 외부요인 탓만 했다. 금리를 낮춘 게 거품을 불러왔으니 금리를 높여 돈줄을 조여야 한다는 게 일본은행의 논리였다.

일본은 내각이 교체되고 중앙은행 총재가 바뀔 때마다 돈을 풀어 경기를 부양하는 정책과 돈줄을 조이는 긴축정책을 오락가락했다. 장기불황에 빠지기 시작한 87년부터 2000년까지 14년간 무려 10명의 총리가 바뀌었다. 무책임한 정치권은 순간순간의 인기에만 연연해 장기계획을 세우지 못했고, 위기 대응이 거의 불가능한 상황에 빠졌다. 경기를 부양한다고 돈을 쏟아부으니 빚만 늘었고, 일본 경제는 '잃어버린 20년'을 겪어야 했다.

독일도 2000년대 초 경기 부진과 실업자 증가로 몸살을 앓았다. 나라 전체가 활력을 잃고 삐거덕거리면서 유럽의 병자라는 소리까지 들을 지경이었다.

당시 집권당이던 사민당의 슈뢰더 총리는 "독일을 살리기 위해 사회주의를 버린다."라며 당의 노선을 바꾸고 노동시장 개혁을 추진했다. 슈뢰더가 추진한 개혁은 당시 노동 개혁을 추진한 정부산하 위원회의 위원장이 폭스바겐 이사 출신인 페터 하르츠인 관계로 '하르츠 개혁'으로 불린다. 개혁의 골자는 노동시장의 유연성 확대, 연금보험과 의료보험 개혁에 따른 재정부담 완화, 독일 기업들의 경쟁력 강화 등이었다. 결과는 성공적이었다. 실업률은 대폭 낮아졌고 독일 기업들의 수출경쟁력이 높아지면서 경제 자체가 성장세로 돌아섰다.

독일의 개혁이 노동 개혁에 집중된 것은 노동 개혁이 노동시장 전체의 인력과 조직을 재편성하는 작업이므로 다른 모든 개혁의 기초가 되기 때문이었다. 모든 조직의 근본은 사람이고, 사람이 바뀌면 모든 게 바뀐다는 사실을 인식하고 노동 개혁에 손을 댄 것이다. 노동 개혁에 집중하는 것은 선진국들의 공통적인 모습으로 영국, 프랑스, 네덜란드, 스페인 등 대부분의 나라가 노동 개혁을 개혁 가운데 가장 우선시하고 있다.

노동시장 개혁으로 인해 노동자들의 지지를 잃은 슈뢰더 정권은 총선에서 졌다. 흥미로운 사실은 2005년 말부터 집권한 메르켈 정권이 하르츠 개혁을 더욱더 발전시켜, 해고보호법 미적용 사업장을 20인 이하로 확대하는 등 노동시장 유연화 정책을 이어나가고 있다는 점이다. 독일은 정권이 바뀌어도 정책의 일관성을 지켜가면서 유럽 내에서 여전히 절대 강자의 위용을 자랑하고 있다.

물론 독일의 정책에 그림자도 있다. 노동유연성이 높아지면서 노동자들이 받는 임금이 줄어들자 소득 불평등이 확대되는 모습이 나타난 것이다. 직장을 잃었을 때 받던 실업급여가 줄어들자, 실직자들이 더 조건이 나쁜 일자리를 찾아가면서 노동자 소득이 줄어드는 일이 생겼다. 독일은 부강해졌으나 독일인들의 삶은 그리 나아지지 않으면서 하르츠 개혁은 '인기 없는 성공'이라는 그리 달갑지 않은 꼬리표를 달게 됐다. 그렇다고 하더라도, 정권이 바뀌는 상황에서 정책의 일관성을 유지해가는 독일의 모습은 놀랍기만 하다. 실제로 독일인 대부분은 하르츠 개혁을 계속 밀어붙인 메르켈 총리가 장기 집권할 수 있도록 선거 때마다 그녀의 정당인 기독교민주연합(CDU)에 힘을 실어주었다.

## 좋은 정치를 만드는 '정책의 일관성'

대한민국은 제2차 세계대전 이후 독립한 나라 가운데, 산업화와 민주화를 동시에 성공시킨 거의 유일한 나라로 꼽힌다. 박정희 정권 이후 오랜 세월 일관되게 수출주도의 개발경제 체제를 유지해왔다. 그러다가 1987년 헌법 개정에 따라 1988년 출범한 제6공화국 이후 정책의 일관성에서 약점을 드러내고 있다. 5년 단임 대통령제가 도입된 이후 점차 '이전 정권 깎아내리기'와 '기존 정책 부정하기'라는 비일관적인 모습이 두드러지게 나타나고 있다.

김대중 정부 시절의 대북정책은 노무현 정부 시절 상당한 타격을 받았고, 노무현 정부 시절의 지방 분권화는 이명박 정부에 들어서 푸대접을 받았다. 이명박 정부가 역점을 둔 녹색성장은 박근혜 정부에 들어와서 언급 자체가 되지 않고 있다. 문재인 정부는 아예 박근혜 정부가 했던 일마다 어깃장을 놓았다.

이러한 현상의 원인으로 '한국 특유의 승자 독식 문화'를 꼽는 사람들이 많다. 한국 사회 전체가 승자에 대해서만 인정해주면서 승자가 되지 않으면 발언권을 주지 않는다는 것이다.

예컨대, 대학교에 서열이 매겨지면서 명문대 입학생은 발언권이 세고, 고시에 합격한 사람은 똑똑한 사람으로 인정받고, 성공한 최고경영자와 인기 연예인은 거의 모든 환호를 받는다.

승자 독식의 문화와 그 폐해는 5년 단임이라는 대통령제에서 극명하게 나타나고 있다. 승자가 모든 권리를 가지다 보니, 자기만 옳고 나머지는 틀렸다는 식의 도그마에 빠지게 됐다는 것이다. 여기에 5년 단임제에서 단기간 내에 성과를 내야 하니 장기 프로젝트를 생각하기 어렵다. 단기 위주의 사고로 국가정책이 추진되다 보니 수십 년 동안 이어가야 할 정책의 일관성이 크게 무너지는 결과가 초래되고 있다.

독일의 슈뢰더 전 총리는 "개혁을 추진해 성과에 이르기까지는 오랜 시간이 걸린다. 정치가에게 무엇보다도 필요한 덕목은 그처럼 긴 시간을 견딜 수 있는 의지이다."라며 정책 일관성의 중요성을 강조했다. '빨리빨리'로 대표되는 대한민국 국민의 성격으로 볼 때 슈뢰더 전 총리의 조언이 쉽게 받아들여지지는 않을 것 같은 느낌이다.

# 8장. 합리성은 무엇이고, 합법성은 무엇인가?

세상일은 될 대로 (준비된 대로) 되는 것이다.
— 법정 스님 —

소설가 박완서의 단편『조그만 체험기』는 불합리한 세상을 살아가는 소시민의 작은 희망을 다룬다. '억울한 일을 당하지 않을 자유'가 얼마나 소중한지 느끼는 얘기다. 소설에 "내가 믿을 거라곤 남편의 친구들이 남편을 평할 때 하던 말 '저 사람은 법 없이도 살 사람이라니까.' 하는 것밖에 없었다."라는 대목이 있다.

'법 없이도 살 사람'은 어려서부터 어른들에게 많이 듣던 표현이다. 마음이 곧고 착하여 법이나 규제가 없어도 나쁜 짓을 하지 않는다는 뜻으로 해석된다. 법 없이도 살 사람은 작게는 가족부터 마을, 지역사회, 국가에 이르기까지 공동체의 규범을 잘 지키며 살아가는 사람이다.

복잡한 현대사회, 각자의 이익이 첨예하게 충돌하는 작금의 세상에서 과연 이렇게 살아갈 수 있을까?

상식 중의 상식이지만, 지금은 누구나 법을 만나고 법과 함께 살아간다. 크게는 헌법부터 작게는 지방자치단체의 조례까지 각종 법을 지키고 살아가며, 때로는 알게 모르게 수많은 법규를 위반하며 생활한다. 길을 가다가 침을 뱉기도 하고, 교통 법규를 위반하는 것도 다반사다. 타인이나 공동체에 크게 해를 끼치지 않기에 별다른 처벌 없이 넘어갈 뿐이다.

## 국가권력이 개인의 영역을 함부로 침범해선 안 돼

사람은 과연 법과 제도가 지배하는 현대사회에서 어떤 기준에서 행동해야 할까? 크게 두 가지를 꼽자면, 행동의 기준으로 합리성과 합법성을 들 수 있다.

합리성(rationality)은 흔히 말하는 하늘의 이치(天理), 공리(公理), 도리(道理), 이성(理性) 등에 합당한 성질을 의미한다. 서양에서 말하는 자연법(自然法)이 바로 합리성과 연결돼 있다. 서양에서 자연법을 '신의 법(the law of God)' '이성의 법(the law of reason)'이라고 부르기도 한다. 마이클 샌델 하버드대 교수의 책 『정의란 무엇인가』가 한때 크게 인기를 크게 끌었는데, 사람들이 이해하는 정의와 양심이 합리성에 해당하며 '공동의 선(善)'으로도 해석된다. 합리성은 칸트가 말한 정언명령(행위 자체가 선이므로 무조건 지켜야 한다)과도 맞닿아 있다.

자연법은 인류가 오랜 세월을 살아오면서 발견하고 발전시켜온 법으로서, 인간의 생존과 발전에 필요한 가장 일반적인 계율과 법칙이다.

'이에는 이, 눈에는 눈'이라는 말로 널리 알려진 함무라비 법전이 대표적일 수 있겠다. 어느 사회를 가나 빌린 돈은 갚아야 하며, 은혜를 입었으면 보답하고, 약속은 지켜야 하며, 모든 사람의 생명은 소중하니까 해를 입혀서는 안 되고, 사람들은 행복을 추구할 권리가 있다는 내용 등이 자연법에 해당한다.

합법성(legality)은 법적 적합성을 지녀야 한다는 의미를 지닌다. 자연법은 내용에서 모호한 측면이 많다. '정의란 무엇인가'에서 '정의의 개념'을 놓고 수많은 이론이 있지만, 책을 덮고 나서 생각해보면 무엇이 정의인지 정확히 알기는 정말 어렵다는 게 대다수 독자의 결론이었다.

자연법은 원칙만 있고 세칙이 없어 정부의 법률이 필요하다. 헌법이 매우 추상적으로 되어 있으므로 개별 법률이 존재한다고 보면 적당한 비유가 될는지 모르겠다.

여기서 눈여겨볼 대목은 법률의 주체가 정부라는 사실이다. 정부는 사실상 무생물이고, 법률 제정은 사람만 가능하다. 사람이 법을 만들고 법을 집행하게 된 이상 그게 완벽할 리가 없다. 법도 한계를 지닌다는 의미다.

정부는 크게 입법부, 사법부, 행정부로 나뉜다. 법을 제정하는 국회의원과 행정부처 공무원, 법률해석을 하는 판사 등이 모두 넓은 뜻의 법률 제정권자가 된다. 이들은 불편부당한 신이 아니다. 보통 사람들처럼 이기심도 있고 혈연, 학연, 지연도 갖고 있다. 법에 대해 현명하지 못할 수도 있고 감정적으로 법의 힘을 빌려 자신을 방어할 힘이 없는 약자들에게 폭력을 가할 수 있다.

사람의 행위를 앞서 설명한 합리성과 합법성 측면에서 짝짓기 조합을 해보자. 그러면, 합리적-합법적 행위, 합리적-불법적 행위, 불합리적-합법적 행위, 불합리적-불합법적 행위 등 4가지가 된다. 정상적인 사회라면 합리적-합법적 행위를 하고, 불합리적-불합법적 행위를 하지 않으면 된다. 법을 지키는 게 곧 정의로운 행위가 된다.

그리스신화에서 디케(Dike)는 정의의 여신이다. 디케는 두 눈을 가린 채 칼을 들고 있는 모습이었다. 법과 정의를 세우려면 심판할 대상의 지위고하를 가리지 말고 엄정하게 판단해야 한다는 이유에서다. 디케는 로마 시대에 유스티티아(Justitia)로 대체됐고, 칼과 함께 저울도 들고 있는 모습이 되었다. 오늘날 영어에서 정의를 뜻하는 저스티스(justice)가 여기서 유래했다. 정의의 여신상은 나중에 칼은 없이 저울만 드는 모습으로도 바뀌었다. 대한민국 대법원에 있는 정의의 여신상은 한 손에는 저울을, 한 손에는 법전을 들고 있다.

자유민주주의 사회에서 법은 되도록 소극적으로 적용돼야 한다는 게 원칙이다. '법의 과잉 현상'이 발생하면 개인의 자유가 침해받기 때문이다. 그래서 국가권력이 개인의 영역을 함부로 침범하지 않을 때 자유가 꽃피울 수 있다고 주장하는 사람들이 많다. 지극히 옳은 주장이다. 그런 측면에서 법은 '사람이 살아가기 위한 최소한의 것'이라는 게 자유민주주의가 지향하는 대원칙이 아닐까 싶다.

현대 자유민주주의 사회는 법치 사회이고, 법을 지키는 게 정의인데 세상일이 그렇게 간단하지만은 않다. 세상에는 합리적-불법적 행위나 비합리적-합법적 행위도 많이 생긴다는 것이다. 비합리적-불법적인 일도 해야 할 때도 많다. 사람들이 곤경에 빠지고, 곤란을 겪는 주된 이유가 바로 여기에 있다. 그렇다면 사람은 어떤 기준에서 행동해야 가장 바람직한 삶을 살게 되는 것일까?

## 생각 없이 행동하는 것이 악(惡)이다

정부 부처에 근무하는 공무원이 상급자나 청와대, 힘 있는 정치인의 은밀한 지시나 민원을 거절할 수 있는가? 대체로 이런 지시를 받아 저지른 행위가 합리적이기 힘들고 불법인 경우도 많다. 지시한 행위, 그리고 지시를 받아 저지른 행위가 나중에 불법임이 판명되어 교도소 신세를 진 사람도 많다. 그렇지만, 여전히 권력자의 지시를 받으면 고분고분 따를 수밖에 없는 게 공무원의 삶이다. 불법적인 지시라면서 양심을 판단 잣대로 삼아 거부했다가는 출세의 길이 막히고 좌천되거나 심지어 옷을 벗어야 할 수도 있기 때문이다.

기업에 근무하는 임직원들은 오너나 최고경영자의 지시에 불응하면 어떤 일이 벌어질지 너무나 잘 안다. 다들 합리성과 합법성을 동시에 지키는 게 얼마나 어려운지, 가족의 생계를 지키려면 불합리하고 불법적인 일을 어떻게든 받아들일 수밖에 없다는 것을 피부로 느끼면서 살아간다.

직장인과 관료사회에서 유행했고 지금도 살아 있는 'SSKK'라는 조어가 있다. '시키면 시키는 대로, 까라면 까라는 대로'를 콩글리시 약어로 만든 것이다. 처세술의 진수로 '끼끼빠빠'라는 말도 유행했다. '낄 데 끼고 빠질 때는 빠져라'의 줄임말이다. 그래서 윗사람 지시를 잘 이행하고, 상사 심기를 잘 살피며 불법을 저지른 사람을 무작정 잘못했다고 나무라기도 어렵다.

독일 나치스의 유대인 학살을 지휘한 아돌프 아이히만이 이스라엘 정보부인 모사드(Mossad)에 붙잡힌 뒤 예루살렘에서 재판을 받은 시기는 1961년 12월이었다. 철학자 한나 아렌트는 잡지 『뉴요커』의 특별 취재원 자격으로 직접 재판을 지켜보고 「예루살렘의 아이히만」이라는 보고서를 작성했다.

아렌트가 보기에 저지른 악행이 주는 이미지와는 달리 아이히만의 외모는 악마나 악당이 아니었다. 그녀의 눈에는 지극히 평범한 중년 남성일 뿐이었다. 아이히만은 재판 과정에서 "나는 명령에 따랐을 뿐이다. (칸트까지 인용하며) 명령은 지키는 것이 도리이다."라고 담담하게 말했다.

아렌트는 아이히만의 말과 행동에서 '악의 평범성(banality of evil)'이라는 유명한 개념을 끌어냈다. 악이란 뿔 달린 악마처럼 별나고 괴이한 존재가 아니라는 것. 일상적으로 '누구나 다 이렇게 하니까 따르기만 하면 돼. 내가 반대한다고 달라지는가. 명령받은 대로 했을 뿐인데.' '옛날부터 해오던 일인데.'라는 식으로 생각 없이 했던 행동이 악이 될 수 있다는 얘기다.

한나 아렌트는 『인간의 조건』이란 책에서 "생각하는 일은 누구나 할 수 있는 일이며, 그렇게들 한다. 그러나 저명한 학자들이 말하는 것과 달리, 참으로 불행히도 생각하도록 하는 힘은 인간의 다른 능력에 비해 가장 약하다. 폭정 아래에서는 생각하는 일보다 (생각하지 않고) 행동하는 일이 훨씬 쉽다."라고 썼다.

대한민국의 역사를 보면 나름 사람 좋고 인품도 훌륭한 분들이 갑자기 권력의 길로 들어섰다가 몰락하는 경우가 많다. 이들의 참사 원인을 면밀하게 살펴보면 공통점으로 발견되는 게 바로 권력의 속성을 모른 채 '상사에게 순종하는 성격'이다.

권력이란 사전에서 '남을 복종시키거나 지배할 수 있는 공인된 권리와 힘'이라고 되었다. 사람들은 권력을 단순히 칼로 비유하는데, 권력을 더 넓은 시각에서 바라볼 필요가 있다. 권력을 칼, 모래, 양파에 빗대어 설명할 수 있다. 권력을 칼로 얘기하면 손잡이가 없는 칼일 것이다. 권력을 남용하며 그 칼날이 휘두르는 사람도 다치게 한다는 의미다. 권력은 모래를 손에 쥐는 모습처럼 너무 세게 쥐어도 너무 약하게 쥐어도 자신이 품에서 빠져나간다. 무엇보다도 권력의 기반은 모래여서 언제든지 쉽게 무너질 수 있다. 권력의 본질이 무엇인지 생각해보면 마치 양파를 까는 모습처럼 결국에는 남는 게 아무것도 없음을 발견할 수 있다. 아무리 센 정치 권력자도 민주주의 사회에서는 임기와 죽음 앞에 복종할 수밖에 없다.

공직에 오래 있었던 사람들은 감각적으로 권력의 유한함, 지켜야 할 법과 규범, 공직자로서 넘으면 안 되는 선을 잘 안다. 할 수 있는 일과 해서는 안 되는 일을 젊을 때부터 체득함으로써 불법을 피한다.

이와 달리, 조직 생활을 해보지 않았거나 외부에서 전격적으로 발탁된 인사들은 '공직자 마인드'가 별로 없거나 부족하다. 모든 일에는 금도라는 게 있는데, 이를 지키지 않다 보니 부지런하고 성실하게 일한 결과가 자신에게 부메랑으로 돌아오는 경우가 많다.

아이히만 사례에서 보듯, 사람들이 지켜야 할 한 가지 행동 원칙은 분명하다. 자연법과 법률이 충돌하면 자연법을 우위에 두면 된다. '저 사람 못됐다.'라고 손가락질을 당하는 사람들은 전부 법을 지키지 않는 사람이 아니라 천리를 거스르는 사람들이다.

중국 속담에 "이(理)가 있으면 천하를 두루 돌아다닐 수 있지만, 이(理)가 없으면 몇 걸음도 가기 어렵다."라는 표현이 있다. 예전에도 그랬지만 최소한 오늘을 살면서 합리성과 합법성을 생각하고, 합리성을 우위에 두는 삶을 살아야 하는 게 정도라는 것이다.

물론 어떤 행위가 합리적이며 동시에 합법적이면 더할 나위가 없다. 대체로 합리적-합법적 행위가 우대받고 권장되는 나라는 '법보다 주먹(권력)이 앞서는 나라'보다 훨씬 발전하고 국가의 품격도 다르다. 대한민국에서도 합리적-합법적 행위가 크게 우대받았으면 좋겠다는 생각이다.

# 제 3 부

## 국가의 미래는 무엇이 결정하는가?

# 9장. 발전하지 못하는 국가는 쇠퇴한다

역사는 직진하지 않는다. 후퇴하기도 하고, 한동안 지체하거나
더러는 순환해 데자뷔를 느끼게 한다.
— 영국 『이코노미스트』, 2017년 세계 경제 대전망 —

대한민국의 발전 주역은 누구였으며 발전의 근본적인 요인은 무엇이었는가? 여기에 대해서는 의견이 참으로 다양하다.

인물 중심으로 볼 때 발전의 주역으로는 박정희 대통령과 경제 관료들, 이병철, 정주영으로 대표되는 기업인들이 언급된다. 대체로 산업화 시대의 향수를 느끼는 중장년층에서 이러한 시각이 강하다. 반면에 영화 〈국제시장〉의 주인공 덕수와 같은 선배 세대, 즉 산업화에 공헌한 수많은 국민과 노동자가 경제발전의 주역이라는 시각도 강한데 대체로 진보적인 색채를 지닌 사람들이 이러한 주장을 편다.

두 가지 시각은 모두 어느 쪽에 비중을 두느냐의 차이만 있을 뿐이다. 실제로는 국민 모두의 공이라고 표현하는 게 두루뭉술하면서도 여러 가지 비난을 피할 수 있는 가장 정확하고 현명한 대답으로 여겨진다. 다

만, 모든 국민이 경제발전의 주역이라고 하면 경제가 쇠락할 때도 국민 모두의 책임이라는 결론에 도달할 수 있다. 이렇게 되면 나라 발전이나 쇠락의 문제를 따질 때 아무런 대책도 없는 담론으로 흐를 가능성이 크다. 당연히 미래를 만들어가기 위한 지혜를 모으는 게 어려워진다.

『명심보감』에 "미래를 알고 싶다면 먼저 지난 일을 살펴보라(欲知未來 先察已然)."라는 표현이 있다. 과거는 미래의 거울이라는 점을 명심하라는 선현들의 교훈이다.

## 모든 시기에 유효한 경제발전 법칙은 없다

대한민국의 발전 요인에 대해 아시아 경제의 전문가인 조 스터드웰은 책 『아시아의 힘(How Asia Works)』에서 크게 3가지로 정리했다. 토지개혁, 수출중심의 제조업에 대한 국가 지원, 관치에 의한 금융자원의 집중이 그것이다. 그의 분석은 한국뿐만 아니라 일본, 대만에 공통으로 적용될 수 있으며, 동남아 국가들이 왜 도약하지 못했는지를 설명해준다.

일본, 한국, 대만은 산업발전 초기에 토지개혁을 단행했다. 지주 중심의 농업사회에서 가족 중심의 농업이 가능하도록 토지를 나눴다. 경제 자체가 매우 취약한 상황에서 농업인구가 전체의 70퍼센트 이상임을 고려하면, 이러한 토지분배는 농가들이 열심히 일할 수 있는 동기를 제공해 농업생산량을 최고 수준으로 끌어올리는 효과적인 정책이었다. 농가들은 적으나마 자신의 소득을 바탕으로 자녀들에 대한 교육 투자재원을 마련할 수 있었고, 교육을 받은 인력들은 산업발전이 진행될 때 일할 수 있는 우수한 노동력 즉 산업 전사들이 되었다.

동남아에서는 농업 개혁이 거의 이뤄지지 않았다. 필리핀의 경우 1986년 시민혁명의 도움으로 대통령에 오른 코라손 아키노는 필리핀의 최상류층이자 10대 거부 가문에 속해 있었다. 그는 대통령 선거 유세 기간 토지개혁을 약속했으나 그는 물론 후대 대통령들도 제대로 추진하지 않은 관계로 오늘날까지 토지개혁이 제대로 실현되지 않고 있다. 필리핀을 주름잡는 대지주들의 모습은 태국이나 인도네시아에서도 쉽게 나타난다. 2억 5,000만 명의 인구 대국인 인도네시아에서 인구의 60퍼센트가 모여 사는 자바섬의 경우 농경지가 약 900만ha(9만 제곱킬로미터) 정도인데, 농촌인구의 약 70퍼센트는 자기 땅이 없는 것으로 추정되고 있다. 이러다 보니, 농민들이 부를 축적하거나 자녀들의 교육을 위한 돈을 마련하는 것 자체가 불가능해졌다.

선진국으로 도약하기 위해서는 제조업의 발전이 필수적이다. 제조업체가 만든 공산품은 국경을 넘어 쉽게 이동할 수 있으므로, 상품만 잘 만들면 수출을 통해 국부를 늘릴 수 있기 때문이다. 선진국이 될수록 공장 자동화로 인해 제품 생산에 소수의 사람만 채용하므로 제조업 가치를 상대적으로 저평가할 수 있지만, 튼튼한 제조업은 국가 생산성을 크게 높인다. 세계적인 선진국들은 제조업이 강하다.

제조업에 강점을 지닌 대기업의 역할은 국가 크기보다 더욱 중요하다. 벨기에, 스웨덴, 스위스 등은 땅 크기와 인구 측면에서 적지만 대기업을 거느리며 잘 사는 반면, 대기업이 없이 소기업만 많은 나라가 잘

사는 대국은 없다. 영국은 흔히 금융과 서비스의 나라로 인식되지만, 영국의 제조업이 창출하는 실질 가치는 제2차 세계대전 때보다 지금이 2.5배 이상 많은 것으로 평가되고 있다.

한국, 일본, 대만 등은 제조업의 발전을 위해 부단히 노력했는데, 제조업체가 죽고 살고의 판단기준을 수출로 삼았다. 수출실적이 목표에 도달하면 지원하고 그렇지 못하면 지원을 끊어 도태시키다 보니, 수출기업들은 국제시장에 팔릴 수 있는 값싸고 질 좋은 제품을 만들기 위해 노력했고 그게 제조업의 발전으로 이어졌다. (정부 지원을 받기 위해 수출실적을 조작하는 사례도 많았으나 큰 흐름을 바꾸지는 못했다.) 특히 제조업체를 경영하는 창업자나 제품을 만드는 기술자들은 대규모 미숙련 노동자들을 고용해 교육함으로써 사회 전반적으로 기술 수준 즉 생산성을 높이는 데 크게 이바지했다.

동남아의 경우 산업투자를 유도했으나 경쟁 구도를 만들지 않으면서 국영기업을 보호하는 데 치중했다. 정부로부터 보호를 받고 안주하다 보니 수출경쟁력이 떨어지게 되고, 기업인들은 수출보다는 쉽게 돈이 되는 관광과 금융 등 서비스업에 치중하게 됐다. 동남아에서 국제적으로 알려진 브랜드는 맥주회사 등 소비재산업이 대부분이며, 제조업체들은 대체로 선진국 대기업의 하청기지 역할에 머무르고 있다.

동남아 기업인들의 서비스업 진출은 정부의 인허가와 관련이 돼 있어 필연적으로 정경유착을 강화했고, 오늘날 동남아에서 도시국가인 싱가포르를 제외하면 어느 나라도 개발도상국에서 벗어나지 못하고 있다. 예컨대, 말레이시아의 수도인 쿠알라룸푸르에서 동북방으로 한 시간가량 가면 '겐팅 하일랜즈'란 곳이 나오는데 카지노 · 호텔 · 쇼핑몰이 즐비하게 들어선 휴양지다. 그곳의 소유주는 단 한 명으로 중국계 재벌이다.

국가발전을 위해서는 한정된 금융 재원을 미래 발전을 위해 투입되도록 힘써야 한다. 한국, 일본, 대만 등에서는 국가가 금융기관을 통제하는 관치금융을 통해 돈이 제조업 위주로 흘러 들어가도록 했다. 이러한 시스템은 기업 부실이 곧 금융회사 부실로 이어지는 결과를 초래하기도 했지만, 금융 재원이 소비적인 부문으로 흘러나가는 흐름을 막았다. 동남아에서는 기업인들이 은행을 통제하면서 많은 자금이 고급 부동산과 관광지 개발 등으로 흘러갔다.

한국에서도 외환위기 이후 금융회사의 민영화가 이뤄지면서 기업 대출보다는 상대적으로 안전하고 수익성이 높은 주택담보대출 등 개인대출이 급속히 늘었다. 그렇지만 기업들이 이미 상당한 자금력을 확보한 덕분에 새로운 금융 흐름이 경제발전의 걸림돌이 되지는 않았다.

한국, 일본, 대만 등 동북아 국가들이 제조업을 통해 선진국이 됐거나 선진국 수준으로 올라갔으나, 동남아에서는 그렇지 못했다. 이를 보면 경제발전은 사람의 단순한 노력뿐만 아니라 정부의 일관된 정책적 개입, 올바른 제도의 적용 등이 매우 중요함을 알 수 있다.

경제사학자인 폴 베어록은 『경제사학의 속설과 역설』에서 "경제사가 경제학에 기여한 핵심 내용을 요약하면, 모든 시기에 유효한 법칙이나 규칙은 존재하지 않는 것"이라고 설명했다. 특히 경제적 성공을 이룬 많은 나라는 산업발전 초기에 보호주의를 추구했다. 폴 베어록은 지금 자유 경쟁을 옹호하는 미국도 산업발전 초기에는 자국 산업을 보호하고 높은 관세를 매겼다며 '미국은 현대 보호주의의 모국이자 보루'라고 비판했다.

국가발전의 성공모델은 발전 수준에 따라 끊임없이 수정돼야 하는 게 역사의 교훈이다. 나라의 발전에는 전진이냐, 아니면 후퇴냐가 있을 뿐 정체가 계속될 수는 없기 때문이다. 경제발전은 끝없는 조정을 요구하는 복잡하고 역동적인 과정이며, 부단한 노력 없이는 현상 유지도 힘들다. 특히 산업화에 성공한 이후에는 과도한 정부의 개입이 자칫 저성장과 기술 정체를 불러올 수 있다.

경제학 이론에서는 성장률을 높이려면 노동과 자본, 그리고 생산성을 높여야 한다고 말한다. 사람을 많이 투입하고, 도로나 공장을 열심히 건설하면 성장률은 높아진다. 한국의 경우 노동 인력은 감소세로 돌아서고 있으며, 도로는 더 필요한 지역이 없을 정도도 많이 깔린 상황이고, 공장의 경우 생산과잉을 겪는 곳이 많다. 노동과 자본을 늘리기가 어려운 것이다.

이때 필요한 것이 바로 생산성이다. 생산성이 높아야 국가 경제가 부유해지고 국가 경제가 부유해져야 국민의 삶을 위해 더 많은 돈을 지출할 수 있다. 스웨덴, 핀란드, 덴마크 등 북유럽 복지국가에서는 아예 대놓고 "생산성이 복지다. 복지재원을 확보하려면 생산성을 높이는 수밖에 없기 때문이다."고 공헌할 정도다.

생산성을 높인다는 걸 한 단어로 풀이하면 성장(成長)이다. '밀물은 모든 배를 띄운다.'라는 말처럼 성장이야말로 국가를 발전시키고 국민의 삶을 개선하는 거의 유일한 해결책이다.

경제학자들은 오랫동안 생산성은 기술이라고 평가해왔다. 기술이 발전하면 경제가 성장하고, 선진국과 후진국 간의 소득격차도 자본이나 노동의 차이보다는 기술력의 차이 때문으로 설명하는 게 타당하다는 시각이 많았다. 서울공대 교수 26명이 쓴 『축적의 시간』은 한국 내 주요 산업의 당면 문제에 대한 전문적 진단을 제시한 책인데 진단 결과를 '축적'이라는 키워드로 집약했다. 교수들은 "선진국 기술경쟁력의 결정체는 경험을 통해 축적된 무형의 지식과 노하우이며, 우리나라는 압축성장하는 과정에서 경험과 기술에 대한 '축적의 시간'이 없었다."는데 의견을 같이했다. 부가가치가 높은 핵심기술에서 뒤처진 부분이 많은 것을 보면 매우 설득력 있는 분석이다.

그러나, 현실을 보면 핵심기술은 몰라도 일반기술의 측면에서는 국가 간 기술격차가 크지 않을 수 있다. 후진국에서 선진국으로 유학을 다녀온 인재들도 많으며, 선진국의 기술로 지어진 공장에서 일하며 기술을 익힐 수 있다. 선진국과 후진국 대학에서 가르치는 지식은 큰 차이가 없고, 지금은 책과 동영상을 통해 국경 밖에서도 얼마든지 기술을 익힐 수 있는 세상이다. 경영사상가인 오마에 겐이치는 『국경 없는 세계』를 통해, 뉴욕타임스 칼럼니스트인 토머스 프리드먼은 『세계는 평평하다』에서 다양한 사례를 열거하며 기술과 지식의 흐름이 자유롭게 유통되는 세상을 그리고 있다.

## 사회적 신뢰 자본의 중요성

선진국과 후진국의 격차를 설명할 때 기술적 요인으로 그 격차를 설명하기는 무언가 부족하다는 느낌이다. 많은 학자가 이처럼 부족한 부분을 설명하는 대안으로 언급하는 게 자원의 효율적 배분과 사회적 자본이다.

경제에서 생산은 기업(자영업자는 개인기업)을 통해 이뤄진다. 자원은 한정돼있는 만큼, 유능한 사람에게 창업 기회를 주고, 고성장 기업에 자금이 지원되며, 유능한 인재가 중요한 의사결정을 할 때 자원이 효율적으로 분배된다. 무능한 사람에게 자원이 배분되면 망하기 쉽고, 이익을 창출하지 못하는 소위 좀비기업에 자금이 지원되면 이는 자원의 낭비로 이어진다. 의사결정 과정에서 무능한 사람이 의사결정권자가 되면 그 결과는 패망이다.

한국의 기업 세계를 보면 가장 중요한 역할을 하는 최고경영자(CEO)가 능력이 아니라 핏줄에 의해 결정되는 사례가 많다. 그러다 보니 기업 내에서 더 유능한 인재가 사장되는 실정이다. 이러한 풍토에서 당연히 유능한 인재는 공무원 시험이나 의과대학, 로스쿨 등으로 몰리게 되며, 이는 가진 게 인적자원뿐인 한국에서 심각한 국력 낭비로 이어질 수 있다.

실제로 선진국과 후진국의 운명은 능력 중심의 사회인가, 아니면 혈연 · 학연 · 지연으로 표현되는 연줄사회인가에 따라 좌우된다. 2016년 역사에 큰 획을 그은 최순실 사태와 관련해 최장집 고려대 명예교수는 "국가-재벌 동맹을 근간으로 하는 박정희 패러다임의 종말을 보여주는 사건"이라고 평했는데, 한국이 연줄사회라는 질긴 뿌리를 여전히 지니고 있다는 측면에서 설득력이 있다. 그렇다고 그 이후에 나아진 모습도 보이지 않는다. 저성장의 늪에 빠진 대한민국이 경제성장을 이루려면, 정치와 사회 등 나라 전체의 시스템을 고쳐 자원의 효율적 배분이 이뤄지도록 노력해야 함을 의미한다.

경제성장을 위해서는 사회적 자본(social capital)이 중요하다는 주장은 1990년대 이후 전 세계적으로 주목을 받았다. 사회적 자본이란 개념을 널리 알린 인물은 미국의 정치학자 로버트 퍼트넘(Robert Putnam)이다. 그는 사회적 자본을 사람과 사람 간의 연계, 여기서 발생하는 사회적 네트워크, 서로 혜택을 주고받는 호혜성(reciprocity)과 서로 믿고 의지하는 신뢰의 규범을 의미한다고 설명했다.

사회적 자본은 다양한 형태의 모습으로 나타난다. 가족과 친족을 합친 확대가족, 종교적인 모임, 등산 · 낚시 · 자전거 등 각종 동호회, 동창회, 시민단체, 인터넷 커뮤니티, 직업별 단체 등이 여기에 해당한다. 사람들은 이러한 모임을 통해 더불어 살아가고, 공동체 구성원으로서 책임과 의무를 수행하며 사회를 건강하게 만들어간다.

퍼트넘은 이러한 사회적 자본이 세대교체, 텔레비전의 보급, 장거리 출퇴근의 일상화, 맞벌이 부부의 등장 때문에 쇠퇴했다고 지적했다. 가족이 분화되고 일이 바쁘다 보니까 서로 어울리는 문화가 사라져가고 있다는 게 그의 분석이다.

한국에서도 가족의 분화는 매우 놀랄 정도다. 일반적인 가족의 평균 모습인 4인 가구는 2020년 전체 2,093만 가구 가운데 15.6퍼센트인

327만 가구에 불과했다. 홀로 사는 1인 가구가 전체의 31.7퍼센트인 664만 가구로 가장 많고, 2인 가구는 28.0퍼센트이며 3인 가구는 20.1퍼센트이다. 혼자서 밥 먹고 술 마시는 혼밥과 혼술이 언론보도나 드라마, 영화 등에 빈번하게 나오는데 이는 가족의 분화와도 연계가 깊다.

퍼트넘의 연구에서 주목할 부분은 사회적 자본을 '결속형'과 '연계형'으로 구분했다는 점이다. 결속형이란 혈연 · 지연 · 학연과 같은 내부지향적이고 외부인을 배제하는 형태를 뜻하며, 연계형은 공적 시민단체에 소속하는 것처럼 외부지향적인 형태를 의미한다. 퍼트넘은 현대사회에서 연계형의 사회적 자본, 공적 영역의 사회적 자본이 증가해야 건강한 사회가 된다고 지적했다.

사회적 자본에 대한 유명한 설명이 미국 정치학자인 프랜시스 후쿠야마의『트러스트』라는 책에 나와 있다. 후쿠야마는 "지속적인 경제성장을 달성해 국민의 삶이 지속적으로 나아지는 국가는 '신뢰'라는 자본이 풍부한 국가"라고 설명했다.

사회적 자본은 국가를 구성하는 모든 주체에게 공통으로 영향을 미친다. 사회적 자본은 국민이 국가를 믿고, 국가가 법과 제도에 따라 국민의 삶을 돌볼 때 높아진다. 사회적 자본은 정부 정책과 사회제도의 공정성에도 큰 영향을 끼친다. 국민이 국가를 믿으면 납세 등 정부 정책에 잘 호응하고, 국가가 국민을 믿으면 재정운영과 복지 실현 등의 효율성이 높아지게 된다. 개인 간의 거래에서도 상호 신뢰가 있으면 거래 비용이 줄어 상거래가 촉진된다.

경제학자인 케네스 애로우는 "모든 상거래는 신뢰라는 요소를 지니고 있으며, 우리가 경제적으로 후진적인 세계를 볼 때 그 요인의 대부분을 결국 상호 신뢰의 부족으로 설명할 수 있다."라고 주장했다. 국가나 사람이나 서로 믿지 못하면 똑바로 발전하기 어렵다는 뜻이다. 공자가 얘기한 '민무신불립'(民無信不立, 백성의 믿음 없이는 나라가 설 수 없다.)'이 동서고금의 진리였던 셈이다.

한국인들은 어떤 정치적 · 사회적 문제가 발생할 때마다 정치인 · 관료 · 기업인 등 지도층에게 책임을 돌린다. 국민은 똑똑하고 현명한데, 리더들이 제대로 나라를 이끌지 못했다는 식으로 말하며, 여론에 편승하는 지식인 계층도 이러한 의견을 표현하는 데 거리낌이 없다.

명나라의 멸망을 지켜봤던 중국의 사상가 고염무는 '천하흥망 필부유책(天下興亡 匹夫有責)'이란 말을 남겼다. 정권이 망하는 건 정권 엘리트의 책임이지만, 나라 전체가 흔들리고 쇠퇴하는 것은 보통 사람들에게도 책임이 있다는 설명이다. 정치가 그 사회의 얼굴이라고 했을 때, 정치라는 얼굴 뒤에 감춰진 수많은 요인도 있음을 얘기한 것이다. 어떤 일의 성공과 실패를 한 사람의 탓으로 돌리기에는 세상은 너무나 복잡하다.

## 국가발전의 원동력은 단결력과 민첩성이다

대한민국은 사회적 자본이 상당히 부족한 나라이며, 이는 선진국으로

도약하는 데 큰 걸림돌로 작용하고 있는 것도 현실이다.

경제협력개발기구(OECD)가 2016년 조사한 바에 따르면 '다른 사람을 신뢰할 수 있는가'라는 질문에 한국은 26.6퍼센트만이 '그렇다'라고 답했다. 덴마크가 74.9퍼센트로 가장 높고, 노르웨이(72.9퍼센트) 네덜란드(67.4퍼센트) 스웨덴(61.8퍼센트) 등이 매우 높았다. 일본은 38.8퍼센트, 미국은 35.1퍼센트로 낮았다. 특히 한국 사회에서 '필요할 때 의지할 사람이 있는가'라는 질문에 '그렇다'하는 응답은 77.5퍼센트였는데 조사 대상국 가운데 꼴찌에서 두 번째였다. 많은 한국인이 만남과 회식의 자리에서 "우리가 남이가! 뭉치자!"라고 외치지만 정작 필요할 때 믿고 의지할 사람은 적다는 얘기다.

한국 사회는 산업화와 민주화 과정에서 모든 국민이 하나로 의기투합하는 모습을 자주 보였지만, 그런 모습이 최근 들어서 급격히 줄어들고 있다. 화합이나 통합보다는 불신과 불통, 반목과 갈등이라는 단어들이 훨씬 많이 언급된다. 스위스 국제경영개발원(IMD)의 '2021년 국가경쟁력 지수'를 보면 한국의 사회적 결속 점수(social coheion)는 9년 전인 2012년 8.04에서 4.68로 절반 가까이 낮아졌다. 10여 년 전에는 한국의 갈등 해소를 위한 비용이 당시 GDP의 최대 27퍼센트(246조원)에 달한다는 분석도 있었다.

이는 퍼트넘이 얘기한 '결속형 사회적 자본' 즉 끼리끼리 해 먹는 정실위주의 문화 속에서 국민의 타인을 위한 배려나 희생정신이 사라지고, 갑질로 표현되는 공동체 정신의 실종 때문으로 분석하는 이들이 많다. 실제로 사회적 자본의 실종을 얘기하면서 거짓말과 위선에 대한 한국인의 태도를 지적하는 사람들도 적지 않다.

거짓말은 가장 편한 방식으로 자신의 이익을 늘리는 수단이며, 개인의 사적이익에 부합한다. 거짓말이 늘어나다 보면 이에 대한 감시와 불신의 비용이 급증하고, 사실과 허구의 경계가 모호해지면서 사회를 발전시키는 각종 거래의 안정성을 해치게 된다.

선진국일수록 거짓말에 엄격하며, 사실관계를 감시하는 '사실 검증 전문가 즉 팩트체커(fact checker)'들이 많다. 정치를 감시하는 팩트체커들은 정치인들의 발언과 정책의 사실 여부, 실천 가능성 등을 실시간으로 검토한다. 이러한 곳에서 거짓 정치가 설 땅은 좁아질 수밖에 없다. 미국 역사에서 임기 도중 사임한 닉슨 대통령의 경우 워터게이트의 도청 그 자체보다 거짓말이 더 치명타였다는 것은 잘 알려져 있다. 국민으로부터 '신뢰를 잃었다(agianst trust)'는 게 닉슨이 탄핵에 부쳐진 결정적인 이유였다. 선진국에서는 또 '너는 거짓말쟁이야'라는 말이 큰 욕설에 해당한다.

국가가 쇠퇴하거나 정체되는 과정에서 가장 치명적인 요소는 자본 부족이나 기술 부족이 아니라 '신뢰의 상실'이라는 부분은 거짓말이 난무하는 한국 사회에서 깊이 고민할 부분이다. (몇몇 유명 인사들은 지금도 여전히 거짓말을 참말이라며 박박 우기고 있다.)

덧붙여 얘기하면 2015년 대한민국의 사기 사건은 24만 건, 피해액은 8조 원에 이른다. 검거율은 70퍼센트였는데 피해 금액 중 회수된 돈은 1퍼센트도 안 됐다. 이웃 나라인 일본의 사기 사건은 대략 10만 건 내외인데, 인구 격차를 생각하면 우리나라의 10분의 1에 불과하다. 최대의 피라미드 사기라는 '조희팔 사건'의 경우 피해자가 4만~5만 명에 피해 규모는 대략 4조 원이었다.

국가나 개인이나 미래를 잘 개척해 나가고 발전하려면 신뢰에 기초한 단결력과 상황을 잘 적응하는 민첩성을 모두 갖춰야 한다. 단결력은 높으나 민첩성이 떨어지면 위기 신호에 둔감해진다. 민첩성은 높으나 단결력이 떨어지면 사람들이 모두 '각자도생(各自圖生)'을 모색하는 모래알 사회가 되기 쉽다. 단결력도 별로 없는 데다 민첩성마저 떨어지면 서로 남 탓만 하고 비난만 하는 사회로 전락한다. 한국 사회는 지금 단결력이나 민첩성 모두 그리 높은 점수를 기록하지 못하고 있는 것 같다.

# 10장. 세계를 알아야 국가가 살아남는다

똑바로 서라. 힘이 안 되면 남의 힘을 빌려서라도 똑바로 서라.
— 마르쿠스 아우렐리우스 —

미국인의 정체성을 얘기할 때 즐겨 사용하는 유머가 있다.

"3개 언어를 말하는 사람을 영어로 표현하면?"

"트라이링귀얼(Trilingual)"

"2개 언어를 말하는 사람은?"

"바이링귀얼(Bilingual)"

"그렇다면, 오로지 한 개 언어만 말하는 사람은 어떻게 부르는가?"

"정답은 미국인(American)"

미국인들이 영어를 사용하면서 전 세계를 다녀도 큰 불편함을 느끼지 않으니까 현지 생활에 필요한 언어 공부를 소홀히 한다는 유머다. 살아가는 데 영어는 필수이며, 이제 간단한 중국어나 일본어 정도는 해야 취업을 위한 이력서라도 낼 수 있는 한국인으로서 참으로 부러운 모습이기도 하다.

## 한국인의 사고는 국내 지향적이다

한국인은 언어 교육에 모든 힘을 쏟으며 비용을 아끼지 않는다. 어학원에 가면 어린 학생, 아니 유치원생부터 중장년까지 외국어를 배운다. 예전에는 인생을 살아가는 데 영어가 필수였다면, 요즘은 영어에 중국어까지 필수로 지목되고 있다.

한국에서 외국어 열풍은 이렇게 거세지만, 국제화에 대한 국민의 의식 수준은 훨씬 못 미치는 듯싶다. 가장 대표적인 사례가 신문의 지면 구성이나 방송의 보도 행태다.

유럽에 가보면 일찍부터 이웃 나라와 교류하고 살아서인지, 신문에서 국제뉴스의 비중이 매우 높다. 특정 도시에서 발간되는 일간지의 지면은 나라 전체의 뉴스를 다루는 국내판(national), 독자 대부분이 거주하는 해당 도시와 주변부 뉴스를 다루는 지역판(domestic), 세계 각국의 뉴스와 해설이 담긴 국제판(international)으로 나뉜다.

한국의 신문과 방송은 국제뉴스가 전체 지면이나 보도 분량의 적은 부분을 차지하며 국제부가 인기부서도 아니다. 국내 뉴스 일색인 정치부와 사회부가 여전히 신문과 방송의 핵심 부서이며, 이러한 부서 출신들이 대부분 언론사의 고위직으로 승진한다.

한국인들의 국내 뉴스 지향적인 성향과 달리 한국 경제는 글로벌 네트워크와 단단히 연결돼 있다. 나라의 경제가 얼마나 외국에 의존하고 사는지를 보여주는 지표가 무역의존도로, 수출과 수입을 합친 금액을 국민이 벌어들인 총소득(GNI)으로 나눈 수치를 말한다. 소규모 개방경제인 한국의 무역의존도는 2020년에 72.2퍼센트였다.

한국은 좁은 국토에 5천만 명이 넘는 사람이 사는 관계로 인구밀도가 세계적으로 가장 높은 수준이다. 1인당 경지면적도 0.03ha(약 332제곱미터로 100평)으로 미국(0.57ha), 프랑스(0.32ha), 독일(0.15ha) 등에 비해 너무나 좁다. 그러다 보니, 우리 땅에서 생산되는 우리 먹거리로 전 국민을 먹여 살리기가 매우 어렵다. 곡물의 총소비량 중에서 국내에서 생산되는 비율을 의미하는 곡물자급률은 2020년 기준 20.2퍼센트에 불과하다. 곡물자급률이란 직접 식탁에 오르는 식용뿐만 아니라 사료용 곡물까지 모두 포함하는 개념으로 실질적인 식량자급률을 의미한다.

주요 선진국의 식량자급률(2011년 기준)을 보면 미국이 127퍼센트, 캐나다 258퍼센트, 독일 92퍼센트, 스페인 96퍼센트, 프랑스 129퍼센트, 네덜란드 66퍼센트, 스웨덴 71퍼센트, 영국 72퍼센트, 호주 205퍼센트 등이다. 한국에서 쌀이 남아돈다고 하지만 사료용 곡물 등은 터무니없이 부족하다. 예컨대, 밀과 옥수수는 자급률이 1퍼센트도 되지 않는다.

대한민국은 무역의존도가 높고 식량자급률이 낮다. 식량자급률 20.2퍼센트는 식량 수입이 전혀 이뤄지지 않으며, 국민 다섯 명 가운데 네 명은 굶을 수밖에 없다는 의미다. 여기에 석유 한 방울 나지 않는 나라가 대한민국이다. 그런 만큼, 우리가 살아가기 위해서는 세계 각국과 끊임없이 교류하고 수출과 수입을 해야 한다. 국민 의식의 국제화 수준이 높아야 하며 세계를 잘 이해해야 한다. 대한민국은 세계 경제의 외풍에 취약하고, 국제정세의 변화에 신속하고 효율적으로 대처하지 않으면 큰 피해를 보기 쉽다.

세계 각국을 보는 방법은 여러 가지가 있는데, 과거에는 땅 크기를 가지고 분류하는 게 일반적이었다. 지금은 인구, 자원, 제도와 과학기술, 종교와 문화, 지정학적 위치 등을 보고 파악하는 게 훨씬 의미가 있다.

국력을 얘기할 때 흔히 경제력과 군사력을 말하는데 그 배경에는 반드시 인구가 있다. 사람은 생산자로서 인적자원이며, 동시에 소비자로서 시장의 크기를 뜻한다. 과거 중국의 총리인 저우언라이는 "아무리 작은 문제도 중국 전체로 보면 4억 명(당시 인구)의 문제가 된다."라고 말했다. 중국의 인구 문제를 뒤집어 생각하면, 중국의 강력한 힘은 인구에서 나온다는 해석이 가능하다. 예컨대, 중국에서 한국을 찾는 유커(遊客)가 줄었을 때 남대문시장과 동대문시장은 상당한 타격을 받았다. 중국 인구가 보여준 대단한 위력이었다.

미국의 온라인 커뮤니티 레딧(Reddit)을 보면 세계 각국의 인구 규모를 기준으로 다시 그린 세계지도 카토그램(cartogram)이 있다. 여기에 보면 러시아 · 캐나다 · 호주 등 전통적인 영토 대국이 눈에 띄게 크기가 줄어드는 반면, 14억 인구의 중국과 특히 13억 인구의 인도가 실제 땅덩어리보다 크게 확대돼 그려져 있다. 세계에서 인구가 1억을 넘는 나라로는 중국, 인도, 미국, 인도네시아, 파키스탄, 브라질, 나이지리아 순서이며 방글라데시, 러시아, 멕시코, 일본, 에티오피아, 필리핀, 이집트 등이 꼽힌다. 베트남도 거의 1억 명에 육박하는 인구 대국이다.

자원 강국도 제대로 파악하고 이들 국가에 대한 전략적인 접근이 필요하다. 자원 강국은 대체 러시아, 중국, 캐나다, 미국, 브라질 등 국토가 넓은 나라가 대부분이다. 그 외에 호주, 사우디아라비아, 이란, 이라크, 미얀마, 베네수엘라, 몽골, 남아프리카공화국 등이 자원이 많은 나라다. 이러한 나라들은 개발의 여지가 많다는 측면에서 대한민국이 늘 유념하고 가까이해야 할 국가들이다.

제도와 과학기술 측면에서 강국은 유럽에 많이 포진돼 있다. 네덜란드, 스위스, 덴마크 등은 국토도 좁고 가진 자원도 거의 없다. 다만 선진 민주제도와 첨단 과학기술을 통해 국부를 축적한 나라들로 꼽힌다.

지정학적으로 매우 중시되는 나라들이 있다. 대표적인 국가가 이란, 터키, 미얀마 등이다. 이란의 인구는 2020년 기준으로 8,500만 명에 달해 중동에서 가장 큰 소비시장이며, 석유와 천연가스 등이 풍부하다. 8,500만 명의 인구를 자랑하는 터키는 아시아와 유럽을 잇는 가교의 역할을 하는 나라로서 아프리카까지 연결하는 중심축으로서 지정학적 중요성이 매우 높다. 미얀마는 중국이 인도양으로 나갈 수 있는 통로로서 미국과 중국의 이해관계가 정면으로 충돌하는 지역인 만큼, 국제사회에서 그 비중이 갈수록 높아지고 있다.

## 실력 없는 자존심은 국가의 존속을 위협한다

세계 각국을 이해하려면 해당 지역의 역사와 문화를 잘 알아야 한다. 그 나라의 역사와 문화를 잘 아는 것이 글로벌 인재가 되는 지름길이다.

한국인은 그러나 세계사나 세계 문화에 대한 이해도가 상당히 낮다.

우리는 초등학교에서 별다른 역사 과목을 두지 않고 있다. 역사는 중학교 과정에서 처음 접하는데 세계사 비중이 국사의 절반 정도에 불과하다. 고등학교에서는 세계사가 일 년짜리 선택 과목이 된다. 북한에서도 고등학교 과정에 세계사가 들어간다는 데 한국에서는 세계사가 방치되다시피하고 있다.

세계사를 가르치는 방식도 거의 암기 수준이다. 역사는 이야기인데 연도별 사건 위주로 배운다. 여기에 동양사와 서양사를 구분해 공부한다. 세계사를 동양사와 서양사로 구분하는 나라는 일본과 한국뿐인 것으로 알려져 있다. 인류가 처음 시작된 곳이 아프리카이고 그 후 전 세계로 퍼졌으며, 우리가 아는 가축과 농작물 등은 모두 동서양의 교류를 통해 세계화됐는데 이러한 사실을 거의 가르치지 않는 게 한국의 세계사 교육이다. 그러다 보니 한국인의 교양과 식견이 낮을 수밖에 없고, 국민 전체의 소프트웨어 역량이 빈약하게 되는 것이다.

예컨대, 대한민국 헌법에 명시돼 있는 자유민주주의와 시장경제를 알려면 1789년 프랑스혁명을 알아야 하고, 그 이전에 1776년에 발간된 애덤 스미스의 『국부론』과 같은 해 일어난 미국독립선언의 내용을 알 필요가 있다. (1776년은 조선의 정조가 왕으로 즉위한 해이다) 영국의 의회민주주의가 탄생한 배경과 전개 과정을 알아야 자유와 평등의 가치, 삼권분립의 중요성 등을 쉽게 이해할 수 있다. 유럽과 미국의 각종 제도를 알려면 서양 문화의 뿌리인 로마제국의 역사를 알아야 하고, 그리스 문명과 기독교 문명의 특성을 이해해야 한다. 이슬람의 역사, 오스만튀르크제국의 흥망을 알아야 오늘날 중동을 알고 그 사람들의 특성에 대해 어렴풋이나마 윤곽을 잡을 수 있다. 힌두교가 종교이면서 동시에 생활임을 알아야 새로운 신흥시장 인도와 인도 국민에 대한 이해도를 높일 수 있다.

대한민국의 역사는 중국과 일본의 역사와 연계된다. 중국의 문물이 한국으로 들어와 일본으로 흘러갔고, 우리의 많은 성씨 가운데 중국에서 건너온 게 많다. 한국 문화재의 많은 부분은 일본으로 흘러갔다. 한 · 중 · 일 3국의 역사는 늘 연계해서 이해해야지 국사와 동양사로 잘라놓고 파악해야 할 역사가 아니다. 단재 신채호 선생은 “영토를 잃은 민족은 재생할 수 있어도, 역사를 잃은 민족은 재생할 수 없다.”라고 강조했다. 역사를 종합적으로 이해하는 것은 글로벌 시대를 살아가는 이들에게 필수적인 상식이며 소양이다.

세계에 대한 이해력의 부족은 국제 정치에 관한 몰이해와 외교에 대한 감성적인 접근으로 이어진다. 한국인들은 흔히 중국과 일본의 실력을 과소평가하는 경향이 있는데, 중국은 세계 2강이며 일본은 세계적인 과학기술 강국이자 경제 대국이다.

국제 정치의 냉혹함은 종종 실력도 없이 ‘자고자대(自高自大)’하며 제 분수를 모르고 날뛰던 국가를 존망의 기로로 몰아넣었다. 현명한 약소국은 전략적 균형을 통해 실리를 극대화한다. 실력이 없이는 아무리 국제사회에서 큰소리를 쳐봤자 아무도 알아주지 않는다.

개인이나 기업처럼 나라도 기초체력이 중요하다. 기초체력을 키우는 방법은 먼저 경제력을 키우고 나중에 국방력을 키우는 순서로 이뤄진다.

이러한 순서가 거꾸로 뒤집히면 미래가 없는데, 대표적인 국가가 바로 북한이다. 경제력을 키우고, 이를 통해 재정을 튼튼히 하고, 튼튼한 재정을 바탕으로 국방력을 강화해야 제 목소리를 낼 수 있다.

미국, 중국, 일본, 러시아 등 사실상 세계 4강이 둘러싸고 있는 한반도에서 한국의 위치는 상대적으로 미약하다. 제 목소리를 내려면 힘을 훨씬 키워야 하는 실정이다. 대중들이 민족주의에 취해 중국을 깔보고, 일본을 무조건 미워하는 트라우마에서 벗어나지 못하고, 미국의 실력을 얕보고 있는 상황에서 벗어날 필요가 있다. 한국 국민이 국내 정치와 국내 경제의 문제에만 매몰된 근시안적 시각으로 살아가서는 나라의 장래가 밝아질 수 없다. 로마의 철학자인 세네카는 "운명은 순응하는 자는 태우고 가고, 거부하는 자는 끌고 간다."라고 했는데 이는 개인이나 국가나 마찬가지다.

# 11장. 국가는 얼마나 도덕적이어야 하는가?

무기를 갖지 않은 예언자는 자멸한다.
— 니콜로 마키아벨리 —

로마의 역사는 기원전 753년 설립돼 1453년 동로마제국의 멸망까지 2206년 동안 이어졌다. 서로마의 멸망연도인 476년을 고려해도 무려 1229년을 버텨냈다. 기나긴 역사와 지중해를 자기 호수로 삼을 정도의 광대한 영토로 인해, 로마의 영향은 전 유럽에 미쳤고 오늘날 서구 역사와 문명의 원류가 되었다.

로마가 조그만 도시국가에서 대제국이 되고, 오랜 세월 존속할 수 있었던 원동력은 여러 가지가 있다. 로마의 정신을 보여주는 대표적인 상징물이 바로 '야누스의 문'이다.

우리가 아는 그리스와 로마신화에 나오는 신들은 대체로 상호 대응이 된다. 그리스신화의 제우스는 로마신화에서 주피터로, 제우스의 아내인 헤라는 주노로 이름이 바뀐다. 미의 여신 아프로디테는 로마신화의 비너스이다.

그리스신화에는 없고 로마에만 유일하게 있는 신이 야누스(Janus)로 문(門)의 수호신이다. 고대 로마인들은 문에 앞뒤가 없다고 생각해 두 개의 얼굴을 가지고 있는 것으로 여겼으며, 미술 작품에서는 4개의 얼굴을 가진 모습으로 그려지기도 했다. 야누스는 도시나 집의 출입구 등 문을 지키는 수호신 역할을 했으며, 문은 시작을 나타낸다는 의미에서 모든 사물과 계절의 시초를 주관하는 신으로 숭배되었다. 영어에서 일년의 시작 달인 1월을 뜻하는 재뉴어리(January)는 '야누스의 달'을 뜻하는 라틴어 야누아리우스(Januarius)에서 유래했다.

야누스는 다신교를 믿었던 로마의 모든 종교의식에서 여러 신들 가운데 가장 먼저 제물을 받는 영광을 누렸다. 특히 로마 중심부에 있던 신전의 문은 평화로울 때는 닫혀 있고 전쟁 중에는 열려 있었다. 로마의 2대 왕인 누마와 '팍스 로마나(Pax Romana, 로마에 의한 평화)'를 구현한 아우구스투스가 다스릴 때는 단 한 번만 닫혀 있었다는 얘기가 전해진다. '야누스의 문'은 로마가 늘 전쟁하는 나라였으며, 전쟁을 준비하는 나라였음을 보여준다.

로마신화에 보면 로마를 건국한 로물루스와 레무스는 '전쟁의 신' 마르스의 쌍둥이 아들이었으며, 부친(?)의 성정을 이어받은 로물루스도 매우 거칠고 호전적인 인물로 그려지고 있다. 로마라는 나라의 역사와 발전 자체가 전쟁을 제외하고 얘기할 수가 없었다. 로마는 전쟁을 두려워하지 않는 로마 군단을 거느리고 있었기에 '팍스 로마나'를 만들어낼 수 있었고, 기나긴 역사를 써 내려갈 수 있었다. 로마의 이러한 역사와 전통이 있었기에 고대 로마의 전략가인 베게티우스는 『군사학 논고』에서 "평화를 원하거든 전쟁을 준비하라(Si Vis Pacem, Para Bellum)!!"라고 강력히 주장하기도 했다.

베게티우스의 말이 엉터리 논리라며 반박한 대표적인 인사가 오스트리아의 여류 작가이자 평화주의자인 베르타 폰 주트너(Berta von Suttner)이다. '평화의 여전사'로 불린 그녀는 전쟁 반대를 부르짖은 소설 『무기를 내려놓으라(Die Waffen Nieder!)』를 통해 일약 유럽의 유명 인사가 되었다. 유럽 전역을 돌며 수많은 강연을 통해 세계평화를 주장하고 지지자들의 환호를 받았다. 알프레드 노벨에게 평화상 제정을 권유했던 그녀는 1905년 평화운동의 공로를 인정받아 노벨평화상을 받았다.

인간이 만든 역사는 그녀의 말과 거꾸로 흘러갔다. 1914년 7월 제1차 세계대전이 발생했고, 4년간 지속된 전쟁으로 전선의 병사와 일반 시민을 합쳐 약 2,000만 명이 사망했다. 베르타 폰 주트너는 전쟁이 발생하기 직전인 1914년 6월 사망해 전쟁의 참상을 직접 경험하는 비극을 피할 수 있었다. 그녀는 하늘나라에서 제1차 세계대전을 보고 어떤 생각을 했을까?

### 패배할 나라에는 우방도 등을 돌린다

한반도의 역사에서도 전쟁의 비극은 끊임없이 이어졌다. 삼국시대, 고려시대, 조선시대 등을 내려오며 이 땅이 전쟁터로 변한 게 한두 번이 아니었다. 이 땅의 지식인들은 이처럼 비극이 반복되는 데도 애써 현실을 외면하고 무지몽매로 일관하는 경우가 많았다. 조선 후기에 '주자학은 완벽하다!'라고 주장한 어떤 유학자는 백성이 올바른 도덕을 가지면 100만 오랑캐가 쳐들어와도 몽둥이로 막을 수 있다고 주장했다. 지금 생각하면 너무나 어처구니가 없는 주장인데, 아직도 그분의 실체를 모른 채 훌륭한 유학자로 여기는 사람들이 많다.

대한민국이 위치한 한반도는 세계에서 가장 긴장도가 높은 지역으로 꼽힌다. 미국과 일본의 해양 세력, 중국과 러시아의 대륙 세력이 힘을 겨루는 곳이 바로 한반도다. 한반도를 둘러싼 4대 강국은 경제력과 군사력에서 세계 4강이기도 하다. 거기에다가 한반도 북쪽에는 지구상에서 비슷한 사례를 찾기 어려운 김정은 치하의 독재국가 북한이 도사리고 있다. 지정학으로 볼 때 세계에서 가장 위험한 지역으로서 한반도에 사는 사람들의 최우선 과제는 바로 생존이라고 할 수 있다.

국가의 사명 가운데 최우선 가치가 국가의 생존 즉 국체의 보존이며, 안보를 위해서는 일치단결하는 게 당연한 이치인데 지금 한국의 상황은 그렇지 못하다. 국가안보에 관해 보수와 진보의 목소리가 확연히 갈리며, 상대방의 목소리를 아예 들으려고도 하지 않는다. 그러다 보니, 국론통일이 되지 않아 오히려 국력과 대외협상력을 약화하는 결과를 초래하기도 한다.

대한민국의 안보 관련 논쟁이 가장 치열하게 펼쳐진 사안으로 제주해군기지를 꼽을 수 있다. 대한민국을 남쪽 바다에 면해있는 제주에 해군기지의 필요성이 제기된 시기는 1993년이었으며, 2007년 강정 해안으로 부지가 선정된 후 9년 만인 2016년 2월 26일 준공식을 열었다. 강정기지는 1조 765억 원의 예산이 투입돼 49만 제곱미터의 면적에 잠수함 3척, 군함 20여 척과 15만 톤급 초대형 크루즈 2척이 정박할 수 있는 규모로 만들어졌다. 한반도의 서남 해역을 지키는 안보의 최전선이면서, 한국~중국~일본을 잇는 크루즈 항로의 요지가 될 것으로 기대하고 있다.

제주 해군기지를 반대했던 시민단체와 일부 지역주민들은 '해군기지가 평화에 걸림돌이 되고, 환경보호에도 역행한다.'라는 주장을 펴왔다. 이러한 시각은 세계 각국의 사례를 볼 때 매우 어리석은 단견으로 볼 수밖에 없다.

미국에서 하와이와 샌디에이고는 세계적으로 유명한 관광지이며 휴양지임과 동시에 대규모 군항이 있는 민군복합항이다. 이곳에서는 군사시설 자체가 아예 관광자원으로 활용되기도 한다. 중국의 대표적 관광휴양지인 다롄의 서남쪽에는 안중근 의사가 순국한 뤼순(旅順)이 있다. 뤼순은 다롄 소속의 자치구인데 뤼순의 관광명소인 바이우산(白玉山)에 오르면 서쪽으로 물결이 잔잔한 항구에 군함들이 정박해있는 모습이 보인다.

일본의 오키나와, 호주의 시드니, 프랑스의 툴롱, 영국의 플리머스 등도 관광객이 많이 찾는 군항이다. 인도의 벵골만에 있는 비샤카파트남이라는 군항 옆에는 관광지로 유명한 해안선이 길게 펼쳐져 있다. 이스라엘이 홍해로 나갈 수 있는 유일한 관문인 아카바만의 해안에서 사진을 찍으면 수영복을 입고 해수욕을 즐기는 관광객과 총을 들고 경계를

서는 군인들이 함께 찍힌다. 튼튼한 안보와 평화가 공존하는 모습이다.

2007년 노무현 대통령은 "국가 없이 평화를 지킬 수 없고, 무장 없이 국가를 지킬 수 없다."라는 논리로 강정기지 건설을 결정했다. 노무현 대통령은 이라크 파병을 결정할 때도 "대한민국 대통령으로서 결단코 부끄럽지 않은 결정"이라고 설명했다. 해군기지 건설과 해외 파병이 국익 차원에서 최선의 결정이라고 판단했기 때문이다. 노무현 대통령이 만약 살아서 자기의 뜻을 이어받았다는 사람들이 강정기지를 반대하는 모습을 봤다면 뭐라고 말했을까 궁금할 뿐이다.

대한민국의 안보 환경과 비교되는 대표적인 나라가 이스라엘이다. 성경에는 '젖과 꿀이 흐르는 땅'으로 묘사돼있지만, 이스라엘 사람들은 늘 팔레스타인 등 적대적인 아랍국가들과 정치적 불화를 겪으며 언제 터질지 모르는 자살폭탄의 위협 속에서 하루하루 긴장감을 안고 살아간다.

세계 군사력 순위를 보면 한국이 6위로 이스라엘(18위)보다 상당히 앞선다. 이는 전통 군사력 순위이며, 비대칭 전력인 핵무기를 제외한 순위이다. 이스라엘은 약 200여 개의 핵탄두를 보유하고 있는 것으로 추정되고 있다. 이스라엘은 핵무기를 포함한 군사력도 강하지만, 전쟁이나 테러 등의 위협에 처했을 때 국민의 응집력이 대단한 것으로 정평이 나 있다.

이스라엘 국가안보문제연구소(INSS)가 발표한 '2004~2009년 국민 안보 여론조사'를 보면 아랍국가들과 전면전이 벌어지거나 테러와 핵·미사일 공격을 받는 상황이 발생했을 때 이스라엘 국민의 70퍼센트 이상이 "정부를 믿는다."라고 답변했다. 이스라엘은 16개 정당이 의석을 나눠 갖는 다당제 의원내각제를 채택하고 있다. 평소에는 연립정부 내에서도 '지지고 볶는 시끄러운 정치'를 하지만 위기 상황에서는 정부가 일치단결해 위기 상황을 잘 대처하리라고 믿는 것이다.

남녀 모두 입대해야 하는 징병제 국가인 이스라엘에서 군은 전쟁 수행 능력뿐만 아니라 혁신의 원천이라는 평가를 받는다. 군대 내에서는 수학과 과학 성적이 뛰어난 젊은이들로 구성된 엘리트 부대가 있으며, 이들은 계급이 아니라 개인의 자질과 능력에 따라 배치된다. 엘리트 부대원들은 여기서 첨단장비를 다루고 혁신적인 프로젝트를 수행하는데, 그러다 보니 수백만 달러나 되는 장비를 다루고, 첨단기술 개발 프로젝트에도 참여한다. 사회에 진출했을 때도 출신 대학보다 군대에서 소속됐던 부대가 더욱 높이 평가받는다. 사회 지도층에 군 면제 인사들이 수두룩하고, 국방비를 빼돌리는 방산 비리가 끊이지 않으며, 대통령마저 "(군대는) 몇 년 썩고 나오는 곳"으로 평가하는 대한민국 군대와 크게 비교되는 모습이다.

## 평화를 원하거든 전쟁을 준비하라

대한민국의 안보관을 논할 때 빠지지 않고 등장하는 게 한미동맹과 자주국방의 충돌이다. 이분법적인 사고에서 크게 벗어나지 못하는 일반 국민은 물론 언론까지도 한미동맹 찬성은 보수층의 시각이고, 자주국방 강조는 진보층의 시각이라는 인식을 지니고 있다. 동맹은 많을수록 좋다는 국방의 기본 상식조차 모르는 무지로 볼 수 있다.

한미동맹은 북한의 남침과 군사적 위협에 대응하기 위해 한국과 미국 사이에 체결된 한미상호방위조약을 기초로 하여 형성된 동맹으로 1954년 11월 발효됐다. 한미동맹은 한반도의 평화와 안전을 위한 제도적 장치로서 효율성과 정합성 측면에서 매우 성공작이라는 평가를 받는다. 대한민국의 생존을 담보하는 '생명줄'이자 압축성장을 현실적으로 가능하게 했던 원동력으로 작용했다는 게 안보전문가들의 대체적인 견해다.

역사를 거슬러 올라가면, 한미동맹은 미국이 원했던 게 아니었다. 미국은 지긋지긋한 한국전쟁에서 발을 빼고 싶어 했는데, 싫다는 미국을 교묘하게 끌어들인 게 바로 이승만 대통령이었다. 이러한 한미동맹은 나중에 미국에도 도움이 됐다. 한국이 산업화와 민주화를 달성하면서, 한국은 미국의 대외정책이 옳은 방향으로 진행됐고 미국의 자유민주주의 신념이 성공적으로 정착된 대표적인 사례가 됐기 때문이다.

과거 운동권 시절에 '미군 철수'를 외쳤던 사람들은 '한미동맹 무용론'을 거론하면서 '한미동맹은 미국에 대한 종속'으로 받아들인다. 이러한 시각은 국제 정치의 냉혹함을 전혀 모르는 무지의 소산이거나, 아니면 국제 정치의 현실을 애써 외면해 정치적 이득을 얻으려는 못된 의도라고 볼 수밖에 없다.

전 세계를 보더라도 자국 혼자의 힘으로 안보와 국방을 다루는 국가는 없다. 일본 · 영국 · 독일 등 선진국에도 미군이 주둔하고 있으며, 유럽연합(EU)도 국방에서는 미국의 지원을 받고 있다. 외침을 전혀 걱정하지 않아도 될 것 같은 호주도 미국과 군사동맹 관계를 맺고 있다. 강대국인 미국과 러시아도 자국의 안보를 지키고 국익을 극대화하는 차원에서 다양한 동맹관계를 형성하고 있다.

그렇다고 한미동맹을 무조건 신뢰하고 자주국방을 소홀히 하자는 것은 아니다. 최후의 순간, 나라는 입(외교)이 아니라 힘(군사력)으로 지키는 것이기 때문이다. 국가 위기 상황에서 스스로 계획을 짜서 전쟁을 할 수 있는 국방력이 있어야 우방국도 도와주기 때문이다.

현대의 국방력은 과거와 같은 전투력에 국한되지 않는다. 중국의 국방대학 교수이자 군사 전략가인 차오량(喬良)이 1999년 왕샹쑤이(王湘穗)와 함께 쓴 『초한전(超限戰, Unrestricted War)』은 '세계에서 가장 앞선 군사이론'이란 평가를 받는다. 차오량 교수는 "모든 것이 전쟁의 수단이 되며, 모든 영역이 전쟁터가 될 수 있다. 국가 테러, 첩보와 외교, 금융과 미디어도 유력한 싸움 수단이 된다. 중국에 대한 미국의 위협은 금융이다. 중국 군대는 미국의 달러 패권으로부터 중국의 경제를 지키는 게 중국의 사활이 걸린 과제로 인식해야 한다."라고 주장했다.

금융은 전통 · 인맥 · 네트워크 등이 두루 완비돼야 힘을 발휘할 수 있는 영역인데, 금융 실력에서 미국과 중국은 비교가 되지 않는다. 세계 2강이 된 중국에서는 이미 현대전의 승패는 정치, 경제, 안보가 유기적으로 결합하는 시너지에 의해 좌우된다는 사실을 인식하고, 여기에 대비하는 데 총력을 기울이고 있다.

그런데도, 한국에서는 한미동맹이나 자주국방 같은 과거의 단어와 개념에 집착해 있다. 그러다 보니 엉뚱하게 국방력 강화를 위한 각종 조치가 평화를 버리고 전쟁을 하겠다는 호전론으로 둔갑하는 일이 생긴다.

입만 나불거리는 무개념 평화주의자들이야말로 안보의 적이지 않을까?

안보의 방어선은 이중 삼중으로 겹겹이 세워져 있을수록 더 좋다. 스스로 지킬 수 있는 국방력도 강화하면서, 한미동맹 등 우호 국가와 동맹 관계를 튼튼히 하는 것도 필요하다. 국익에 도움이 된다면 어느 나라와도 손을 잡는 자세가 절실하다. 프랑스와 독일은 국경을 맞대고 오랜 역사 속에서 서로에게 치욕을 가한 경우가 많지만, 오늘날 유럽을 선도하는 나라로서 끊임없이 서로 협력하고 있다.

안보에 있어서는 감성적인 접근이나 막연한 환상은 절대 금물이다. 우리가 평화를 사랑하면 상대 국가도 평화를 사랑할 것이라는 생각은 '힘이 곧 정의'인 국제사회에서 단 한 차례도 성공한 적이 없다. 패배할 나라에는 우방도 등을 돌린 게 냉엄한 국제사회의 역사였다. 1975년 스스로 무너진 자유 월남, 2021년 탈레반에게 다시 점령당한 아프가니스탄이야말로 패배할 나라의 전형이었다.

서울의 국립묘지 현충탑에는 '스스로를 지키려 하지 않는 자, 그 누가 도우려 하겠는가?'라는 글귀가 새겨져 있다. 이탈리아의 사상가인 니콜로 마키아벨리(1469~1527)의 표현이다. '평화를 원하거든 전쟁을 준비하라!'고 외쳤던 베게티우스는 "용맹은 숫자보다 우월하다."라며 로마인들이 결코 전쟁을 두려워하지 말 것을 촉구했다. 고대 중국 제나라의 명재상이던 관중은 『관자(管子)』에서 나라가 망해가는 아홉 가지 현상을 적시했는데, 그 가운데 맨 앞에 배열한 두 가지가 바로 국방을 게을리하는 일과 맹목적인 평화주의를 신봉하는 일이었다.

## 도덕 우위가 아닌 실력 우위가 국가 생존을 보장한다

국력을 측정하는 기준으로 여러 가지를 들 수 있는데 무기 · 돈 · 두뇌 · 지혜 등이 여기에 해당한다. 무기는 군사력, 돈은 경제력, 두뇌는 기술력, 지혜는 문화력으로 바꿀 수도 있다. 이러한 국력은 국민 한 명 한 명의 수준이 높아져야 커질 수 있다. 국력을 앞서 열거한 네 가지 기준으로 정확히 측정했을 때, 한 · 중 · 일 삼국에서 한국의 위치는 어느 정도일까?

중국과 비교하면 군사력과 경제력은 한국이 절대적으로 약하다. 기술력도 어느덧 추월당한 분야가 많으며, 한류가 있다고 하지만 문화력도 동양사회의 중심이던 중국보다 앞섰다고 말하기 어렵다. 한국 문화는 대부분 중국을 따르고 모방하는 과정이었다.

일본과 비교하면 한국의 경제력은 일본의 30퍼센트 남짓에 불과하다. 군사력도 세계의 군사력을 공식적으로 발표하는 GFP(Global Firepower)에 의하면 2020년 기준으로 일본이 5위인데 한국은 6위이다. 기술력과 관련해서도 세계적인 기술 대국이자 노벨상 수상자만 25명이나 배출한 일본에 필적하기 어렵다. 문화력도 역사가 깊어 정약용은 "일본의 학문이 우리를 능가하게 되었으니 심히 부끄럽다."라고 자책할 정도였다.

그런데도 우리 역사에서 관념주의에 빠진 지도층은 늘 일본을 얕잡아 봤다. 국제적 감각이 있었던 신숙주는 일본의 실체를 알리는 『해동제국기』에서 일본과 친하게 지낼 것을 주문했고, 유성룡도 『징비록』에서 일본의 실체에 대해 말했으나 조선의 선비들은 '일본 문화는 한국에서 전해진 것'이라며 지적 우월감에만 빠져 있었다.

심리학에 '도덕적 허가(moral licensing)'라는 현상이 있다. 자신이 도덕적이라고 생각하는 사람들은, 비도덕적인 생각을 더 쉽게 한다는 것이다. 한국에서 일본을 대할 때는 '식민시대와 위안부 문제' 등에 있어서 한국이 도덕적 우위에 있으니, 우리의 주장은 늘 옳고 일본은 이를 들어주어야 한다는 인식이 팽배해있다.

그렇지만, 힘의 논리가 지배하는 국제사회에서 마냥 화만 내는 나라는 어리석은 나라이며, 내밀하게 힘을 기르고 국익을 도모하는 게 현명한 나라다. 흔히 국력이 센 나라를 대국(大國)이라고 부르는데, 대국이라고 해서 대인군자처럼 통이 크고 인자하다고 생각해서는 안 된다. '대인배 vs 소인배, 선 vs 악' 방식의 윤리적 나눔은 나라 사이에 적용될 수도 없고, 심지어 적용되지도 않는다. 강자의 도덕심에 기대는 것은 '노예 코스프레'라고 해도 무방할 정도다. 대국이나 소국이나 오로지 타국을 대할 때는 실리와 실용을 지향해야 하며, 경제적인 실리가 없는 도덕적 접근은 이상이 아니라 몽상이다.

국제사회에서 지정학적 위치는 어떻게 해볼 도리가 없는 주어진 여건이다. 한국의 세계 4강인 미국, 중국, 러시아, 일본의 틈바구니에서 지정학적으로 벗어날 길이 없다. 이렇게 불리한 조건에서 살아남으려면 오로지 '생존과 국익 실현의 길'이 무엇인지 알고 실천하는 게 무엇보다 중요하다. 손자병법의 '지피지기면 백전불태(知彼知己百戰不殆, 상대를 알고 나를 알면 백 번 싸워도 위태롭지 않다)'는 교훈은 국제관계에서 변치 않는 원칙이자 진리이다.

# 12장. 정치와 경제, 어떻게 엮어지는가?

결과는 나빴다고 하더라도, 처음 의도는 훌륭하고 선의로 가득 찼었다.
— 율리우스 카이사르 —

한국 사회에서 정치와 경제의 관계를 정확하게 정의하거나 표현하기가 참으로 어려운 것 같다. 정치인들은 "정치란 결국 국민이 먹고사는 문제를 해결하는 것"이라고 강조한다. 그러면서 선거 때마다 장밋빛 경제공약을 내세운다.

유권자의 대부분을 차지하는 서민과 중산층도 선거 때마다 "정치를 잘해서 좀 편히 살게 해줬으면 좋겠어요."라고 말한다. 기업인이나 경제 전문가들은 "경제 문제는 경제 원리로 풀어야 한다. 어설픈 정치인들이 정치의 잣대로 경제를 다뤄서는 안 된다. 정치가 경제를 힘들게 하면 곤란하다."라고 지적한다. 언론은 '정치의 불확실성이 경제의 발목을 잡고 있다.'라는 기사를 단골 메뉴가 정해 놓고 내보낸 지 오래다. 언론인과 경제학자들은 정치와 경제는 분리돼야 한다는 주장을 강하게 펼치고 있다. 과연 정치와 경제의 분리가 가능할까?

정치와 경제의 관계를 알기 위해 동서양의 경제라는 용어부터 살펴보자. 경제는 영어로 이코노미(economy)인데 독일어나 프랑스어의 경제라는 용어도 영어처럼 모두 어원을 그리스어 오이코노미쿠스(oeconomicus)에 두고 있다. 오이코노미쿠스는 집을 뜻하는 오이코스(oikos)와 다스린다는 뜻의 노모스(nomos)가 합쳐진 말이다. 소크라테스의 제자로 알려진 크세노폰이 쓴 오이코노미쿠스(Oeconomicus, 가정론(家政論))에서 유래하며, 여기서 나온 오이코노미아(oekonomia)는 가족과 토지를 잘 관리한다는 의미를 지녔다. 크세노폰은 농업을 중시하면서 상공업을 천한 일로 여겼으며, 자급자족 제도를 이상적인 모습으로 생각했다.

한국도 마찬가지지만 농경사회에서는 가정과 직장, 즉 생활하는 곳과 생산하는 곳이 대체로 같았다. 모든 경제 활동 즉 생산 · 분배 · 소비가 가정이나 가족의 범위를 넘기가 어려웠다. 가족들은 가부장을 중심으로 움직였는데, 결국 오이코노미쿠스 즉 가정을 다스린다는 말은 곧 경제를 한다는 말이었다. 고등학교의 가정(家政)과목과 가정대학도 영어로 '홈 이코노믹스(Home economics)'라고 적는데, 이는 '이코노미(economy)'의 어원이 가정이었음을 보여주는 것이다.

동양권에서 경제는 늘 정치의 종속물이었다.

동양에서 말하는 경제(經濟)는 경세제민(經世濟民)을 줄였다기보다는 경세와 제민을 합쳐 새롭게 만들었다고 보는 게 더 타당해 보인다. 경세(經世)는 『장자』의 춘추경세(春秋經世)라는 표현에서 사례를 찾을 수 있으며, 여기서 경세는 '왕들이 나라를 다스리면서 하는 일' 정도로 해석할 수 있다. 제민(濟民)은 중국 고전인 『서경(書經)』의 이제조민(以濟兆民)에서 유래한 것으로 알려져 있으며, 제민은 '백성을 구제하는 일'로 이해할 수 있다.

경제를 단순히 돈을 버는 일로만 보면 화식(貨殖)이라는 용어도 있다. 사마천의 『사기』에 나오는 화식이란 단어는 말 그대로 돈을 번다, 재산을 증식한다는 의미다. 그런데도, '이코노미(economy)'를 화식이 아니라 굳이 경제라는 단어를 새롭게 만들어 번역한 것에는 경제에는 단순히 돈을 버는 행위 이상의 숭고한 의미가 내포돼 있다는 동양적인 사고가 다분히 담겨 있다.

동양 사회는 왕이 다스리는 군주 사회였으며, 대체로 사적인 영역보다 공적인 영역을 중시했다. 동양의 수많은 고전이나 학자들의 사상을 봐도 대부분 세상을 어떻게 다스릴 것인지에 초점이 맞춰져 있다. 세상을 다스리는 일에 비한다면 누가 돈을 얼마나 버느냐는 문제는 지극히 사적이고 개인적인 일이었다. 그렇게 공공의 목적을 강조하다 보니 서양의 이코노미는 화식이 아니라 경제가 됐다. 경제란 단순히 개인이 돈을 벌고 부를 축적하는 행위를 넘어, 세상을 다스리고 세상 사람을 이롭게 만드는 일이어야 한다는 가치관이 담겨 있었던 것이다.

한국 경제를 일으켰던 초기 기업인들이 틈만 나면 사업보국(事業報國)을 외쳤던 것과 일맥상통한다. 그러다 보니, 동양 문화권에서 경제는 화식보다 오히려 정치에 더 가까운 개념으로 이해돼왔다. 일반인들의 생각 속에 정치와 경제는 늘 함께 갔던 것이다.

경제에 대한 이 같은 아시아적 사고를 더욱 강화한 게 동양권의 경제 발전과정이다. 아시아에서 가장 먼저 경제를 일으킨 일본은 1868년 메이지유신을 단행했다. 일본은 서유럽 근대국가를 모델로 삼아 국민의 어려움을 그다지 고려하지 않는 정부 주도의 권위주의적 산업화를 추진했으며 이를 통해 부국강병을 달성하고자 했다. 일본의 산업화 방식은 한국에 도입돼 박정희시대 관치 중심의 산업화로 나타났으며, 대만에서는 국민당 주도의 산업화가 이뤄졌다. 중국도 덩샤오핑의 주도로 개혁개방 이후 권위주의적 산업화를 추진했다.

아시아권의 경제발전이 모두 정부 주도로 이뤄지다 보니, 상대적으로 민간의 자율성이 줄어들고 경제 문제가 발생할 때 정부에 의존하는 관행이 강해졌다. 그렇지만, 경제에 발생하는 문제를 정치가 모두 해결할 수는 없다. 정치와 경제는 문제를 진단하고 해결하는 방식이 다르기 때문이다.

### 정치가 싫어 이민 간다고? "쉽지 않아요."

경제학자이자 사회사상가인 앨버트 허시먼은 국가, 기업, 조직 등에 문제가 생길 때 사람들이 대처하는 방식을 '이탈, 항의, 무시'로 나눠 설명했다.

경제 영역에서는 이탈을 선택하는 것이 정치의 영역에 비해 쉽다. 경제학자들은 어떤 기업의 제품에 불만이 있을 때 앞으로 수요가 줄어들 것으로 생각한다. 현실에서 보면 소비자들은 어떤 제품에 불만이 있을 때 일단 무시하거나 항의하고, 도저히 불만이 치유되지 않는 데다 다른 갈 곳이 있으면 이탈한다. 소비자의 이탈을 쉽게 볼 수 대표적 사례로 경쟁이 치열한 음식점, 치킨집, 옷가게 등을 들 수 있다. 값비싼 자동차의 경우 항의한 후 이탈이 쉽지는 않지만, 제품을 바꿀 수는 있다. 경제에서 이탈은 해당 제품이나 서비스를 더 이용하지 않겠다는 의지와 행동으로 이해하면 된다.

정치는 이와 달리 이탈이 쉽지 않다. 예컨대, 자기 나라가 마음에 들지 않는다고 이민을 떠나려면 어마어마한 대가를 치러야 한다. 타국에 가서 일자리를 찾아야 하고, 고국에 있는 사람들과 정신적 유대를 단절해야 하며, 새로운 환경에 적응해야 한다. 가족, 종족, 나라 등은 그 품을 떠난다는 게 너무나 힘들고 괴로운 일이다.

대한민국에서는 대선 때마다 '누가 집권한다면 이민을 떠나겠다.'라는 말을 많이 들어보는데, 실제로 실행에 옮긴 사람은 많지 않다. 언어는 물론 생활문화, 식습관, 행동양식이 다른 나라에서 살아가기가 얼마나 어렵겠는가? 그래서 정치의 영역에서는 이탈보다는 항의가 주요한 행위로 나타난다는 것이 허시먼의 설명이다.

정치의 주요 행위주체인 정당의 경우 양당제에서는 선택폭이 크지 않다. 보수성향 정당을 지지한 사람이 진보성향 정당으로 갈아타기는 어렵다. 특히 극단적인 보수나 극단적인 진보는 다른 정당으로 옮겨가기가 매우 힘들다. 선택폭이 좁아지는 사람들은 자신이 소속한 정당 활동에 더욱 열의를 다해 참석하고 목소리를 내게 되는데, 예컨대 미국의 공화당에서 힘을 발휘한 티파티(Tea Party)가 대표적이다. 한국에서도 보수와 진보 어느 쪽에서나 극단적인 생각을 하는 사람들이 있는데, 그들은 이념을 바꾸지 못하니까 더욱 큰 목소리로 외치는 선택을 하곤 한다.

항의보다는 이탈을 선택하는 경우는 기업, 느슨한 결사체, 중도성향의 경쟁 정당 등을 들 수 있다. 이들은 문제가 생길 때 항의를 하다가 더 불만이 생기면 이탈을 하게 된다. 세상에는 항의나 이탈을 아예 무시하는 조직도 있는데 대체로 범죄조직이나 일당 독재국가가 여기에 해당한다. 항의나 이탈을 무시해도 범죄 조직원이나 해당 국민은 달리 갈 곳이 없기 때문이다.

정치와 경제의 의사결정 과정을 비교하면 대체로 정치적 결정 과정이 다수결 원리에 따라 공정하고 민주적일 것 같지만 실상은 그렇지 않다. 영국의 경제학자인 이몬 버틀러는 정치적 의사결정은 시장의 선택보다 비효율적인 결과를 초래하기 쉽다고 지적했다.

버틀러의 설명에 따르면, 시장에서는 내가 원하는 물건을 살 수 있고, 원하지 않으면 포기할 수 있다. 정치에서는 다수가 선택했다는 이유로 내 의견은 무시되고 보기 싫은 리더의 통치를 일정 기간 따라야 한다. 시장에서는 내가 쓸 물건이므로 꼼꼼히 따져 보지만, 정치에서는 기껏 한 표에 불과해 최종 결과에 미치는 영향력이 매우 미미하므로 '가격과 품질(구체적인 공약과 인물됨)'을 대충대충 살펴보게 된다. 이미지만 보고 투표하는 것이다. 시장에서는 마음에 들지 않으면 포기하면 그만이

지만, 정치에서는 최악을 피하려고 차악(次惡)을 선택하는 일도 생길 수 있다.

시장에서는 물건이나 서비스를 구입하면 그 비용과 책임은 전적으로 나에게 있지만, 정치에서는 비용과 책임을 다른 사람에게 떠넘길 수 있다. 더 많은 복지를 요구하면서 세금을 피하고, 오늘 빚을 내서라도 풍족히 쓰며 그 부담을 미래 세대에게 넘길 수 있는 것이다. 하나의 가정이라면 부모 세대가 풍족하게 쓰고 그 빚을 자녀에게 떠넘기는 것을 지극히 꺼리겠지만, 나라 차원에서 생각하면 쉽게 다른 사람의 자녀에게 넘길 수 있다는 것이다. 많은 사람이 복지 비용을 대고 기부를 하려고 할 때, 자신의 돈보다는 다른 사람의 돈을 사용하기를 좋아한다는 의미다.

소비자는 시장에서 자신이 원하는 물건만을 골라 장바구니에 담을 수 있으나 정치에서는 불가능하다. 유권자는 국방 · 경제 · 사회 · 복지 전반에 대해 패키지로 선택할 수밖에 없다. 그 결과 시장과 달리 정치에서는 유권자가 원하는 최선의 정책조합을 얻기가 불가능해진다.

정치나 경제를 바라보는 국민이나 학자 모두 '올바른 정치, 올바른 정책'이 이뤄지기를 바란다. 특히 시장경제에서 발생하는 여러 가지 문제점을 시정하고  약자를 보호하기 위해 정치 또는 정부의 개입은 불가피한 것으로 인식해왔다. 중국의 관중은 백성을 이롭게 하는 이민(利民)을 강조하면서 국가의 시장개입을 정당화했다. 돈이 많고 부유한 상인들을 가만히 놔두면 관리들과 결탁해 폭리를 취하고 서민의 등을 친다는 사실을 알았기 때문이다.

'국정 농단'에 나오는 농단(壟斷, 높이 솟은 언덕)은 시장에서 가장 좋은 자리를 차지하여 이익이나 권력을 독점하는 것을 뜻하며 예로부터 강력한 규제 대상이었다. 『사기』를 쓴 사마천도 "장사치들과 사악한 자들은 재물을 독점하고 부를 축적하며 가난한 백성들을 부려 먹으면서 이익을 취하려 한다."라고 설명했다. 도덕철학자이기도 했던 애덤 스미스도 『국부론』에서 "올바른 정부는 언제나 자본가와 상인들의 무한한 탐욕을 경계해야 한다."라고 썼다. 그렇다면 과연 국민을 진정으로 위하는 올바른 정부라는 게 있으며 올바른 정부 구성이 가능할까?

## 정부는 늘 착한 천사가 아니며, 착한 정치인이 지옥을 만들 수 있다

진보성향의 경제학자들은 큰 정부를 선호하는 경향이 있다. 전체 경제학자들을 대상으로 한 성향 분석 자료를 봐도 다수가 진보성향을 보이는 것으로 나타나고 있다.

큰 정부는 과연 국민의 기대대로 공익을 위해 열심히 일할까?

여기서 분명히 알아둬야 할 사실은 정책을 수단으로 삼아 시장에 개입하는 정치인과 정부의 공직자들도 일반 시민과 같은 경제인이라는 점이다. 예컨대 자녀를 키우는 정치인이나 공직자는 좋은 교육을 위해 열심히 노력하며, 좋은 집을 마련하기 위해 일반 시민 못지않게 애쓴다. 때로는 편법과 불법도 일삼는다. 우리는 위장전입이나 다운계약서, 입시 서류 조작 등 집 마련과 교육에 있어서 물불을 가리지 않고 일탈을 벌이다가 패가망신한 정치인과 공무원을 수없이 봐왔다.

정치인과 공직자들은 사심이 없고 공공의 이익에만 봉사하는 천사가 아니라는 사실은 다른 측면에서도 볼 수 있다. 정치인은 자신에게 표를 몰아주는 이익단체, 후원금을 많이 내는 기업인의 목소리를 은근슬쩍 반영한다. 공직자들은 현직에 있을 때 '청년 창업과 일자리 나누기'를 강조하다가 퇴직하면 낙하산을 타고 고액 연봉을 받는 자리로 내려간다. 정치인이나 공무원들 가운데 적지 않은 사람이 규제를 만들거나 집행하는 것을 통해 더 강하게 자신의 이익을 챙긴다.

정치인과 공무원이 자기 이익을 챙긴다고 마냥 탓하기도 어렵다. 노동 현장에서 '비정규직 보호'를 외치는 대기업 노조의 간부들이 비정규직을 정규직으로 전환하는 과정에서 금품을 챙기며 채용 장사를 한 사례가 나타나는 것도 그들이 개개인과 관련해서는 사익의 극대화를 꾀하기 때문이다. 정치인과 규제 관료 그리고 이익단체로 이어지는 철옹성을 참으로 깨기 어려운 게 현실이라는 것이다.

정치와 경제의 관계를 얘기하면서 '정의 · 공정 · 평등이 중요하지, 효율성은 개의치 않아도 된다.'라고 주장하는 목소리도 있다. 이러한 사고는 정의 · 공정 · 평등을 제대로 이해하지 못하고 하향평준화를 추구하는 것으로서 더 잘살고자 하는 인간의 기본 욕망을 무시하는 발상이다. 경제적 평등을 높이기 위해 가격보조 정책을 쓰고, 소득재분배 제도를 도입하게 되면 경제의 역동성과 효율성이 떨어져 국가 경제 전체적으로 손실이 발생한다.

경제 문제에 있어서는 앞뒤 가리지 않고 선의로 제시하는 정책이 성공하기도 힘들며 일을 더욱 복잡하게 만들 수 있다. 특히 세금의 경우 개인보다 기업에 부담을 지우려고 하지만, 실제로 기업이 직접 세금을 감당하는 경우는 거의 없다. 안전과 환경문제를 들어 원자력 발전을 반대하는 사람도 있지만, 한국에서 생산원가가 가장 낮은 원자력 발전이 중단되면 전기료는 크게 뛰게 되고 그 부담은 전 국민에게 돌아간다. 특히 서민과 중산층에게 더 큰 타격을 가하게 된다. 원자력 발전 중단이 국민의 살림살이를 어렵게 만드는 것이므로, 완전히 엉터리 해결책이 되는 셈이다.

프랑스혁명을 이끌었던 로베스피에르는 단두대에서 처형되기 직전에 마지막 연설을 하는 자리에서 "나는 여러분에게 자유를 줬다. 그런데, 이제 여러분은 나에게 빵을 요구하고 있다."라고 외쳤다. 프랑스 국민이 정치 문제와 경제 문제의 동시 해결을 요구했다는 것인데, 로베스피에르도 그 해결책을 찾을 수는 없었다.

노자는 『도덕경』에서 '치대국약팽소선(治大國若烹小鮮)'이라는 표현을 썼다. 나라를 다스리는 것이 작은 생선을 굽는 것과 같다고 한 것이다. 작은 생선을 구울 때 잘 익히기 위해 이리저리 자꾸 뒤집다 보면 살점이 떨어져 나가서 나중에 먹을 게 별로 남지 않게 된다. 각종 정책이 오락가락하면 나라도 작은 생선처럼 실체를 건사하지 못하고 부스러지기 쉽다. 노자의 말씀은 국가정책을 펼칠 때는 일관성을 중시하면서 자주 건드리지 말고 자연의 도에 맡기라는 것이며, '과도한 정치'는 결코 국가나 민생에 도움이 되지 않는다는 가르침이라고 해석할 수 있다.

# 제 4 부

## 떼려야 뗄 수 없는 정치와 경제의 공생관계

# 13장. 경제를 알려면 시장을 이해하라

쌀값이 폭등하는 것은 한국 사람이 쌀만 선호하기 때문이다. 한국인은 왜 고기나 과일을 주식으로 하지 않는가?

— 광복 직후 미국 군정당국 (『호암자전』중에서) —

재래시장을 찾아가는 사람들에게 왜 가는지 물어보면 대체로 "그곳에 가면 사람 사는 맛을 느낄 수 있어서."라고 답한다. 어려서 어머니 손을 잡고 가는 시장은 어린이들에게 늘 즐거움이기도 하다. 왜 시장에 갔을 때 사람이 사는 맛을 느끼는 것일까?

동서고금을 막론하고 영화나 드라마에서 그려지는 시장은 늘 시끌벅적하다. 실제로도 각국의 시장은 번잡하기 이를 데 없다. 이스탄불의 그랜드 바자르(Grand Bazaar)는 출입구만 22곳이라 자칫하면 길을 잘 모르는 외지인이 안내인을 놓쳤다가는 미아가 되기 쉽다. 그래도 그랜드 바자르는 세계에서 관광객이 가장 많이 방문한 장소를 꼽을 때 늘 상위권이며 2014년에는 9,125만 명이 찾아 전체 1위였다. 관광객에게 필수 방문지라는 이야기는 그만큼 재미가 있기 때문이 아닐까?

대한민국은 자유민주주의와 시장경제 체제를 국가의 기본 원리로 삼고 있다. 시장은 늘 경쟁이 치열한 곳이다. 무한경쟁의 시대에 사는 현대인들은 틈만 나면 “경쟁 없는 사회에 살고 싶어요.”라고 외치는데, 경쟁을 기본 원리로 삼고 있는 시장경제 체제는 전 세계를 둘러보아도 전혀 흔들림이 없이 유지되고 있다. 오히려 시장경제의 반대말인 계획경제는 전 세계적으로 사회주의의 붕괴와 함께 종말을 고했으며, 가장 폐쇄적인 북한에서도 배급망이 붕괴하면서 암시장인 ‘장마당’이 경제를 지탱하는 기둥이 되고 있다.

시장이 늘 사람들로 북적이고, 한국의 경제체제를 시장경제 체제로 부른다는 것은 ‘시장’이라는 단어 자체에 무엇인가 매력이 있기 때문이다.

시장은 사전적으로 사는 사람과 파는 사람이 서로의 합의로 물건을 사고팔 수 있도록 해주는 공간을 말한다. 몇 사람이 모이든, 수십만 명이 모이든 거래가 이뤄지는 곳이면 모두 시장이다. 지금은 인터넷으로 물건을 사고파는 세상이 되면서 사이버공간이 바로 시장이 되었다. 이렇게 보면 시장의 특성은 곧 거래임을 알 수 있으며, 인류의 역사는 거래의 역사임을 고려할 때 시장은 인류의 출범과 함께 시작됐다고 할 수 있다.

## 호모 사피엔스가 살아남은 이유, 장터목과 히말라야

인간의 문화와 체질을 연구하는 인류학자들의 설명에 따르면 인류는 네안데르탈인, 호모 에렉투스 등 최소 6종 이상이 있었으나 지금 살아남은 종은 호모 사피엔스가 유일하다고 한다. 호모 사피엔스는 '지혜가 있는 사람'이란 의미인데, 실제로 호모 사피엔스는 동시대에 함께 살았던 네안데르탈인에 비해 지능과 체력에서 앞서지 못했다. 호모 사피엔스는 다만 사회성에 있어서 네안데르탈인을 앞섰다. 그게 승리의 비결이었다.

네안데르탈인은 사회성이 부족해 노약자를 과감히 버리고 독립적인 가족 단위로 생활했으나, 호모 사피엔스는 노약자들까지 보호하며 살았다. 네안데르탈인은 독립적으로 생활하다 보니 자급자족경제였던 반면, 호모 사피엔스는 부족한 물건은 거래를 통해 조달했다. 중부유럽 내륙에서 발견된 호모 사피엔스의 유적지에는 대서양에서는 나오는 조개가 발견되는 반면 네안데르탈인의 유적지에는 그런 게 없었다.

미국 미시건 대학의 리처드 호란(Richard Horan)은 호모 사피엔스만이 갖고 있던 독특한 능력인 '거래'가 다른 원시 종족들과의 경쟁에서 큰 우위로 작용했고, 그 결과 우리의 조상들인 호모 사피엔스가 생존할 수 있었다고 설명했다. 교역으로 얻을 수 있는 가장 큰 이익은 전문화이다. 호모 사피엔스는 거래를 통해 노동 분업을 가능하게 했고 그 결과 생산력을 크게 늘리면서 다른 원시 종족과의 경쟁에서 이겼다는 것이다.

호모 사피엔스가 살아남은 과정을 설명한 대표적인 이론이 찰스 다윈의 『진화론』이다. 많은 사람은 '진화론은 곧 적자생존(適者生存)'으로 이해한다. 흥미롭게도 적자생존이라는 단어를 처음 만든 사람은 다윈이 아니라 경제학자인 허버트 스펜서(Herbert Spencer)이다. 다윈은 『종의 기원』 초판이 아니라 제5판(1869년)에서 이 용어를 채택했다. 이때 사용한 'survival of the fittest'를 정확하게 번역하면, '(환경에) 최고로 잘 적응한 자의 생존'이라는 뜻으로 해석할 수 있으며, 적자생존이라고 말하면 흔히 연상하는 약육강식과는 거리가 멀다.

『종의 기원』에서 말한 최고 적응자는 가장 용감하거나 겁이 없는 사람이 아니라 삶과 생존을 위한 전략을 갖추고 있는 사람이다. 다윈도 『종의 기원』을 출간한 뒤 여러 해가 지난 후 『인간의 계보, 선택과 성의 관계』라는 책에서 "자연 선택에 가장 성공적이었던 종들은 공동체의 이익을 위해 서로 돕고 단합할 줄 아는 종들이다. 협력을 잘하는 구성원들이 많은 공동체가 번창하고 가장 많은 수의 자손을 부양한다."라고 설명했다. 다윈이 얘기한 적자생존은 개인의 경쟁에만 한정되는 게 아니라 오히려 '협동, 공생, 호혜성'과 연관이 깊다. 다윈은 주어진 환경에 가장 적합한 개체는 동료들과 협력적 유대 관계를 맺을 가능성도 크다고 설명했다.

인간은 생존을 위해 수많은 제도를 만들어냈는데 그중 대표적인 게 시장이다. 시장은 자본주의냐 사회주의냐와 관계없이 인류 역사에서 항상 존재해온 것이며, 호모 사피엔스가 살아남은 원동력이었다. 시장경제는 자본주의를 가리키는 것이 결코 아니었으며, 프랑스 역사학자인 페르낭 브로델이 지적한 것처럼 시장과 교환이 존재하는 모든 경제를 설명하는 용어다.

등산을 좋아하는 사람들은 지리산의 장터목을 잘 안다. 장터목은 하늘 아래 첫 고개로도 불리는데, 높이가 1,750미터로 설악산 정상인 대청봉

(1,708미터)보다 높다. 장터목은 지리산 북쪽의 함양 마천과 남쪽의 산청 시천을 잇는 지름길이었다. 삼국시대부터 물물교환 장터가 있었다는데, 등짐을 지고 몇백 리를 돌아가느니 몸이 고달파도 산을 넘는 게 낫다고 생각한 것이다. 함양에서는 종이와 곶감 등이, 산청에서는 소금과 해산물 등이 오로지 등짐이라는 수단을 통해 장터목까지 올라왔다. 장터(시장)는 사람의 필요 때문에 자연적으로 생겨난 존재인 셈이다.

히말라야에 가면 4,000미터가 넘는 추운 곳에 11월경 시장이 한 달 가까이 열리는 장소가 있다. 남쪽에서는 네팔 인근의 사람들이, 북쪽에서는 티베트 사람들이 이곳으로 모여든다. 네팔에서 보리, 옥수수, 차 등 농산물을 가져오고, 티베트에서는 소금과 야크 가죽, 치즈 등을 가져온다. 얼마나 오래된지 아는 사람은 없으나 조상 대대로 만나온 것만은 분명한 사실이다. 사람이 전혀 살지 않는 곳에서도 시장이 열리는 것을 보면, 인간은 참으로 시장을 사랑한 게 분명하다.

일부 사람들은 그런데도 시장경제가 영리만 추구하고, 서로 속고 속이며, 불신을 키우는 곳이라고 말한다. 영화를 보더라도 시장은 늘 시끄럽고, 도둑 · 사기꾼 · 날치기 등이 등장하는 곳으로 그려져 있다. 영화 〈갓 오브 이집트(Gods of Egypt)〉에서 주인공 벡은 여자친구 자야가 축제에 입고 갈 옷을 훔치며, 영화 〈페르시아의 왕자(Prince of Persia)〉의 주인공 다스탄은 시장에서 좀도둑으로 살다가 왕의 눈에 뜨인다. 한국 드라마나 영화에서도 시장에는 늘 도둑과 사기꾼이 존재한다.

시장에서 눈에 보이는 현상만을 보고 농업을 중시했던 옛 유학자들은 '시장은 장사치들이 매점매석하며 오로지 이익만 탐하는 나쁜 장소'라고 인식해 시장 규제와 철폐를 호소하기 일쑤였다. 국정 농단이라는 표현으로 유명해진 농단(壟斷)은 이익을 독점한다는 의미인데, 농단이라는 단어는 옛날 시장이 잘 보이는 높은 곳에 올라가 사방을 둘러보고 자기 물건을 팔기에 적당한 장소로 가서 이익을 독점하는 상인을 빗대어 만들어졌다. 시장의 혼잡함만 보고 상인을 천시했던 유학자들의 후손인 학자들은 지금도 시장의 단점과 폐해를 지적하고 알리느라 여념이 없다.

그러나 그들의 인식은 전혀 잘못된 것이다. 이들은 시장경제가 곧 자본주의라면서 시장의 폐해를 지적하는 자신들을 착한 사람으로 포장하고 있으나, 사실 그들이야말로 어리석기 짝이 없는 존재다.

시장의 원리인 경쟁은 정의와 닮았다. 정의의 여신 디케는 눈을 가리고 있는데 그건 심판 대상이 누구인가를 배려하지 않기 때문이다. 시장의 경쟁도 대상이 누구인지 가리지 않는다. 정의나 경쟁을 '맹목적(盲目的)'이라고 표현하는데, 정의나 경쟁 앞에서는 지위고하에 상관없이 누구나 평등하기 때문이다. 정의나 경쟁이나 사람을 가리지 않는 않는다는 사실 그 자체로서 칭찬을 받을 자격이 있다.

프리드리히 하이에크는『노예의 길』에서 정의로운 성격을 지닌 시장을 이렇게 설명했다.

"시장이란 지식의 한계를 지닌 개인들이 경쟁 과정을 통해 서로의 지식을 활용하는 동시에 어떤 생산방식이 저렴한지, 소비자들이 어떤 제품을 얼마나 필요로 하는지를 알아가는 끊임없는 발견 과정이다."

## 동독에서는 왜 돼지에게 빵을 먹였을까?

시장이 지닌 가장 중요한 두 가지 개념은 '자유'와 '협력'이다. 자유와 협력이 없으면 시장도 존재할 수 없다. 시장이 곧 자유이며, 시장이 곧 협력이라고 할 수 있는 데 왜 그런지 살펴보자.

시장(市場)에서는 판매자와 구매자가 서로의 의사 합의를 이룬 뒤 물건을 사고판다. 파는 사람과 사는 사람 사이에 거래가 이뤄지려면 꼭 필요한 전제조건이 있는데 그게 바로 자유 선택이다. 정치에서 민주주의가 '자유로운 개인의 의사 표명'을 기초로 하고 있다면, 경제에서 시장은 '자유로운 개인의 거래 선택'을 기초로 한다. 시장에서 거래가 이뤄지는 데 어떠한 제한을 가하는 것은 자유로운 선택을 방해하는 것이다. 시장의 기초를 이루는 '자유 거래 개념'은 계획경제 체제에서 시장경제 체제로 바꾼 중국의 사례를 보면 쉽게 이해할 수 있다.

중국의 수도인 베이징을 가면 각 지역을 대표하는 음식을 파는 식당을 두루 만날 수 있다. 중국의 국민 요리로 대접받는 훠궈(火鍋)는 중국식 샤부샤부 요리이다. '촨차이(川菜)'는 쓰촨(四川)지역의 요리(菜)를 말하는데, 원래 매운 요리였다가 지금은 다른 지역 사람들의 입맛에 맞게 순한 쪽으로 개량됐다. 이러한 훠궈가 국민 요리로 대접받는 시기는 개혁개방 이후이므로 40년도 채 되지 않는다고 한다.

중국이 폐쇄적인 사회주의를 고수할 때는 사람과 물자의 이동이 힘들었다. 개혁개방 이후 경제가 발전하면서 사람과 물산의 이동이 필요해졌고, 훠궈도 쓰촨을 벗어나 다른 지역으로 전파될 수 있었다는 것이다.

신장과 위구르 지역에서 사랑받던 양고기 꼬치도 이 무렵 중국 각지로 퍼졌으며, 사람과 문물의 교류를 통해 지금은 한국에서도 사랑받고 있다. '자유 거래'를 기반으로 한 시장경제가 중국인은 물론 한국인의 입까지 즐겁게 만들고 있는 셈이다.

독일어에서 '자유시간'이나 '여가'를 나타내는 프라이차이트(Freizeit)라는 말은 중세의 '프라이 차이트(frey zeyt)라는 말에서 비롯됐다. 14세기의 문헌에 따르면 이 말은 '시장의 평화가 보장되는 시간(Marktfriedenszeit)'을 뜻했다. 그 시간에는 시장 상인들과 방문객들이 어떤 방해도 받지 않고 물건을 사고팔 수 있었다. 공권력이 개입해 시장 거래자들을 소환하거나 체포하는 게 금지되어 있었다. '프라이차이트'는 평화의 시간이자 특별한 노동의 시간이었으며, 거래의 자유가 보장되는 시간이었다. 경제의 자유가 구현되는 장소가 바로 시장이었다는 이야기다. 중세에 '도시의 공기는 자유를 준다.'라는 말이 있었다. 시장이 열리는 곳이 사람들이 북적이는 도시임을 생각하면 그 말은 '시장의 공기는 자유를 준다.'로 바꿔 말해도 무방한 표현으로 볼 수 있다.

시장제도의 특징은 경쟁과 협력을 통해 인류 재앙의 원인인 무치와 무지를 해결했다는 데 있다. 무치(無恥)란 부끄러움이 없다는 말로 개인의 사적인 이익을 위해 타인의 이익을 침해하는 것을 의미한다. 소수의 염치없는 사람들이 무지한 다수를 선동할 경우, 국가와 사회는 퇴보할 수밖에 없다.

시장의 작동 논리는 무치와 달리 '내가 행복하기 위해 먼저 남들을 행복하게 해줘야 한다.'라는 것이다. 시장 상인이 제공하는 상품과 서비스가 좋지 않아 소비자를 행복하게 해주지 못하면, 그러한 시장 상인은 궁극적으로 퇴출당할 수밖에 없다. 시장경제 체제에서 활동하는 기업도 마찬가지다.

프리드리히 하이에크(Friedrich Hayek)는 사람들이 서로에게 필요한 물건과 서비스들을 주고받는 자율적인 시장경제를 카탈락시(Catallaxy)라고 부르면서, 이를 가정경제나 나라 경제처럼 조직 내에서의 자원배분 문제를 의미하는 이코노미(Economy)와 구별했다. 카탈락시는 '적을 친구로 만들다.'라는 어원을 가지고 있다고 하는데, 하이에크는 이 용어를 통해 시장경제란 서로 다른 가치를 가진 사람들이 공존하는 체제임을 설명했다.

이와 관련해 재미있는 일화가 있다. 19세기에 벌어진 미국의 남북전쟁 와중에 남군에서는 의약품이 모자라고 북군에서는 식량이 모자라는 상황이 발생했다고 한다. 상인들은 전쟁의 와중에서도 양쪽 군대 사이에 부족한 물품을 교환하도록 주선했고 남군이나 북군 모두 이를 받아들였다. 상인은 거래를 통해 이득을 취했고, 남군이나 북군 모두 전쟁의 고통을 다소 덜게 되었다는 것이다.

시장에서는 다른 사람을 행복하게 만드는 방법으로 경쟁을 선택했다. 시장에서 경쟁은 '경매제도'로 이해하면 된다. 경매에서는 제일 높은 가격을 제시하는 사람에게 상품과 서비스가 배분되는데, 경매에서 높은 가격을 제시하는 사람은 그만큼 해당 상품과 서비스의 가치를 높게 봤기 때문이다. 이렇게 높은 가격(가치)을 제시하는 사람에게 자원이 배분되다 보면, 시장에서 배분하는 자원의 전체가치 즉 구매자가 느끼는 가치는 사전 계획에 따라 배분하는 것보다 훨씬 높아지게 된다. 이것이 바로 시장경제가 계획경제를 이긴 근본적인 논리다.

자유민주주의 시장경제와 사회주의 계획경제의 가치 배분을 보여주는 대표적인 사례가 독일이 통일되기 이전의 동독과 서독인데, 여기서는 비교가 쉽도록 상대적인 소비자가격을 사용해 설명해보겠다.

1989년 두 나라에서 밀가루 1킬로그램을 1마르크로 봤을 때 동독에서는 감자 1킬로그램이 0.13마르크, 흑빵 1킬로그램은 0.39마르크, 흰 빵 1킬로그램은 0.75마르크, 우유 1리터는 0.51마르크, 달걀 한 개는 0.26마르크, 컬러TV는 3,712마르크, 여성용 스타킹 1개는 10.6마르크였다. 서독에서는 같은 기준으로 감자는 0.85마르크, 흑빵은 2.63마르크, 흰 빵은 2.61마르크, 우유는 1.01마르크, 달걀은 0.20마르크, 컬러TV는 1,241마르크, 여성용 스타킹은 4.23마르크였다.

여기서 눈길을 확 끄는 품목이 흑빵과 흰 빵이다. 동독의 흑빵은 서독의 7분의 1, 동독의 흰 빵은 서독의 3분의 1 이하의 가격이었다. 동독의 한 지역에서는 인구 대비 흑빵의 소비량이 다른 지역보다 무려 세 배 이상 많은 묘한 현상이 발생하기도 했다. 당국이 조사해보니 흑빵 가격이 너무나 쌌으므로 축산농가들이 흑빵을 사다가 돼지의 먹이로 썼기 때문이었다. 흑빵의 가치가 제대로 평가를 받지 못하니 엉뚱한 곳에 쓰이는 자원 낭비가 발생한 것. 이러한 자원 낭비는 가격을 통제하는 사회주의 국가에서 예외 없이 발생했다.

시장에서의 경쟁은 곧 다른 사람을 더 행복하게 만드는 사람과 기업을 '승자'라고 손들어 주는 것이다. 그래서 경쟁 제한적인 제도와 법은 만들어져서는 안 되는 것이다. 국가 기관인 공정거래위원회도 '공정하고 자유로운 경쟁의 촉진을 도모하는 기관'이다.

그런 만큼, 자유시장경제에서 우리가 버는 모든 돈은 우리의 능력에 의존함과 동시에 우리가 타인에게 제공한 공헌을 대표한다는 의미라고 표현할 수 있다. 쉽게 얘기하면, 다른 사람이 원하는 것을 가장 잘 제공하는 사람이 부자가 된다는 뜻이다.

자유주의 사상가인 데이비드 보아즈(David Boaz)는 이에 대해 "눈앞에 펼쳐진 무질서한 시장에서 질서를 본다는 것은 쉬운 일이 아니다. 겉으로 볼 때 시장은 질서에 역행하는 것처럼 보이지만, 가격 시스템은 자원을 가장 잘 사용할 곳으로 끊임없이 이동시키고 있다. 일반인의 시각에서 질서에 반하는 것처럼 보이는 것들이 있다. 바로 사업 실패, 일자리 손실, 서로 다른 속도로 성공하는 사람들, 쓸모없는 것으로 결론이 난 투자 등이 그것이다."라고 설명했다. 우리의 마음을 아프게 하는 것들이 사실은 시장에 의한 자원의 효율적 배분의 결과라는 얘기다.

보아즈도 "시장에서 어지럽게 펼쳐지는 현상들이 효율적인 자원배분의 과정이며, 변화의 속도가 더욱 빠른 '혁신 시대'에는 더욱 혼란스럽게 보일 것"이라고 설명했다. 혁신의 시대에는 거대 사업들도 급격하게 빠른 속도로 번창하거나 쇠락하고, 그 누구도 장기적으로 안정적인 직업을 갖기가 어렵기 때문이다. 시장경제에서는 어떠한 것도 영원할 수 없는데 그게 바로 시장이 갖는 역동성이다.

시장은 일종의 '경매제도'라는 점에서 시장경제는 불편부당하며 공명정대하다고 해석할 수 있다. 시장의 특징은 공명정대하다는 것이다. 공명정대라는 것은 상대가 누구든 인정과 사정을 두지 않는다는 것이며, 법과 원칙에 충실해야 한다는 의미다. 중국의 고대 사상가 노자는 『도덕경』에서 "훌륭한 지도자는 어질지 않다(聖人不仁), 하늘과 땅은 어질지 않다."라고 표현했다. 국정이나 세상사나 인정에 휘둘리지 않고 법과 원칙에 따라 불편부당하게 처리되는 것이 올바른 길이라는 의미다.

시장은 이타심이나 동정심에 의해 좌우되지 않는다. 어떤 손님이든 가격이나 품질이 마음에 들지 않으면 사지 않아도 그만이다. 족발집 두 곳이 있는데 한 곳은 줄을 서서 먹고 다른 한 곳은 파리를 날려도 그게 불평등하다고 생각하지 않으며, 손님을 끌지 못해 문을 닫은 상점에 대한 지원도 없다. 시장 교환은 반드시 이기심만으로 설명되는 것도 아니며, 그저 무정한 존재로 봐야 한다. 가난한 사람이 먹을 음식을 사러 시장에 가는 것은 이기심이 아니기 때문이다.

그런 측면에서 시장 교환에 참여하는 동기를 '이기주의'로 설명하지 않고, '모르는 사람 대하기(non-tuism)'로 사용하자는 주장도 있다. 거래하면서 상대방의 이익이나 손실에 관심을 두지 않으므로 이기적이지도 이타적이지도 않다는 의미이다.

시장의 기본 원리인 경쟁은 혁신을 촉진한다. 역대 최대의 독점 사례는 미국의 통신회사인 AT&T다. 1900년대 초에 시작해서 1982년 법원의 분할 명령을 받을 때까지 독점의 지위를 누렸다. 이 오랜 기간 독점을 누린 AT&T가 선보였던 가장 큰 혁신은 노란색, 빨간색 등 다른 색상의 전화기를 선보이는 것에 불과했다는 게 전문가들의 지적이다. AT&T의 독점이 무너지지 않았다면 오늘날 전 세계인의 애용품인 휴대

전화 기기가 나타날 수 있었을지 의심하는 사람들도 있다.

경쟁을 얘기할 때 재미있는 사례로 드는 게 중국 축구다. 인구 14억 명의 중국 축구는 올림픽이나 월드컵 본선에 진출하려고 노력은 하지만 결과가 신통치 않다. 축구를 정말 사랑하는 시진핑 국가주석까지 나서 '축구 굴기'를 외쳐도 별로 달라진 게 없다. 이에 대해 팀보다는 개인을 앞세우는 중국인들의 성향을 지적하는 목소리도 있지만, 그보다는 클럽들의 선수 대우가 워낙 좋다 보니 실력이 아주 뛰어나지 않아도 호화롭게 살 수 있어서라는 사실을 이유로 든다. 중국 내에서도 떵떵거리고 살 수 있는 선수들은 중국 내에서만 안주하고, 유럽 등 선진 축구 무대에 가지 않는다. 경쟁하지 않고 안주하니, 당연히 세계 축구 수준에서 뒤처질 수밖에 없다. 그러다 보니, 실력이 뛰어난 선수들도 거액의 연봉에 현혹돼 중국에 가면 실력이 퇴보한다는 얘기까지 나온다.

헌법 제 119조 1항은 '대한민국의 경제질서는 개인과 기업의 경제상의 자유와 창의를 존중함을 기본으로 한다.'라고 되어 있다. 여기서 언급하는 자유와 창의는 시장경제 체제에서만 제대로 발현될 수 있으며, 정치 권력의 지시에 따라 움직이는 계획경제 체제에서는 전혀 힘을 발휘할 수 없다.

시장경제 체제에서는 모두에게 공평한 경쟁의 기회를 제공해 모든 사람이 부의 창조에 참여할 수 있게 한다. 그곳에서 벌어들이는 모든 수익이 자신이 타인에게 공헌한 노력의 결과물이다. 공짜가 아니라 자신의 땀과 노력이 들어가 있으므로 사람들의 마음도 편안해지는 것이다. (세상에는 공짜가 없는 법인데 공짜가 있다고 주장하는 사람이나 그들을 지지하는 사람들은 무슨 심보일까? 공부하지 않고 일등 하기나 제 손으로 돈을 벌지 않고 부자 되기가 가능한가?)

시장은 도덕의 기초이기도 하다. 시장을 얘기할 때 사람들은 '보이지 않는 손'만을 얘기한다. 시장은 여기에 더해 참여자들 사이에 정보의 순환이 이뤄지게 하며 '보이지 않는 눈'의 기능도 한다. 정보를 통해 모든 개인의 행동을 감시하기 때문이다. 시장에서의 거래는 일회성 게임이 아니라 반복되는 게임이라는 사실을 명심할 필요가 있다. 시장은 기억을 지니고 있어 우리가 어떤 나쁜 짓을 하든지 다 기억하고 좋은 일을 하는 것도 다 기억한다.

2001년 미국에서 9.11테러가 발생하고 일시적으로 유가가 뛰었을 때, 한 도시에서 기름값을 크게 올린 주유소가 있었다. 당시 유가는 초대형 뉴스에 반응한 일시적인 변동이었지 시장의 흐름이 아니었기에, 많은 사람이 시장 불안에 편승해 폭리를 취하려는 주유소를 불편한 시각으로 바라봤다. 며칠 지나지 않아 시장이 안정된 이후에도 사람들은 그 주유소를 찾지 않았고, 결국 그 주유소는 문을 닫았다는 얘기가 전해지고 있다.

자유시장 경제에 있어서 생존에 가장 적합한 기업은 명예와 신의를 가장 중시하고 소비자들로부터 가장 큰 신뢰를 얻을 수 있는 기업이다. 이는 시장경제 자체가 사람들 사이에 가장 높은 신임을 얻는 시스템이 된 원인이기도 하다.

시장은 경쟁의 연속이다. 오랫동안 성공적으로 영위해온 사업도 한순간에 사양산업이 될 수 있다. 애플이 스마트폰을 내놓자 노키아가 무너진 것이 대표적인 사례다. 그렇다고, 노키아가 불쌍하니 살려야 한다는 논리를 펴는 사람은 없다. 자본주의를 비판하는 이들은 이러한 시장경제를 약육강식의 원리가 지배하는 동물의 세계에 비유한다. 사자와 치타가 어린 영양을 먹잇감으로 삼는 아프리카 초원을 예로 들면서, 시장경제는 강자가 약자를 희생시키는 체제 즉 정글이라고 강조한다.

결론적으로 이들은 정말 바보 같은 생각을 하고 있다. 그들은 야생의 자연 다큐멘터리를 촬영하는 사람들의 원칙을 알아 둘 필요가 있다. 그들은 어떤 경우에도 먹이사슬 속에서 일어나는 일에 개입할 수 없다는 원칙을 지킨다. 어린 새끼들 앞에서 살금살금 다가오는 사자에게 물려 죽을 위기에 처한 어미 영양에게 위험을 알려서는 안 된다는 원칙이 그것이다. 영양 한 마리를 살려준다고 아프리카의 생태계가 무너지지는 않는다.

하지만, 이러한 선례를 통해 사진작가들부터 시작해 동물보호론자까지 너도나도 불쌍한 영양과 사슴 살리기에 나서면 아프리카의 생태계는 영향을 받을 수밖에 없다. 예컨대 어린 영양은 사자에게는 식사와 같다. 사자가 영양을 먹지 못하면 죽게 되고, 천적이 사라진 초원에서 영양의 수는 크게 불어나게 된다. 초원이 감당할 수 없을 정도로 숫자가 불어나면 초원이 사막으로 변할 수 있고 그 결과 영양 자체도 종말을 맞을 수 있다.

인간의 생태계 개입이 예기치 않은 악영향을 끼친 사례가 호주의 토끼 창궐이다. 많은 유럽인이 호주에 정착하기 위해 떠날 때 한 영국인 이민자가 토끼를 몇 마리 데려가 자기 농장에서 길렀다. 얼마 지나지 않아 여러 마리의 토끼가 야생으로 도망쳤다. 토끼는 새끼를 많이 낳는데다 호주에는 토끼를 잡아먹는 육식동물이 없어 얼마 지나지 않아 토끼들이 호주 땅 전체로 퍼졌다. 토끼들은 초원의 풀을 모두 뜯어 먹고 농작물까지 먹어 치웠는데 아무리 사냥하고 잡아봐도 토끼 숫자의 증가를 막을 수 없었다. 그러다가, 바이러스를 투입해 토끼의 99%까지 퇴치하는 데 성공한 듯했으나, 나중에 내성이 생긴 토끼들이 살아남으면서 호주는 여전히 토끼와 전쟁 중이다. 한국으로 눈을 돌리면 민물 생태계를 엉망으로 만든 배스라는 외래어종을 생각하게 하는 대목이다.

앤드류 카네기는 기업가로서 성공했고 자선가로도 후대에 위대한 명성을 남겼다. 그가 1900년에 쓴 『부의 복음』이란 책에서 경쟁의 중요성을 다음과 같이 설명했다.

"경쟁이 자비롭건 자비롭지 않건, 경쟁은 늘 있으며 피할 수도 없고 대체재를 발견할 수 없다. 경쟁은 개인에게 가끔 가혹하지만, 어디에서나 적자생존을 보장해주기 때문에 인류를 위해 가장 좋다."

결론적으로 시장은 약육강식의 정글(jungle)이 아니라 식물과 동물들이 먹이사슬을 이루는 생태계(ecosystem)로 봐야 한다. 자연에 존재하는 먹이사슬의 겉만 봐서는 먹고 먹히는 관계로 보이나, 먹이사슬의 속내를 들여다보면 서로에게 꼭 필요한 존재임을 부정할 수 없다. 약육강식으로 시장을 보는 자들이야말로 시장에 대한 이해가 매우 부족함을 스스로 인정하는 거나 다를 바 없다.

## 자원배분은 정치 권력에 의해 왜곡되기도 했다

사람들이 알아둬야 할 사실은 시장의 자원배분 기능 못지않게 정치 권력에 의한 자원배분도 인류의 역사와 함께 해왔다는 점이다. 중동지역에서는 수확물의 10분의 1을 바치는 관습이 오래전부터 있었고, 그게 교회의 십일조 성금으로 이어졌다. 중국에서도 땅을 아홉 구획으로 나눈 후 주위의 여덟 구획은 여덟 가구가 각각 경작하고, 중앙의 한 구획을 공동으로 경작하게 하는 것이었다. 공동 경작한 수확물은 공전(公田)이란 이름 아래 세금으로 내고 각자 경작한 수확물은 각 가구의 수입원이 되었는데 이를 정전제(井田制)라고 불렀다.

동서양의 역사에서 정치 권력은 세금을 받기만 할 뿐 반대급부는 거의 없었다. 정치 권력은 재산을 빼앗고, 통행세나 관세를 걷고, 말을 듣지 않으면 노예로 만들거나 사형을 시키기도 했다. 백성의 생명이나 재산을 절대적으로 보호한다는 개념이 없었다.

역사적인 사례를 1571년 오스만제국과 유럽(신성동맹) 사이에 벌어졌던 레판토 해전에서 찾을 수 있다. 다시 전투에서 유럽이 이겼는데, 오스만제국 황제의 처남이자 사령관이었던 알리 파샤는 배가 침몰하면서 목숨뿐만 아니라 모든 재산도 잃었다. 알리 파샤가 황제(술탄)가 자신의 모든 재산을 언제든지 빼앗아 갈 수 있다고 생각하고 전투에 나서면서 자신의 배에 황금 등으로 바꾼 모든 재산을 실었기 때문이다.

정치 권력에 의한 자원배분은 서구사회에서 자유민주주의와 시장경제의 발달로 점차 힘을 잃었고, 지난 300년의 역사는 시장경제가 우위에서는 모습을 보였다. 시장경제가 힘을 얻으면서 인류의 부는 급속하게 늘기 시작했고, 인류가 지구상에 출현한 이래 처음으로 굶어 죽을 걱정이 없어졌다.

1990년 달러 가치를 기준으로 추정할 때 서기 0년의 전 세계 1인당 GDP는 444달러였으며 서기 1000년에는 435달러였다. 천년의 세월 동안 경제성장이 전혀 없었다. 그러다가, 1000년부터 1820년까지 연간 0.05퍼센트씩 성장해 1인당 667달러가 됐다. 1820년은 산업혁명이 본격화된 시기로 그 후 매년 1.2퍼센트가량 성장해 1990년에는 전 세계가 1인당 5,709달러의 소득을 누리게 됐다. 옛날 사극을 보면 왕실이나 귀족 가문 출신의 주인공은 물론 일반 서민들의 모습이 아름답게 그려지기도 하지만, 실상은 극소수를 제외하고는 어떻게 하면 굶어 죽지 않을까만 생각했던 가난과 기아로 점철된 참혹한 시대였다.

그렇다고 자본주의가 문제가 없었던 것은 아니다. 부의 급격한 증가는 대체로 능력과 노력의 결과이기는 하지만 부의 불평등을 유발했고, 이는 사람들이 '배고픔의 문제'를 넘어 '배 아픔의 문제'를 생각하게 된 원인으로 작용했다. 자본주의의 문제를 해결하기 위해 '따뜻한 자본주의, 박애 정신에 입각한 자본주의'의 필요성이 제기됐으며, 그래도 문제가 해결되지 않을 때 모든 것을 통제하는 큰 정부가 등장했다. 그게 20세기에 러시아에서 성립된 사회주의 체제이며, 히틀러로 대변되는 전체주의 국가였다.

하지만, 전체주의 시스템은 다시 시장경제의 핵심인 개인의 자유화와 창의에 제약을 가하면서 큰 문제를 일으켰고 결국 파멸의 운명을 맞았다. 사회주의 국가들이 몰락한 이후 다시 시장경제를 중심으로 국정을 운영하는 자유민주주의 이념이 환영받는 시대로 바뀌었다.

## 금융의 진정한 기능과 사회주의의 자원 낭비

대한민국에 사는 30대 이상의 성인들 가운데 1997년 외환위기를 악몽과 트라우마로 생각하는 사람들이 꽤 많다. 대한민국은 당시 외환 부족에 시달리면서 국제통화기금(IMF)에 구제금융을 신청했고, 대대적인 국가 구조조정의 과정에서 커다란 후유증을 겪었다. 많은 회사가 문을 닫았으며, 경기 악화와 실업자 증가로 국민 대부분이 큰 고통을 겪었다. 반면에 위기 극복의 과정에서 기업들의 방만한 부채 경영이 청산되고, 무사안일주의가 타파되는 긍정적인 면도 있었다.

대한민국 정부는 당시 169조 원의 공적자금을 조성해 금융 구조조정과 기업 구조조정에 나섰다. 특히 부실 은행의 문을 닫게 하고, 종합금융 · 리스 · 저축은행 등 수많은 금융회사 가운데 생존력이 떨어진 곳은 과감히 정리하면서 부실을 털어냈다. 외환위기 극복에서 역점을 둔 게 금융기능의 정상화였다. 당시 왜 금융기능의 정상화에 그렇게 신경을 쓴 것일까?

은행 · 증권 · 보험 등이 포함된 금융은 흔히 '경제의 혈맥(血脈)'으로 불린다. 몸속의 혈액 순환이 잘 돼야 몸이 건강해지듯, 경제의 혈맥인 금융이 원활하게 기능해야 경제도 건강해진다. 그건 금융이 자금 중개를 통해 돈이 개인과 개입 등 경제 주체들의 활동을 돕고, 자원이 효율적으로 배분되도록 하기 때문이다.

은행에 가면 신용도에 따라 대출금리에 차이가 난다. 신용도가 좋은 개인과 기업은 저금리로 대출이 가능하고, 신용도가 나쁜 개인과 기업은 고금리를 약속해야 대출을 받을 수 있다. 신용도가 나쁜 개인이나 기업은 대체로 소득이 낮거나 사업에서 손실을 봐서 재정 상태가 좋지 않다. 은행이 재정 상태가 좋지 않아 진짜 돈이 필요한 개인이나 기업에 돈을 빌려주지 않거나 고금리를 매기는 걸 보고 사람들은 분노한다.

미국의 소설가 마크 트웨인이 "은행은 비가 오면 우산을 뺏어가는 곳"이라고 말했던 것처럼, 많은 사람이 금융의 인정머리 없음에 짜증을 낸다. 금융에 무지한 정치인들은 어려운 사람들을 위해 아예 정부가 아예 돈을 마련해 낮은 금리로 돈을 빌려주자고 제안한다.

그렇지만, 이는 금융의 자원배분 기능을 무시해 경제를 망치는 행위다. 개인이나 기업의 신용이 나쁘다는 것은 이들이 자원을 효율적으로 쓰지 못했다는 의미다. 흔히 벌어들인 돈으로 이자 비용도 내지 못하는 기업을 좀비기업이라고 부르는데, 금리를 지나치게 낮게 억누르면 이런 기업들이 계속 사라지지 않고 남게 된다. 그러면 진짜 돈이 절실한 벤처나 스타트업 등에 갈 자원이 부족해지면서 경제 전체에 나쁜 영향을 끼친다.

증권시장도 비슷하다.

1991년 4월 16일 폴란드 바르샤바의 증권시장이 개장할 때 폴란드 당국자는 "오늘은 중앙집권적 경제에서 자유시장경제로 가는 중요한 순간이다. 이제 우리는 자본시장의 핵심 장치를 갖게 되었다."라고 주장했다.

증권시장은 기업의 소유권 일부를 사고파는 공간 이상의 의미를 지닌다. 사람들의 저축을 기업의 자본으로 바꾸고, 거대 기업의 가치를 매기며, 자본을 현금으로 바꾸는 기능이 동시에 이뤄지는 곳이 증권시장이다. 소유권 거래, 기업의 가치평가, 자본자산의 유동성 제고, 저축의 자본화 등이 증권시장에 모두 밀접하게 연결돼 이뤄지는 것이다.

증권시장이 없다면 기업 소유권은 주택 소유권과 비슷해진다. 집은 쪼개 팔 수 없고, 중개업자가 사들였다가 팔기도 어렵고, 매매 과정도 복잡하며, 매매수수료도 높아지게 된다. 가격은 몇몇 참가자만 알게 되고, 정확한 가격을 알 수 없어 시장에서 최적 가격이 얼마인지도 모르게 된다.

은행과 증권시장이 없다면 한 나라의 자원이 제대로 배분되지 않는다. 자원이 효율적으로 배분되지 않으면 경제성장에 악영향을 끼치고 그 결과 한 사회의 고용과 삶의 질이 나빠진다.

금융을 잘 모르는 사람들이 저지르는 나쁜 짓 가운데 법정 최고이자율 낮추기가 있다. 대한민국에서 법정 최고이자율은 2013년 12월 34.9퍼센트였다가 2016년 3월 27.9퍼센트로 낮아졌고, 2018년 2월에는 24퍼센트로 더 떨어졌다. 2021년 7월부터는 20퍼센트가 되었다. 법정 최고이자율을 낮춘 정치인들은 드디어 서민들의 부담을 낮추게 됐다며 자화자찬을 하고, 언론도 여기에 별다른 이의를 제기하지 않는다.

그렇지만 신용이 정말 좋지 않은 서민에게는 낮아진 법정 최고이자율이 독약이다. 돈을 빌려주고 떼이기 싫은 금융회사들이 아예 신용도가 나쁜 서민에게 돈을 빌려주지 않게 되고, 결국 급전이 필요한 서민은 불법 사채시장으로 달려가 일 년에 일백 퍼센트가 넘는 고금리로 돈을 빌리게 된다.

정치인과 정부는 불법 사채업자들을 엄벌하겠다고 설레발을 친다. 법정 최고금리 이상을 받는 사채업자들은 원래 불법으로 금융업을 하고 있으니 그들이 정부의 위협에 굴복할 리가 없다. 고금리 사채업 자체가 불법인데 그걸 굳이 불법 사채업자라고 부르는 것도 이상하다. 더욱 이해하기 힘든 것은 법정 최고이자율을 20퍼센트로 낮춘 정치인들이 왜 10퍼센트로 떨어뜨리기를 감행하지는 않는다는 사실이다. 법정 최고이자율을 낮추기만 하면 서민의 부담이 줄어든다고 말했는데.

금융은 자유시장경제의 대표적인 특징이다. 사회주의 체제에서는 금융의 기능을 무시했다. 증권시장도 존재하지 않았다. 그렇다면 사회주의 체제의 은행은 어떠했을까?

헝가리 학자인 야노쉬 코르나이의 책 『사회주의 체제의 정치경제학』에서 1926년 소련 계획위원회의 지도자 중 한 명인 코발레프스키의 글을 소개했다. 코바레프스키는 "화폐유통은 자연적 교환으로, 실제로 생산물의 직접적 배분으로 대체됨으로써 점차 사라질 것이다. 이를 예견하면서 인민 재정위원회는 신중하게 화폐 폐지를 목표로 설정한다."라고 강조했다.

사회주의 체제에서 다른 기업과 마찬가지로 금융제도는 국가 소유로 되어 있다. 금융제도는 여러 기관으로 구성되는데, 중앙은행과 투자은행, 외국 교역 은행, 일반대중을 위한 저축은행 등 다양한 특수은행이 존재했다. 이들 은행은 중앙은행의 팔과 같은 존재로 중앙은행의 통제를 받았다. 사회주의 국가에서는 결국 단일 은행만 존재했다고 해도 무방하다.

블라디미르 레닌은 "가장 큰 은행, 모든 농촌 지역과 공장 등에 지부를 갖는 단일 국가은행이 사회주의 기구의 10분의 9를 차지하게 될 것이다. 이것은 국가 전체 단위의 회계 업무, 국가 전체 단위의 생산과 상품 분배를 관리하는 회계가 될 것이다."라고 예견했다.

자본주의 체제 즉 시장경제에서 은행은 이윤을 늘리는 데 관심이 있으며, 예금과 대출을 중개하는 과정에서 돈을 떼이지 않으려고 노력하면서 인식하지 못하는 사이에 자원의 배분 기능을 한다. 반면 사회주의에서 은행은 이윤에 명목적인 이해관계조차 갖고 있지 않았다. 사회주의 은행은 공식적 권한을 행사할 권리를 부여받은 엄격하게 중앙집권화된 위계적 기구였다. 금융도 역시 사회 곳곳에 침투해있는 관료기구의 한 부분이었다. 금융을 관리하는 기구로서 중앙은행은 정치와 경제를 관장하는 지도부에 종속되어 그 지시사항을 따라야만 했다. 금융의 핵심인 신용도에 따라 자원배분이 효율적으로 이뤄지지 않았기에 자원 낭비가 심했다.

시장경제의 특징은 더 큰 리스크를 감수하거나 모험을 감행하는 사람에게 더 큰 보상이 주어진다는 점이다. '고위험-고수익(High Risk, High Return)'이 작동했는데, 그 밑바탕에 은행과 증권으로 대표되는 금융시스템이 있었다. 반면에 사회주의 진영은 군수산업 이외에는 혁신이 일어나지 않았다. 모든 것을 걸고 혁신해 봐야 돌아오는 보상이 없는

데 누가 혁신을 할 것인가? 특히 제대로 된 금융도 없고 개인의 소유권도 없는 상황에서 사람들은 혁신을 위한 자원도 갖지 못했다.

포트폴리오 이론의 대가인 해리 마코위츠는 1990년 대 초반 학생들에게 "보이지 않는 손이 투박하고 인정머리가 없으며 불공정하다고 할 수 있지만, 중앙집권적 계획경제보다는 기민하고 효율적이며 숙련된 손이다."라고 강조했다.

## 정부는 만능 해결사가 될 수 없다

정치 권력은 시장에 대한 규제에 나설 때 흔히 공공성을 내세운다. 공공성이란 '한 개인이나 단체에 적용되는 게 아니라 일반 사회 구성원 전체에 두루 관련되는 성질'을 말한다. 이는 다른 식으로 '국민 전체를 위한다는 명목하에 이뤄지는 정부의 간섭'이라고 표현할 수 있다. 공공성을 강조한다는 얘기는 정부가 더 많이 개인의 생활에 간섭하라는 것이나 다름이 없다.

시장을 조화로운 생태계로 보지 못하고 '강자가 약자를 희생시키는 정글'로 표현하는 사람들은 국가의 개입과 조정을 통해 정글 자본주의의 문제점을 시정해야 한다고 주장한다. '사회적 경제' 등을 통해 시장의 경쟁을 제한하거나 조절해 많은 사람의 행복을 높여야 한다는 것이다. 결론부터 얘기하면 이러한 경쟁 제한정책은 대부분 성공하지 못하는데, 국가의 개입과 조정을 뜻하는 다른 이름이 바로 '규제'이다.

규제는 대부분 특정한 이익집단의 주장에 의해 만들어지는 경우가 많은데, 이는 규제를 통해 이익을 얻는 집단은 소수이고 그 손실은 다수에게 넘겨지기 때문이다. 안타깝게도 손실을 본 다수는 자신의 손실 규모가 워낙 작아 인식하지 못한다. 이러한 사실을 아는 이익집단은 정치적 행동을 통해 자신들의 영향력을 과시하며, 확실한 표를 얻어야 하는 정치권과 정치 권력에 예속됐거나 로비를 받는 관료들은 이익집단의 손을 들어주게 된다. 예컨대, 의사의 처방전이 요구하지 않는 의약품을 왜 약국에서만 팔아야 하는 걸까? 어떤 일을 하려면 왜 그리도 많은 자격증을 요구하는 걸까?

역대 정부가 모두 '규제 완화 혹은 규제철폐'를 그렇게 주장해도 좀처럼 큰 효과를 보지 못하는 것은 그 규제를 즐기는 이익집단이 존재하기 때문이다. 예컨대, 쌀값이 오른다고 시장을 단속하면 어떻게 되나. 곡물 가격을 엄히 통제하고 매점매석을 하는 장사치들을 엄벌해야 한다는 목소리는 예전부터 많았다. 하지만, 시장가격을 통제해 가격을 강제로 낮춰 성공한 경우는 거의 없다. 이럴 때 반드시 나타나는 게 암시장이다. 경제를 아는 사람은 '규제의 유혹이나 시장을 통제할 수 있다는 착각'에서 벗어나는 게 중요하다. 매점매석을 시도한다고 특정 지역의 거래를 막거나 가격을 통제하면 이익을 남기기 어려운 상인들이 다른 지역에서 식량을 들여오지 않고, 사람들은 굶게 된다.

시장경제의 폐해에 대해 '시장은 거짓말과 헛소리의 경연장'이라고 인식하는 시각도 있다. 조작과 사기가 현실적으로 시장경제에서 나타나기도 한다. 소비자들이 자신을 위해 제품과 서비스를 샀다고 생각했는데,

나중에 보면 판매한 상인과 기업의 사기와 유혹에 걸려드는 경우도 적지 않다. 이럴 때 피해자는 큰 소리로 '정부가 나서라!'며 목소리를 높이는데, 우리는 언론보도와 SNS를 통해 매일매일 이렇게 주장하는 모습을 볼 수 있다.

하지만, 정부를 구성하는 공직자나 법과 제도를 만들어내는 정치인들은 마냥 착한 존재가 아니다. 정치인인 자신을 후원하는 개인과 이익집단을 위해, 공직자들은 자신의 사익을 위해 노력한다. '정부는 모든 일에 해결사가 되어야 한다.'라는 주장을 정부가 수용할수록 시장경제에 역행하는 것이 되며, 그런 행위의 다른 표현이 바로 규제와 통제이다. 시장경제 체제에서 사는 사람들은 '정부가 모든 것을 해결하라!'는 주장이 '반시장(反市場)적인 행위를 하라!'는 것과 같은 목소리임을 알아둘 필요가 있다.

영국의 작가인 힐레르 벨록(Hillaire Belloc)은 "부의 생산을 통제하는 것은 인간의 삶 그 자체를 통제하는 것이다."라고 말했다.

# 14장. 경제성장은 무엇으로 이루어지는가?

인간 행동이 이성과 감정이라는 두 마리 말에 이끌리는 쌍두마차라는 비유는 옳다.
그렇지만, 이성은 작은 조랑말일 뿐이고 감정은 커다란 코끼리라고 할 수 있다.
— 행동경제학 —

경제학의 창시자인 애덤 스미스의 『국부론』에서 '보이지 않는 손'과 함께 가장 많이 인용되는 게 '분업의 이익'이다. 분업을 통해 생산성을 비약적으로 높인 결과 인류는 잘살게 됐다는 게 스미스의 주장이다.

애덤 스미스가 주장한 분업의 이익에 대해서는 누구도 이의를 제기하지 않는다. 하지만, 시장경제를 자본주의라고 공격하면서 비현실적인 사회적 공동체의 필요성을 역설하는 사람들은 자신의 주장을 펼치다가 자칫 경제성장의 원동력인 '분업의 이익'을 망각하기도 하는 것 같다.

## 모든 일을 스스로 하면 가난해진다

분업의 이익과 관련, 벤 버냉키 전 미국 연방준비제도(Fed)의장과 로

버트 프랭크 미 코넬대 교수가 쓴 '경제학(Principles of Economics)'에 다음과 같은 얘기가 나온다.

'네팔의 요리사는 참으로 재주가 많았다. 지붕을 엮고 염소를 잡으며 신발 수선도 잘했다. 숙련된 양철공이자 목수이기도 했으며 바느질도 잘했다. 고장 난 알람시계도 잘 고치며 페인트칠도 잘했다. 민간요법으로 치료를 하는데도 능했다.'

이를 보고 어떤 이는 네팔 사람들이 너무 가난해 다른 사람을 고용할 만한 돈이 없기 때문이라고 한다. 그러나 정반대다. 가난하므로 모든 일을 스스로 하는 것이 아니라, 모든 일을 스스로 해결하기 때문에 부를 축적하지 못하고 가난한 것이다. 자급자족하는 경제야말로 생산성을 낮추는 원인이고, 그래서 가난하다는 결론이다.

다음은 한국에서 젊은이들에게 인문학을 강연하는 철학자가 쓴 내용이다.

"우리에게 필요한 것은 공동체입니다. 인간 중심적인 사회, 우리 한 사람 한 사람이 가급적 자신이 원하는 일을 할 수 있도록 하는 공동체의 기본 덕목은 사랑, 연대, 공감입니다. 애덤 스미스의 가장 큰 문제는 인간을 동물로 본다는 것입니다. 그 동물성을 부정하지는 않지만, 인간에게는 고귀한 면이 있습니다. 그것은 바로 생리적인 것을 거스르는 일로서 사랑, 연대, 공감입니다."

선물과 증여로 하나 되는 아름다운 공동체는 하나의 판타지로 다가온다. 이런 측면에서 시장경제는 비사회적이며 냉혹한 시스템이고, 선물경제는 도덕적이고 온정적인 시스템이라고 묘사하거나 인식하는 사람도 많다. 선물과 증여라는 것도 따지고 보면 상품을 사고파는 일반적인 매매는 아니지만, 정치적으로나 사회적으로 자신의 위신과 명예를 주고받는 시장거래의 연장선으로 볼 수 있다. 겉으로는 따뜻한 돌봄과 연대의 모습이지만, 가만히 관찰해보면 사고파는 시장경제의 원리와 비슷하게 주고받는 선물거래의 원리가 작동하고 있다.

선물과 증여는 수렵채집 경제에서 많이 나타나는데 여기에는 '위험 분산의 원리'도 작동한다. 남성들이 주로 나서는 수렵은 사냥감을 획득했을 때 얻는 영양분은 많지만 영양분의 공급이 일정하지는 않다. 매일매일 사냥에 성공하기는 어렵기 때문이다. 반면, 여성들에 의해 이뤄지는 채집은 생산량이 일정한 모습을 보인다. 그러다 보니, 사냥에 성공하면 부족들이 고기를 골고루 나눠 갖는 경향이 강하지만, 채집하는 먹거리를 분배하는 경우는 많지 않다. 특히 고기는 혼자서 모두 먹어 치우기 어려운 만큼 미리 나눠주고 나중에 그 대가를 받는 방식이 훨씬 효율적이다. 선물과 증여가 착한 마음씨에서 비롯됐다기보다는 효율적인 소비, 지속적인 생존을 위해 이뤄졌을 가능성이 훨씬 크다는 것이다.

앞서 언급한 철학자는 각자 자신이 잘하는 일을 하고 그걸 교환하면 된다고 주장했다. 물고기를 잘 잡는 사람은 물고기를 잡고, 빵을 잘 만드는 사람은 빵을 만들어 서고 교환하자고 역설했다. 그는 자본주의의 대안을 얘기하는 것으로 보이지만 결론적으로 자신도 모르게 분업의 장점을 옹호하고 있다. 그는 물고기를 잘 잡는 사람과 빵을 잘 만드는 사람이 각자의 장점을 살려 더 많이 생산하고 이를 교환하는 시스템을 말했는데 그게 바로 분업과 협업 시스템이기 때문이다.

인류는 오랫동안 자급자족 사회였다. 모든 삶이 가족을 기반으로 했다. 남은 농산물을 시장에 내다 팔기도 했지만, 기본적으로 자신의 농장에서 자신의 가족을 위해 생산하고 소비했다. 자급자족의 삶에서 생산성은 지극히 낮았다. 도시 생활에 지친 사람들이 텃밭을 가꾸는 주말농장을 생각해보면, 손수 기르는 취미생활의 대상일 뿐이지 시장가치로는 헐값에 불과하다. 지금은 생산과 소비의 측면에서 가족이라는 공동체가 큰 의미를 지니지 못한다. 개인은 가족의 일원으로 살아가지만, 생산과 소비를 할 때는 세계 속의 한 개체로 살아가기 때문이다.

레오나드 리드(Leonard Read)가 쓴 『나는 연필(I, pencil)』에는 연필 한 자루가 어떻게 세계와 연결돼 있는지 잘 설명돼 있다. 나무 · 아연 · 구리 · 흑연으로 구성된 아주 간단한 제품인 연필이 탄생하는 과정을 보면 매우 흥미롭다. 나무를 보면 나무를 심고 가꾸는 사람, 나무를 베는 사람, 나무를 제재소로 옮기는 사람, 제재소에서 판자로 만드는 사람 등이 나온다. 그 과정에 도끼와 톱을 만드는 사람, 도구를 만드는 사람의 식사를 도와주는 사람, 식사에 나오는 식량을 생산하는 사람들이 들어간다. 없는 물품은 수입해야 하는데 수입할 때는 수입하는 나라의 노동자도 생산과정에 포함해야 하며, 싣고 올 때 운송하는 배나 비행기도 연필 탄생에 힘을 보태고 있다. 한 자루의 연필을 만드는 데 수천 명, 수만 명의 도움과 여러 나라의 협력이 필요하다는 게 리드의 설명이다.

간식으로 즐겨 먹는 아이스크림도 성분 하나하나를 따지면 다국적 집합체다. 아이스크림에 들어가는 생크림 · 버터 · 탈지분유 등의 원료는 우유인데, 우유를 생산하는 젖소는 대부분 사료로 키운다. 사료의 원료인 옥수수와 콩 등은 모두 외국산이다. 당류로는 설탕 · 물엿 · 포도당 · 과당 등이 필요한데 설탕의 원료도 외국에서 들어온다. 기타 원료인 식물성 지방은 주로 야자유 계통이 사용되며, 팜유를 사용하기도 하는데 팜유는 열대지방에서 생산된다. 아이스크림에 들어가는 초콜릿의 원료가 되는 코코아 원산지는 아프리카이다. 과일 가운데 딸기 · 사과 · 복숭아 등은 국산이지만 오렌지와 바나나 등은 대부분 외국에서 들어온다. 달걀도 쓰이는데, 달걀을 낳는 닭의 사료는 외국산이다.

바닐라 아이스크림에 들어가는 바닐라는 원산지가 멕시코로 중앙아메리카 · 마다가스카르 · 인도네시아 등에서 생산되는데, 바닐라는 초창기에 번식시키기가 너무나 어려웠다. 그러다가 19세기에 인도양의 프랑스령 레위니옹 섬에 살던 흑인 소년 에드몽이 바닐라의 번식을 위한 수정의 비밀을 풀면서 대량 재배를 할 수 있게 되었다. 오늘날 바닐라 아이스크림을 즐기는 사람들은 에드몽에게 감사를 표시해야 한다.

## 부의 비밀 혹은 경제적 풍요의 비밀

노동생산성이 높아지는 역사는 분업의 역사와 같다. 여러 사례에서도 설명하듯이 사람들의 일상생활에서 필요한 각종 물건과 서비스 가운데 본인이 스스로 만들어낸 것은 거의 없다. 누군가 생산한 먹거리를 먹고, 누군가 만든 물건을 사용하며, 누군가 제공하는 서비스를 이용한다. 이런 과정에서 보듯 여러 사람이 생산의 단계를 나누어 일하다 보니 전문

지식이 높아지고 노동의 효율성이 높아졌다.

인류 사회가 자급자족에서 벗어나 외부의 공급에 의존해 살아가게 된 것은 순전히 분업 덕분이다. 지금은 나를 위해 노동하는 것이 아니라 다른 사람들을 위해 노동한다. 나는 노동의 대가로 소득을 얻어 그걸로 다른 사람이 생산한 재화나 서비스를 사들일 뿐이다. 자세히 생각하면 돌고 돌아서 나의 노동은 결국 나를 위하는 것이 된다.

사마천은 『사기』에서 다음과 같이 얘기하는데 애덤 스미스의 분업 개념과 대체로 일치한다. 사마천도 어렴풋이나마 분업의 장점을 알았던 것 같다.

"농사꾼은 먹을 것을 생산하고, 어부와 사냥꾼은 물자를 공급하며, 기술자들은 필요한 물건을 만들고, 상인들은 이 상품들을 유통한다. 이러한 활동들은 나라에서 이래라저래라 강요해서 되는 것이 아니다. 그 일에 종사하고 있는 각자가 최선을 다해 원하는 것을 손에 넣을 뿐이다"

분업이 국가의 경제력을 증진하는 데 매우 유용한 수단이며, 경제 활동은 국가의 개입이 아니라 경제 주체들의 자발적인 의지로 이뤄진다는 게 사마천의 설명이다.

경제학자인 버논 스미스는 "인류가 창출하는 모든 부(wealth)의 비밀은 전문화에 있고, 인류의 삶을 계속해서 개선하도록 할 수 있는 방법도 바로 전문화다. 전문화야말로 세계화의 본질이다."라고 설명했다. 이러한 전문화의 세계에서는 완제품을 직접 보기 어려우므로 사람 냄새가 덜 날 수 있다. 가족이나 작은 집단에서는 서로 제품과 서비스를 교환할 때 '신세를 졌습니다. 고맙습니다'라는 표현을 쓰지만, 낯선 사람들과 소통하고 교환하며 장거리 무역을 하는 세계에서는 그러한 말을 하지 않기 때문이다. 사람들은 서로 얼굴을 맞대지 않은 시장 교환에서는 각자 자기 이익에 집중하는 경향이 강화되므로 타인에게 비협조적일 것이라고 예상한다. 그렇지만, 실험 결과를 보면 전혀 그렇지 않다.

서로 얼굴을 맞대는 교환 관계에서는 협력적이지 않던 사람조차도 큰 시장사회에서는 오히려 자기 이익을 극대화하기 위해 협력적으로 행동한다는 것을 보여준다. 시장경제 체제에서 직접적 혹은 간접적 교역을 하는 사람들 가운데 대부분, 심지어 99퍼센트 이상이 우리가 알지 못하는 사람들이다. 한 번도 만난 적이 없으며 어디에 사는지조차 모르는 사람들이다. 기업에서 나온 제품의 브랜드는 알아도 해당 기업의 사장이나 그 제품을 만든 직원을 모르며 알 방법도 거의 없다. 이러한 익명의 세계에서는 오로지 자신이 원하는 대로 거래를 하는 데 그게 상대방에게 이익이 된다.

알렉상드르 뒤마의 소설 『삼총사』의 구호는 '하나는 전체를 위하여, 전체는 하나를 위하여(One for all, All for one)'이다. 이 말은 개인의 자유를 보장하는 공동체와 그 속에서 살아가는 자유로운 개인을 표현하는 의미로도 해석할 수 있다. 자유로운 사람만이 공동체를 위해 온전히 헌신할 수 있으며, 개인의 자유를 보장하는 공동체만이 온전한 연대를 이뤄낼 수 있기 때문이다. "나만이 나를 자유롭게 할 수 있다. 다만, 오직 나만 자유로운 세상은 존재하지 않는다."라는 해석이 가능한 것이다.

여기서 '전체는 하나를 위하여'는 권위주의나 전체주의 공동체를 의미하지 않으며, 우상이나 권력 숭배가 아니다. 이 말은 누구도 자급자족으로 살지 않고, 모든 사람이 공동체가 만들어낸 결과물로 생활을 꾸려가고 있음을 일깨워주는 표현이다. 삼총사들이 외친 구호의 실질적인 의미는 '모두는 모두를 위하여'라고 하는 게 정확하지 않을까 싶다. 참고로 민주주의 모범국가인 스위스 연방이 강령으로 삼는 라틴어 문장도 '하나는 전체를 위하여, 전체는 하나를 위하여(Unus pro omnibus, Omnes pro uno)'이다.

## 분업은 서로 의지하는 것, 우리는 로빈슨 크루소가 아니다.

시장경제 체제에서 분업은 단순히 서로 돕는 것이 아니라 서로 의지하는 것이다. 시장경제에서는 모든 사람이 복잡하게 이뤄진 분업의 사슬에 매여 있고, 누구든지 이 사슬을 떠나면 생존하기 어렵다. 시장경제 체제에서는 모든 사람이 상대방의 손님이기도 하다.

독일어에서 경제와 경영의 의미를 나타내는 비르트샤프트(Wirtschaft)라는 단어에는 '접객업'이라는 뜻이 포함되어 있다고 한다. 경제란 근본적으로 다른 사람이 필요로 하는 것을 충족시켜 주는 일이라는 점을 시사해주는 표현으로 여겨진다.

분업과 협력은 사람들이 상대방을 생존을 위한 경쟁자가 아니라, 상호 복지를 증진하기 위한 동료로 여기게 만든다. 여기서 사람들은 '서로의 복지를 위해 서로가 필요한 존재가 되었다.'라는 결론을 도출할 수 있다. 중국 고대의 사상가인 순자도 분업과 협력에 관해 설명한 바 있다. 그는『순자』부국편에서 "다양한 기술이 존재하는 것은 사람들 하나하나를 키우기 위한 것이요, 능력이 있는 사람이라 해도 기술을 겸하여 가져선 안 되고 관직을 겸해서도 안 된다. 서로 의지하지 않으면 가난하게 된다."라고 설명했다.

서로 잘 아는 사람끼리 오순도순 나눠 먹는 공동체는 위험하다. 자칫하면 공동체에 속하지 못하는 사람은 배척할 수 있기 때문이다. 그렇다고 안면이 없는 사람에게 무작정 먹거리를 나눠줬다가는 먹거리가 부족해질 수밖에 없다. 먹거리의 부족을 막으려면 결국 특정한 사람들끼리만 어울려서 먹는 일이 일어난다. 공동체 내에서는 사랑과 연대의 감정이 넘칠지 몰라도, 공동체를 벗어나면 그러한 일이 발생하지 않는다. 사랑과 연대가 아니라 미움과 배척의 나쁜 기운이 훨씬 많아질 수 있다. (나중에 협동조합을 설명하는 부분을 참조하면 좋을 것이다.)

인류는 노동의 분업, 경제의 협업을 통해 부를 키워왔다. 서로 다른 기능을 가진 사람끼리 각자 전문화된 일을 할 때 자원을 효율적으로 사용하고 생산성을 높일 수 있었다. IT산업의 메카인 미국 실리콘밸리는 다양한 IT업체들이 서로 협력하는 곳이다. 덴마크의 코펜하겐은 스마트시티의 모범 사례로 꼽히는데, 이곳에서는 프로젝트 참여 기업이 밸류체인(가치사슬)별로 모두 다르다. 전문성을 키우고 협력을 유도하기 위한 것이다. 비슷한 업체가 많으면 경쟁하지만 서로 다르면 협력할 수 있기 때문이다.

분업과 협력의 경제가 전 세계로 뻗어나간 게 바로 세계화다. 그런

면에서 세계화는 지구촌 차원의 분업이라고 봐야 한다. 이러한 분업체계는 상호 이익을 근거로 존재한다는 점을 분명히 알 필요가 있다. 거꾸로 생각하면 세계화에 동참하지 않으면 부를 늘리기 어렵다고 이해하면 된다. 우리는 세계화에 가장 뒤처진 나라가 되어 빈곤에서 벗어나지 못하는 대표적인 사례를 쉽게 발견할 수 있는데 그게 바로 휴전선 너머의 북한이다.

# 15장. 번영의 해답은 개방에 있다

앞으로 우리가 나아가야 할 길이 서로를 보다 연결하는 일이어야 하는지,
아니면 반대 방향이 되어야 하는지 의문이 제기되고 있다.
— 마크 저커버그 —

한국과 미국의 자유무역협정인 한미FTA는 정치적으로 늘 쟁점이 된 사안이다. 한미FTA가 극적으로 타결된 2007년 4월 2일 밤 노무현 대통령은 대국민담화에서 'FTA는 정치적인 문제도 이념의 문제도 아닌 먹고 사는 문제'라며 생존 문제임을 천명했다. 참으로 현명한 판단이었다.

2012년 한미FTA가 발효된 이후 5년 동안 한국과 미국 간 교역량은 세계 무역량이 매년 3.5퍼센트 감소하는 추세 속에서도 연평균 1.7퍼센트씩 늘어나는 모습을 보였다. 한국이 미국에 투자한 돈은 네 배, 미국이 한국에 투자한 금액은 2.6배 증가했다. 상품과 서비스 교역, 투자 등의 부문에서 양국 모두 이익이 컸다. 특히 한국에서는 대미 무역흑자가 116억 달러나 늘어난 반면 국내 농축산물이나 서비스산업에 대한 타격은 거의 없었다.

시계를 과거로 돌려 한미FTA에 관한 입장을 보면 국가적으로 중차대한 문제에서 무지와 판단 착오가 매우 컸음을 알 수 있다. 2012년 대선 과정에서 민주통합당의 문재인 후보는 "(한미FTA의) 재협상을 통해 불이익을 바로 잡는 데 최선의 노력을 다하겠다."라고 말했으며, 민주통합당의 많은 의원이 한미FTA에 대해 '을사늑약과 같다. 나라를 팔아먹는 매국이다.'라며 반대 의견을 표명했다. 국회에서 비준 동의안이 처리될 때는 쇠망치와 전기톱까지 등장했다. 국회에 최루탄을 던진 야당 정치인은 "안중근의 심정으로 했다."라고 외쳤다. 한 치 앞도 보지 못한 민주통합당은 2017년 대선에서 승리해 국정을 맡았는데, 그 이후에는 한미FTA 반대를 외치거나 과거 자신들의 행위를 반성하는 목소리는 없었다.

한미FTA가 체결된 지 5년이 지난 2017년 미국의 제45대 대통령으로 취임한 도널드 트럼프는 선거운동 기간에 "한미FTA는 미국의 일자리를 죽이는 협정"이라고 주장하며 보호무역을 강조했다. 5년 전에 무지몽매한 한국 정치인들이 했던 말이 미국에서 다시 나온 것이다. 자유무역의 이점이 늘 증명이 되는데도, 왜 자유무역과 보호무역은 정치적 다툼의 대상이 되는 것일까.

## 보호무역이 초래한 가난

중세 영국의 존 왕은 수출입 물품 1파운드당 16펜스의 종가세를 부과했다. 종가세란 과세단위를 금액으로 설정하고 그중 몇 퍼센트가 세금이라는 식으로 표시한 세금 징수방식이다. 존 왕이 매긴 세금은 점차 왕실의 통상적이고도 관습으로 내려오는 세입이 되었다. 관습을 의미하는 영어 단어 'customs'가 관세의 의미도 갖게 된 것은 이러한 역사에서 유래한다.

상품에 관세가 붙으면 세금만큼 가격이 올라가므로 소비자들은 그만큼 더 높은 부담을 져야 한다. 그런 만큼, 관세를 낮춰 교역량을 증가시키면 교역하는 국가들의 소비자들은 치르는 가격도 싸지고 상품의 선택 폭도 넓어지므로 서로 이득이 된다. 경제학자들은 그러한 측면에서 대부분 자유무역을 지지한다.

정치인은 달리 생각할 수 있다. 예컨대, 값싼 농산물이 수입되면 도시민들의 생활을 좋아질지 몰라도 경쟁 농산물을 생산하는 농부들은 피해를 볼 수 있다. 손실을 보게 된 농민들이 집단행동에 나서면 농촌을 지역구로 둔 정치인은 표를 의식해 그들의 목소리를 듣지 않을 수 없다. 자신의 표를 위해 보호무역의 옹호자가 되는 것이다.

보호무역주의는 1930년대 대공황시절 미국과 유럽 강국들이 채택하면서 지구촌을 뒤흔들었고, 결국 모든 국가를 피해자로 전락시켰다.

저명한 경제학자인 토드 부크홀츠는 20세기 최악의 경제정책으로 1930년대 미국-유럽 간 관세 보복 조치를 꼽았다. 1929년 미국 증시의 대폭락은 대공황의 시발점이었지만 정작 세계 경제를 장기적 침체국면으로 이끈 것은 각국의 자국 수출 보호정책이었다는 것이 그의 주장이다.

대공황이 발생하자 미국의 후버 대통령은 수입품에 대한 관세를 50퍼센트 이상 인상하는 스무트-홀리 관세법에 서명했다. 경기침체에 직면한 미국이 외국 상품의 가격을 높여 수입을 줄여 소비자들이 자국 제품을 사용하게 하고, 다른 한편에서는 수출을 늘려 기업들을 돕는다는 게 관세 인상의 논리였다.

유럽 각국은 이에 맞서 보복관세를 부과하며 미국 기업이 자국 시장에 진출하는 것을 방해했다. 각국 간에 벌어진 보복관세의 결과 세계 무역은 종전보다 3분의 1수준으로 줄었다. 각국이 혼자 살아남으려는 이러한 노력은 결국 모든 나라의 교역이 줄고 모두 가난해지는 결과를 낳았다. 세계 각국은 이 같은 실패를 교훈 삼아 제2차 세계대전 이후 관세 및 무역에 관한 일반협정(GATT)과 세계무역기구(WTO) 체제 등을 출범시켰다.

국가는 기업과 다르다. 기업은 서로 경쟁하지만, 국가끼리는 서로 협력하는 게 옳다. 협력하지 않으면 대체로 모두 패배자(loser)의 운명을 맞을 수 있다.

자유무역을 얘기할 때 사례로 드는 것 가운데 하나로 '극빈자 노동의 오류(pauper labor fallacy)'라는 게 있다. 값싼 임금을 무기로 삼아 저가 제품을 생산하는 후진국들로부터의 수입을 막기 위해 선진국 노동조합들이 흔히 동원하는 논리이다. 예컨대, 저임금을 경쟁력의 기반으로 삼는 나라와 미국 유럽의 선진국이 경쟁하면 이길 수 없으므로, 선진국들은 관세를 포함한 각종 규제를 이용해 이러한 경쟁을 막아야 한다는 것이다.

1992년 미국 대선후보인 로스 페로(Ross Perot)는 미국과 멕시코 간의 자유무역은 멕시코의 아주 낮은 임금 때문에 미국 산업이 남쪽으로 이동하게 만든다고 주장했다. 그의 주장은 미국 노동자들의 호응을 얻어 그는 무려 18.9퍼센트의 득표율을 기록했다. 이러한 점에서 로스 페로는 미국 내 일자리를 위한 공장건설을 주장하며 보호무역을 강조하는 트럼프 대통령의 선배였다. 이러한 주장은 국가 간 무역이 서로 이익을 주고받는 비교우위에 근거해 이뤄지는 것이지, 서로 죽기 살기로 싸우는 전쟁을 하는 것은 아니라는 점을 인식하지 못한 무지에서 비롯됐다고 할 수 있다.

예컨대, 미국에서 기업주가 공장을 폐쇄하고 개발도상국으로 생산시설을 이전한다고 해서 미국에 반드시 일자리가 없어지는 것은 아니다. 미국으로서는 다른 상품을 생산해 팔고, 그 돈으로 개발도상국에서 만들어진 제품을 수입하면 된다. 물론 이 과정에서 각종 혼란이 일어날 수 있으며, 미국 내의 빈부격차가 벌어질 우려가 있다. 새로운 수출품 마련을 위해 새롭게 창출된 일자리를 차지하는 사람은, 생산시설의 해외이전으로 일자리를 잃는 사람과 십중팔구 같은 사람이 아니기 때문이다.

한국에서도 과거 70~80년대 호황을 누리던 섬유업체들이 설비를 대거 해외로 이전했을 때 섬유업체 근로자들은 일자리를 상당수 잃었다. 반면 IT산업 종사자들은 크게 늘었다. 이러한 상황에서 일자리를 잃은 사람들은 자신의 생존 문제가 달려 있으므로 목소리를 높이게 되고, 정치인들이 이러한 부분에 초점을 맞춰 무역자유화에 반대하게 되면 상당한 설득력을 얻게 된다. 일자리를 잃거나 새로운 일자리를 찾느라 고생하는 사람들이 자유무역 반대론자들의 든든한 우군이 되는 셈이다.

국제무역의 비판자들은 생산시설 해외이전으로 잃은 일자리가 다른 부문의 국내 생산 증가로 상쇄된다는 사실을 아예 무시해버리는 경향이 있다.

그렇지만, 국내 일자리는 그렇게 간단히 사라지지 않는다. 국가가 "상품이 아닌 일자리를 수출한다."라는 표현은 부정확하다. 일자리는 사실 경제 내에서 재배치되기 때문이다. 일자리의 재배치를 통해 국내에서 생산되는 부가가치 즉 GDP(국내총생산)를 늘리지 않으면, 수입하고 싶은 재화를 위해 지급할 돈을 만들어낼 방법이 없다.

일반적으로 부유한 국가는 자본 및 기술의 상대적 풍부함이나 양질의 기간시설로 인해 주로 고생산성 부문에서 상대적으로 우위를 보인다. 빈곤한 국가는 기술을 별로 요구하지 않고 저임금 노동력을 대규모로 필요로 하는 부문에서 비교우위가 있다. 미국 경제학자들의 표현에 '아이오와에서 재배한 자동차'라는 게 있다. 미국이 자동차를 생산하는 방식은 디트로이트에서 직접 만들거나 아이오와에서 밀을 재배해 일본에서 생산된 자동차와 바꾸는 것 모두 가능하다.

무역에서 가장 중요한 이론적 근거가 영국 경제학자인 데이비드 리카르도(David Ricardo)의 비교우위론이지만 직관적으로 알기는 쉽지 않다. 그래서, 수많은 사람이 무역의 본질에 대해 오해하고 보호무역의 지지자가 되는 경우가 많다. 노벨 경제학상을 받는 폴 사무엘슨(Paul Samuelson)도 "리카르도의 비교우위론은 사실임을 쉽게 알 수 있지만 제대로 이해하기는 어려운 이론이다."라고 평가했다는 일화가 있다.

무역은 지구촌 차원에서의 분업체계를 의미한다. 분업체계에서는 각국이 스스로 잘하는 분야를 전문적으로 키워 일 인당 생산성을 높이는 게 중요하다. 이렇게 생산성을 높이는 과정에서는 균형잡힌 시각이 필요하다.

대체로 보수 우파적인 시각을 지닌 사람들은 선진국이 저개발 국가와 경쟁하기 위해 임금을 줄이고, 세금을 낮추는 등 생산비를 절감하는 노력을 해야 한다고 생각하는데, 이는 한쪽 측면만 보는 것이다. 임금을 줄이면 곧바로 근로자의 소득이 감소하면서 소득 불평등이 더욱 악화할 수 있다.

진보 좌파적인 시각을 갖는 사람들은 무역장벽을 높여 일자리를 보호해야 한다고 말하는데, 이는 경제에 악영향을 끼치게 된다. 무역장벽을 높이면 경쟁력이 뒤처진 기업이 살아남게 되고 이는 자원배분을 왜곡시킨다. 품질이 나쁘고 가격이 비싼 제품이 생산되면 결국 소비자의 부담만 늘어나고 궁극적으로 경제 전체의 효율성을 떨어뜨리게 된다. (일본에서는 농업 부문을 과도하게 보호하다 보니 사과 한 개에 5,000원까지 뛰는 일도 발생했다.)

## 교역하는 나라끼리 전쟁하기는 어렵다

대한민국 경제는 흔히 '소규모 개방경제(small open economy)'라고 얘기된다. 경제 규모는 작지만, 시장 개방도가 높은 나라라는 것이다. 여기서 소규모개방경제라고 하는 것은 국토의 절대적 크기를 말하는 것이 아니다. 경제 규모가 상대적으로 작고 대외의존도가 높아서 국제기구와 금융시장이 정하는 제도와 금리를 수용할 수밖에 없음을 의미한다. 소규모 개방경제는 태생적으로 외부 환경 변화에 커다란 영향을 받게 된다.

수출입총액을 국내총생산(GDP)으로 나눈 비율인 무역의존도를 봐도 2020년 기준으로 한국은 72.2퍼센트 수준이었다. 미국(28퍼센트), 일본(37퍼센트), 중국(41퍼센트)과 비교해도 압도적으로 높다. 그런 만큼, 우리는 무역장벽을 낮춰 교역을 늘리는 데 항상 노력해야 하고 경제의 빗장을 잠그는 것을 경계해야 한다.

한반도의 역사에서도 무역이 활발할 때 나라가 융성했다. 신라의 장보고는 청해진을 무대로 동북아시아 바다를 주름잡았으며, 고려 시대에 벽란도는 국제 무역항으로 아라비아 상인들까지 드나들었다. 조선 후기에 연암 박지원은『열하일기』에서 외국과 통상하면 국내의 산업을 발전시키고 문명의 수준을 높이며 국제정세를 파악하는 데도 도움이 된다고 주장했다. 그러면서 세상에 대한 편견을 버리고 개방적인 자세로 나아갈 것을 권했다.

박지원의 생각과 달리 조선의 권력을 쥐고 있던 사대부들은 외국과의 교역에 부정적이었고 쇄국을 애국으로 알았다. 그렇게 꽉 막힌 사대부들의 정신을 이어받은 사람들이 여전히 'FTA 반대'를 외치는 듯싶다. 대한민국은 무역으로 먹고사는데도, 자유무역에 따른 피해만 부풀리면서 반대의 목소리를 높이 외치고 있다. 그게 정치적으로 득표가 된다고 생각하니 답답할 뿐이다.

2017년 1월 17일 다보스포럼에 참석한 시진핑 중국 국가주석은 자유무역을 강조하는 연설을 했는데 가장 큰 박수를 받은 부분은 "무역전쟁에서는 아무도 승자가 될 수 없다."라는 표현이었다. 많은 선진국이 다양한 분야에서 무역장벽을 쌓는 중국을 비판하며 시진핑의 연설에 대해 "시장개방의 구호가 빈말이 아니라 행동으로 증명돼야 한다."라고 강조했는데, 그렇다고 해도 최소한 개방과 협력을 외치는 그의 말 자체가 옳았다는 것은 확실하다. 다만 한국의 사드 배치와 관련한 대응 과정에서 중국은 언행일치를 실천하지 않았고, 그런 점에서 시진핑의 연설은 설득력이 크게 떨어졌다.

19세기 프랑스의 경제학자인 프레데릭 바스티아(Frederic Bastiat)는 "상품이 국경을 건너지 못하는 곳에서 군대는 건널 것이다."라고 지적했다. 역으로 얘기하면, 상품이 국경을 건너는 곳에서는 군대가 건너가기가 쉽지 않다는 의미이며, 그래서 '교역하는 나라끼리 전쟁은 없다.'라는 주장까지 나오게 됐다. 물론 20세기에 두 차례의 세계대전이 일어난 것만 보면 바스티아의 주장이 마냥 옳아 보이지는 않는다. 그렇더라도 개인이나 국가나 잃을 게 많으면 싸움을 주저하기 마련이다.

인도양과 지중해를 잇는 수에즈운하의 팻말에는 운하 건설자인 페르디낭 드 레셉스(Ferdinand de Lesseps)가 좋아했던 라틴어로 된 구절이 쓰여 있다. "모든 이에게 세계를 열어주어라. Aperire Terram Gentibus)"

## 개발도상국 시골을 폐허로 만든 공정가격

무역과 관련해 최근 많이 거론되는 게 공정무역이다. 공정무역을 주장하는 사람들은 "나 혼자 잘사는 게 아니라 모두가 인간다운 삶을 살 수 있도록 주변에 관심을 두는 것이 공정무역의 핵심이다. 생산자와 소비자의 상생이야말로 공정무역이 추구하는 목표이다."라고 말한다. 최저가격제, 선지급금 지불, 6개월 이상의 장기거래 등을 통해 이윤추구가 아니라 생산자의 자립을 돕기 위한 원칙을 적용해야 한다는 것이다.

공정무역을 옹호하는 한 인사는 언론 인터뷰에서 "공정무역은 생산자들이 땀 흘려 수확하고 만든 제품에 대해 제 값어치를 지급하자는 취지다. 생산자와 소비자 간의 정당한 거래만으로도 열심히 일하는 빈곤층의 자립을 충분히 도울 수 있다. 공정무역은 비즈니스 관점으로 바라보면 안 된다. 이윤이 나지 않는다고 찬밥 취급하는 건 공정무역의 개념 자체를 잘못 이해하는 태도"라고 말했다. 그는 "공정무역은 사실 건강한 시민의식을 확산시키는 운동이기도 합니다. 내가 마시는 커피, 먹는 음식, 입는 옷을 누가 생산해 어떻게 소비하게 되는지 알면 '편한 소비'보다는 '공정한 소비'를 추구하는 시민의식이 생기지 않을까요?"라고 설명했다.

여기서 일단 공정이라는 단어에 대해 생각해볼 필요가 있다. 공정은 관점의 문제인데 모두 다섯 명에 케이크를 나눠주는 경우를 생각해보자. 일단 생각나는 것은 모두 똑같은 크기의 조각으로 나눠주는 양적 공정성이 있다. 배고픔의 정도에 따라 나눠 주는 필요에 따른 공정성, 케이

크를 만들 때 공헌한 정도에 따라 나눠주는 성과에 따른 공정성, 저마다 가져갈 양을 스스로 정하는 자율적 공정성 등이 있다. 공정이란 단어를 여러 각도에서 생각해보면 궁극적으로 공정이란 다양한 관점을 조화롭게 고려해 모든 개인이 억울함을 당하지 않게 균형을 잘 잡는 것이다. 현실에서는 그러한 공정이 말처럼 쉽게 실현되지 않는다.

공정무역의 열렬한 지지자로 옥스팜(OXFAM)이 있다. 옥스팜은 1942년 영국 옥스퍼드 학술위원회가 기근 구제를 위해 시작한 세계 최대의 국제구호 개발기구다. 옥스팜의 활동 중 하나가 커피를 제값에 수입해 함께 잘 사는 지구마을을 만들자는 것이었다. 스타벅스 커피의 원두 가격은 현지에서 기껏해야 한잔 분량에 몇십 원에 불과한데, 매장에서 한 잔에 수천 원을 받는 것은 불공정하다는 시각이었다.

옥스팜과 공정무역의 열렬한 지지자들은 선진국 소비자들이 생산자에게 커피 가격을 높게 쳐줘서 그들의 생활을 도와야 한다고 주장했다. 2002년에 발표된 옥스팜의 한 보고서는 "공정무역 운동은 품질 좋은 상품을 사려는 소비자의 욕구에 영향을 주지 않고도 생산자가 너무나 낮은 현재 가격보다 두 배나 높은 가격을 받을 수 있음을 분명히 보여주었다."라고 주장했다.

하지만, 커피 생산국의 커피 농가를 힘들게 한 커피값 하락의 근본적인 요인은 시장에서 늘 나타나듯이 과잉생산이었다. 특히 생산은 늘어나는 데 실질 소비는 줄어든 게 문제였다. 스타벅스의 인기로 인해 미국의 커피 가게가 많아진 것처럼 보이나, 1970년에 일 인당 136리터이던 연간 커피 소비량이 2000년에는 일 인당 64리터로 줄었다. 원두커피의

값은 시장원리 즉 수요와 공급에 기본 원리에 따라 움직였다.

영국 화장품업체인 더바디샵의 선행도 커피와 비슷한 문제를 일으켰다. 더바디샵은 아프리카의 빈국 가나를 돕기 위해 시어버터(시어나무 열매에서 추출되는 식물성 기름)를 시장가격보다 높은 수준에서 사기로 했다. 가나의 북부에 있는 10개 마을의 시어버터 생산자 조합에서 정제되지 않은 시어버터 6.3톤을 산다는 게 더바디샵의 계획이었다. 기준 단가는 킬로그램당 1.25파운드로, 원산지 가격보다 약 50퍼센트 비싸게 책정됐다. 여기에 킬로그램당 0.79 파운드를 추가로 얹어주면서 여기서 생긴 이익은 지역 학교 및 기타 개발프로젝트에 투자할 수 있게 했다.

몇 년 후 가나 북부의 시어버터 생산지역은 참혹하게 변했다. 시어버터가 돈이 된다는 소리를 듣고 너도나도 시어버터 생산에 들어가면서 보통 일 년에 2톤쯤 생산되던 게 20톤이나 더 생산됐다. 여기에 시장 수요도 줄면서 더바디샵은 차기 수확기의 주문량을 축소해야 했다. 결국 더바디샵이 사주지 않은 시어버터는 거의 폐기물이 됐을 것이고, 땀 흘려 수확한 농부들은 더바디샵이 너무나도 불공정한 행위를 했다고 원망했을 것이다. 이는 따뜻한 취지에서 의도된 공정가격 설정이 명백하게 불공정한 결과를 초래한 사례다.

선진국의 후진국 착취 기업으로 늘 꼽히는 게 개발도상국에 생산기지를 두고 제품을 생산하는 나이키 등이다. 그런데, 가만히 들여다보면 나이키가 개발도상국 사람들의 주권이나 행복을 위협한다고 비난하는 사람들은 개발도상국 사람들이 아니라 선진국 사람들이다. 후진국 노동자들의 생활 수준이 낮은 사실에 많은 선진국 사람들이 무엇인가 잘못됐다는 느낌을 받고 마음이 불편했기 때문이다.

이러한 선진국 사람들의 시각은 본질적인 문제를 들여다보지 못한 것이다. 사안의 본질은 나이키의 등장이 그 나라 사람의 삶을 더 윤택하게 만들었는지, 아니면 더 궁핍하게 했는지의 사실 여부다. 모두 아는 진실이지만 나이키의 등장으로 일자리를 얻은 개도국 사람들의 생활은 크게 나아졌다. 개도국에서 살지도 않고 선진국의 쾌적한 환경 속에서 안락함을 누리면서 개도국 사람들의 삶을 위하는 척하는 사람들이야말로 진짜 위선자가 아닐까?

시장가격보다 높게 쳐주는 '자선적 가격'은 부만 이전시키는 게 아니라 사람들의 인센티브에 영향을 끼친다. 가난한 나라의 한 마을에서 쌀 · 바나나 · 코코아를 골고루 생산하고 있는데 코코아에 치르는 가격을 시장가격보다 2배로 높이면 너도나도 쌀과 바나나 농사는 포기하게 된다. 이렇게 되면 코코아가 과잉생산되어 결국 가격폭락의 현상이 나타난다. 하루에도 수많은 커피를 즐기는 한국인들이 가난한 나라를 도와준다고 원두 가격을 두 배로 지급하는 것보다는, 차라리 가난을 탈피하도록 청소년들을 교육하고 좋은 법과 제도가 정착되도록 돕는 게 훨씬 낫다는 점을 알아둘 필요가 있다. 그도 아니면 그들의 생활환경 개선을 위해 충분한 자선기금을 제공하는 게 더 나을 수 있다.

윌리엄 맥어스킬 옥스포드대 교수에 따르면 선진국들이 후진국을 위해 개발한 프로그램이 그다지 효과적이지 못한 것으로 나타나고 있다. 공정무역을 통한 제품 구매, 노동착취 혐의가 있는 제품의 불매 운동,

아프리카에 책 보내주기 운동 등이 대표적이다. 반면 구충제 지원은 효과가 컸다. 기생충은 비위생적인 생활환경을 가진 후진국에서 흔한 데 그 인구는 10억 명에 이른다. 구충제는 그들이 기생충에 시달리지 않고 건강한 삶을 누릴 수 있도록 도왔다.

다른 사람을 돕는 방식에는 자선(charity)과 박애(philanthropy)가 있는데 둘은 엄연히 다르다. 자선은 가난한 사람에게 필요한 물품을 주면서 돕는 것으로 종교적으로 늘 권장돼왔다. 박애는 학교나 도서관을 지어주는 등 가난한 나라의 사회 체제를 바꿔 가난을 없애주는 것이다.

미국의 벤저민 프랭클린은 사람들에게 비전을 보여주고 새로운 미래를 만들어준다는 차원에서 자선보다는 박애를 선호했다. 가난한 사람들을 진짜 돕고 싶다면 단순한 선의만으로는 부족하며 효과적인 결과를 도출하도록 행동하는 게 더욱 중요하다는 의미다.

자립을 방해하는 건 악(惡)이다. 도움은 자전거의 보조 바퀴나 뒤에서 잡아주는 정도에 그쳐야 한다. 자전거를 타는 건 남이 대신할 수 없다. 모든 문제는 스스로 풀어야 실력이 되므로, 남을 함부로 돕는 것은 진짜 돕는 게 아니라 망치는 행위이다. 계속 먹이를 주다가 끊어버리면 상대방은 그동안의 배려를 까맣게 잊고 오히려 원망하거나 원수로 여긴다. 우리는 박애의 진짜 정신을 잘 알아둘 필요가 있다. 공정무역은 그런 측면에서 진정한 박애가 아니라고 할 수 있다.

# 제 5 부

## 경제활동은 누가 이끌어가는가?

# 16장. 자본주의와 사회주의의 끝나지 않은 전쟁

책으로 공산주의를 배우면 공산주의자가 되고,
몸으로 공산주의를 배우면 반공주의자가 된다.
— 스메틀라나 알릴루예바, 스탈린의 딸 —

제2차 세계대전 이후 세계에서는 40년 이상 미국과 소련의 대결이 이뤄졌다. 냉전으로 불린 미 · 소간 경쟁은 시장경제와 계획경제의 체제 대결이자, 민주주의와 사회주의의 이데올로기 대결이었다. 1991년 소련의 붕괴로 사회주의 계획경제는 몰락했고, 자본주의로 불리는 민주주의 시장경제 체제가 승리했다. 그런데도, 맹목적인 눈으로 세상을 바라보며 자본주의를 맹비난하는 사람들이 참으로 많다. 자본주의가 단점도 많이 있으나 다른 체제가 감히 범접할 수 없을 만큼 훨씬 우수한데도 일부 지식인들은 자본주의를 죄악시하고 있다.

20세기의 대표적인 철학자 이사야 벌린은 다음과 같은 말을 남겼다. "무엇보다도 두 요소가 20세기 인류 역사의 형태를 결정했다. 하나는 자연과학과 기술의 발달이다. 다른 하나는 실질적으로 전 인류의 삶을 변화시켜온 거대한 이데올로기 폭풍이다. 러시아 혁명, 좌파의 전체주의와 우파의 파시즘, 민족주의와 인종주의 등등."

이사야 벌린의 말대로 20세기는 이데올로기(ideology)의 시대였다. 이데올로기란 '일관되고 포괄적인 이념의 체계'를 말한다. 이데올로기는 세상을 설명하고 평가하면서 세상이 나아가야 할 방향이 무엇인지 결정하도록 돕는다. 개인의 이데올로기는 개인의 인생관과 인생철학이 되고, 국가의 이데올로기는 국가가 나아가는 방향이 된다.

이데올로기는 세상을 평가하는 기준을 제공한다. 성장이 먼저인가 아니면 성장을 포기하더라도 평등이 먼저인가? 빈부격차는 땀과 노력의 결과라면 바람직한가? 경제적 불평등이 바람직하지 않다면 어디까지 용인할 수 있는가? 경제 불황은 정상적인 현상인가 아니면 경제체제가 잘못된 탓인가? 완전고용은 이상인가 몽상인가? 전쟁은 피해야 할 악인가 아니면 어떤 전쟁은 도덕적으로 정당한가?

모든 이데올로기는 저마다 개인의 자유를 지켜주며 자유를 확장한다고 주장한다. 자유를 증진하지 못하는 사회를 비난하고 자신의 이데올로기만이 진정한 자유를 보장해준다고 선전한다. 모든 이데올로기는 스스로가 '민주주의 그 자체'라고 주장했다. 민주주의를 '인민에 의한 통치'가 아니라 하나의 '이상(ideal)'으로 봤기 때문이다. 그래서인지 현대 정치에서 민주주의는 매우 인기 있는 단어가 됐다. 민주주의를 추구하는 방식도 나라마다 다르면서 덕분에 민주주의는 속임수나 위선과도 연결됐다. 과거 동독은 독일민주주의공화국(Deutsche Demokratische Republik)이었고, 독재국가인 북한도 정식 국가명이 조선민주주의인민공화국(Democratic People's Republic of Korea; DPRK)이다.

자유민주주의는 그 내부에 자유주의, 민주주의, 개인주의, 자본주의, 자유무역주의, 평화주의 등을 포함한다. 자유민주주의는 개인 자유의 영역을 확장하고 사회주의는 제한한다. 자유민주주의는 개인의 가치를 최대한 존중하는 데 비해 사회주의는 개인을 단순한 대리인이나 숫자로 취급한다. 사회주의에서 개인은 당의 명령 앞에 녹아 없어진다. 두 체제 모두 평등을 추구하는데 자유민주주의는 자유에서의 평등을, 사회주의는 제약과 예속에서의 평등을 추구한다.

인문학을 강연하는 대한민국의 한 철학자는 자유민주주의가 체제인 자본주의에 대해 다음과 같이 설명했다.

"자본주의 원리는 딱 하나입니다. 무조건 돈을 가진 사람이 우월한 지위를 확보하고, 돈이 없는 사람은 열등한 위치에 처할 수밖에 없습니다. 그게 자본주의입니다. 자본주의를 통제하지 못하면 우리는 시간이 흐를수록 노예로 전락하게 됩니다. 모두가 노예로 사는 것이 자본주의의 현실입니다. 자본주의를 붕괴시킬 첫 번째 방법은 취업하지 않으면 된다. 두 번째 방법은 그들이 만들어 파는 물건을 구매하지 않으면 됩니다. 자본주의를 붕괴시킬 공식은 알고 있지만, 그것을 실천하고 지켜나가기는 어려운 일입니다. 그래서 사람들이 생산소비협동조합 같은 공동체를 구성하는 것입니다. 취업하지 않고도 버틸 수 있으려면 그 방법밖에 없습니다."

중국의 경제학자인 장웨이잉은 『이념의 힘』이란 책에서 다음과 같이 얘기하고 있다.

"경제학자들의 임무는 연구를 통해 사람들의 관념을 바꾸고 사람들에게 자신의 이익이 어디에서 발생하는지 더 잘 인식하게 하는 것이다. (20세기에) 세계 인구의 3분의 1이 오랫동안 잘못된 계획경제 제도를 선택한 것은 진정한 이익이 어디에서 오는지 정확하게 알지 못했기 때문이다. 그들은 계획경제가 최대의 이익을 가져다주리라고 생각했지만 지금 우리는 이런 생각이 잘못되었다는 것을 잘 알고 있다."

한국과 중국의 학자들이 주장한 내용을 보고 있으면, 그들이 과연 어느 나라 출신인지 헷갈릴 정도다. 한국의 철학자가 했던 주장은 '부자가 되고 싶어 하는 게 인지상정'이라는 측면에서 인간 본성에 반한다. 부자를 미워한다면 '그럼 가난해지세요!'라는 말이 통해야 하는데, 상대방의 분노를 일으킬 그런 말을 하는 사람은 아무도 없다.

## 사회주의 권력자는 왜 그렇게 돈이 많을까

자본주의와 관련해 프랑스의 역사학자인 페르낭 브로델은 "자본이란 용어는 펀드, 상품의 집적, 돈의 축적, 혹은 이익을 만들어내는 돈 등으로 언급되어 왔다."라고 밝혔다. 그러면서 "자본주의란 용어는 결코 우호적인 의미로 사용된 적이 없다."라고 지적했다. 두산백과를 봐도 '자본주의는 이윤추구를 목적으로 하는 자본이 지배하는 경제체제'라고 정의하면서 이윤추구에 초점을 맞췄다.

많은 지식인이 자본주의 사회를 돈에 최고의 가치를 두는 사회로 여기게 된 배경에 카를 마르크스가 있다. 19세기에 살았던 마르크스는 산업혁명 이후 전개된 사회를 '자본주의'라고 부르면서 자본주의 사회는 부유한 자본가만을 위하는 사회로 간주했다. 마르크스가 그렇게 여긴 이유는 그가 살았던 19세기에 노동자들이 매우 궁핍하게 살았기 때문이다.

마르크스의 생각이 단견이며 한계를 지니게 된 것은 그가 1883년 사망하면서 20세기를 보지 못한 데 있다. 그가 미워한 자본주의 체제를 택한 사회는 20세기 들어 잘살게 됐고, 그가 미래상으로 제시한 사회주의를 택한 나라는 쇠락의 길을 걸었다. 마르크스가 지금 살았더라면 그의 저작 『자본론』의 내용은 크게 달라졌을 것이다.

자본주의가 '돈을 최고로 아는 사회'라고 생각하는 사람들은 '자본은 곧 돈'이라는 관념을 당연하게 여기는데, 이는 잘못된 생각이다. 자본은 자본재의 총합으로, 자본재란 미래에 더 많은 소비재를 얻기 위해 오늘 소비하지 않고 저축한 재화를 의미한다. 자본으로서 건물, 기계, 시설, 원료 등의 형태를 취할 때 생산자본이라고 하며, 돈의 형태로 있을 때 화폐자본, 상품의 형태로 있을 때 상품자본이라고 부른다. 자본의 형태는 화폐자본(원금) → 상품자본(원료 · 설비 · 노동력의 구입) → 생산자본(생산과정에 투입) → 상품자본(제품의 완성과 판매) → 화폐자본(원금 회수와 이익 창출)의 과정을 따른다.

사람들은 미래에 더 많은 수익을 기대하면, 가진 재원의 일부분을 저축하거나 미래를 위해 사용한다. 어떤 사람이 토지 · 노동 · 기계 · 시설과 같은 자본재를 활용해 생산한다면 그는 자본가로서 기능하는 것이다. 그는 자본재를 이용해 가까운 장래에 제품이나 서비스를 만들어 소득을 얻는데, 그 과정은 돈이라는 매개체를 통해 이뤄진다. 많은 사람은 이러한 자본재의 생산과정을 제대로 인식하지 않고 겉으로 드러난 모습만 보면서 자본가는 돈만 추구하는 사람이라고 이야기하는 것이다.

좌파성향이나 사회주의 성향을 지닌 사람들은 '이윤을 위한 생산'이 아니라 '사용을 위한 생산'을 말한다. 이런 사람들은 이윤의 본질을 제대로 이해하지 못하는 부류이다. 시장경제에서 제품이나 서비스는 소비자를 만족시켜야 팔리고, 그 과정에서 이윤을 얻는다. 소비자는 자신의 사용에 맞아야 제품이나 서비스를 사들인다. 결국 이윤은 '소비자의 만족, 즉 소비자의 사용을 위한 생산'에서만 발생할 수 있다.

세상에는 자신의 땀과 노력을 동반하지 않고 권력을 이용해 돈을 축적하는 사람들도 있다. 자유민주주의 시장경제에서는 그런 사람이 강력한 응징을 받지만, 권력을 위한 사익 추구가 별 탈 없이 이뤄지는 체제도 있다. 바로 사회주의 체제이다. 자본주의를 헐뜯는 얼뜨기 지식인들은 사회주의의 부정부패 속성에 대해서는 눈을 감는다.

사회주의 국가들의 속성을 신랄하게 지적한 선구자로 밀로반 질라스가 있다. 유고슬라비아의 정치가이자 작가인 그는 1956년 내놓은 『신(新)계급(The New Class)』에서 공산당 지배계급을 그들이 기생충이라고 부른 자본가나 지주들 이상으로 국민을 착취하고 특권을 누리는 신계급으로 묘사했다. '공산당 지배계급은 사유재산을 소유하지 않는다.'라고 말하지만, '국가의 부를 공산당 지배계급의 개인 소유물로 여기고 행동한다.'라고 지적한 것. 그는 다른 책에서는 이렇게 썼다.

"공산혁명 이전에 귀족이 갖고 있던 별장에서 만찬을 하는데, 귀족의 시종이었던 노인이 여전히 시종 노릇을 하고 있었다. 변한 것은 별장 주인의 얼굴뿐이었다."

레닌과 스탈린의 주도하에 소련은 '문맹 농민들의 사회'에서 '엔지니어의 사회'로 변모했다. 그 시절 공산당에 새로 유입된 출세 제일주의자들과 공장 밑바닥에서부터 승진해 올라온 '비드비젠치(발탁자들)'가 소비에트 관료가 되어 스탈린 체제의 강력한 지지 세력이 되었다. 이들은 소련 체제의 건설기와 국가 위기에 누구보다 열심히 활약하여 조국 근대화와 제2차 세계대전 승리에 이바지했다. 그들은 당시에 대체로 20대, 30대의 젊은 나이였다.

문제는 세월이 흐르면서 발생했다. 세월이 흐르면서 정치 권력이 고위직들의 자녀로 세습된 것이다. 공산당 간부는 농민이나 광부들과 전혀 다른 사회적 자본과 교육 기회를 누렸고, 생활 여건도 천지 차이였다. 당 간부의 아들은 당 간부가 되고 광부의 아들은 광부가 됐다. 소련 사회는 '노멘클라투라의 세상'이 되었다.

노멘클라투라는 원래 간부 명단이었으나 나중에 공산당 간부 전체를 의미하게 되었고, 이들은 1970년대 이후 복지부동의 부패집단으로 변모했다. 그들은 자신들의 권력을 사리사욕을 채우는 데 활용했다. 그들은 공식 석상에서는 자본주의 세력에 맞서 노동자·농민의 혁명을 수호해야 한다고 말했지만, 비공식적인 자리에서는 자본주의 세계의 사치품을 수입하고 즐겼다. 취미부터가 외국산 수입차와 고급 사치품 쇼핑이었다. 한 감찰관이 공산당 간부를 모아놓고 왼손을 들라고 하니 모두 금빛 번쩍이는 롤렉스 시계를 차고 있을 정도였다. 소련 인민들이 겨우 국내나 동유럽으로 값싼 단체 관광을 갈 때, 노멘클라투라의 자녀들은 미국과 서유럽에서 외교관 생활을 하며 윤택한 삶을 즐겼다.

1991년 소련이 붕괴했을 때 젊은 노멘클라투라들은 뛰어난 인적 네트워크와 국가 재산에 접근할 수 있는 정보를 갖고 있었다. 그들은 국가 재산을 외국에 팔거나 헐값에 인수하여 엄청난 재산을 쌓았고 '올리가르히(oligarch)'라는 새로운 특권층이 되었다. 약 150여 명에 이르는 올리가르히가 러시아 전체 부(富)의 절반을 차지하고 있다고 평가될 정도였다. 그들은 잘난 부모 덕택에 누릴 수 있었던 '고등교육과 인적 네트워크'를 통해 부의 세습화에 성공할 수 있었다.

중국 공산당도 예외가 아니었다. 그들은 '권력 유지'를 국민 복지보다 우선순위에 뒀다. 정치 권력을 거머쥠으로써 부를 쌓고 권력도 세습했다. 중국 최고 권력자인 시진핑은 권력자들의 자녀를 뜻하는 태자당의 대표주자로서 현 위치까지 올라왔다. 태자당 젊은이들은 권력층에 진입하거나 수십억 달러의 갑부로서 흥청대는 삶을 즐긴다.

2013년 당시 중국 상무위원 9명 중 5명의 자녀가 미국 사립대에 다닌 것으로 나타났다. 연간 수십만 달러의 학비를 거리낌 없이 써댄 것이다. 소련에서 나타난 것처럼 서구체제를 비판하면서 자녀를 해외로 보내는 이중성을 보였다. 이들은 미국 내 인맥이 '권력 먹이사슬의 꼭대기를 보장하는 증표'로 인식했다. 시진핑 국가주석의 딸인 시밍쩌도 하버드대를 다녔다.

중국 공산당의 대표적인 위선 정치인으로 원자바오(溫家寶) 전 총리가 꼽히기도 했다. 그는 소매가 해진 낡은 잠바를 입고 바닥에 구멍이

난 구두를 신고 다니는 '대표적인 청빈 정치인'이었고 많은 중국인이 그에게 감동했다. 그러다가 2012년 10월 미국 뉴욕타임스에 원자바오 일가의 재산이 무려 27억 달러(약 3조 원)에 달한다는 기사가 실렸다. 중국의 권력자들이 권력뿐만 아니라 돈까지 거머쥘 수 있었던 것은 '권력이 곧 돈'이라는 공산당 특유의 독재 권력구조 덕분이었다.

북한은 소련과 중국보다 더한 계급사회가 됐다. 문재인 대통령은 2018년 9월 15만 평양 시민들에게 직접 연설하면서 "전쟁은 끝났다."라고 선언했지만, 사실 대통령이 본 사람들은 북한의 대표적인 특권계층이었다. 북한에서 선택된 사람들이 아니면 평양에 사는 것 자체가 불가능에 가깝기 때문이다. 북한이야말로 '정치 권력이 경제를 포함한 모든 권력 그 자체'를 의미하므로 최고 권력층인 중앙당 간부들이 당연히 최대 부자가 되는 사회가 되었다. 권력 서열이 높아야 평양의 고급 아파트촌에 들어갈 수 있고, 사치품을 구매하거나 집에 비치할 수 있는 게 북한의 현실이다. 북한의 빈부격차는 대한민국과 비교할 수 없을 만큼 심해졌다.

자유민주주의 세상에서는 정치 권력과 경제권력간 경쟁과 협력이 교차한다. 대한민국의 대통령도 5년 단임에 불과하다. 반면, 사회주의는 '정치 권력과 경제 권력의 일체화'에 따라 국부(國富)의 사유화와 권력 세습이 일상화됐다. 진정으로 돈만 밝히는 사람들은 사회주의 체제의 권력자들이었다. 사회주의 체제의 최하급 공무원이 휘두르는 권력은 자유민주주의 체제에서 이웃에 사는 백만장자가 나에게 휘두르는 권력보다 더 컸다.

사회주의 세상에 사는 사람들은 행복해졌을까 불행해졌을까? 사회주의 체제를 택한 나라들을 보면 극히 일부 지배층만 대대로 특권을 누렸고, 나머지 사람들 대부분은 불행한 삶을 보내야 했다. 자본주의가 소득을 기준으로 한 계층사회라면, 사회주의는 권력을 기준으로 한 계급사회가 되었다. 정치와 경제에서 평등을 추구했는데, 역설적으로 더욱 불평등한 사회가 되는 모순이 발생했다.

## 자유민주주의와 시장경제로 얘기되는 자본주의는 문화시스템이다

인류학자의 책이나 TV 다큐멘터리는 자주 아마존 밀림이나 파푸아뉴기니의 원주민 사회를 소개한다. 책과 방송에서는 원주민 사회를 가진 것은 없으나 인정이 넘치는 사회, 소박하게 살면서도 웃음을 잃지 않는 사회로 미화한다. 그들이 하루하루 살아가기 위해 산과 나무를 오르고, 병에 걸렸을 때 약이 부족해 수명이 짧다는 사실은 전혀 알려주지 않는다.

파푸아뉴기니의 원주민 사회에서 주식은 고구마 · 얌 · 바나나 등이다. 고구마의 경우 워낙 덥고 습한 날씨여서 오래 보관하기가 쉽지 않다. 이들은 고구마를 활용해 돼지를 키운다. 돼지가 일종의 식량창고 역할을 하는 것이다. 그래서 파푸아뉴기니에서 돼지는 매우 중요한 재산이며, 돼지 숫자에 따라 부의 크기가 달라진다. 돼지는 농사일에 동원되는 소와 달리 식용 이외에는 아무런 쓸모가 없다. 자본재로서 기능하지 못한다. 자본을 축적하지 못하고 자급자족하는 원주민들의 삶은 옛날이나 지금이나 나아진 게 거의 없으며, 가뭄 등으로 기후변화가 오면 종족 전체의 생존이 위협받기도 한다.

원주민 사회의 생활양식은 자본주의가 아니다. 예컨대, 집에서 어머니가 뜨개질로 짠 털장갑과 모자, 열심히 만들어준 맛있는 빵에 사랑은 듬뿍 담겨 있으나 그것이 자본주의의 본질적인 모습은 아니다. 그보다는 제빵 기계를 사고, 종업원을 채용하는 등 영업활동을 해야 자본주의의 진짜 모습이 되는 것이다. 우리는 가난의 대물림을 원하는가, 아니면 풍요의 대물림을 원하는가?

자본주의라는 단어는 먼 옛날부터 이어져 온 재화와 서비스의 교환에 대한 단순한 시장만을 표현하는 게 아니다. 그런 만큼 시장경제 하나만을 의미하지도 않는다.

자본주의란 인간이 스스로 창조적 재능과 에너지를 발휘하게 함으로써, 새로운 가치를 창출하고 사회 변화를 이뤄내는 시스템을 모두 포괄하는 개념이다. 법 · 경제 · 사회시스템 등을 포괄하는 개념으로 인간이 누릴 권리의 평등은 물론 재능 발휘까지 가능케 했다. 단순한 물질주의가 아니라는 것이다.

역사가인 애플비(J.Appleby)는 『중단없는 혁명 : 자본주의 역사(The Relentless Revolution : A History of Capitalism)』에서 "자본주의는 문화 시스템이지 경제시스템이 아니다. 그러므로 물질적 요소만으로는 자본주의를 결코 설명할 수 없다."라고 강조했다. 자본주의는 '연속적인 창조적 파괴'를 의미하는데, 달리 표현하면 10년 전의 새것이 이제 낡은 것이 되어 새롭게 대체되는 것이다. 새롭게 개선된 신형 버전, 새로운 기계와 제도 및 기술, 누구도 예상하지 못한 시너지와 융합 작용을 통해 낡은 시스템이 사라지고 새로운 시스템이 구축되는 것이다.

자본주의가 가져온 혁신과 부의 창출, 그리고 사회 변화는 수십억 명의 인류에게 자본주의 이전 시기의 사람들은 전혀 상상하지도 못했던 번영을 가져다주었다. 경제학자이자 역사학자인 디어드리 맥클로스키는 "오늘날 개인의 실제 수입은 근대 경제성장을 주도했던 영국 및 다른 나라에서 1700년이나 1800년 경 누리던 수입보다 적어도 16배 이상 많다."라며 이를 '위대한 사실(The great Fact)'이라고 강조했다. 마르크스와 엥겔스조차도 "부르주아(bourgeois)는 그들이 지배했던 불과 100년 사이에 그 이전 모든 세대가 함께 만든 것보다 더 거대하고 더 큰 생산력을 창출했다."라고 경탄했다.

마르크스와 엥겔스는 그러면서도 '자본주의 생산양식'은 파괴돼야 한다고 주장했다. 문화시스템인 자본주의의 본질을 몰랐던 그들은 자본주의의 종말을 얘기하면서도, 새롭게 도래할 새로운 생산양식이 어떻게 작동된다는 것인지에 대해서는 작은 단서조차 제공하지 않았다. 신기루에 불과한 사회주의를 건설할 실천 방안이란 게 애초에 없었으니 어찌 보면 당연한 귀결이었다.

자본주의는 약탈과 탈취의 윤리를 기반으로 한 게 아니다. 미국의 생물학자인 가렛 하딘(Garrett Hardin)은 물고기의 남획으로 인해 어종이 씨가 마르는 이유를 분석해 1968년 과학잡지 『사이언스』에 「공유지의 비극」이란 제목의 논문을 발표했다. 공유지의 비극이란 '지하자원, 초원의 풀, 공기, 바다에 있는 물고기와 같이 모두가 함께 이용해야 할 자원을 마구잡이로 사용해 고갈될 위험에 처해 있다.'라는 뜻이다. 하딘은 '목동 게임'을 이용해 공유지의 비극을 수학적으로 증명했다. 어떤 마을에 100마리의 소를 기를 수 있는 마을 공동의 땅이 있고 100마리 이상의 소를 키우면 풀이 다시 자리지 못해 황폐해진다고 할 때, 농부들은 자신의 이익을 위해 소를 추가 방목함으로써 결국 공유지가 쓸모없는 황무지로 변하는 비극을 초래하게 된다고 설명했다.

이에 대해 2009년 여성 최초로 노벨 경제학상을 받은 정치학자 엘리너 오스트롬(Elinor Ostrom)은 '공유지의 비극'을 극복한 여러 사례를 찾아냈다. 그러한 사례는 미국 · 캐나다 · 터키 · 일본 등의 많은 지역에서 발견됐는데, 그곳 주민들은 자발적으로 공유자원을 잘 관리해 개인의 이익 극대화를 넘어 공동의 이익을 추구했다.

대표적인 사례가 미국 북동부 메인주 연안의 바닷가재잡이 어부들이었다. 이 지역은 무분별한 남획으로 1920년대에 바닷가재가 없어질 위기에 처했다. 어부들은 위기를 극복하기 위해 바닷가재 통발을 놓는 규칙과 순서 등 자치 규율을 만들어 바닷가재 잡는 양을 조절했다. 그 결과 다른 지역에서는 남획으로 인해 바닷가재가 완전히 사라졌을 때, 이곳만은 어장을 유지할 수 있었다. 자본주의 내에서도 공동의 이익을 위한 상호 작용은 고도의 윤리적 규범과 규칙에 따라 작동할 수 있음을 보여준 것이다.

자본주의가 정착되는 데는 정치혁명, 경제혁명, 산업혁명 등 세 가지

혁명이 필요했다.

자유민주주의를 정착시킨 정치혁명은 개인의 기본권 즉 재산과 생명 보호를 최우선 가치로 만들었고, 정부는 지배자가 아니라 시민에 대한 보호자 역할이라는 원칙을 세웠다. 개인으로서는 재산을 축적할 동기 부여가 된 것이다. 정치적 탄압에 따라 역적으로 몰리면 온 가문이 풍비박산이 나는 사회에서는 재산 축적의 인센티브가 클 수 없었다. 이게 자유민주주의가 가장 먼저 발달한 영국에서 산업혁명이 일어난 이유였다.

자유로운 시장경제를 중시하는 경제혁명은 시장에 대한 이해도를 높였다. 시장경제 체제가 인류 발전에 최적의 체제라는 사실을 많은 사람이 알아낸 것이다.

석탄과 석유 등 화석원료를 에너지로 사용하는 산업혁명은 기술과 과학 지식이 생산과 융합하도록 부추기면서 생산량 증가와 인류의 풍요를 만들었다.

## 민속 경제학의 달콤한 유혹과 우분투의 진실

자유민주주의와 시장경제의 장점을 온몸으로 체감했는데도 인류는 과거의 윤리와 완전히 단절하지는 못했다. 사람이 배우지 않아도 본능적으로 아는 경제 지식을 '민속 경제학(folk economics)' 혹은 '통념 경제학'이라고 부른다.

사람들은 통념적으로 일하기보다는 놀기를, 생산보다는 나눔을, 자유보다 평등을 먼저 생각한다. 경쟁을 싫어하며 부자에 대해서는 본능적으로 의심하고 시기한다. 수출은 좋은 것이고 수입은 나쁘다고 생각한다. 현장에서 땀을 흘리는 게 진짜 노동이고, 시원한 에어컨 밑에서 근무하는 사무직과 연구직은 진짜 노동이 아니라고 여기는 경우가 많다. 일백 명이 삽질을 할 작업량을 연구직이 개발한 굴삭기 한 대가 해결할 수 있는데도, 육체노동이 더욱 값지다고 평가한다. 이러한 '민속 경제학'은 인류에게 각인된 유전의 결과로 해석된다.

혈연 위주로 뭉쳐 살았던 원시사회에서는 작물 재배와 같은 인위적인 생산이라는 것이 없었고 자연이 만들어낸 생산에 의존했다. 그러다 보니 한 사람이 많이 가지면 다른 사람은 적게 가질 수밖에 없었다. 노동만이 가치의 유일한 원천이고, 이윤은 남에게서 훔치거나 빼앗거나 혹은 남을 속인 결과물로 해석했다.

아프리카의 우분투(ubuntu)는 '우리가 있기에 내가 있다.'라는 뜻의 아프리카 동남부에 사는 반투족 말이다. 공동체 정신, 공유 정신의 상징으로 국내에서도 우분투를 좋아하는 사람들이 많다.

매우 감동적인 일화가 있다. 한 인류학자가 아이들을 불러 모은 뒤 게임 하나를 제안했다. 아이들이 좋아하는 음식을 나무에 매달아 놓고 먼저 도착한 사람이 차지하도록 한 것이다. 그가 게임을 설명하고 '시작!'이라고 외치자 아이들이 묘하게 행동했다. 앞다퉈 달려가는 게 아니라 모두 함께 손을 잡고 가서 나눠 먹는 것이었다. 인류학자가 일등을 차지하면 혼자서 다 가질 수 있는데 왜 함께 갔는지를 묻자 한 아이가 대답했다. "다른 사람이 모두 슬픈데 어떻게 나 혼자만 행복할 수 있나요?"

그렇다면 이런 일화는 어떤가? 가난한 시골에서 살다가 도회지로 나간 아프리카의 청년이 열심히 일해서 돈을 모은 다음 전자제품 가게를 차렸다. 가난한 나라에서 전자제품 가게를 연다는 것은 대단한 성공이었다. 청년이 성공했다는 소식에 시골의 친구와 친인척들이 대거 청년을 찾아왔다. 그들은 청년을 한껏 칭찬하더니 돌아갈 때 라디오 · TV · 전화기 등을 하나씩 들고 나갔다. 심지어 시골 마을에 전기가 들어오지 않았는데도 말이다. 쫄딱 망하게 된 청년이 그건 팔 물건이라면서 말리자 친구와 친인척들이 말했다. "우리가 있어야 네가 있고 내가 있는 거잖아. 하나 들고 가는 게 뭐 어때서?"

다국적기업이 남아프리카의 풍부한 수력 전기를 활용하기 위해 알루미늄 공장을 세웠다. 현지인들을 열심히 교육해서 공장을 경영했는데, 기계 고장으로 며칠간 공장 가동을 멈추게 되었다. 며칠 있다가 현장으로 돌아온 공장장은 망연자실했다. 공장 가동에 필요한 여러 부품이 사라졌던 것. 현지 근로자들이 자기 집에서는 쓸모가 별로 없는데도 들고 가버렸고 결국 공장은 버려진 채 폐허가 되었다.

'민속 경제학'에 따른 경제 지식은 자유 · 경쟁 · 재산권 · 인격 존중 · 약속이행 등을 기반으로 하는 현대 시장경제 체제와 맞지 않는다. 인간의 심성 자체가 자본주의보다 평등하게 살자는 사회주의에 친밀감을 느끼고, 반(反)시장적인 태도를 보이는 게 자연스럽다는 것이다. 자본주의를 몰랐던 이슬람 세계에서 돈을 빌려준 데 따른 이자가 원칙적으로 금지되고, 사회주의 세계에서 이윤과 이자는 착취의 결과라고 보는 게 인간의 본능적 성향과 부합한 측면도 있었다.

물론, 미국에서 시작된 신자유주의는 경제성장을 이끈 게 아니라 불평등을 심화시켰다는 지적을 받았고, 그에 따라 불평등을 다룬 경제학자 토마 피케티가 커다란 호응을 받기도 했다. 신자유주의는 지나치게 자유를 강조하며 평등을 등한시했다는 평가도 있다. 신자유주의가 처음 나온 1980년대에는 미국과 소련 간의 경쟁이 치열했는데, 평등은 사회주의의 핵심 가치인 만큼 신자유주의가 이를 의도적으로 강조하지 않았다는 것이다. 어떤 면에서는 수긍이 가는 대목도 있다.

불평등이 심각한 사회 문제로 떠오르고 신자유주의에 대한 비판의 목소리가 높아지면서 자본주의에 대한 이미지도 나빠졌다. 한국 사회에서도 어느새 반(反)자본주의적 사고가 급격히 확산하면서 영화나 드라마 속에서 자본주의는 부패와 비리의 근본 원인처럼 그려지고 있다. 공영방송의 한 드라마에서는 '삥땅, 해 먹기, 뇌물의 파라다이스 대한민국!'이라는 홍보 문구까지 등장했다. 기업은 비리와 뇌물의 온상지로 낙인이 찍혀 척결의 대상이며, 개인의 땀과 노력이 가져온 소득격차마저 아예 부정하는 사회주의적 사고를 하는 젊은이들이 많아졌다. 그들이 먹고 마시고 소비하며 해외여행을 하는 것도 한국이 자본주의 즉 자유민주주의와 시장경제 생산양식을 선택한 결과인데 이를 부정한다.

기업을 적대적으로 생각하는 풍토가 만연하다 보니 자연스럽게 '투자와 창업이 뒷받침된 성장 에너지'가 소멸해가는 분위기다. '한국이 점차 사회주의 국가가 되고 있다.'라는 우려의 목소리가 나오는 상황에서 다시 사회주의 계획경제를 자세히 들여다보고 거기에 담긴 거짓과 위선,

허황을 깨달을 필요가 있다.

## 사무엘슨의 단견, 소련은 아무런 문제 없는 나라다

사회주의 국가 소련을 출범시킨 레닌은 시장경제를 중앙계획경제로 대체하면서 "영수증을 관찰 기록 발급하고, 읽고 쓰고 산수만 할 줄 알면 누구나 할 수 있는 일"이라며 사회주의 운영이 아주 쉽다고 생각했다. 그렇지만 사회주의 경제를 유지하고 발전시키는 것은 그렇게 간단한 문제가 아니었다.

사회주의가 붕괴할 수밖에 없는 이유로 가장 먼저 꼽히는 게 '인센티브'다. 능력에 따라 일하고 필요에 따라 받는다면 누가 열심히 일할 것이며 누가 어렵고 힘든 일을 맡으려고 할 것인지 당연히 의문이 생긴다. 노력과 성과에 따른 보상이 없는 곳에서는 아무도 책임과 의무를 다하지 않는다는 것. '모두의 책임은 누구의 책임도 아니다.'라는 표현처럼, 아무도 책임지지 않는 '무책임의 나라'가 바로 사회주의 국가였다.

중국은 1958년 열정이 기술을 대신할 수 있다는 믿음 아래 '대약진운동'을 펼치면서 인민공사를 설립했다. 사람들을 열심히 일하는 척만 할 뿐, 실질적으로는 제대로 일하지 않았다. 생산량은 떨어지는데 관리책임자들은 상부에 훨씬 더 많이 생산됐다며 과장과 허위보고를 일삼았다. 생태계에 관해 무지했던 마오쩌둥이 참새가 곡식을 먹으니 참새를 잡으라는 교시를 내려서 전국의 참새 씨를 말린 결과 병충해가 더욱 극심해졌다. 무지와 관료주의의 결과는 참혹했으며, 허위보고에 따라 부과된 과도한 세금으로 곡식을 빼앗긴 사람들이 굶어 죽는 비극이 발생했다. 정확한 숫자는 알 수 없으나 최소 3천만 명에서 5천만 명이 사망한 것으로 추정되고 있다.

소련의 영향권 아래에서 공산주의를 겪었던 동유럽에서는 "노동자들은 일하는 척하고, 정부는 노동자들에게 주는 척한다."라는 썰렁한 유머가 유행했다. 인류학자인 마르셀 모스는 소련의 공산주의자들은 경제 자체를 구성하는 본질적인 행위가 시장인데, 그러한 시장을 파괴하고자 하는 커다란 실수를 저질렀다고 비판했다.

사회주의가 망한 이유를 다른 데서 찾는 사람도 있다. 경제학자인 루트비히 폰 미제스는 "사회주의는 인센티브가 아니라 경제계산이 불가능하므로 존립할 수 없다."라는 주장을 폈다. 경제계산이란 무엇을, 얼마나, 어디에서, 어떤 방법으로 생산할 것인지를 결정에 자원을 효율적으로 배분하는 과정을 의미한다. 사회주의자들은 생산수단을 공유하더라도 중앙 당국이 계산가격을 설정하면 효율적인 자원배분이 가능하다고 봤다. 미제스는 이에 대해 사회주의에서는 땅과 노동, 생산설비 같은 자본재를 거래하는 시장이 없으므로 경제계산이 불가능하다고 설명했다.

미제스가 이러한 주장을 펴낸 시기는 소련이 성립된 지 3년 후인 1920년이었다. 소련이 30년 이상 존속하자 일부 학자들은 "계획경제는 작동하고 있다."라고 주장했으나, 미제스는 "공산주의 경제학자들은 불완전하나마 세계 시장의 가격을 이용하고 있다."라며 맞섰다. 실제로, 소련에서 가격 결정권을 쥐고 있던 경제계획위원회는 경제계산에 이용하기 위해 미국 월스트리트저널에 매일매일 실리는 상품시장의 개별 가격까지 일일이 복사했다. 미제스가 옳았다.

가격은 자원배분이라는 경제 활동의 지침으로서 매우 중요한 만큼 소련 내에서도 논쟁이 적지 않았다. 소련은 그러나 가격을 생산과 소비, 자원배분을 위한 지침이 아니라, 중앙 당국의 목표 달성을 위한 도구로만 인식했다. 소련에서는 이윤은 보통 원가의 5~10퍼센트로 책정되었고 여기에 국가 수입의 원천인 거래세가 붙는 방식이었다. 정부가 이윤과 거래세를 자의적으로 붙이다 보니 도매가격과 원가 사이에 큰 차이가 났고, 소비재도 적절한 가격을 매겨 판다는 게 어려웠다.

소련의 사회주의 계획경제에서 가격 이외에 또 다른 쟁점은 자본을 투자하거나 신기술을 도입할 때 경제적 효율성을 평가하는 문제였다. 자본주의 시장경제에서는 시장에서 받아들여지면 성공하고 그렇지 않으면 실패하는 게 원칙이다. 반면에 소련에서는 신기술 등의 효율성을 일일이 점검하는 게 거의 불가능에 가까웠다. 사적으로 이윤을 추구하지 않는 상태에서 개별 기업의 수익성을 어떻게 높일 것인지에 대한 해답을 찾기도 어려웠다. 결국 사회주의는 경제계산이 불가능했기 때문에 자원의 낭비, 자원의 비효율적인 배치, 거래의 왜곡, 생산과 소비의 부조화 등의 현상이 나타났고 경제성장이 매우 저조할 수밖에 없었다.

공장에서 만들어낸 물건을 제품이라고 하면, 시장에서 팔리는 물건은 상품이다. 공산주의 계획경제는 제품은 많이 만들었을지 몰라도 소비자들이 원하는 상품을 제대로 만들어내지 못했다. 열심히 뭔가를 만들었는지는 몰라도 사람들이 쓸만한 물건을 제대로 만들지는 못했다.

사회주의 계획경제는 무엇보다도 개인의 자유를 말살했다. '선택의 자유'란 어떤 사람이 내 소망을 들어줄 수 없다면 소망을 들어줄 다른 사람에게 갈 수 있다는 사실에 근거한다. 군대나 감옥이 힘든 이유는 선택의 자유, 즉 먹고 마시고 잘 자유가 제약을 받기 때문이다. 사회주의는 선택의 자유가 없기에 결국 '거대한 병영, 거대한 감옥'이 되었다.

계획경제에서는 사유재산은 없고 정부가 독점 공급자였다. 정부의 공급이 없으면 굶어야 했다. 그러므로 정부의 명령에 복종하고, 정부의 선처에 기대야 했다. 레온 트로츠키는 "국가가 유일한 고용주인 나라에서는 반대란 천천히 굶주려 죽는다는 의미다. 일하지 않는 자는 먹지도 말라는 과거의 원칙은 새롭게 바뀌었다. 복종하지 않는 자는 먹지도 말라."고 말했다. '무항산 무항심(無恒産 無恒心)'이란 표현과 비슷하게 자신의 재산이 없는 사람들은 자유도 없었다.

계획경제란 경제 전체를 하나의 조직처럼 만드는 것이었다. 개인은 계획 실현을 위한 도구이며 단순한 숫자로 전락하게 되었다. 사람의 이름은 사라지고 1호 동무, 2호 동무가 개인을 대신했다.

그런데도, 많은 경제학자가 소련의 계획경제에 내재한 본질적 문제점을 놓치곤 했다. 노벨 경제학상에 빛나는 폴 사무엘슨 교수도 "소련은 아무런 문제가 없는 나라이며 소련이 곧 무너질 것이라고 믿는다면 그것은 천박한 실수"라면서 소련의 붕괴를 반복해 예상하던 레이건 대통령과 그의 참모들을 비난했다. 그리고 몇 년 지나지 않아 소련이 망했다.

폴 사무엘슨보다 더한 사람이 대한민국에서도 인기가 많은 이매뉴얼

월러스틴이다. 그는 1990년대 이후 자본주의가 '존재의 가을'에 들어섰으며 '착취와 저임금'에 기초한 자본주의 체제가 끝이 있는 체제이므로 언젠가 역사적 사회주의로 바뀌리라고 전망했다. 월러스틴이 전 세계를 중심부, 반(半)주변부, 주변부라고 나눈 '세계체제론'은 386 운동권 세대에게 크게 영향을 끼쳤다. 월러스틴이 말한 '자본주의의 종말'은 대표적인 거짓 예언이었다. 몽상가인 월러스틴은 평생 '자본주의는 멸망하리라!'만 외치다가 자본주의의 종말도 보지 못한 채 2019년 8월 31일 세상을 떠났다.

반(反)자본주의를 역설하는 사람 중 슬로베니아 출신인 슬라보예 지젝은 '자본주의가 만든 현대 물질주의'를 비판하며 세상을 모두 아는 것처럼 말한다. '경제성장은 환경을 파괴한다.'는 환경주의자, 돈에 대한 집착은 악마숭배라는 종교인 등도 반(反)자본주의 즉 친사회주의자들에 가깝다.

그들은 '자본주의는 무조건 나쁘다.'라는 명제 하나만 붙들고 산다. 그런데 흥미롭게도 그들은 아무도 사회주의 체제에 살기를 원하지 않는다. "자본주의가 그렇게 미우면 사회주의 체제에 가서 사세요"라는 질문을 받을 때 답변을 거부한다. 자본주의 세상에서는 헛소리를 지껄여도 처벌을 받지 않지만, 사회주의 체제에서는 집권 세력에 반하는 조그마한 목소리도 곧장 목숨과 맞바꿔야 한다는 사실을 알기 때문일 것이다.

예컨대, 러시아 혁명의 공신이자 '영구혁명론'을 주장하던 레온 트로츠키는 스탈린과의 권력투쟁에서 패한 후 망명 생활을 하다가 멕시코에서 처참하게 살해됐다. 중국의 류사오치는 실용주의 노선을 주장하다가

문화대혁명의 와중에 마오쩌둥과의 권력투쟁에서 패배했고, 그 후 홍위병으로부터 폭행과 폭언을 당했으며 난방도 되지 않은 가택에서 병으로 죽었다. 한국전쟁의 전범 김원봉도 1958년 북한에서 국제간첩으로 몰려 숙청당했고, 아내와 두 아들도 처형됐다고 전해진다.

이러한 사실을 알고 있는 반(反)자본주의 운동가들은 한사코 사회주의 체제에서 살기를 거부한다. 자본주의를 성토하면서 자본주의가 주는 자양분과 혜택을 마음껏 누리는 게 그들의 삶이라고 할 수 있다. 책을 팔고 강연을 한 돈으로 스테이크를 썰고 포도주를 마신다.

예컨대, 『21세기 자본』이라는 책에서 불평등을 공격한 토마 피게티는 세계적인 지성인으로 인정받는 삶을 즐기고 있으며, 스스로 사회주의자라고 공언한 미국의 정치인 버니 샌더스는 자본주의를 공격하는 책을 써서 백만장자가 되었다. 한국에서도 '판사와 근로자의 망치질은 같은 값을 받아야 한다.'라고 역설한 방송인이 한 번 강연에 천만 원 이상을 받고, 돈을 멀리하라는 자칭 인문학자가 강연에서 수백만 원을 받는 일이 벌어지고 있다. '자본주의'와 '반(反)자본주의를 외치는 거짓 예언자들' 사이에 묘한 공생관계가 형성된 것이다.

민주주의 사회에서 투표할 때 좌파 진보는 분노 때문에 표를 찍고, 우파 보수는 불안 때문에 표를 찍는다고 표현한다. 좌파는 사람들의 분노에 호소하기 위해 선전과 선동을 애용하고 감정과 감성에 호소한다. 다만 좌파 사회주의자들이 발을 딛고 사는 공간은 자유시장경제의 공간이기에 그들이 대중에게 하는 말과 실제 삶의 모습은 전혀 상반되는 모습으로 나타난다. 그걸 우리는 '위선 혹은 거짓말'이라고 표현할 수 있겠다.

세상을 볼 때는 거짓과 위선, 허황이 아니라 '사실(fact)'에 기반을 둬야 한다. 『팩트풀니스(Factfulness)』의 저자인 한스 로슬링은 "세상은 해를 거듭하며 조금씩 나아진다. 이것이 사실에 근거한 세계관이다."라고 강조했다.

『팩트풀니스』에 따르면 전 세계인들의 대부분이 '세계 인구의 50퍼센트 이상이 저소득 국가에 산다.'라고 응답했지만, 실제로 하루 소득 2달러 이하의 저소득 국가에 사는 인구 비율은 9퍼센트였다. 세계 인구의 75퍼센트는 저소득도 고소득도 아닌 '중간소득 국가(하루 2~32달러)'에 산다. 1800년 당시 인류의 85퍼센트가 저소득 극빈층이고 기대수명이 평균 30세였지만, 2017년 기준으로 9퍼센트만이 극빈층으로 남고 기대수명은 72세가 됐다. 인구 순위 1, 2위를 다투는 중국과 인도의 발전 덕분이다. 시장경제를 도입한 중국에서 극빈층 비율이 0.7퍼센트로 떨어지고, 사회주의 사고방식을 벗어던지고 자본주의 시장경제로 전환해 급성장을 이룬 인도에서 극빈층 비율은 12퍼센트로 하락했다. '빈곤은 인류가 겪은 고통의 근원'이었는데, 이를 타파한 게 사회주의자들이 그렇게 싫어한 자유민주주의와 자유시장경제 즉 자본주의였다.

## 암시장, 국가 수준의 척도이자 사회주의의 부산물

가격이 가치를 정확하게 반영하지 못하면 나타나는 게 무엇일까.

계획경제의 특징 중 하나가 암시장의 출현과 발달이다. 암시장은 물건이 비합법적으로 거래되는 음성적인 시장을 말한다. 천재지변이나 전쟁 등으로 물자가 부족해질 때나 국가가 물자의 생산과 판매 가격을 통제하게 되면 암시장이 생긴다. 그런데, 계획경제에서는 늘 가격을 통제하므로 상설 시장처럼 암시장이 형성될 수밖에 없다.

세계적인 투자자인 짐 로저스는 암시장에 대해 "한 나라를 제대로 꿰뚫어 보려면 암시장은 필수 요소다. 암시장은 사람의 체온과 같다. 사람은 체온을 재보면 몸에 이상이 있는지 알 수 있다. 고열이라면 심각한 문제가 있는 것이다. 암시장도 마찬가지로 한 나라에 암시장이 존재한다면, 암시장 환율이 프리미엄이 잔뜩 붙어 있어 공식 환율과의 차이가 크다면 문제가 심각하다는 뜻이다. 한 나라에 관해서 알고 싶다면, 그 나라 장관보다도 암시장 사람과 이야기해보라. 훨씬 더 많이 배울 수 있다."라고 강조했다.

시장경제를 채택하는 나라에서도 흔히 암시장을 발견할 수 있는데 대표적인 게 암달러 시장이다. 외화가 부족하면 정부는 달러와 유로 등 외화의 유출입을 통제하게 되는데, 아시아에서 그렇게 했던 나라들로서 이란 · 미얀마 · 우즈베키스탄 등을 꼽을 수 있다. 이런 나라들에서는 공식 환율보다 암시장 환율이 훨씬 높다. 우즈베키스탄에 겪은 경험이 있다. 우즈베키스탄의 화폐단위는 숨(sum)인데, 호텔비를 계산할 때 달러로 직접 치르는 것보다 달러를 암시장에서 숨으로 바꾼 다음 비용을 내게 되면 공식가격의 70% 정도로 가능했다. 암시장에서의 환전 하나만으로 30%가량의 디스카운트 효과를 보게 된 것이다.

한반도가 광복 이후 남북한으로 갈릴 때 경제우위는 북한에 있었다.

1960년 북한의 일 인당 GNI(국민총소득)는 137달러로, 남한(94달러)의 1.5배였다. 세계은행(국제부흥개발은행, IBRD) 통계에 의하면 5 · 16 쿠데타가 발생한 1961년 한국의 일 인당 국민소득은 82달러로 세계의 독립 국가 125개국 중 101번째였다. 당시 우리의 일 인당 소득은 우간다 · 방글라데시 · 에티오피아 · 토고 · 파키스탄과 엇비슷했다. 같은 해 이집트는 152달러, 필리핀 270달러, 터키 276달러, 브라질 203달러였다. 북한은 1961년 일 인당 국민소득 320달러로 포르투갈, 브라질의 바로 위인 50위였으며 남한의 네 배 수준이었다.

북한의 김일성 주석은 1962년 신년사에서 "오래지 않아 모든 인민이 이밥(흰쌀)에 고깃국을 먹고 기와집에 살게 될 것"이라고 선언하기도 했다. 그 당시까지만 해도 경제에 있어서 북한이 한국보다 훨씬 자신감이 컸음을 보여주는 사례다. 남북한의 일 인당 GDP는 남한의 경제발전에 따라 격차가 줄어들다가 1974년부터 역전되기 시작했다. 한국의 일 인당 국민소득은 1977년 1,000달러, 1989년 5,000달러를 넘어 1995년 1만 달러 대열에 올라섰다. 반면 북한의 일 인당 GDP는 한국의 3~5퍼센트 수준으로 평가되고 있다. 자본주의 시장경제를 채택했느냐, 사회주의 계획경제를 채택했느냐에 따라 명암의 차이는 극명하게 갈렸다.

중국에서 북한으로 들어가는 관문인 단둥에 가보면 밤에 불야성을 이룬다. 중국인들은 화려한 불빛이 비치는 압록강에서 물놀이를 즐긴다. 압록강 건너편의 신의주를 보면 불빛이 거의 없는 암흑 세상이다. 단둥 시민들은 50년 전만 해도 신의주는 밤에 불빛이 훤했고, 단둥이 암흑도시였다고 회고한다. 50년 만에 처지가 뒤바뀐 유일한 차이는 중국이 덩샤오핑의 영도 아래 사회주의를 버렸고, 북한은 김일성 일가의 독재를 위해 폐쇄적인 사회주의를 고집한 것뿐이었다.

사회주의 계획경제는 과거의 유물이 됐다. 그러면서도 세계에 큰 공헌을 했는데 그것은 바로 자본주의가 정신을 번쩍 들게 했다는 것이다. 사회주의를 막기 위한 다양한 노력 속에 자본주의는 점점 더 따스한 모습을 갖추게 되었다. 프랜시스 후쿠야마가 『역사의 종말』에서 언급한 것처럼 자본주의가 세계정신으로 확립되었다고 하기에는 무리가 있지만, 사회주의가 인류의 미래가 될 수 없다는 것은 역사적으로 검증이 끝났다. 이를 부인하는 태도는 '역사에 대한 무지'를 드러낼 뿐이다.

영국의 총리였던 윈스턴 처칠은 자본주의와 사회주의의 차이를 재미있게 표현했다. "자본주의는 축복을 불공평하게 나눠주고, 사회주의는 불행을 공평하게 나눠준다."

소련의 독재자였던 이오시프 스탈린의 딸 스메틀라나 알릴루예바의 말로 알려진 표현도 우리에게 시사하는 바가 크다. "책으로 공산주의를 배우면 공산주의자가 되고, 몸으로 공산주의를 배우면 반공주의자가 된다."

# 17장. 기업, 경제 번영의 주체

한 개인이 제아무리 부유해도 사회 전체가 빈곤하면, 그 개인의 행복은 보장받지 못한다.
사회를 이롭게 하는 것, 그것이 사업이다.
— 호암 이병철 —

한 나라의 경제 흐름을 간단하게 보여주는 그림으로 국민경제 순환모형이 있다. 경제 교과서마다 빠짐없이 실리는데 크게 기업, 가계, 정부의 세 부분으로 나뉜다.

기업은 생산을 담당해 이를 시장에 판매하고 번 돈으로 가계에는 임금을, 국가에는 세금을 낸다. 가계는 임금을 제공하고 받은 돈으로 소비나 저축을 하며 국가에 세금을 낸다. 정부는 기업과 가계에서 세금을 받고, 재정의 형태로 지출을 한다. 국민경제 순환모형으로 해석해 보면, 어느 나라 정부든 가장 큰 현안으로 삼는 '일자리 창출'의 주체는 기업임을 알 수 있다. 정부가 일자리를 창출하는 것은 새빨간 거짓말이다. 정부의 돈은 모두 기업이나 가계가 낸 세금이므로 '세금을 집행한다는 것'의 다른 표현에 불과하기 때문이다.

영국 저널리스트인 존 미클스웨이트(John Micklethwait) 등은 지구촌 기업들의 발자취를 정리한 『기업의 역사』에서 이렇게 썼다. "한 국가가 자랑할 수 있는 사기업의 숫자가 그 나라가 동원할 수 있는 군함의 숫자보다 국력을 가늠하는 잣대로서 훨씬 더 보편타당성이 있다." 세계 각국이 자국 기업을 챙기는 것도 국가의 위상과 국민의 삶에 그 무엇보다도 소중한 존재이기 때문이다.

기업인 호감도는 유독 동양권에서 낮다. 2012년 유럽연합(EU)집행위원회가 주요 나라의 기업가 이미지를 조사했다. 기업인을 호감으로 보는 비율이 덴마크 74퍼센트, 노르웨이 66퍼센트, 독일 55퍼센트 등 유럽연합 평균치가 53퍼센트였다. 미국은 독일보다 높은 60퍼센트. 반면에 한국은 34퍼센트, 중국은 28퍼센트, 일본은 27퍼센트였다. 모두 유교문화권으로 오랫동안 '사농공상(士農工商)의 위계질서'가 강하게 작용한 후유증으로 분석된다.

한 · 중 · 일 삼국은 기업의 역사도 짧고, 기업의 사회적 책임에 대한 요구도 높으며, 국가 주도로 경제발전이 이뤄지다 보니 정치인과 관료의 기업에 대한 입김도 강했다. 관치(官治)경제란 용어가 자연스럽게 자리 잡았다. 특히 한국에서는 '정경유착이 돈을 버는 지름길'이 되다 보니, 그러한 부의 획득과정에 참여하지 못하는 많은 일반 국민은 반(反)기업 정서를 가지게 됐다. 진보 정부일 때는 기업을 때려야 인기가 올라가고 표를 얻을 만큼 반기업 정서가 극심했다. 그 과정에서 기업이 사회에 공헌하는 순기능은 무시되는 경향이 강했다.

## 주식회사는 근대의 가장 훌륭한 발명품

기업에 대한 부정적인 시각이 높지만, 오늘날 세계 경제가 일 인당 평균 소득 1만 달러를 넘길 수 있도록 경제와 산업발전에 가장 크게 공헌한 발명품은 기업이었다. 증기엔진 · 철도 · 전기 · 자동차 · 컴퓨터가 아니었다. 특히 주식회사는 근대 역사에서 인류가 만들어낸 가장 훌륭한 발명품이었다.

10여 년 전 중국 CCTV에서 제작해 방영한 〈대국굴기〉가 국내에서 크게 인기를 끌었다. 전 세계를 호령한 9개 강대국의 발전과 변화 과정을 다룬 12부작 다큐멘터리로, 나중에 『대국굴기: 강대국의 조건』이라 총 여덟 권의 책으로 나왔으며 중국 내에서 선풍적인 인기를 끌었다. 굴기(堀起)란 '산처럼 솟구치며 일어서다'라는 뜻인데 노무현 대통령이 시청한 소감을 국무회의에서 이야기했다. 당시 삼성전자의 윤종용 부회장과 이재용 전무가 임직원들에게 시청을 권유하기도 했다.

지구촌이라는 말이 의미하는 것처럼 오늘날 세계는 서로 협력과 경쟁을 하며 살아가는 거대하면서도 매우 복잡한 무대가 됐다. 지구촌이라는 무대에서는 늘 강대국이 주연을 맡고 있으며, 약소국의 역할은 상대적으로 미미하다. 지금 세계를 보면 미국의 영향력은 굳건하며 중국이 세계 2위의 위치를 견고히 하고 있다. 1894년 청일전쟁 이후 120년 이상 아시아에서 일등임을 자부하던 일본은 중국에 추월당한 후 점점 벌어지는 격차에 어찌할 바를 모르고 있다. 일본이 아베 총리를 중심으로 '강한 일본'을 외쳤던 것도 중국에 밀려난 데 따른 초조감과 불안감의 다른 표현이라는 분석이 있다.

〈대국굴기〉를 보면 소국인 포르투갈과 네덜란드가 당당히 명부에 이름을 올리고 있다. 포르투갈은 지금이야 중진국의 위치에 머물러 있지만, 네덜란드는 좁은 국토에도 불구하고 여전히 선진국 대열에 당당히 끼어 있다. 바다보다 낮은 땅이 많고 아무런 자원도 없는 네덜란드가 강대국 반열에 든 배경에는 상공업에 능숙한 네덜란드인들이 만들어낸 '창조적인 제도'가 있었는데, 그게 바로 주식회사다.

네덜란드가 부상하던 시기에 유럽에서는 동방무역이 크게 인기를 끌었다. 동방무역이란 서유럽~아프리카~인도~동남아~중국을 잇는 항로를 따라 각종 향신료와 차, 도자기 무역을 하는 방식이었다. 수익성이 너무 좋아 원가의 수십 배 이익을 보는 경우도 많다 보니 수많은 상인이 무역에 뛰어들었다. 당연히 유능한 선장과 항해사에 대한 수요가 늘면서 경쟁이 치열해졌다. 당시 네덜란드는 7개 주가 모인 연합국 형태로서 자국 내 회사들끼리 벌이는 제 살 깎아 먹기식 경쟁은 나라 전체로 보면 바람직하지 않았다. 네덜란드 의회는 회사와 상인들을 만나 설득했고 국가가 공인하는 한 개의 회사를 만들도록 했는데 그게 바로 'VOC, 네덜란드 동인도회사'였다.

네덜란드의 동인도회사는 다른 나라와 경쟁에서 우위를 점하기 위해 대규모 인원과 배로 구성된 선단을 갖춰야 했고, 선단에 필요한 거대한 자본을 만들려면 소수의 상인뿐만 아니라 일반인의 투자도 필요했다. 당시 기존의 회사들은 특정한 사업이 끝나면 청산하는 방식으로 운영됐는데, 네덜란드 동인도회사는 사업 기간을 21년으로 정하고 정관도 만들었다. 당시 네덜란드 사람들의 평균 수명은 50세로 21년은 대단히 긴 시간이었다. 투자자들은 21년이 워낙 길다 보니 '중간 정산' 조항을 넣었고, 중간 정산도 길다고 생각하는 사람들에게는 자신의 지분을 언제든지 다른 사람에게 팔 수 있는 조항도 추가했다. 이처럼 주식을 언제든지 사고팔 수 있는 업무를 네덜란드 동인도회사의 암스테르담 사무소가 맡았고, 그 사무소는 현대의 증권거래소 같은 형태로 발전했다.

동인도회사가 시발점이 된 주식을 통한 증자는 자본을 손쉽게 모을 수 있는 간단한 방법이자, 대규모 자본이야말로 성공적인 투자를 위한 가장 좋은 방법이었다. 주식회사의 등장은 사람들의 생각을 바꿨다. 주식회사가 등장하기 이전에는, 일반인의 삶을 개선하기 위해 더 좋은 물건을 사고파는 일에 종사하는 사람이나 새로운 혁신을 추구하는 사람은 사악하고 남을 속이는 일을 한다며 멸시를 받았다. 부는 늘어나는 게 아니라 일정한 크기로 존재한다고 생각하니, 부자는 기본적으로 가난한 사람의 몫을 빼앗아 잘 먹고 잘사는 죄인으로 여겨졌다.

주식회사 즉 기업이 등장하면서 일반 사람들도 사제와 귀족이 아닌 기업가를 동경하는 일이 벌어졌다. 사업을 하는 중산층을 착하면서도 유망한 직업 활동으로 인식하기 시작했다. 사람들은 "나도 혁신을 해야겠다. 혁신적인 기업을 만들어 짧은 시간에 많은 돈을 벌겠다. 그래서 나아가 당신들까지도 혜택을 누리게 하겠다."라고 생각했다. 1670년대에 이르면 네덜란드 동인도회사는 200여 척의 선박과 6만여 명의 인원을 거느리는 거대한 기업이 되었다.

## 표준적인 기업이란 무엇인가?

주식회사가 출현한 지 300년이 넘도록 사람들은 기업이란 자연스럽게 생겨난 존재로 여겼다. 기업 탄생의 근본 원리에 대해 깊이 있는 연구도 이뤄지지 않았다. 경영자들 대부분은 '기업은 영리를 추구하는 조직'이라고 설명했다. 여기에 대해 노벨 경제학상을 받은 로널드 코스는 '기업은 경제 활동에 당연히 수반되는 거래 비용을 절감하기 위해 만들어진 조직'으로 정의했다.

예컨대, 제품 하나를 만들려고 할 때 필요한 부품을 여기저기 상점을 돌며 사다 보면 교통비도 들고 많은 시간이 걸린다. 제품을 만드는데 필요한 사람을 제때 구하기도 어렵다. 이런 게 시장 교환에 따른 거래 비용인데, 이를 낮추기 위해 기업을 만들었다는 것이다.

경영학의 구루(guru, 스승)인 피터 드러커도 '영리를 추구한다.'라는 말이 기업에 대한 정의에 적합하지 않다고 주장했다. 그는 경제학자가 아니라 경영학자답게 '기업의 존재 이유는 고객이고, 목적은 시장'이라고 설명했다.

기업이 무엇인지 설명하려면 기업을 둘러싼 여건과 환경을 살펴볼 필요가 있다. 그 과정에서 자연스럽게 기업과 협동조합 간 비교도 가능해진다.

기업의 이해관계자를 자세히 보면 자본을 제공한 주주(자금대여자), 노동을 제공하는 근로자, 각종 원재료나 반제품을 보내주는 공급자(협력업체), 생산된 물건과 서비스를 사들이는 소비자 등 네 개의 기반 집단으로 구성돼 있다. 이러한 관계 속에서 기업의 소유자가 꼭 자본을 제공하는 사람이 될 필요는 없다. 법적으로는 자금대여자, 근로자, 공급자, 소비자 중 누구라도 해당 기업을 소유할 수 있다.

근로자, 공급자, 소비자가 기업을 소유할 때는 이를 보통 협동조합이라고 부른다. 우리가 보는 기업 가운데 사실 협동조합인 사례도 많다. 비자카드는 전 세계 2만1,000개 금융기관이 구성원으로 참여해 있으며, 마스터카드는 미국 은행들이 중심이 된 공급자 협동조합이다. 공급자 조합 중 대표적인 사례로 낙농 조합이 있는데, 서울우유의 경우 전국 낙농가들이 모인 협동조합이다. 분양아파트 단지나 일반 상호보험회사는 본질상 소비자 협동조합으로 분류할 수 있다. 수많은 택시회사, 여행사, 법률 사무소는 노동자 협동조합의 형태다.

낙농협동조합은 공장을 소유하고 우유를 주된 투입 요소로 삼아 버터, 치즈, 요거트 등을 생산해 소비자에게 판매한다. 전형적인 낙농가 소유 협동조합은 흑자를 확실하게 내기 위해 조합원으로부터 시장가격보다 낮은 고정 가격에 우유를 구입하고, 회계연도가 끝나면 모든 순이익을 배당금의 형태로 우유 공급자들에게 공급량 비례로 지급한다. 조합원들이 1인 1표를 행사하는 경우가 많으며, 조합에 자본이 필요할 때는 은행에서 차입하기도 한다.

기업을 네 개의 이해관계자 집단 가운데 근로자, 공급자, 소비자가 아니라 자금대여자가 소유권을 갖는 경우를 일반적으로 기업으로 부른다. 미국 법학자인 헨리 한스먼(Henry Hansman)은 '표준적인 기업은 그 본질이 자금대여자 협동조합'이라고 설명했다.

일반적인 기업은 자금대여자로부터 자본금 명목으로 돈을 빌리는데 여기에 이자는 없다. 이자가 없어야 이익을 내기가 쉬워지기 때문이다. 특정한 회계연도가 끝나고 결산을 통해 이익이 발생하면 자금대여자에게 배당금 형태로 돌려준다. 낙농 조합과 똑같은 경영 원리이므로, 협동조합은 좋은 조직이고 주식회사는 오로지 이윤 창출에만 관심 있는 나쁜 조직이라는 인식은 근본적으로 잘못임을 확실히 알 수 있다. 기업이나 협동조합이나 본질에서는 하나도 차이가 없다는 얘기다.

일반적으로 볼 수 있는 기업과 협동조합 사이에는 배당에서 큰 차이가 있다. 협동조합은 소득세를 내기 전에 소유자에게 이익 배당금을 먼저 지급하며, 이익 배당금은 세금 산정 시 이익의 일부가 아닌 비용으로 여긴다. 협동조합의 수익은 조합원 개인에 대한 소득세의 형태로 한 번만 세금이 매겨진다. 기업은 이와 달리 이중과세의 대상이다. 기업이 이익을 내면 법인세를 내고 나머지 금액을 배당하는데, 주주들은 받은 배당금에 대해 개인 소득세 형식으로 다시 세금을 낸다. 협동조합 조합원은 소득세 하나만 내지만, 기업 주주는 법인세와 소득세 두 가지를 내므로 이익 규모가 같다면 세금 측면에서 기업이 더 불리한 셈이다.

그런데도, 사람들은 협동조합보다는 기업 형태를 선호한다. 명칭에서 드러나듯이 '협동조합은 구성원들까지 서로 돕는 착한 존재'이고, 기업은 '이윤만 밝히는 부도덕한 존재'로 사람들의 인식하는데도 생산의 주체는 대부분 기업의 형태로 존재한다. 그 이유는 여러 가지가 있다.

첫째, 일반적인 기업은 많은 자본을 소유하는데, 여기에는 비싼 기반시설이나 장비 등이 포함된다. 다양한 형태로 존재하는 비싼 자본을 근로자나 공급자가 출자해서 함께 소유하기가 힘들다. 그런 측면에서 협동조합은 조합원이 제공하는 '투입 요소'가 차이가 없이 균일할 때 가장 성공적이다. 우유, 밀, 분양아파트 등은 개별 제품 간에 큰 차이가 없다. 만약 하나의 협동조합에 여러 사람이 서로 다른 재화나 서비스를 제공하기 시작하면 조합원 간에 기여도를 놓고 다툼이 일어날 수 있다. 예컨대, 우유 외에 돼지나 닭도 생산 품목에 넣겠다고 할 때, 얼마나 많은 숫자를 누가 키울지 그리고 그 수익은 누가 가져갈지에 대해 조합원 간에 의견 다툼이 커질 수 있다.

둘째, 근로자 간에도 제공하는 근로의 질을 놓고 이해관계가 엇갈릴 가능성이 크다. 숙련 노동인지 비숙련노동인지, 사무노동인지 육체노동인지, 위험한 노동인지 안전한 노동인지에 따라 근로의 강도와 질이 다른데 이를 동일 임금체계로 보상하면 불평불만 세력이 나올 가능성이 크다. 근로 형태가 복잡해지고 다원화될수록 의견을 한군데 모으기가 어렵다. 하나의 공장 내에서 생산직으로 일한다면 구성원 간에 생각이 비슷하게 되지만, 업무 내용이 다양한 서비스산업의 경우 각자 맡은 일이 다르므로 일에 관한 생각이 각기 다를 수 있다.

1994년 파산 위기에 직면한 유나이티드 항공의 사례를 보자. 당시 회사 주주들은 지급할 임금 49억 달러를 종업원들이 포기하는 대가로 회사 소유 지분 55퍼센트를 종업원들에게 넘겼다. 종업원이 주인이 되는 회사로 바꾼 것이다. 그렇게 되면 종업원들이 자기 회사니까 열심히 일해서 회사를 살릴 만도 한데, 회사는 되살아나지 못했고 2002년에는 결국 파산보호를 신청했다. 회사 내 가장 큰 문제는 8만 5,000명이나 되는 전체 종업원의 근무 자세나 회사에 대한 태도를 바꿔줄 만한 인센티브가 거의 없었다는 사실이다. 항공사 내에는 조종사, 정비사, 지상 근무 요원들이 각각 세 개의 서로 다른 노동조합에 속해 있었다. 정비사 노조는 다른 노조와 달리 '마지막 그날까지 전액 급여를 지급해야 한다.' 라고 주장했는데, 이러한 내부 갈등을 해결할 방법이 없었다.

셋째, 협동조합은 본질이 이윤을 분배하는 장치이기 때문에 조합원이 새로 늘어나면 순 매출은 증가해도 평균 수익성은 감소하는 곤란한 처지에 놓일 수 있다. 만약 고객 수요가 증가해 생산을 더 늘릴 필요가 있다고 치자. 이때 근로자들은 추가 고용 없이 여분의 생산능력을 그대로 보유하느냐, 고용을 늘리기 위해 자기 임금을 낮추는 것을 감수하느냐, 아니면 임금이 낮은 계약직으로 노동력을 충당하느냐 하는 선택에 직면한다. 이런 상황에서 기존 구성원들에게는 임금이 낮은 계약직을 새로 채용하는 게 너무나 유리해진다. 그러다 보니, 성공적인 협동조합은 시간이 지나면서 점차 일반기업을 닮아가고 초기 조합원들은 주주처럼 변해간다. 법률 사무소를 보면 궂은일은 '어소시에이트 변호사(계약직 근로자)'가 도맡아 하는데, 파트너 변호사들(협동조합 정식 조합원)이 이익의 대부분을 누리는 행태를 보인다. 대기업의 정규직 근로자가 비정규직의 정규직 전환에 반대하는 모습과 원리가 비슷하다. 그렇다고 계약직 고용을 금지하면 협동조합은 추가 고용을 꺼리게 되고, 그러면 일자리 숫자 자체가 줄어드는 일이 발생한다.

협동조합의 사례는 예전에도 많았다. 대표적인 인물이 공상적 사회주의자로 불린 로버트 오웬(1771~1858)이다. 오웬은 상인의 집안에서 태어나 젊은 시절에 적지 않은 부를 축적했고, 영국 노동조합 운동의 선구자로 활동했다. 그는 생산과 소비가 일치하지 않은 데에서 자본주의의 모순이 비롯됐다고 보고, 소비에 맞도록 생산계획을 짜서 자급자족하는 것을 원칙으로 하는 화합과 협동의 공동체를 건설해야 한다고 주장했다. 오웬은 자신의 전 재산을 들여 미국의 인디애나주에 '뉴 하모니(New Harmony)'라는 평등을 추구하는 촌락을 건설해 이상사회를 실현하고자 했다. 오언은 소비의 공동화는 이뤄냈으나. 그것을 뒷받침할 생산의 공동화를 실현하지 못함으로써 실패하고 말았다.

1970년대 초반 미국에는 협동조합과 비슷한 수천 군데의 공동체가 존재했다. 이들은 여러 가지 방식으로 공동 육아를 시도하면서 새로운 세상을 꿈꿨으나 대부분 실패로 끝났다.

## 정치 시스템의 축소판, 협동조합

존 매키(John Mackey)는 미국에서 유기농 자연식품을 파는 매장으로 유명한 홀푸드마켓의 설립자이다. 그는 젊은 시절에 사업을 시작할 무렵 진보 정치의 철학과 실현에 대한 신념이 매우 강했다. 기업과 자본주의가 근본적으로 탐욕과 이기심, 착취에 기반을 두고 있다고 생각하면서 '이윤은 아무리 좋게 생각해도 필요악'으로 간주했다. 경쟁이 아닌 협동을 기반으로 한다는 점에서 협동조합이야말로 자본주의를 개혁할 가장 좋은 방안이라고 생각했다.

매키는 직접 쓴『돈, 착하게 벌 수는 없는가 : 깨어있는 자본주의에서 답을 찾다(conscious capitalism)』에서 '이윤이 아닌 사람을 위한 식품'이라는 식품조합의 구호에 공감했으나 협동조합을 운영하면서 곧바로 환상이 깨졌다고 설명했다. 그는 협동조합의 실제 모습을 보면 기업가적 창의성을 발휘할 여지가 거의 없고, 대부분의 의사결정이 정치적 화젯거리로 변질해 효율성이 떨어지며, 정치 성향이 강하고 적극적인 사람들이 개인의 사사로운 감정과 의견을 내세워 협동조합을 장악하고, 제품과 서비스의 개선을 놓고 고민하기보다는 불매운동 대상 기업 선정에 에너지를 쏟는다고 지적했다.

존 매키는 협동조합에 실패한 다음 홀푸드마켓을 설립해 성공했다. 그는 자신의 경험을 바탕으로 협동조합과 달리 기업의 실제 모습은 훨씬 인간적이라고 강조했다. 기업은 결코 착취와 강압을 바탕으로 운영되지 않으며, 기업은 협력과 자발적 교환에 토대를 두고, 사람들은 상호이익을 얻고자 타인의 강요가 아니라 자발적으로 거래에 참여하는 특징을 지녔다고 설명했다.

매키의 말을 기업을 둘러싼 네 가지 기반에 기초해서 살펴보자.

소비자(고객)는 시장에서 특정 기업 외에 다른 기업 제품을 선택하는 등 다양한 대안을 찾을 수 있다. 근로자(직원)도 마음에 들지 않으면 다른 기업에서 일자리를 찾을 수 있고, 투자자(주주)는 이익이 신통치 않으면 주식을 팔고 다른 곳에 자본을 투입할 수 있다. 공급자(생산자)는 여러 고객에게 제품과 서비스 제공이 가능하다. 누구도 기업과의 거래를 강요받지 않는다. 투자자, 경영진, 직원, 공급자는 좋은 제품과 서비스를 통해 고객 가치를 창출하고 궁극적으로 모두가 이익을 얻기 위해 협력해야 하는 존재들이라는 게 그의 설명이다.

자본주의를 죄악시하는 많은 학자가 '시장경제란 너와 내가 만든 협력 체제가 아니라, 너와 나를 지배하는 구조적 폭력'이라고 설명하는데, 존 매키는 이러한 학자들의 시각과 주장이 엉터리이며 거짓이라고 반박했다. 존 매키는 시장의 경쟁은 사람을 차별하지 않는다는 측면에서 정의와 닮았다는 사실을 발견했던 것이다.

존 매키는 아무리 훌륭한 취지와 의욕을 갖고 있어도 좋은 기업으로 평가받기는 참으로 어려웠다며 자신의 경험담을 설명했다. 고객들은 매키의 제품이 너무 비싸다고 여기고, 직원들은 월급 수준이 너무 낮다고 생각하며, 공급자(협력업체)들은 구매 규모가 작고 납품가격이 낮다며 늘 불평이고, 지역 비영리단체는 끊임없이 기부를 요청하며, 정부는 세금을 포함해 회비 · 면허비 · 벌금 등 가지각색의 비용을 요구하더라는 것이다.

존 매키는 "나는 탐욕스럽지도, 이기적이지도, 사악하지도 않은 사람이다. 그런데 어느 순간 이기적이고 탐욕스러운 기업가가 되어 있었다. 창업 당시 2만3,000달러의 자본을 까먹었을 때는 친구들의 돈(창업자금)을 날린 몹쓸 사람이 되어 있었다."라고 회고했다. 존 매키는 협동조합을 운영하다가 실패하고, 나중에 홀푸드마켓을 창업해 성공하는 과정을 거치면서 자신이 거짓과 허황이 가득 찬 사회민주주의 철학에서 벗어났다고 강조했다.

## 착한 가게는 무한경쟁의 다른 이름이다

흔히 값싸고 품질 좋은 제품을 파는 가게를 '착한 가게'라고 하며, 저렴하면서도 맛있는 음식을 제공하는 소위 가성비(가격 대비 성능의 비율)가 좋은 식당을 '착한 식당'이라고 부른다. 커피 한 잔에 900원 하는 카페에는 '착한 카페'라는 수식어가 붙는다. '착한 가격'은 어느덧 '품질도 보장되면서 저렴한 가격'이란 의미를 지니면서 국민 언어가 됐다.

하지만, 착한 가게나 착한 식당의 이면에는 무한경쟁이라는 처절한 생존경쟁의 원리가 적용된다. 착한 가격 즉 낮은 가격으로 팔고도 이익을 남기려면 인건비를 줄여야 하는데, 그렇게 하기 위해서는 아르바이트 자리를 줄이거나 기존 직원이나 주인이 같은 임금이나 소득을 올리기 위해 더 많은 일을 해야 한다. 해당 가게나 식당에서 일하는 사람들의 수입과 노동강도 등 근로조건이 크게 나빠지는 것이다.

착한 식당을 운영하는 주인이 이익을 남기려면 신선하면서도 저렴한 재료를 사기 위해 새벽부터 부지런히 움직여야 한다. 이렇게 '품질 좋고 저렴한 제품'을 팔면서 무한경쟁을 하다가 이익을 내지 못해 망하고 나면 '착한 기업'이란 명칭은 아무런 소용이 없다. 그런 까닭에, 정부가 인증한 '착한 가격업소'의 숫자는 시간이 갈수록 줄어들고 있다. 이명박 정부 시절 저렴한 기름을 공급한다며 정부 차원에서 밀어붙였던 알뜰주유소도 지금은 유명무실해진 상태다.

기업활동의 핵심은 이해관계자들을 위해 가치를 창출하는 것이지, '착한 기업'이라는 명칭을 얻고자 사회적 자선활동을 하는 것이 아니다. 진짜 착한 기업은 정당한 방법으로 이익을 많이 내 주주는 물론 근로자, 소비자, 공급자 등 기업을 둘러싼 이해관계자들을 어렵지 않게 하는 기업이다. 기업 경영을 잘못해 부도를 내고 근로자와 협력업체에 피눈물을 흘리게 하는 기업이 진짜 나쁜 기업이다. 기업이 망하고 공장이 문을 닫으면 근처 상권까지 흔들리고 지자체의 세금 수입도 줄어든다.

이탈리아 말에 '페카토 모르탈레(peccato mortale)'라는 말이 있는데, 이는 '용서받지 못할 죄'라는 의미다. 살아서는 물론이고 죽어서도 용서받지 못할 죄라고 하는데, 영화배우 클린트 이스트우드가 출연한 영화 「용서받지 못한 자(Unforgiven)」가 떠오른다. 이탈리아인들은 '페카토 모르탈레'에 해당하는 죄로 두 가지를 꼽는다고 한다.

첫째, 공무원으로서 국가 예산을 낭비하는 죄다. 국민이 열심히 번 돈에서 거둔 세금이 곧 예산인 만큼 공직자가 세금을 낭비하면 용서받지 못할 죄가 된다는 것이다. 예산을 자신들의 쌈짓돈으로 생각하고 인기를 얻기 위해 마구 뿌려대는 못된 정치인, 그리고 예산이 자기 돈인 양 선심을 쓰듯 지출하는 질이 나쁜 관료가 여기에 해당한다고 하겠다.

둘째, 기업인들이 이익을 남기지 못하는 죄도 용서받지 못할 죄이다. 기업이 이익을 내지 못하면 세금을 낼 수가 없고, 종업원들에게 임금을 제대로 주지 못하며, 협력업체에 제때 돈을 줄 수 없게 된다. 결국 종업원이나 협력업체 사람들의 가족까지 힘들게 되므로 '용서받지 못할 죄'가 돼야 한다는 것이다.

경제학자인 밀턴 프리드먼은 기업의 사회적 책임을 강조하는 분위기에 대해 "다른 사람을 돕고자 한다면 자기 돈으로 실천하면 된다. 자기 소유도 아닌 기업 자산을 이용하면 안 된다. 정해진 규칙을 지키고, 거짓이나 사기가 없는 상황에서 기업이 해야 할 유일한 책임은 이윤 창출을 위해 활동하는 것"이라고 강조했다. 자기 재산은 그토록 아끼면서 '기업의 사회적 책임'을 강조하고 기업 돈을 뜯어내는 데는 선수인 위선자들은 프리드먼의 말에 대해 어떻게 생각할까? 프리드먼의 관점에 대해서도 반박할 부분이 여럿 있겠지만, 계속해서 수익을 내지 못하는 기업을 운영하는 것은 기업을 둘러싼 이해관계자들을 생각할 때 사회적으로 무책임한 일임은 분명하다.

한국의 기업 역사를 되돌아봐도 특정 지역에 있던 기업이 부도를 내거나 부실해졌을 때, 지역경제가 쇠퇴하고 지역공동체도 무너졌다. 이익을 내지 못하고 무너진 기업은 '다른 착한 일을 아무리 많이 했어도' 망한 뒤에는 국민으로부터 칭찬을 받거나 국민의 머릿속에 좋은 기억으로 남지 못했다.

# 18장. 재벌과 대기업은 어떻게 구별되는가

성공 여부가 불확실한 중동에 진출한 동기 중 하나가 국내에서 정당하게 공사를 따내도 정경유착이라고 수군대는 것 때문이었다. 해외에서 돈을 벌어 실력을 입증하고 싶었다.

— 아산 정주영 —

한국에서 재벌이라는 용어는 참으로 부정적인 뉘앙스를 풍긴다. 기업 그것도 대기업의 역할을 옹호하면 곧바로 '재벌의 앞잡이나 하수인'이라는 소리를 듣기 쉽다. 재벌의 나쁜 점을 열심히 공격하면 사회에서 '개념 있는 사람, 깨어있는 사람'이 된다. 기업이나 사람이나 모든 존재와 현상에는 '빛과 그림자'가 함께 존재하기 마련인데, 한국에서 재벌에게 씌워진 이미지는 긍정적인 부분이 거의 없다. 왜 그럴까?

한국 재계를 대표하는 전국경제인연합회(전경련)에 2016년과 2017년은 악몽이었다. 1961년 8월 16일 한국경제인협회로 출범한 전경련은 한국이 수출입국으로 우뚝 서고, 기적 같은 성공 스토리를 써 내려갈 때 당당히 주역으로 활동했다. 전경련의 초대 회장은 이병철 삼성 회장이었고, 1980년대 전경련의 최전성기를 이끈 사람은 정주영 현대 회장이었다. 정주영 회장을 필두로 한 대한민국 기업인들은 1988년 서울올림픽을 유치하는 주인공이었다.

세월이 흐르면서 전경련은 국민에게 '재벌의 하수인, 정경유착, 정치비자금의 온상, 부정 축재와 부정부패, 공정한 시장경제의 걸림돌' 등과 같은 이미지로 바뀌었다. 재벌이란 단어가 주는 부정적인 뉘앙스를 고려할 때 '재벌의 하수인'이라는 표현은 전경련에게 치명타와 같았다. 국민 대부분이 너도나도 전경련 해체를 주장하는 상황이 됐다.

재벌을 사전에서 찾아보면 '여러 개의 기업을 거느리며 막강한 재력과 거대한 자본을 가지고 있는 자본가와 기업가의 무리'라고 되어 있다. 재벌(財閥)은 돈을 의미하는 재(財)와 문벌과 가문을 뜻하는 벌(閥)로 구성돼 있으며, 재벌은 영어로도 발음 그대로 'chaebol'이라고 쓴다.

한국인들은 재벌에 대해서는 그렇게 적대시하면서도 막상 자녀가 취직할 때는 중소기업보다 대기업을 훨씬 선호한다. 재벌해체를 외치는 진보 정치인이나 진보성향의 학자들이 재벌의 대표주자라며 공격하는 삼성, 현대자동차, LG, SK 등에 자녀나 친인척이 취직하면 매우 기뻐한다. 이러한 자가당착에 가까운 상황에 대해 '재벌을 그렇게 공격하고 자녀 취직을 시키다니, 재벌이 곧 대기업인데 왜 그렇게 했나요?'라고 물으면 답변을 하지 못하고 얼버무리기 일쑤다.

재벌과 대기업은 어떤 차이가 있을까? 한국인들은 대기업 집단을 아무런 고민 없이 재벌이라고 말하는데 그게 합당한 설명일까?. 재벌에게 입혀진 부정적 이미지가 더욱 강해지면서 재벌개혁을 요구하는 목소리가 커지는 상황을 정확히 보고 향후 발전 방향을 모색하려면, 한국의 기업 발전에 얽힌 기존 역사를 조금이나마 살펴볼 필요가 있다.

## 무엇이 그들을 재벌로 불리게 했나?

삼성 창업자이자 한국의 대표기업인으로 꼽히는 이병철 삼성 회장은 1961년 5.16 직후 박정희 국가재건최고회의 부의장과 마주 앉았다. 부정 축재자 제1호로 낙인찍힌 이병철 회장에게 박 부의장은 부정 축재자로 붙잡힌 기업인 11명의 처리를 어떻게 하면 좋겠는지 의견을 물었다. 이병철 회장이 자서전 『호암자전』에 밝힌 내용의 요지는 이렇다.

"부정 축재자로 지칭되는 기업인에게는 아무런 죄도 없다고 생각합니다. 현행 세법은 수익보다 더 많은 세금을 징수하도록 규정한 전시(戰時) 세제라서 법대로 세금을 냈다가는 살아남을 기업이 없습니다. 11위 안에 드는 기업인들이 구속돼 있습니다. 사실 그 이하의 기업인도 11위 내에 들려고 노력했지만, 기회가 없었을 뿐입니다."

이병철 회장은 당시 기세등등하던 권력 앞에서 거의 죽어도 좋다는 각오로 진심을 털어놓았다. 말없이 듣고 있던 박정희 부의장은 "어떻게 하면 좋겠느냐?"고 물었고, 이병철 회장은 "기업인들이 열심히 뛰게 하는 것이 좋겠으니, 기업인들을 풀어달라."고 요청했다. 이때 풀려난 기업인들은 비록 '정경유착'이라는 비난을 들었지만, 한국 경제의 발전에 지대하게 공헌했다. 이병철 회장은 화폐개혁 당시 대통령의 경제 자문을 맡기도 했으나, 대체로 반기득권 성향이 강했던 박정희 대통령과는

'불가근불가원(不可近不可遠)' 관계였다고 전해진다.

이병철 회장은 『호암자전』에서 또 "빈곤과 청빈의 차이를 판별하지 못하고, 마치 남루한 옷을 걸치는 것이 청렴의 증좌인 양 여기는 그릇된 생각에 사로잡혀 있다. 남이 진취적으로 무슨 일에 도전하는 일에는 왈가왈부의 비평을 많이 하면서도, 스스로 도전해볼 생각은 하지 않는다. 한편 기회만 있으면 남의 덜미를 잡고 어부지리를 얻으려고 획책하기도 한다."라며 대한민국의 풍토를 개탄하기도 했다.

정주영 현대 회장은 1986년 부산의 한 대학에서 특별 강연에 나섰다. 전두환 정권 시절인데 대학생들 사이에서 반(反)재벌 분위기가 매우 강했다. 한 학생이 "재벌들의 성장 배경에는 정권과 유착이 있었는데 어떻게 생각하는가?"고 질문하자 다음과 같이 답변했다.

"한국에서 정경유착을 하지 않고 기업을 하는 것 자체가 불가능했다. 잘했다고 생각하지 않지만 불가피한 선택이었다. 내가 성공 여부가 불확실한 중동에 진출한 동기 중 하나가 국내에서 정당하게 공사를 따내도 정경유착이라고 수군대는 것 때문이었다. 해외에서 돈을 벌어 실력을 입증하고 싶었다."

김종필 전 총리는 자서전 격인 『김종필 증언록』에서 "대한민국 경제력을 만든 사람 중에서 가장 큰 공로자를 꼽으라면 나는 두말없이 두 사람을 꼽는다. 고 이병철 삼성그룹 회장과 고 정주영 현대그룹 회장이다. 이병철 회장은 한번 결심하면 그 일은 틀림없이 최상으로 해내고 마는 사람이었다. 정주영 회장은 일단 해봐야겠단 생각이 들면 '실패를 해도 할 수 없다'며 덤벼들었다."라고 썼다.

경제개발의 주역이었던 기업인들은 점차 사업의 규모가 커지고 계열사가 늘어나게 되자 소유와 경영의 분리 현상에 부딪혔다. 창업자들은 급격히 사세를 확장하면서 외부에서 자본을 조달하거나 기존 계열사를 동원해야 했는데, 이러한 경영은 창업자들의 지분을 낮추고 계열사들이 서로 소유권을 주고받는 순환출자 형태로 나타났다. 순환출자를 통한 기업들의 몸집 불리기로 인해 '한 자릿수 지분으로 거대그룹을 지배'하는 일이 벌어졌다. 이는 많은 국민이 기업 집단의 경영형태가 정의롭지 않으며 불공정하다고 인식하는 요인이 됐다.

기업이 커질수록 창업자의 후손인 2~3세로 넘어갈 때 지분율이 점점 낮아지므로 경영권 승계 부담도 커졌다. 기업인들은 여기에 대한 대비책으로 자녀가 비상장회사를 만들게 하고 내부자 거래나 일감 몰아주기 등을 통해 해당 기업의 수익을 보장해주는 방식을 동원하는 경우가 많았다. 여기에다가 재산을 물려줄 후손들이 매우 많아질 때는 회사 내 카페나 식당 등 조그마한 사업 분야까지 손을 뻗칠 수 있도록 도와주기도 했다.

이러한 행태는 가만히 앉아서 돈을 버는 행위, 경제학적으로 표현해 '지대추구(rent-seeking)'의 문제를 유발했다. 열심히 노력해도 살아가기 힘든 국민의 시각으로 볼 때 너무나도 불공정하고 불평등한 세상이었다. 국민 대다수는 기업집단이 그냥 대기업이 아니라 핏줄로 연결된 재벌이라며 대기업을 더욱 나쁘게 인식했다.

능력이 검증이 안 된 인물들이 가족이라는 이름으로 승승장구하는 모습도 많은 국민에게 '상대적 박탈감'을 안겨주었다. 핏줄로 연결된 인물이 최고위층을 차지하는 인사는 궁극적으로 기업경쟁력 약화를 초래하는 행위다. 이는 조직원들 가운데 가장 유능한 인물이 최고 의사결정권자가 될 기회를 가로막기 때문이다. 핏줄에 가로막힌 유능한 인재는 자신의 꿈과 희망을 좇아 기업을 떠나게 되고, 해당 기업에 대한 이미지는 악화할 수밖에 없다.

과거에는 대기업들이 기업활동을 열심히 하면 일자리가 많이 만들어지고, 근로자에게 지급한 임금 등을 통해 돈이 사회로 흘러나오면서 국민을 보다 잘살게 해준다고 생각하는 경향이 강했다. 21세기에 들어오면서 상황이 많이 바뀌었다. 대기업을 중심으로 해외 매출이 급증하면서 생산시설의 50퍼센트 이상이 해외로 나가 있고, 해외인력까지 국내에 데려와 쓰다 보니 막상 국민을 위한 일자리는 생기지 않는다는 인식이 생긴 것이다. 달리 표현하면, 대기업들이 막강한 경제 권력을 누리면서 국민경제에는 크게 이바지하는 게 없다는 생각이 널리 퍼졌다.

## 대기업과 건강한 시장경제의 공존 가능성

대기업 아니 재벌들에 대한 인식이 나빠지자 '연고 자본주의(Crony Capitalism)'를 통제하고, 경제민주화를 외치는 목소리가 커졌다. 연고 자본주의란 소위 혈연 · 지연 · 학연 등을 통해 사회가 돌아가고, 경제 활동에서 부정부패가 만연하면서 후진성을 면치 못하는 현상을 뜻한다. 법과 제도가 미비한 후진국에서 많이 나타난다. 그러한 나라에서 부자들은 정치 권력을 차지할 특별한 기회를 얻거나, 최소한 정치의 권력자를 친구나 친척으로 두는 경우가 많다. 연고 자본주의가 횡행하는 나라에서 적지 않은 부자들은 스스로 가치 있는 재화를 만들었기 때문에 부를 축적하게 된 것이 아니다. 권력이 나서서 다른 사람을 희생시키고 대신 특정인에게 특혜를 부여함에 따라 부자가 된 사례가 많은 것이다.

권력을 쥔 사람이 자기 마음대로 특정 기업에 혜택을 주고, 다른 일부 기업에 손해를 입히는 그런 '부패한 연고주의와 정실주의'는 '자유시장 경제 자본주의'의 가치이자 기반인 공정성을 무너뜨리게 된다. 이러한 '연고 자본주의'를 한국에서는 '정경유착'으로 불렀다. 결국 '연고 자본주의'를 추구하는 기업이 바로 재벌이라고 부를 수 있다. 반면에 법과 제도를 제대로 지키고 진정한 자유시장 경제의 원칙을 지키며 경영활동을 하는 대기업은 진정한 대기업이라고 분명히 구분할 필요가 있다. 대기업과 재벌의 구분은 법과 제도의 준수 여부로 평가해야 한다는 얘기다.

사마천도『사기』에서 상인(기업인)의 역할을 긍정적으로 평가했다. 사마천은 특히 누가 얼마나 많은 재산을 모았는지가 아니라, 누가 얼마나 올바른 방법으로 재산을 모았느냐로 상인을 구분했다. 사마천은 상인들이 재산을 불리는 과정에서 얼마나 도리를 잘 지켰고 얼마나 많은 사람에게 혜택을 베풀었는지를 살펴봐야 한다고 지적했는데, 오늘날로 표현하면 정당한 경영활동을 한 기업에 대해서만큼은 매우 긍정적으로 평가했음을 알 수 있다.

정경유착을 끊기 위한 약속은 역대 정부에서 끊임없이 반복됐으나, 결과는 그리 신통치 않았다. '돈이 필요한 권력과 특혜를 받으려는 기업'

간의 은밀한 거래는 서로에게 너무나 달콤했기 때문이다. 권력과 특혜의 관계에 관해서도 정치 권력과 경제 권력 간에 큰 인식 차이를 드러내기도 했다.

1988년 전두환 정권이 세운 일해재단의 청문회에 출석한 정주영 현대그룹 회장은 "왜 돈을 냈느냐?"는 질문을 받았다. 정주영 회장은 "(권력자가) 내라고 하니까 냈다. 잘못이 있다면 (돈을) 뜯은 사람의 잘못이지 (돈을) 낸 사람의 잘못은 아니다."라며 억울해했다. 2016년 12월 국회 청문회에 선 구본무 LG회장은 "기업 입장에서는 정부 정책에 따를 수밖에 없는 게 현실이다. 국회가 입법해서 (정부에서 돈 내라고 요구하는 것을) 막아 달라!"고 답변했다. 정경유착의 원죄는 정치 권력에 있으며 정치 권력의 책임이 훨씬 크다는 지적인데, 정치권의 근절하겠다는 답변은 시원하게 나온 적이 없었다.

## 공정한 법과 상식적인 제도, 그리고 경제민주화

정경유착 폐지의 방안으로 그 필요성이 제기되고 국민으로부터 크게 환영을 받는 것이 경제민주화이다. 많은 국민의 눈에는 '경제민주화는 곧 재벌개혁'이라는 식으로 인식돼 있다. 이는 경제민주화의 의미를 지나치게 좁게 해석하는 것으로, 마치 벽에 뚫린 조그만 구멍으로 바깥세상을 보는 것이다.

경제민주화의 개념에 대해서는 아직도 명확하게 정리된 것 같지는 않다. 경제민주화를 언급한 헌법 제119조 2항에는 '국가는 균형 있는 국민경제의 성장 및 안정과 적정한 소득의 분배를 유지하고, 시장의 지배와 경제력의 남용을 방지하며, 경제주체 간의 조화를 통한 경제의 민주화를 위해 경제에 관한 규제와 조정을 할 수 있다.'라고 되어 있다.

여기서 언급된 '균형 있는 성장, 안정, 분배' 등을 대표하는 정책으로 농어민 부채탕감, 쌀직불제, 쌀농사 포기 때 영농자금 지원, 달걀값 폭등을 막기 위한 달걀값 수입 지원 등을 생각할 수 있다. '시장지배력과 경제력 남용 방지'는 소위 '갑질과 가진 자의 횡포'를 포괄하는 개념으로 재벌의 횡포는 그중 일부분에 해당한다. 경제주체 간의 조화로는 골목상권 문제나 중소기업적합업종 선정, 재래시장 육성 등을 들 수 있다. 경제민주화 조항은 이처럼 경제질서 유지, 갈등이 발생할 때 정부의 역할 등을 언급하고 있다.

경제의 핵심 주체인 기업의 지배는 '1원 1표'에 의해 이뤄진다. 주식을 몇 주 보유하고 있느냐에 따라 영향력이 달라지며, 지분율이 50퍼센트를 초과하면 혼자서도 회사의 지배가 가능하다. 정치는 돈이 아니라 사람을 기준으로 '1인 1표'의 원칙이 적용된다.

경제민주화는 정치세력이 경제 세력을 어느 정도 통제하는 것을 의미하는데, 그 수준을 어디까지 할 것이냐를 놓고 사람마다 의견이 달라질 수 있다. 경제민주화를 정치의 경제 지배로 해석하면, 그 결과는 재앙이 될 수 있다.

정치에서 민주주의는 결과 못지않게 최종 결정에 이르기까지 과정이 중요하다. 반면에 경제는 의도보다는 결과를 중시한다. 효율성이 우선이다. 아무리 의도가 좋았더라도 결과가 나쁘면 아무런 소용이 없다. 좌파 진보 진영은 사회적 약자와 가난한 사람들을 위한 경제를 외치며, 경제민주화를 위한 방안으로 사회적 기업과 협동조합의 육성, 노동자의 기업 경영 참여 등을 강조하기도 한다. 그렇지만 좌파 진보의 시도는 결과가 좋지 않았다.

노동자의 경영권 장악은 기업을 정치판으로 만드는데, 베네수엘라에서 그러한 사례가 극명하게 나타났다. 베네수엘라의 경우 국영기업을 노동자들끼리 의논해서 경영하도록 했더니 기술이나 숙련도와 관계없이 친정부 노동자들이 중요한 직책을 차지했다. 정치 발언권이 약한 노동자들이 물러나면서 생산성과 효율성이 감소했다. 경영은 '위험을 감수하는 행위(risk-taking)'로서 고도의 판단력을 요구하는 데 노동자들에게는 그러한 능력이 없었다. 당연히 새로운 기술과 장비의 도입이 제대로 이뤄지지 않았다. 경영의 대실패였다.

경제민주화를 시장경제에서 발생하는 과도한 빈부격차를 줄이고 조정하자는 취지로 이해하는 시각도 있다. 좌파 진보 진영에서는 자본주의가 도입되면서 불평등과 빈부격차가 본격화됐다고 말하는 사람들도 많다. 그들의 주장은 근본적으로 틀렸다. 동서고금의 역사에서 자본주의 이전에는 불평등이 훨씬 심했다. 부(富)를 누리는 사람은 왕과 왕 주변의 권력 계급, 그리고 극소수의 귀족계급(조선에서 양반계급)뿐이었다. 상위 0.1퍼센트 혹은 0.01퍼센트만 부를 누렸고 나머지는 모두 빈곤했다.

불평등이 완화된 시절도 있었다. 미국 역사학자인 발터 샤이델은 『불평등의 역사(The Great Leveller)』란 책에서 "수천 년 동안 불평등이 심화하거나 높은 상태에서 유지되다가, 그 격차가 줄어드는 짧은 역동적인 시기가 가끔 있었다. 1914년부터 1970년대까지의 60~70년의 기간에 부유한 자본주의 국가와 사회주의 국가에서 모두 역사적으로 가장 격동적으로 빈부격차가 줄었다."라고 설명했다. 다만 자본주의 국가에서는 중산층의 증가를 통해 빈부격차가 줄어드는 상향평준화 현상이 나타났고, 사회주의 국가에서는 부유층의 제거를 통해 빈부격차가 감소하는 하향평준화 현상이 나타났다.

그렇다면 경제민주화는 어떻게 해석하는 게 좋을까? 경제민주화란 용어는 1987년 개정된 헌법에 들어갔다. 당시 여야의 개헌특위 8명 가운데 야당인 통일민주당의 이중재 의원이 헌법에 여러 경제민주화 조항이 있으나 이를 강조하기 위해 119조에 규정하자고 주장한 것으로 알려졌다. 다만 경제민주화를 국민에게 널리 알린 데는 김종인 전 의원의 공이 컸다. 김종인 전 의원은 언론 인터뷰에서 "기업의 일방적인 탐욕은 억제할 필요가 있다. 그걸 억제하지 않으면 공동체의 생존이 불가능하다. 경제의 돌파구를 찾기 위해 대기업과 중소기업이 공정한 규칙 아래에서 상생할 수 있는 제도를 만드는 것이 경제민주화의 기본 목표"라고 말하기도 했다.

김종인 전 의원을 말을 그대로 적용하자면 경제민주화의 핵심은 결국 '공정한 룰(법과 제도)'을 만드는 것이 된다. 이를 위해서는 상법이나 공정거래법 등 현재 법규범이 현실을 잘 반영하고 있는지를 살펴야 하고, 제대로 집행되고 있는지도 따져 볼 필요가 있다. 하지만, 현실에서는 법규범의 수준을 놓고 입법권을 쥔 정치 권력과 법의 적용대상자인 경제 권력 사이에 의견 대립이 심각하다.

2020년 국회에서 통과된 상법 개정안의 경우 '감사위원 분리선임, 대주주 의결권 3퍼센트 제한, 집중투표제 의무화' 등이 대표적인 쟁점이었다. 감사위원 분리선출제는 주주총회에서 감사위원이 되는 이사를 다른 사내외 이사들과 분리해 따로 선임하는 제도다. 집중투표제란 2명 이상의 이사를 선출할 때 표를 많이 얻는 순서대로 이사를 선출하는 제도로 후보별로 '1주 1표'의 원칙이 아니라 1주당 뽑을 이사 수만큼의 투표권을 주므로 소액주주들이 선호하는 후보에게 표를 몰아줄 수 있다. 감사위원 분리 선출은 다른 나라에 사례가 없으며, 집중투표제도 미국과 일본에서 1940년~1950년대 도입됐다가 부작용이 커지자 선택사항으로 바뀐 바 있다.

상법 개정안은 과연 경제민주화의 취지에 부합했을까? 2020년 정기국회에서 통과된 상법 개정안, 공정거래법 개정안, 금융복합기업집단 감독법을 놓고 여당인 더불어민주당은 '공정거래 3법'이라고 불렀다. 그렇지만, 이 법의 적용을 받는 기업이나 금융회사에 해당 법안들이 공정하냐고 물어보면 손사래를 치며 펄쩍 뛴다. 모든 국민이 만족하는 경제민주화는 없는 만큼, 경제민주화를 둘러싼 논란은 앞으로도 계속될 게 확실하다.

## 경제 관련 법안, 규제가 아니라 기준이 돼야 한다

경제민주화의 지향 방향과 관련 법안을 놓고 얼마든지 시각 차이가 있을 수 있다. 다만, 법과 제도를 만들 때 그게 '경제 활동기준(standard)'인지 '경제 활동규제(regulation)'인지는 분명히 해둘 필요가 있다.

경제 활동을 규정하는 법률 가운데 대표적인 게 근로기준법이 있다. 후진국에 가보면 열 살 안팎의 어린이들이 가족을 먹여 살리기 위해 힘들게 일하는 것을 볼 수 있는데, 이러한 아동노동은 과거 한국에서도 흔한 광경이었다. 지금 한국에서 일할 수 있는 최저 나이는 법적으로 15세이며, 선진국들도 비슷하다. 그래서 경제활동인구의 통계를 작성할 때 만 15세 이상을 최저 기준으로 삼고 있다. 이러한 법적 연령은 '경제 활동기준'이라고 할 수 있다.

세상에는 다른 기준도 많다. 의사면허를 따려면 대학생, 인턴, 레지던트 등을 제대로 거친 후 국가고시에 합격해야 하는데 이는 의사의 진료가 국민 건강과 직결되기 때문이다. 변호사 등 각종 국가고시의 자격증도 일종의 기준이라고 할 수 있다. 물론, 과거에는 규제였다가 지금은 기준으로 바뀐 것도 많으며, 대부분 국민의 동의를 얻고 있다.

자동차가 내뿜는 매연에 대한 규제는 처음에 자동차 소유주나 자동차 생산업체의 맹렬한 반대에 부딪혔다. 나중에 자동차 매연이 모든 사람의 건강을 심각하게 위협하는 공해의 주범으로 인정되면서 '매연에 대한 규제'는 '매연 기준'으로 바뀌었고 이를 위반한 업체는 사회에서 지탄받고 처벌의 대상이 되었다. 자동차의 안전띠도 그 필요성이 널리 인정되면서 과거에는 '자동차값을 올리는 비용'으로 인식되다가 이제는 모든 자동차에 적용되는 기준이 되었다. 안전띠를 매는 것은 '안전에 앞서 룰(rule, 규칙)이고 기준'이기 때문에 지켜야 하는 원칙이 된 것이다.

경제 활동에 대한 규제는 기준과 달리 기업의 활동에 제한을 가하는 행정 조치 일체를 말한다. 규제의 적용을 받는 기업으로서는 경영에 제약을 느낄 수밖에 없다. 사람에 비유할 때, 일정한 행동 범위를 설정하는 게 '기준'이라면 행동 자체가 불편하게 팔과 다리에 어떤 제약을 가하는 것이 '규제'가 되는 셈이다. 역대 정부는 그러한 의미에서 늘 규제 완화의 필요성을 외쳐 왔다. 경제민주화를 외친 김종인 전 의원도 "재벌을 해치자는 게 경제민주화가 아니다. 재벌은 자기 능력대로 가면 된다. 자기 능력대로 하되 정부가 정하는 룰은 지켜야 한다는 것이다."라고 설명했다.

기업은 법인(法人)이라는 자격으로 경제 활동을 하지만, 본질이 무생물이다. 무생물은 마음이 없고 결국 선악(善惡)을 구별할 능력이 없으니, 사람들은 기업을 선악의 잣대로 판단해서는 안 된다. 기업은 경쟁과 생존을 위해 존재할 뿐이다. 다만 국민경제 표준모델에서 봤듯이 기업이 잘돼야 일자리가 생기고 국가 경제도 발전하니, 기업이 더 나은 성과를 내도록 유인체계를 만들어주는 게 현명한 행동이다.

실제로 '자본에는 국적도 충성심도 없다.'라는 표현도 있다. '소니 워크맨 신화'의 주인공인 모리타 아키오는 일찍이 국제화에 눈을 뜬 선구자였는데, 그는 "미래의 기업은 조국의 열망에 따르기를 거부하고 이윤이 가장 크고 규제는 가장 작은 곳으로 옮겨갈 것"이라고 예고했다. 지금은 세계 경제가 하나의 유기체처럼 연결돼 움직이는 시대이며, 기업들은 경영활동이 좋은 곳으로 옮겨가는 시대이다.

기업이 일자리와 부의 창출을 주도하는 현실을 생각할 때, 기업활동과 관련한 룰(규칙)은 '기준'이 되어야 하지 '규제'가 되면 안 된다. 재벌과 대기업에 대한 시각도 그러한 측면에서 기업활동을 촉진하는 긍정적인 방향으로 바뀌는 게 절실히 필요하다. 기업활동에 대한 법적 기준은 명쾌하고, 위반 시 처벌은 엄중할 필요가 있다. 법적 기준이 모호하고, 처벌도 들쭉날쭉한 상황에서는 부정과 부패가 만연하고 시장경제를 떠받치는 정의 · 공정 · 상식이라는 가치가 제자리를 잡기 힘들다. 그에 따른 피해는 고스란히 국가 경제와 국민 삶의 몫이다.

예컨대, 재벌과 대기업에 대한 규제는 소유와 행위 두 가지로 나눠서 볼 필요가 있다. 소유 규제는 정책담당자가 일방적으로 기준을 정하는 것인데 자칫하면 형식논리에 빠질 수 있다. 기업이 지고 있는 빚을 자기자본으로 나눈 게 부채비율인데, 1974년 400퍼센트로 정했다가 1998년 외환위기 당시 200퍼센트로 낮춘 적이 있다. 기업이 너무 많은 빚을 지고 경영하다 보니 외환위기의 원인이 되고 국민경제에 악영향을 끼쳤다는 생각에서 취해진 조치였다.

하지만, 조선업과 건설의 경우 계약(수주)을 따내면 선수금이라는 것을 받게 되며 이게 장부에는 부채로 잡힌다. 수주를 하게 되면 기업 경영이 잘된다는 얘기인데, 오히려 부채비율이 높아지고 이에 따라 금융권의 자금 지원을 받지 못하는 일이 발생하는 것이다. 그런 만큼, 산업의 특성과 실적 및 해당 기업의 특수성을 반영하지 못하는 소유 규제는 자제돼야 한다. 주식시장의 큰손인 국민연금이 주주권을 행사하는 사례도 있지만, 이는 자칫하면 연금 자본주의가 되고 결국 국가의 간섭으로 이어질 수 있다. 삼성물산 합병 문제에서 국민연금의 의결권 행사가 문제가 된 것이 대표적인 사례라고 할 수 있다.

소유 규제와 달리 행위 규제는 현장에 적용하기가 까다롭다. 경제행위 자체가 법으로 정확하게 규정하기가 쉽지 않은 탓이다. 예컨대, 미국에서는 투자은행이 인수합병을 맡고 추진할 때 관련자는 해당 기업의 누구와도 접촉이나 전화를 할 수가 없다. 위반하면 엄격한 징벌이 이뤄지지만, 적발이 쉽지 않은 것도 사실이다. 행위 규제는 규제당국이 만들기 어렵지만, 어떠한 불법적인 경제행위가 이뤄질 때 '나는 불법을 저지른 적이 없다'는 입증의 책임을 경제적으로 혜택을 본 사람에게 부여하는 방법으로 접근할 수 있다.

재벌개혁은 궁극적으로 '재벌의 기득권 유지를 막는 것'이라고 할 때, 재벌 일원들이 부당하게 이익을 얻지 못하도록 사전에 막거나 아니면 사후에 토해내도록 하는 장치가 필요하다. 해결책도 제시하지 못한 채, 재벌과 대기업의 차이점도 생각하지 않은 채 대기업을 무조건 척결대상으로 삼고 목소리만 높여서는 곤란하다.

기업에 대한 규제는 전문가들의 활동 영역에 속하지만, 그 과정에서 기업의 투자와 혁신을 방해하는 모습이 되어서도 곤란하다. 2006년 이후 약 10년 동안 한국 기업들은 해외에 2,200억 달러를 투자했는데, 우리나라에 들어온 외국 자본은 860억 달러였다. 단순하게 계산해서 그

차액만큼 일자리와 부가가치가 해외로 나갔다고 생각하면 된다. 우리 국민으로서는 큰 손해였던 셈이다. 스위스, 이스라엘, 싱가포르 등은 나라는 작으면서 부강한 경제로 '강소국(强小國)'으로 불리는데 '기업 하기 좋은 환경' 순위에서 늘 상위권이다. 대한민국으로서는 부러워해야 할 모습이다.

# 19장. 노동 · 주택시장, 먹고사는 문제를 말하다

사람은 누구든 자신에게 주어진 일을 해내면서 긍지를 갖는다.
일을 빼앗는 행위는 그 사람에게서 자존심을 키울 가능성조차 빼앗는 것이다.
— 켄 폴릿 (영국의 역사소설가) —

'16장'에서 언급했지만, 사람들이 본능적으로 아는 경제 지식을 '민속 경제학(folk economics)' 혹은 '통념 경제학'이라고 부른다. 민속 경제학 관점에서 노동과 임금의 원칙은 '땀 흘려 일한 만큼 정당한 대가를 받아야 한다'로 표현할 수 있다. 현장에서 땀을 흘리는 육체노동이 진짜 노동이고, 사무실의 책상 앞에서 일하는 지식노동은 가짜 노동이라는 이미지가 강하다. '목수와 판사의 망치값은 같아야 한다.'라는 한 방송인의 말이 진보적인 사람들로부터 크게 환영받았다. 그 자신은 별다른 내용도 없는 강연 한 차례에 천만 원 이상을 받는 위선의 극치를 보여줬지만 말이다.

미국과 한국 등 많은 나라에서 '땀의 정당한 대가'를 바라며 노동운동을 하는 사회활동가들이 대거 공장이나 건설 현장 등으로 갔다. 그들은 자신의 경험을 들려주며 '성실한 노동자들이 갖은 모욕을 당하며 허리가 휘도록 일하는데 임금은 형편없다.'라는 내용의 책을 쓰고 언론에 기고했다. 그들은 과중하고 반복적이며 스트레스가 심한 노동에는 아주 낮은 임금이 지급되는 반면, 별로 힘들어 보이지도 않아서 '직업'이라고 불러야 좋을지조차 불분명한 일에는 엄청난 급료가 주어지는 경우가 다반사인 현실을 개탄했다.

사회운동가들은 노동자에게 잘 대해주자고 말하고 그들에게 임금을 더 줘야 한다고 주장했다. 열심히 일하는 착한 사람들에게 봉급을 충분히 주자는 소리는 지극히 당연하게 들리며 이론의 여지가 없는 것처럼 느껴진다. 박봉에 시달리는 노동자들을 위해 여유 있는 기업이 지갑을 더 푸는 게 당연하다고 여겨진다. 그런 측면에서 비정규직을 더 많은 월급을 주는 정규직으로 전환하고, 최저임금도 대폭 올려야 한다는 주장이 많은 사람으로부터 박수를 받는다. 그게 '공정한 세상'이라고 외치며 정치인과 지식인들도 동참한다. 대한민국의 자영업자, 소상공인, 중소·중견기업인에 고통을 안긴 '최저임금 일만 원' 주장도 그런 취지에서 나왔다.

## 임금을 결정하는 희소성과 대체 가능성

자칫 냉혹하게 들리고 차갑게 느껴질 수 있다. 그렇지만, 사회주의 계획경제와 비교해 역사적으로 우위가 확실하게 입증된 자본주의 시장경제에서 '임금은 땀 흘린 만큼 지급되지 않는다.'라는 게 정답이다. 이처럼 자본주의 시장경제가 사람들이 본능적으로 느끼는 일반적인 경제 통념과 맞지 않기 때문에 '자본주의는 인간미가 없는 시스템, 얼음처럼 냉혹한 시스템'이라는 평가를 받는 것 같다.

많은 정치인과 지식인들이 임금은 사회가 특정 노동에 부여하는 가치에 따라 결정된다는 '사회적 인정에 따른 원칙'을 얘기하지만, 이는 옳은 설명이 아니다. 임금은 심지어 고용자가 종업원의 노동에 부여하는 가치만으로도 정해지지 않는다. 그보다 훨씬 복합적인 이유가 작용하는 게 바로 임금이다.

임금 결정에서 가장 중요한 요소는 노동자가 무엇을 생산했느냐가 아니라, 해당 노동자가 얼마나 쉽게 대체될 수 있느냐의 여부이다. 하루에 여덟 시간 짐을 나르는 노동자와 하루 두 시간 고급수학을 가르치는 대학교수를 비교해보자. 말하지 않아도 누가 더 땀을 흘리고 고생하는지 쉽게 짐작할 수 있다. 그런데 임금은 대학교수가 훨씬 높다. 고급수학을 가르치는 교수는 거의 구하기 어렵지만, 힘들고 고된 화물운송을 할 사람은 쉽게 구할 수 있다. 고급수학을 가르치는 교수는 대체할 수 있는 사람이 거의 없으므로 임금이 높아지는 것이다.

시장경제에서는 임금도 다른 상품의 가격과 마찬가지로 '특정 노동에 대한 대가이자 가격'이다. 한 재화의 가격은 항상 다른 모든 재화의 가격에 의존한다. 가격이란 상대적인 희소성을 반영하므로 얼마나 많은 사람이 그 직종에 종사하고 싶은지, 그 직무를 수행할 능력이 있는지 없는지가 임금을 좌우하는 강력한 요인이 된다. 눈에 보이는 모습, 직관적으로 느끼는 도덕적 판단에만 기대어 특정 임금의 공정성 여부를 따져서는 곤란하다는 의미다.

같은 노동인데 왜 선진국과 후진국의 임금 차이가 수십 배나 되는지 의문을 제기하는 사람도 많다. 후진국에서는 하루 내내 뼈 빠지게 일하는데 손에 쥐는 돈은 우리 돈으로 오천 원에 불과하다며 너무나 불공정한 세상이라고 주장하는 다큐멘터리도 TV를 통해 꾸준히 방영되고 있다. 후진국의 빈곤 퇴치 운동을 벌이는 사람들은 후진국의 노동착취가 너무나 심하다는 주장을 제기하고 있다. 많은 사람이 별다른 생각 없이 여기에 동조하고 있다. (영국의 유명 대학에 근무하는 한국인 경제학자가 선진국 버스 운전기사와 후진국 버스 운전기사의 임금 차이가 그렇게 큰 것은 문제가 있다는 식으로 표현한 걸 본 기억이 있다. 그래놓고 석학 소리를 듣는 모습에 너무나 어이가 없었다.)

결론부터 얘기하면, 한 나라의 전반적인 임금 수준은 해당 국가의 생산성과 밀접한 관계가 있다. 정말로 중요한 것은 노동자당 생산량의 평균 수준이며, 그게 장기적으로 임금을 결정짓는다. 복지가 궁극적으로 생산성의 문제이듯이, 임금도 생산성의 문제이다. 안정적으로 꾸준하게 노동자의 소득을 올려주기 위해서는 국가 전체가 더 생산적이어야 한다.

예컨대, 1999년 중국 제철공장의 노동자 일 인당 철강 생산량은 45톤인 반면 한국 포스코는 1,501톤이었다. 이러한 생산성의 차이가 두 나라의 철강 노동자 임금 차이를 가장 잘 설명하는 요인이다.

가난한 나라에서 불평등이 극심해 보이는 것은 부유층이 개인적으로 고용하는 사람들이 많기 때문이다. 이들 나라에서는 어느 정도 사는 가정이면 가사도우미 · 육아도우미 · 요리사 · 운전사 · 가정교사 등을 둔다. 반면에 선진국의 중산층에서는 직접 가구를 조립하거나 차를 고치고 집안일을 해야 한다. 세계 최고 수준의 소득을 누리는 사람들이 잡다한 일을 직접 하는 이유는 바로 부자 나라이기 때문이다. 노동생산성이 매우 높으므로 대다수 사람은 다른 집의 전등을 고쳐줄 시간에 더 가치 있는 일을 할 수 있다. 그러다 보니 전등 고칠 일손을 구할 수 없어 집주인이 직접 고치게 된다.

선진국에서 일반적으로 살 수 있는 값싼 물건, 즉 전자레인지나 커피포트 등이 고장 나면 수리하지 않고 바로 버리는 것도 노동생산성 때문이다. 100달러짜리 중고품을 고치는 데 한 시간이 필요하다고 할 경우, 그 시간에 다른 일을 해서 100달러를 벌고 그 돈으로 새 제품을 사는 게 낫다고 판단하는 것이다.

선진 경제의 일반적인 특징 중의 하나가 공업 제품과 비교해 서비스의 가격이 비싸지는 현상이다. 제조업의 생산성이 높아지는 속도에 비해 사람이 직접 관여하는 서비스 부문의 생산성은 상대적으로 서서히 높아지기 때문이다. 어떻게 보면 서비스 가격이 비싸지기보다, 다른 상품이 저렴해진다는 게 맞는 표현이다. 보통 어느 기업의 제조 부문에서 생산성이 높아지면 그 결과물인 이득은 각종 경로를 통해 그 기업을 둘러싼 모든 이해관계자 집단, 즉 주주 · 근로자 · 협력업체 · 소비자 등으로 분배된다. 그 결과 생산성의 향상은 이들 이해관계자 집단의 임금 인상 효과를 일으킨다.

한 부문의 노동자 생산성이 높아지면 다른 부문 노동자에게도 일부

배분되는 경향이 있으며, 이때 후자의 생산성이 높아졌는지 아닌지와는 별 관계가 없다. 예컨대, 음식점에서 서비스하는 일은 30년 전이나 지금이나 크게 다를 바가 없지만, 사회 전반적인 생산성 향상으로 음식 종업원의 월급은 크게 올랐다. 반면에, 저개발국에 자동화된 큰 공장이 하나 들어서고 거기에서 일하는 개별 노동자의 생산성이 선진국과 비슷하게 높아도 저임금인 것은 사회 전반의 생산성이 낮기 때문이다. 그들의 임금은 자신의 생산성과는 큰 관계가 없고, 그 국가 경제 전체 혹은 광범위한 부문 내의 평균 생산성에 의해 결정된다.

GDP(국내총생산)는 한 나라에서 한 해에 생산하는 부가가치의 총합인데, 이는 달리 표현하면 그 나라에서 생산하는 부의 크기가 된다. GDP가 적은 저개발국에서는 모두에게 고루 돌아갈 부의 규모 자체가 작다. 저개발 국가의 근본적인 문제점은 부의 분배가 불공평해서라기보다는 부가 충분치 않다는 데에 있는 것이다. 그 나라의 사회적 · 정치적 제도의 차이가 임금 수준에 미치는 영향은 오히려 미미하다.

생산성 향상이란 곧 경제성장으로, '밀물(경제성장)이 모든 배를 띄운다'는 표현처럼 경제가 성장해야 사회 전반의 임금이 높아진다는 의미다. 성장이 없는 상태에서 임금을 높이려면 남의 몫을 빼어오는 수밖에 없는데, 그때 사회는 분열과 갈등에 휘말리게 된다.

### 노동자의 소득을 올리지 못한 소득주도성장

임금 수준에 대한 논의가 이뤄질 때마다 언급되는 수치가 있는데, 한국은행이 매년 발표하는 노동소득분배율이다. 노동소득분배율이란 국민소득에서 임금이 차지하는 비중, 즉 국가 전체의 소득 중에서 노동자에게 돌아가는 몫을 말한다. 한은이 집계하는 노동소득분배율은 피용자보수(임금)와 영업잉여(자본소득)의 총액에서 임금이 차지하는 비중으로 산출된다. 한국의 노동소득분배율은 2007~2015년 60~63퍼센트대 수준으로 2015년에는 62.9퍼센트였다. 스웨덴의 노동소득분배율은 30년 평균 75퍼센트 수준이며, 독일은 경제협력개발기구(OECD) 평균값과 똑같은 70퍼센트 수준이다.

한국의 많은 언론과 일부 좌파 정치인, 진보성향의 지식인들은 노동소득분배율이 OECD 평균보다 7퍼센트포인트 이상 크게 낮은 것은 그만큼 사업주에게 가는 돈이 많다는 의미이며 기업이 사회적 책임을 다하지 않은 증거라고 지적한다. 그렇지만, 이 수치에는 오해의 소지가 있는 부분이 있다.

한국은 자영업자 비율이 매우 높은데 이들의 소득을 사업소득으로 분류하고 있어 노동소득분배율이 낮아지는 결과를 초래하고 있다. 자영업자는 사업자이면서 동시에 근로자라는 이중의 성격을 지닌다. 자영업자의 비중까지 고려하면 한국의 노동소득분배율은 OECD 평균치인 70퍼센트보다 더 높은 75퍼센트에 이르는 것으로 추정되고 있다.

많은 사람은 노동소득분배율을 선진국 수준으로 올리는 게 정당하다고 생각한다. 임금과 관련된 '사회 정의의 실현'은 노동자와 고용주 간의 분배 조정으로 가능하다고 보는 경향이 있다. 기업들이 임금을 올려주면 그게 소비를 늘려 경제가 활성화된다고 믿는 사람들도 많고 그게 '양극화를 막기 위한 소득주도성장'이란 이름으로 문재인 정권의 정책이 되었다. 대표적인 정책이 최저임금의 급격한 인상이었다.

의사가 병의 원인을 잘못 진단하면 엉뚱한 약을 주고 엉터리로 수술하게 된다. 문재인 정권에서 활약한 경제학자들은 비교하지 말아야 할 수치를 비교하는 잘못을 저질렀다. 취업자 일 인당 GDP는 생산물가지수(GDP 디플레이터)로 나누는 반면, 임금을 단위로 계산할 때는 명목임금을 소비자 물가지수로 나눈다. 그렇게 계산하면 취업자들이 생산한 부가가치 증가율보다 취업자들이 받는 임금의 증가율이 낮게 나타난다.

그렇지만 물가지수의 차이를 제거하고 명목 기준의 노동생산성과 임금 추이를 비교하면 거의 비슷하게 나타난다. 물가상승을 전혀 고려하지 않는 취업자의 명목 소득(일 인당 GDP)과 취업자의 임금은 2000년 이후 20년 동안 거의 비슷하게 올라갔다. 취업자의 몫을 무작정 더 늘릴 이유가 없었던 것. 취업자의 몫을 늘리겠다고 최저임금을 올리니 자기 몫이 줄어든 자영업자, 소상공인, 중소기업인들이 고통을 겪었다.

여기서 보듯이 평균적으로 노동자의 복지수준을 높이려 할 때 '분배를 개선하라!'라고 외치는 것은 좋은 전략이나 효과적인 정책이 아니다.

노동소득분배율을 인위적으로 1~2퍼센트포인트 올리기는 아무리 용을 써도 쉽지 않다. 임금의 결정 과정에서 보았듯이 임금도 시장가격에 의해 정해지며, 이윤을 추구하며 생존을 목적으로 하는 기업은 임금을 이유 없이 올려주는 자선단체가 아니기 때문이다. 2018년 16.4퍼센트, 2019년 10.9퍼센트 등 2년 동안 누적으로 29.1퍼센트 오른 최저임금이 한국 경제에 커다란 충격을 주었다. 자영업자, 소상공인, 중소기업은 최저임금의 급격한 인상에서 인원 감축으로 대응했다. 종업원을 둔 자영업자는 2019년 한해 11만 6,000명이 줄어든 반면, 혼자 모든 일을 처리하는 일인 자영업자는 9만7,000명이 늘었다. 최저임금을 견디지 못한 자영업자들이 종업원을 줄인 것으로 대응한 것이다. 피해자는 정책당국의 의도와 달리 특별한 기술이 없는 서민들과 노년층이었다.

연간 3퍼센트의 성장이 이뤄진다고 볼 때, 일 년 동안의 성장에서 노동자가 추가로 얻게 이득은 보통 10년에 걸쳐 노동소득분배율이 변화한데 따라 노동자들이 얻게 되는 이익보다 크다고 한다. 경제성장의 이익이 소득분배의 이익보다 열 배 이상 크다는 의미다. 과거 저임금을 활용하기 위해 중국에 진출한 한국 기업들이 급격한 임금상승을 견디지 못하고 철수하는 경우가 많았다. 중국 노동자들의 임금이 10년 이상에 걸쳐 매년 10퍼센트 가량씩 오른 것은 중국 경제가 고성장을 이룩한 덕분이다. 노동자의 수입을 늘려주기 위한 제도 개선도 중요하지만, 훨씬 더 중요한 게 부의 크기를 늘리는 노력이라고 할 수 있다.

노동시장은 복잡하기 이를 데 없다. 일반 재화나 서비스와 달리 '의지와 감정의 존재'인 사람과 관련되기 때문이다. 사람들은 머리가 어지러울 정도로 수많은 요소를 고려해 일할지 말지, 얼마나 오랜 시간을 일할지, 어디서 일할지 하는 문제를 결정한다.

예컨대 남성과 여성의 차이만 놓고 봐도, 여성은 노동가격(임금)의 변화에 상당히 민감하게 반응한다. 여성은 가정 내에서 주 소득원인 남편과 달리 2차 소득원인 경우가 많기도 하고 실리적인 측면이 강하기 때문이다. 그러다 보니, 하루 여덟 시간 이상 일하는 것보다 '파트타임(part-time, 비상근)'으로 일하기를 원하기도 하며, 임금이 낮아 일하는 게 경제적으로 큰 의미가 없다고 생각하면 바로 노동시장에서 이탈하기도 한다. 남성은 이와 달리 가정의 생계를 책임지면서 계산기를 두드려 나오는 결과를 고려하기보다는 자신의 믿음에 따라 노동시장에서 이탈하지 않고 우직하게 하던 일을 지속하는 편이다.

노동시장은 대체로 균형에서 벗어나 있으며 왜곡돼 있다. 특히 일자리와 직무능력의 불일치가 심각하다. 현재의 직업 중에서 미국은 47퍼센트, 영국은 35퍼센트, 일본은 49퍼센트를 컴퓨터시스템으로 대체할 수 있다는 연구 결과도 있다. 시대의 변화와 함께 많은 직업과 직종이 사라지고 탄생한다. 새 일자리에 요구되는 전문성과 자질은 이전과 다르고, 한 직업 내에서도 필요한 전문성이 끊임없이 변한다. 고용이란 원래 불안정한 것이며, 임금 근로자가 가운데 약 40퍼센트는 불안정한 고용에 노출돼있는 실정이다. 그게 현실 세상이다.

프랑스의 미래학회는 21세기에는 직장 혹은 직업을 최소한 여섯 차례 바꾸며 살아가게 된다고 예측했다. 첫 직업을 얻는데 모든 걸 쏟아붓는 시대는 지나갔다는 의미다. 달리 표현하면, 세계 최고의 명문대 졸업생에게도 평생직장은 없다는 게 현대사회의 모습이다.

시장경제에서 일자리가 나뉘는 모습도 계획대로 이뤄지는 게 거의 없다. 2015년 한 기관에서 청소년들에게 인기 직업을 물었더니 연예인(18

퍼센트), 경찰(17퍼센트), 의사(15퍼센트), 회계사(14퍼센트), 스튜어디스(8퍼센트), 공무원(8퍼센트), 간호사(4퍼센트), 운동선수(4퍼센트), 대학교수(4퍼센트) 순으로 응답했다. 학교를 졸업하면 대부분 가게 되는 회사원은 4퍼센트에 불과했다. 청소년들은 나중에 회사원으로 일하는 자기 모습에 얼마나 만족할까?

세상에 돈으로부터 자유로운 직업은 없고, 스트레스 없이 만족할 수 있는 직업은 없다. 그런데도 많은 사람이 세상에는 존재하지 않는 '돈 많이 주고, 스트레스 없고, 자기 만족도가 높은 직업'을 원한다. 당연히 사람들의 불만이 높아지게 된다.

현실의 노동시장은 여전히 많은 사람에게 자신의 꿈을 접고 단조로운 생활을 받아들이도록 압력을 가한다. 사람들이 이처럼 자신의 꿈을 접는 이유는 '임금과 실업에 대한 공포' 때문이다. 먹고 살아야 하므로 어쩔 수 없이 낮은 임금도 받아들여야 하며, 높은 임금을 원하는데 적합한 자리가 없으면 실업도 감수해야 한다.

그런 의미에서 특정한 임금 수준이 공정하냐 아니면 불공정하냐를 판단할 때는 단순히 금액만 봐서는 안 된다. 어떤 특정 직종의 임금이 생활하기에 충분하지 않은 낮은 수준이라면, 이는 임금이 불공정해서라기보다는 사회가 그 직종에 더 많은 인력이 필요하지 않으며 이미 너무 많은 사람이 그 직종에 종사하고 있음을 나타내는 현상이라고 봐야 한다. 사무실이나 식당 등에서 저임금으로 일하는 여성들의 일자리를 가리켜 '핑크 칼러(pink-collar)'라고 표현한다. 이러한 직종이 상대적으로 임금이 낮은 원인의 하나로 너무 많은 여성이 몰리기 때문이라는 분석도 있다. 시장에서 공급이 넘치면 값이 싸지는데, 사람과 관련된 노동 시장도 마찬가지다.

## 노동 개혁은 노동 기득권을 인정하지 않는 것이다

노동시장이 복잡하다 보니 일자리 만들기는 정말 어렵다. 정부가 수시로 발표하는 일자리 대책을 놓고 언론에서 "일자리 대책에 '한 방'"이 없다."라고 하는데 당연한 얘기다. 좋은 일자리를 많이 만드는 해법은 경제의 경쟁력을 높이는 것 외에 다른 해법이 존재하지 않기 때문이다.

일자리 숫자를 결정하는 두 가지 중요 요인이 있다. 하나는 경제성장률이고 다른 하나는 성장이 얼마나 일자리 창출로 이어지는지를 보여주는 고용 탄력성이다. 고용탄력성(고용탄성치)이란 경제가 1퍼센트 성장했을 때 고용이 몇 퍼센트 변화했는지로 나타낸다. 2020년 경제성장률은 마이너스 0.9퍼센트였다. 고용탄성치는 시간이 갈수록 낮아지고 있는데 2017년 0.37, 2018년 0.13, 2019년 0.56이었다. 2019년의 갑작스러운 수치 상승은 공공부문 일자리를 대폭 늘렸기 때문이었다. '고용 없는 성장' 혹은 '고용도 성장도 없는 경제'가 현실로 나타나고 있는 셈이다.

노동시장의 핵심 화두 가운데 하나가 청년 일자리다. 청년 일자리 문제는 2000년 이후 범부처 합동만 14회, 정부의 계획과 방안까지 더하면 총 44회로 연평균 2회에 달한 것으로 알렸자. 그렇지만 청년 체감실업률은 2020년 기준으로 25.1퍼센트에 달해 해결의 실마리가 보이지 않는다.

니트(NEET)족이란 일하지 않고 일할 의지도 없는 청년 무직자를 뜻한다. 니트족 숫자는 2018년 30만 명에서 2020년에 43만 명으로 늘었다는 통계도 있다. 니트족 가운데 대졸 이상 비율은 약 40퍼센트에 이르는데, 본인에게는 삶의 질 저하와 의욕 상실이고 국가에는 고급인재의 낭비이자 손실이 아닐 수 없다. 특히 청년들은 학력과 경력 쌓기에 몰두하면서 전문직 · 관리직 · 사무직을 선호한다. 공기업과 대기업에 취직하기를 바라면서 고임금에 안정적인 정규직을 원한다. 현실은 이와 다르다. 기업은 신규 채용보다 경력직을 원하고, 컴퓨터로 사무관리직을 대체하고 있다. 기업은 또한 자동화를 통해 고용을 줄이고, 임금 부담이 적은 비정규직을 늘리고 있다.

일자리, 그것도 청년 일자리가 생기지 않는 문제를 어떻게 해결해야 할까. 경제가 안 돌아가서 일자리가 안 생기는 만큼, 경제의 막힌 곳을 뚫어 성장의 동력을 회복하는 방법을 써야 한다. 특히 좋은 일자리가 세대나 계층 간에 편중돼있는 만큼, 사회시스템을 바꿔 능력과 노력에 따라 일자리가 돌아가게끔 만드는 노력이 필요하다. 예컨대, 경제가 잘 돌아가려면 기업 · 가계 · 정부 등 모든 경제 주체가 활발하게 경제 활동을 해야 하는데, 이러한 경제 주체들이 활력을 유지하려면 늘 새롭게 바뀌어야 한다.

기업과 정부를 조직으로 보면, 모든 조직의 근본은 사람이다. 사람이 바뀌어야 모든 게 바뀔 수 있다. 대한민국을 대표하는 삼성이 글로벌 대기업으로 성장한 배경에는 1993년 이건희 삼성 회장의 프랑크푸르트 신경영선언이 있다. 이건희 회장은 당시 "마누라와 자식만 빼고 다 바꿔라!"는 말과 함께 양적 성장에서 질적 성장으로의 전환을 추구했는데, 이는 기업의 요체는 사람이므로 사람이 바뀌어야 한다는 의미였다.

사람이 바뀔 수 있도록 하는 개혁이 노동 개혁이다. 노동 개혁이야말로 노동시장 전체의 인력과 조직을 더욱 생산성이 높은 방향으로 재편성하는 작업이기 때문이다. 개혁에 성공한 선진국들의 사례를 보면 한결같이 노동 개혁을 핵심 정책으로 삼고 있는데, 이는 노동 개혁이야말로 사람에 관한 일로 다른 모든 개혁의 기초가 되기 때문이다.

유럽에서는 친노조 성향인 좌파 정치세력조차 1990년대 말 노동 개혁의 필요성에 눈을 떴다. '제3의 길'을 내건 토니 블레어 전 영국 총리는 우파인 마거릿 대처의 노동 개혁을 거의 그대로 계승했다. 사회당 출신인 게르하르트 슈뢰더 전 독일 총리도 2003년 하르츠 개혁을 통해 독일 노동시장을 수술했다. 노동자를 위한 정당들이 이렇게 변신한 것은 시대의 변화 때문이었다.

과거 못 살던 시절의 노동자와 달리, 지금은 노동자가 반드시 가난하고 보호받지 못하는 시대가 아니다. 고임금을 받는 블루칼라가 수두룩하고, IT(정보기술)분야를 중심으로 근로 형태와 보상 체계가 전혀 다른 직종도 속출하고 있다. 전통 제조업은 쇠퇴하는 반면, 새로운 서비스산업이 부상하고 있다. 그만큼 노동 계층의 내부가 복잡해졌고, 이해관계도 엇갈린다. 같은 공장에서 같은 업무를 하고 같이 퇴근하는 전통적인 근로 형태는 전체 근로자를 놓고 볼 때 소수에 불과하다. 특히 과도한 노동 보호는 일부 조직이 잘 된 노조에만 이익이 될 뿐, 전체 근로자를 위한 길은 아니라는 게 유럽 좌파 정치세력의 분석이자 판단이었다.

개혁이란 용어는 쉽게 표현해 '기득권을 없애는 조치'로 해석할 수 있다. 재벌개혁은 재벌의 기득권을 인정하지 말자는 것이며, 노동 개혁도 노동 분야의 기득권을 인정하지 말자는 것이다. 그런 의미에서 노동 개혁의 방향도 대체로 민간의 일자리 창출 동력 활성화와 기득권의 타파 등 두 가지로 볼 수 있다.

민간과 공공부문의 생산성을 비교하면 민간이 높다. 공공부문은 직업이 안정돼있고 경쟁이 심하지 않으므로 생산성이 민간의 60~70퍼센트 수준에 불과하다. 예컨대, 노량진의 공무원학원 거리가 북적이고 젊은이들의 직업 선호 1위가 공무원, 2위가 교사인 이유는 간단하다. 민간부문의 기회가 적고, 공공부문의 특권이 과도하다 보니 인센티브(보상)를 찾아서 젊은이들이 몰려든 것뿐이다. 공공부문의 일자리 확대는 복지와 연금으로 대표되는 공무원들의 특권을 누리는 계층을 더욱 늘려주겠다는 말과 같다. 특히 공공부문 일자리의 재원은 국민 세금에서 충당하는 것인 만큼, 경제 전체적으로 국가의 부를 늘리는 효과가 없게 된다. 오히려 국민이 낸 세금으로 생산성이 상대적으로 낮은 공무원을 늘리게 되면 국가 전체의 생산성이 낮아질 수밖에 없다.

국가파산을 겪었던 그리스의 가장 큰 문제는 공무원 숫자가 지나치게 많다는 데 있었다. 인구 1,100만 명의 그리스는 공무원 숫자가 대한민국과 비슷한 100만 명이나 됐다. 공무원의 임금과 연금, 그리고 국민연금에 지급되는 돈이 재정의 75퍼센트에 달했다. 재정지출에서 경제발전에 쓸 돈이 거의 없었다는 얘기다. 정부는 관료들에 의해 움직이므로 공공부문의 확대는 관료들의 권한이 커지는 것을 뜻하며 결과적으로 민간의 활력을 옥죄는 결과를 초래한다. 미국의 유머 작가인 오루크(P.J.O'Rouke) "정부에 돈과 권력을 준다는 것은 10대 소년에게 위스키와 자동차 키를 건네주는 것이나 다를 바 없다."라며 공공을 통해 무엇인가를 만드는 데 대한 위험성을 경고했다.

노동 개혁의 다른 방향은 기득권을 없애는 것이다. 노동 부문의 기득권이란 생산성에 비해 과도한 임금을 받으며 자신의 지위를 지키는 것을 뜻한다.

한국 노동시장의 가장 대표적인 문제이면서도 해결될 실마리조차 찾지 못하는 게 정규직과 비정규직의 격차 해소 이슈다. 비정규직 문제가 나오면 노동단체들은 으레 상위 1퍼센트가 너무 많이 가져가서 소득 불평등이 심해졌다는 지적을 한다. 그러면서 기업들이 지갑을 열어 상향 평준화를 시켜야 한다고 주장한다. 청년들도 정부와 기업이 전향적으로 문제를 풀라고 목소리를 높인다. 하지만, 노동단체와 청년들의 주장처럼 정규직과 비정규직의 문제를 해결하는 것은 현실적으로 불가능하다. 상위 1퍼센트의 부를 나눠주어 해결할 수 있는 문제도 아니다.

노동소득분배율을 다시 생각해보자. 대한민국 국민이 누릴 수 있는 부의 총량이 GDP(국내총생산)이며, 2015년 기준으로 전체 부의 62.9퍼센트가 노동 소득 즉 임금으로 지출됐다. 2015년 기준으로 GDP가 1,559조 원이며 이중 임금으로 나간 돈은 약 980조 원이었다. 이를 경제활동인구 약 2,700만 명으로 나누면 1인당 3,620만 원에 해당한다.

예컨대, 실업 상태인 사람까지 포함해 경제 활동을 하는 모든 사람에게 평등하게 임금을 지급한다면 연간 3,620만 원이 돌아가는 것이다. 만약 모든 사람의 임금을 상향 평준화시켜 연간 7,200만 원을 받게 한다면 경제 활동 인구 중 절반은 단 한 푼도 받을 수 없게 된다. 현대차의 평균 연봉 9,600만 원을 적용한다면 상위 38퍼센트 가량은 임금을 받고, 나머지 62퍼센트에게는 한 푼도 돌아가지 않는다.

경제활동인구 모두에게 동일 임금을 적용하려면 대기업과 공공부문 정규직들은 현재 받는 봉급을 절반 혹은 3분의 1 수준으로 깎아 줘야 한다. 대기업과 공공부문 정규직들이 자신의 봉급을 스스로 깎는 것은 현실적으로 가능한가?

결국 비정규직의 임금을 아무리 높여주고 싶어도 현재 노동 계층 간의 부의 분배를 재조정하지 않고서는 그 재원을 마련할 길이 없다. 나눠줄 부가 없으므로 현실적으로 불가능한 것이다. 그런데도 노동운동가들은 '노동자들끼리 싸우지 말고, 부자들과 대기업의 여윳돈을 풀어야 한다.'라는 주장을 펼친다.

이와 달리 노동 현장에서 실제 나타나는 모습은 '비정규직에 대한 정규직의 벽 쌓기 현상'이었고, 비정규직이 정규직으로 가는 데에는 '검은 돈(?)'이 필요한 사례도 많았다. 정규직과 비정규직의 차이를 극복하려는 이상은 존중돼야 하지만, 현장에서는 거대한 벽에 막혀 적용이 어려운 게 현실이었다.

문재인 정권에서 핵심 과제 가운데 하나가 비정규직의 정규직 전환이었다. 현실은 어땠을까?

비정규직은 2020년 기준으로 2,045만 명의 36.3%(742만 명)였는데, 2021년 8월에는 806만 6,000명이었다. 문재인 정권 출범 이전인 2016년 8월 즉 5년 전에는 644만 4,000명과 비교하면 5년 새 무려 162만 2,000명이 늘었다. '비정규직 제로 시대를 열겠다.'라는 약속이 '비정규직 800만 시대'라는 참담한 성적표로 나타났다.

기업들 크게 두 가지 요인 때문에 비정규직을 늘린다. 첫째, 고용 조정이 쉽다. 정규직은 엄격한 법적 요건과 까다로운 절차를 거치는데 비정규직은 그렇지 않기 때문이다. 둘째, 인건비 부담이 정규직의 65~70퍼센트 수준으로 낮아 비용이 절감된다. 비정규직 선호 경향을 보면 대기업은 고용 조정이 쉬운 점, 중소기업은 노동 비용의 절감을 꼽는다. 일자리를 단순히 정규직 대 비정규직의 이분법으로 봐서는 문제가 전혀 풀리지 않는다.

## 노동시간 단축과 정년연장의 함정

노동 문제와 관련해 '노동시간 단축, 정년연장, 최저임금 인상' 등도 거론되는데, 이들 정책의 명암을 명확히 알아둘 필요가 있다.

노동시간의 단축 같은 이슈도 겉으로는 삶의 질 향상 차원에서 당연히 이뤄져야 하지만 현실은 다르다. 우선, 근로시간을 줄이면 근로자들의 소득도 대체로 줄어들게 되는데 이를 받아들일 근로자는 거의 없다. 근로시간을 줄이면서 임금을 그대로 유지하게 되면, 기업은 비용이 증가하는 부분을 떠안아야 한다. 이러한 상황을 견뎌낼 기업은 많지 않다. 기업들은 노동시간을 법적으로 줄이게 되면 신규 채용을 하기보다는 생산시설을 해외로 이전하는 방식으로 대응할 가능성이 크다.

스웨덴 제2의 도시 예테보리는 지난 2015년 2월부터 2년간 시청·병원·양로원에서 일하는 근로자들을 대상으로 노동시간을 주당 30시간으로 줄이는 실험에 나섰다. 하루 여덟 시간 주5일 근무제를 하루 여섯 시간 주5일 근무제로 바꿨더니, 근로자들의 행복도와 시간당 생산성은 확실히 높아졌다. 다만 결정적인 장애물로 비용 증가가 돌출했다. 노동시간 단축으로 인해 전체 비용이 약 22퍼센트나 증가한 것이다. 결국 예테보리의 실험은 '임금 삭감 없는 노동시간 단축'은 비용을 증가시키며, 이러한 비용을 누가 어떤 방식으로 부담할 것인지의 해결하기 쉽지 않은 문제를 남겼다. '세상에 공짜는 없다.'라는 평범한 진실이 노동시장에도 그대로 적용됐다.

노동제도의 역사에서 2016년은 정년연장 시행의 첫해로 기억된다. 정년연장은 퇴직 이후 국민연금을 받을 때까지 몇 년간 아무런 소득도 없이 지내야 하는 직장인들의 고민을 해결하기 위해 도입됐다. 국민연금을 받기 시작하는 나이는 61세에서 2018년 62세, 2023년 63세, 2028년 64세, 2033년 65세로 높아지게 되어 있다. 58세에 퇴직하면 몇 년간 소득 없이 견뎌야 하는데 이를 '소득 크레바스(Income Crevasse) 혹은 은퇴 크레바스'라고 부른다. 정년퇴직 나이와 국민연금을 받기 시작하는 나이의 격차를 해소하기 위해 선진국들도 많이 고민했다. 가까운 일본은 2006년에 정년을 65세로 늦춰 연금을 받는 시기와 일치시켰다. 독일도 정년과 연금수령 시작점이 같다. 미국과 영국은 정년이란 개념 자체가 없어서 '소득 크레바스' 자체가 논의 대상이 아니었다.

정년을 연장하면 당장 직업을 가진 사람에게 큰 도움이 된다. 직장이라는 게 소득의 원천이면서 동시에 사회적 자존감의 원천이기 때문에, 근로자 대부분은 정년이 늘어나는 것을 적극적으로 반기고 있다. 노동조합도 직장인이 곧 조합원이므로 정년연장을 환영한다.

문제는 정년연장 의무화가 오히려 조기 퇴직자를 양산하고, 젊은이들의 구직이나 정규직 전환을 어렵게 한다는 것이다. 기업으로서는 인건비 부담을 줄이기 위해 조기 감원으로 대응한다. 실제로 많은 기업이 정년연장을 앞두고 희망퇴직을 신청받아 인원을 줄였다. 그 결과 2013년 평균 퇴직 연령은 53세였는데, 2016년에는 49세로 낮아졌다. 법정 정년퇴직자 비율이 2016년 이후 확 떨어져 2019년에는 7퍼센트 수준이 되었다.

기업들은 정규직을 채용할 때 큰 결격 사유가 없으면 늘어난 정년까지 보장해줘야 하므로 신규 채용을 꺼리고, 비정규직을 정규직으로 전환해주고 싶어도 인건비 부담으로 꺼리게 된다. 정년연장이 결국 이미 직장을 가진 사람 즉 노동시장의 강자에게 유리하고, 직장이 없거나 비정규직 등 노동시장의 약자에게 불리한 제도가 되는 셈이다. 그런 측면에서 정년연장은 노동시장의 소득격차를 해소하지 못하고 오히려 격차를 확대한다는 비판을 받고 있다. 제도를 도입할 때의 의도는 좋았으나 결과는 오히려 나빠진 사례라고 할 수 있다.

최저임금은 열악한 작업장을 막고 노동자들을 보호하기 위해 19세기 말엽부터 도입되었다. 기업이 종업원에게 지급하는 임금의 최저 수준을 규정함으로써 노동자들의 소득을 높이려는 제도다. 이는 거꾸로 표현하면 근로자들이 특정한 가격 이하로는 자신들의 노동력을 팔지 못하도록 하는 금지제도이다.

별다른 기술이 없는 사람은 낮은 임금을 주는 일자리라도 기꺼이 받아들이려고 한다. 하지만 최저임금이 높아지면 그런 일자리들은 사라지거나 기계가 대신하게 된다. 이처럼 일자리를 잃는 사람들은 주로 기술이 부족한 여성 · 노인 · 청년층에서 많이 생긴다. 최저임금을 시행했더니 아파트 경비원 숫자가 대폭 줄어든 것이 대표적이다. 중국 광둥성에서는 최저임금을 강요했더니 한 주방용품 제조업체가 300만 달러를 들여 로봇 9대를 사들여 직원 140여 명을 대체했다.

최저임금이 이처럼 근본적 문제를 갖게 된 가장 큰 이유는 하나의 적절한 임금이 존재하지 않는다는 데 있다. 근로자들을 위한다고 말하는 사람들은 '최저임금 시간당 1만 원'을 주장하는데, 영세 자영업자들은 '최저임금을 올리면 고용을 줄일 수밖에 없다.'라며 반대하고 맞선다. 이러한 상황에서 만약 최저임금을 시간당 1만 원으로 책정했다고 하면, 운 좋게 고용되거나 일자리를 유지하는 사람은 좋겠지만 많은 사람은 실직을 경험하게 되며 삶에서 큰 재앙을 맞게 된다.

문재인 정부에서 최저임금 2018년 16.4퍼센트, 2019년 10.9퍼센트 올랐다. 그랬다가 노동시장에서 워낙 아우성이 커지자 2020년 2.9퍼센트 인상, 2021년 1.5퍼센트 인상으로 슬그머니 꼬리를 내렸다. 2022년에는 다시 5퍼센트 올려 최저임금 시급을 9,160원으로 결정했다.

일본에서는 2009년 민주당이 최저임금 시급 1,000엔을 공약으로 내거는 등 포퓰리즘 정책으로 총선에서 승리해 집권했다. 2년이 흐른 2011년 7월 오카다 가쓰야 민주당 간사장은 대국민 사과 기자회견을 열었다. 그는 "공약을 만들 때 정책 필요성이나 실현 가능성을 충분히 검증하지 못해 실현 가능성이 없는 정책이 포함됐다. 정권 교체로 새로운 정책을 한꺼번에 실현한다는 의욕에 넘쳤지만, 결과적으로 세출의 증대로 연결됐다. 실현 가능성을 면밀하게 검토하지 않고 달콤한 장래를 제시한 것에 사과한다."라고 머리를 숙였다.

민주당은 2012년 총선에서 참패한 이후 재집권의 희망을 거의 잃은 상태인데, 그건 일본 국민이 포퓰리즘을 단호히 배격한 대표적인 사례가 되었다. 참고로 일본의 최저임금은 지역마다 차이가 있으나, 2021년 기준 930엔(한화 9,600원)으로 민주당이 공약을 발표한 지 12년이 지나도록 1,000엔 이하를 유지하고 있다.

최저임금 사례에서도 보듯이 '노동시장은 결국 사람의 문제'이므로 단일한 해결책이 존재할 수 없다. 노동시장의 이러한 복잡성에 대한 최소한의 이해 없이 해결책을 제시하는 것은 문제를 풀지 못하고 더욱 꼬이게 할 가능성이 커짐을 알아둘 필요가 있다.

## 청년을 위한다면 일자리가 아니라 사람을 보호하라!

북유럽은 다른 지역과 달리 성장-고용-복지에 모두 성공한 지역으로 꼽힌다. 북유럽 국가들은 일자리를 통한 고용 안전망, 복지를 통한 사회 안전망을 동시에 구축했다. 이들이 노동시장에 접근하는 원칙이 바로 '일자리가 아니라 사람을 보호한다.(Protect People, not Jobs)'이다. 왜 북유럽이 그런 원칙을 채택했을까.

나라가 발전하려면 우수한 인력이 생산성이 높은 부문으로 가도록 제도와 시스템을 고쳐나가야 한다. 일자리 창출을 위한 경제구조의 구축, 즉 소득 중심이 아니라 고용 중심의 성장전략이 필요하다. 그런 면에서, 일자리 창출은 기업들이 얼마나 경영활동을 활발히 하고, 얼마나 많은 사람이 창업하느냐에 달려 있다. 단순한 노동경제, 노사관계, 인적자원관리 등의 시각에서 접근하면 미봉책에 그칠 가능성이 크다. 특히 공공부문 일자리는 재원 조달이 세금이라는 측면에서 진정한 일자리가 아니며 국가 전체의 생산성을 낮추게 된다.

일자리 창출과 관련해 생각해볼 개념이 직업의 종류와 '경제 복잡도(economic complexity)'라는 개념이다. 경제는 분업과 협업을 통해 전문화가 진행될수록 더욱 효율성과 생산성이 높은 방향으로 발전하게 된다. 발전한 나라일수록 직업의 종류도 많아지는데, 한국은 2015년을 기준으로 할 때 직업명 기준으로 약 1만 4,900개의 직업이 있다. 일본은 약 1만 7,200개이며 미국은 3만 600개가 넘는다. 경제 복잡도란 나라별로 수출상품이 얼마나 다양하고 정교한지를 보여주는 지표로, 수출품이 고급화되고 다변화된 나라일수록 경제 복잡도가 더 높다.

일자리는 이처럼 직업의 종류를 더 많게 하고, 경제의 전문화 고급화가 이뤄지도록 규제를 풀어줄 때 더 많이 생긴다. 직업 즉 일자리는 늘 변해가기 마련이다. 전화교환원 · 속기사 · 버스안내원 · 다방 DJ 등 과거에 인기 있었던 직업은 거의 사라졌고, 지금은 앱 개발자나 웹툰 작가 등 새로운 직업이 생겨났다. 시간과 장소에 얽매이지 않는 플랫폼 일자리, 다수의 근로자가 단시간 협업하는 크라우드워크(crowdwork), 프로젝트에 따라 모이고 흩어지는 할리우드 스타일, 타인에게 고용되지 않는 독립 근로자도 크게 늘고 있다.

미래학자들은 수송과 물류, 사무직, 행정지원, 생산직 등 단순반복적인 직업은 거의 사라지고 창의적인 직업이 살아남을 것으로 예상한다. 근로자의 인건비를 줄여 로봇을 설치한다면, 3년 이내에 인건비로 나가던 비용을 뽑아낼 수 있다는 분석도 있다. 제4차 산업혁명과 인공지능의 발달로 인해 1인 창업 시대가 펼쳐지고, 기업들도 새로운 일거리를 찾기 위해 노력해야 하는 게 미래의 모습이다. 이처럼 급변하는 세상에서 사람들이 원하는 일자리와 현재 존재하는 일자리 사이에는 커다란 간극이 존재할 수밖에 없다.

그런 만큼, 일자리 만들기는 보다 많은 직업이 만들어지고 보다 전문화될 수 있도록 기반 조성을 해주는 데서 해결책을 찾아야 한다. 기업들이 활발하게 움직일 수 있도록 각종 규제나 장애물을 없애는 게 중요하다는 것이다. 미국 이스라엘 등 창업이 활발한 나라의 공통점은 기업활동 하기가 좋고 창업하기 좋은 환경이라는 점에서 늘 상위권에 들어간다. 특히 선진국이 될수록 서비스산업이 고도화되므로, 의료 · 관광 · IT 등에 적용되는 각종 규제와 장애물을 대거 치울 필요가 있다. 노동시장의 기득권도 줄이는 방향으로 가야 일자리의 나눔이 가능해진다.

일자리 특히 청년 일자리와 관련해 유럽 여러 나라의 청년실업률을 보면 많은 점을 느끼게 된다. 2020년 12월 통계를 보면 유럽 북쪽에 있는 독일의 청년실업률은 5.5퍼센트로 유럽연합 평균(17.1퍼센트)보다 훨씬 낮다. 스위스 6.9퍼센트, 네덜란드 9.3퍼센트, 영국 15.6퍼센트, 덴마크 12.3퍼센트, 노르웨이 10.6퍼센트 등 북유럽 국가들은 대부분 유럽 평균을 밑돈다. 반면에 유럽 남부의 나라들은 청년실업률이 매우 높다. 스페인은 39.4퍼센트이며, 그리스는 34퍼센트, 이탈리아 30.6퍼센트, 포르투갈 23.4퍼센트, 프랑스 23.3퍼센트 등이다.

북유럽은 대체로 국민성이 합리적이고 냉철하다는 평가를 받으며, 정치를 통해서 제도 개선에 주력하는 경향이 강하다. 남유럽은 낭만적이고 열정이 넘치는 반면, 제도 개선에 대해 그리 우호적이지 않다. 합리적인 생각을 지닌 사람들은 대체로 '자기 책임의 원칙'이 강하며, 노동시장에 대해서도 유연한 사고로 접근하는 경향이 있다. 청년실업률이 유럽에서도 유달리 낮은 독일의 경우 좌파인 사회민주당 정권의 게르하르트 슈뢰더 총리가 추진한 하르츠 개혁(노동개혁)을 앙겔라 메르켈 총리가 속한 우파 기독민주당 정권이 물려받아 일관되게 추진했다. 독일의 청년실업률은 2005년 15.8%에서 2016년 6.8%로 낮아졌고 2020년에는 5%대로 더 떨어졌다. 엄중하게 현실을 인식하고 합리적으로 정책을 편 결과, 안정적인 성장과 낮은 실업률이란 결과를 도출해냈다.

청년실업에 대한 극단적인 단기대책으로 1999년 11월 벨기에 정부가 확정한 '로제타 플랜(Rosetta Plan)'이란 게 있다. 벨기에는 당시 극심한 청년실업 사태를 겪었는데, 1998년에 학업을 마친 25세 이하 청년

구직자 13만 3,000명 가운데 7만 2,000명이 6개월이 지나도록 실업 상태였다. 당시의 사회상을 고발한 영화 〈로제타〉가 칸 영화제에서 황금종려상을 받으며 큰 반향을 불러일으켰다. 벨기에 정부는 청년실업 대책을 내놓으면서 종업원 50명 이상의 기업은 고용 인원의 3퍼센트를 반드시 청년으로 채용하도록 하고 위반 시 벌금을 내도록 했다.

로제타 플랜이 시행된 첫해에 약 5만 개의 고용협약이 이뤄지고 미숙련 청년 실업자의 40퍼세트가 새 일자리를 얻었다. 1996년 22.6퍼센트에 달하던 청년실업률은 17.5퍼센트로 내려갔고, 2000년 이후 3년간 약 12만 6,000개의 최초 고용이 이뤄졌다. 하지만 새로 고용된 청년들은 상대적으로 무능하다고 인식되고, 기업들은 어차피 뽑을 인력을 고용하면서 보조금도 받아내 나랏돈을 허투루 쓰는 비효율이 생겼다. 새로 만들어진 일자리도 대부분 단기 고용이나 파트타임인 경우가 많았다. 제도 시행 이후 3년이 지난 2003년에는 청년실업률이 21.8퍼센트를 기록해 로제타 플랜 이전 수준으로 되돌아갔다. 그 이후 이 제도를 모방하는 나라는 거의 없었다. 정상적인 노동정책을 펼친 벨기에는 2020년 말 기준으로 16퍼센트의 청년실업률을 기록 중이다.

진정한 청년실업 대책이란 청년의 아픔에 공감한다면서 말로 위로하고 눈물을 닦아주면서 금전을 보태주는 것이 아니었다. 그보다는 성장을 촉진하고 기존 노동시장의 편파적인 기득권을 내려놓는 정책을 펴야 실마리가 풀린다.

그렇다면 청년들에게는 어떤 게 좋은 노동시장일까? 기업이 등장하고 퇴출하는 과정에서 일자리도 생겨나고 없어진다. 결국 경쟁력을 잃은 기업이 시장에서 물러나고, 새로운 기업이 등장해서 일자리 순환이 잘 이뤄지는 노동시장이 취업의 기회가 생긴다.

이를 노동시장의 역동성이라고 하는데, 단순히 취업자 숫자를 늘리는 것보다 더 중요한 지표가 일자리의 창출과 소멸이다. 100개의 일자리가 생기고 80개가 없어지는 현실이 40개가 생기고 20개가 없어지는 현상보다 훨씬 좋다, 새로운 일자리가 많이 생겨서 청년층의 취업 문이 넓어지고 경쟁력을 잃은 기존 일자리가 쉽게 사라진다는 것을 의미하기 때문이다.

노동시장의 역동성을 보여주는 게 일자리 재배치율로서 일자리 창출률과 일자리 소멸률을 더한 수치다. 2012년 13.5퍼센트에서 6년 후인 2018년에는 11.3퍼센트로 떨어졌다. 민주노총은 틈만 나면 '비정규직 보호'를 외치지만, 현실은 비정규직 800만 명 이상의 시대가 됐다. 정년연장이나 과도한 정규직 보호가 일자리 재배치율을 떨어뜨리면서 결국 청년실업률을 높이고 비정규직만 양산한 셈이다.

일자리 창출을 주장하는 사람들은 새로운 기술혁신에 바탕을 둔 벤처와 스타트업이 많아져야 한다고 주장한다. 이들이 시장에 진입할 때 청년 일자리가 많이 생기기 때문이다. 각종 규제로 기업의 진입과 퇴출을 막으면 노동시장 역동성이 떨어지고, 경제도 동력을 잃기 때문이다.

그렇다면 미래에는 어떻게 일을 해야 할까. 미래에는 결국 프리랜서가 되어야 한다. 일자리(job)의 안정성보다 계속 일할 수 있는 고용(employment)의 안정성이 더 중요해지기 때문이다. 생산기술이 급격하게 변하고 혁신이 일상화되면 사람은 한 직장에서 오래 일하기보다 필요에 따라 다양한 일자리를 가질 수밖에 없기 때문이다.

고용의 안정성을 위한 전제조건은 일자리 간 이동을 쉽게 하는 것이다. 이를 위해서는 노동시장의 이중 구조를 만든 벽을 낮춰야 한다. 학교에서 첫 일자리로, 비정규직에서 정규직으로, 사양산업에서 성장산업으로 쉽게 이동할 수 있도록 해야 한다. 그래야 경제 전체의 생산성이 올라가고, 근로자의 임금이 높아진다. 정규직과 비정규직의 격차를 줄이려면 비정규직 보호를 강화하는 것보다 정규직의 보호를 수준을 낮추는 방법이 더 타당하다. 정규직의 보호 수준을 낮춰야지 노동시장의 경직성이 풀리기 때문이다.

고령층의 일자리 문제는 정년연장으로만 풀어서는 안 된다. 고령층이 쉽게 일자리를 얻고, 본인 뜻과 관계없이 일찍 퇴직하는 걸 줄이려면 임금체계가 생산성을 반영하는 성과연동 보상 체계가 돼야 하고 고령층을 위한 교육과 훈련 기회가 늘어나야 한다. 생산성이 높아지지 않으면 기업이 고령층을 채용할 이유가 없다. 단순히 법정 정년을 연장하는 건 상책이 아니라 하책이다.

대한민국의 노동정책에서 아쉬운 점이 있다. 문재인 정부가 2017년 9월 폐기한 노동계 양대 지침이 그것이다. 박근혜 정부가 도입한 양대 지침에 대해 민노총을 중심으로 한 노동계는 '저성과자 해고, 취업규칙 변경'이라며 강력히 반발했다. 사실 이건 본질을 흐리게 하는 노동계의 네이밍(naming) 전략이었다. 저성과자 해고란 곧 고성과자 보상을 뜻하므로 해당 지침은 '성과기반 보상 체계'라고 불렀어야 한다. 취업규칙 변경은 기업에 자율성을 주는 지침이므로 '취업규칙 자율화'라고 표현했어야 옳다. 정책을 펼칠 때는 내용도 중요하지만, 그에 못지않게 이름을 잘 지어서 프레임과 이미지를 좋게 가져가는 게 중요하다는 걸 보여준 사례라고 하겠다.

역사를 돌아보면 사람들은 반드시 마주치고 직시해야 할 현실을 일부러 외면하는 경향이 있다. 현실을 개선하거나 개혁하라고 외치는 인물들이 지지를 얻지 못하는 경우가 많다. 오히려 비난의 대상이 되고 배척되기도 한다. 국내 역사를 봐도 이율곡의 10만 양병설이나 조선 말기 개화파들의 주장은 그다지 환영받지 못했다.

일자리 문제, 특히 청년 일자리 실종 문제도 보고 싶지 않은 현실이며, 절대 쉬운 해답을 기대할 수 없는 문제다. 일자리는 정치인의 현실을 외면한 헛된 구호나 SNS를 통한 무차별적인 세상에 대한 비난, 세상을 걱정한다는 지식인들의 점잖은 충고 등을 통해 만들어지지 않는다.

'안정된 직장'이란 말은 이제 잊어야 할 표현이 됐다. 북유럽 국가에서 이미 '일자리가 아니라 사람을 보호하라!'는 구호를 내건 것처럼, 평생직장 시대가 아니라 평생직업의 시대인 역사적 흐름도 받아들여야 한다. 두 눈을 감는다고 현실이 달라지지는 않는다. 정치인의 달콤한 그러나 허황한 공약과 땜질식 처방에만 열광하면 '청년 실업 문제'는 풀리지 않는다.

## 집값과 부동산시장, 규제와 세금은 하책(下策)

방향이 잘못되면 아무리 노력해도 실패로 끝난다. 서울이 북쪽에 있는데 남쪽으로 자꾸 걸어가면 서울에서 멀어질 뿐이다. 대한민국의 부동산시장은 제대로 방향을 잡았을 때 안정됐고, 엉뚱한 방향으로 향했을 때 엉망진창으로 변했다. 피해는 늘 그렇듯이 서민과 저소득층, 그리고 청년 세대의 몫이었다.

대한민국의 부동산시장을 안정시킨 대표적인 정부가 노태우 정부와 이명박 정부다. 두 정부의 공통점은 공급 확대였고, 늘어난 물량에 집값은 상승할 힘을 잃었다.

노태우 정부는 1988년 서울올림픽 전후로 부동산시장이 달아오르자 200만 호 건설을 추진했다. 200만 호 가운데 90만 호가 수도권 물량이었으며, 분당 · 일산 · 평촌 · 중동 등 1기 신도시가 이때 형성됐다. 특히 9만 7,000가구(수용인구 39만 명)가 공급된 분당은 '천당 밑에 분당'이라는 말이 나올 정도로 쾌적한 주거지를 제공해 강남 집값을 10년 이상 묶는 데 성공했다. 이명박 정부의 대표적인 주택공급은 보금자리 주택인데 32만 가구 약속에 21만 가구가 실제로 지어졌다. 이명박 정부는 '집값이 잡힐 때까지 공급을 늘리겠다.'라고 정책 방향을 잡았는데, 집권 5년 동안 집값이 13퍼센트나 하락했다.

문재인 정부의 부동산 정책은 2021년까지 총 29차례나 됐다고 한다. 2017년 이후 주택 가격은 아파트를 중심으로 크게 올랐는데, 2021년 기준으로 수도권은 44퍼센트, 서울은 58퍼센트 올랐다. 인기 지역은

2~3배나 뛴 사례가 부지기수였다. 문재인 정부는 '노무현 정부 2'라는 평가도 받았는데, 노무현 정부 시절 집값이 폭등한 적이 있었기 때문이었다.

주택 정책의 성공 공식은 간단하다. 내 집을 원하는 국민의 바람을 들어주도록 적절히 물꼬를 트는 것이다. 좋은 집을 원하는 분들에게는 민간이 집을 공급하도록 하고, 어렵고 힘든 사람에게는 정부가 값이 싼 임대주택 형태로 지원하는 게 바람직하다.

주택 정책을 펼 때는 집에 대한 정확한 인식이 필요하다. 집은 단순한 주거시설이 아니다. 집은 편안하게 쉴 수 있는 보금자리이면서, 동시에 국민의 소중한 재산이자 재테크 대상이고, 나이 드신 어르신들에게는 든든한 연금이 된다.

한국 가계의 자산 가운데 80퍼센트가 부동산이다. 특히 정착해서 농경 생활을 했던 한국인의 DNA에는 내 집 마련에 대한 강렬한 열망이 담겨 있으며, 그들의 집에는 살면서 흘린 피와 땀과 눈물이 모두 녹아있다. 내 집을 마련해서 가족들과 오순도순 사는 것을 인생의 목표로 삼는 사람들도 많다.

정부의 역할은 할 수 없는 일과 해야 할 일을 구분하는 것이다. 주택 정책에 관해서는 투기 억제나 가격조절 등은 할 수 없는 일이었고, 공급 확대나 재건축재개발 활성화는 해야 할 일이었다.

문재인 정부는 집을 단순히 주거시설로만 인식하는 잘못을 범했고, 주택시장에서 할 일과 하지 말아야 할 일을 구분하지 못했기 때문에 부동산 정책에서 실패할 수밖에 없었다. 예컨대, 대출을 제한했더니 현금 부자만 쾌재를 불렀다. 다주택자와 고가 주택을 산 사람을 투기 세력으로 보았는데, 투기 억제는 역사상 성공한 적이 한 차례도 없었다. 부동산도 재테크 대상인데 이를 투기로 치부한 결과 자신의 집값이 오른 사람은 모두 죄인이 되는 묘한 일이 발생했다. 주택 정책 가운데 규제와 세금은 가장 하책(下策)인데 그걸 골라 추진하는 우를 범했다.

주택은 정해진 크기의 파이를 나눠 먹는 게임이 아니므로 공급을 늘리면 되는데 문재인 정부는 수요를 억제하는 정책을 폈다. 게다가 주택 가격은 세금에만 영향을 받는 것도 아니다. 주택 가격은 시중에 풀린 돈의 많고 적음을 보여주는 유동성, 비용 요인인 이자율, 소비자의 선호도, 지역별 수급 상황 등 다양한 요인으로부터 영향을 받으며 조세는 그중의 한 요인일 뿐인데 이를 간과했다.

문재인 정부의 부동산 정책 대명사인 김현미 전 국토교통부 장관은 "집은 빵처럼 밤새 구워낼 수 있는 것이 아니다."라는 명언을 남겼다. 백번 옳은 이야기다.

주택은 빵이 아니다. 그런 만큼 정부의 주택 정책은 주택의 미래 필요 물량을 예측하고 선제적으로 공급하는 방향에서 이뤄져야 한다. 일반 국민이 좋은 집을 가질 기회를 제공하고, 사회적 약자에는 주거 복지가 가능하도록 도와야 한다. 부동산과 관련된 금융제도와 세금 제도는 모두 수요자인 국민 시각에서 만들어야 한다. 많은 국민이 '좋은 집이란 아파트, 그것도 새로 지은 아파트'라고 생각한다. 정부는 그러한 국민의 욕구를 충족시켜 줄 의무가 있다. 국민의 목소리를 듣지 않고 국민의 희망을 실현하지 못하는 정부는 존재할 이유가 없다.

# 제 6 부

## 우리가 향해야 할 국가의 미래

# 20장. 복지는 어디에서 오는가?

나라를 다스리는 도는 반드시 백성을 먼저 부유하게 하는 것이다.
백성이 부유하면 다스리기 쉽고, 백성이 가난하면 다스리기 어렵다.
(凡治國之道 必先富民 民富則易治也 民貧則難治也)
— 관중 —

경제에서 "밀물은 모든 배를 띄운다."라는 표현이 있다. 경제가 성장하면 일자리가 많아져 국민 개개인의 삶이 좋아지고, 세금도 잘 걷혀 나라 살림도 넉넉해지므로 국정의 최고 해결책은 경제성장이라는 의미다. 실제로 저성장 국면에 들어서면 소득이 늘지 않으므로 사람들의 불평불만이 높아지고, 이에 따라 불평등과 분배에 관한 관심이 커지면서 사회에서 분열과 갈등이 심해진다. 파이가 늘어나면 다툼이 적지만, 파이가 그대로이거나 줄어들면 자기 몫이 줄어든다고 생각하는 사람들이 가만히 있겠는가?

2010년대 들어 선진국 중심으로 불평등 문제가 급부상한 것은 전 세계가 저성장으로 인해 일자리 창출이 어려워지면서 빈부격차 확대가 더욱 도드라져 보였기 때문이다.

세계 경제에서 지난 200년간은 '인류 역사의 초고속 성장' 시기였다. 인구는 1800년대 이후 지금까지 약 일곱 배 늘었는데, 일 인당 소득은 17배 이상 늘어난 것으로 추정되고 있다. 노벨 경제학상을 받은 로버트 솔로는 이러한 성장에 기여한 요인을 노동 · 자본 · 자원으로 나눠 분석하면서 무려 80퍼센트를 '잔여요인'으로 남겨두었다. 경제학자들이 성장요인으로 꼽은 노동 · 자본 · 자원으로 설명할 수 있는 부분이 전체 성장의 20퍼센트에 불과하다는 것이다.

그런데도 많은 경제학자는 여전히 노동 · 자본 · 자원으로 경제성장을 설명하려고 시도했다. 자원은 사용하다 보면 어느 순간 한계에 부딪히게 된다. 1973년 "30년 내로 석유 자원은 고갈될 것이다."라고 폭탄선언을 한 로마클럽의 『성장의 한계(Limits to Growth)』가 이러한 시각을 담은 대표적인 보고서이다. 이들은 환경파괴에 따른 기후변화의 응징을 언급하기도 한다. 미래를 암울하게 내다본 학자들은 자원의 한계로 인해 우리의 생활 수준은 조만간 급격히 떨어질 것이며 이를 막을 방법은 없다는 식으로 예측하기도 했다.

## 창조와 혁신에는 한계가 없다, 스웨덴의 지혜

경제성장을 노동 · 자본 · 자원 측면에서 보려는 전통적인 시각과 달리, 경제성장은 지식의 결과물로서 명확한 한계가 없다고 낙관적으로 미래를 내다보는 학자들도 있다.

경제학자인 윌리엄 노드하우스는 조명(照明)의 역사를 통해 성장을 설명했다. 원시인들의 불에서 시작해 양초에 이르기까지 '루멘시(lumen-hour, 시간당 환한 불빛을 내는 양)'는 그다지 발전하지 못했다. 영국은 1711년에서 1750년 사이에 양초와 창문에 세금을 부과했는데, 이는 조명 비용을 30퍼센트 가량 높이기도 했다. 그러다가 조명 비용은 급속히 떨어지는 데 가스등의 비용은 양초의 10분의 1이었고, 등유등은 가스등의 10분의 1이었다. 1880년대에 전기가 발명되자 조명에 들어가는 노동 비용은 다시 1,000분의 1로 감소했다. 지금은 LED 등의 등장으로 같은 빛을 내는 데 들어가는 비용은 훨씬 더 줄었다. 인간의 창조성이 조명에서 실질적인 성장을 만들어낸 것이다.

경제학자인 폴 로머는 기술의 변화가 경제성장의 원동력이기 때문에 혁신이 경제학이라는 영역의 외부에서 중심으로 이동하는 게 매우 필요하다고 강조했다. 로머는 "물리학자들이 볼 때 토지 · 노동 · 자본을 기초로 만들어진 생산함수 개념은 잘못됐다. 사람들은 사실 아무것도 생산하지 않는다. 만물은 이미 존재하는 것이기 때문에 사람들이 할 수 있는 일은 그것들을 재배열하는 것이다. 우리 주위에 있는 물질을 재배열하기 때문에 이 세계는 더욱 살기 좋은 곳이 된다."라고 설명했다.

폴 로머는 재배열을 요리와 비슷하다고 여겼다. 세상에 있는 재료를 특급 요리사가 적절히 배합하면 큰 기쁨을 주는 맛있고 가치 있는 요리가 되지만, 재료를 잘 혼합하지 못하면 맛없는 요리가 돼 가치가 떨어진다는 설명이다. 로머는 그러면서 성장이란 부족한 천연자원을 고갈될 때까지 소모하는 것이 아니라, 끊임없이 기존 자원을 더 큰 가치를 지닌 자원으로 재배열하는 방법을 만들어내는 것이라고 강조했다. 재배열 방법을 통한 창조와 혁신에는 한계가 없으므로 성장에도 어떤 한계를 두면 안 된다는 게 그의 논리였다.

미국의 제3대 대통령 토머스 제퍼슨은 "내 아이디어를 빌려서 사용하는 사람은 내 지식을 빼앗지 않으면서 지식을 습득한다. 내 초에서 불을 붙여가는 사람이 내 불을 꺼뜨리지 않고 불을 붙이는 것과 마찬가지다 … 아이디어는 억제하거나 독점할 수 없다."라면서 지식의 중요성을 설명했는데 폴 로머의 시각과 큰 차이가 없음을 알 수 있다.

성장을 위해 지식을 활용하는 대표적인 존재가 기업인이다. 자본주의가 성장하는 이유는 부를 창출하는 사람들에게 그 부를 보상해주기 때문이다. 그러한 면에서 성장을 도모하려면 기업인들이 뛸 수 있는 공간을 넓혀야 하며, 경제를 자유화해야 한다. 사회주의자들은 대중을 위해 자본을 장악하고 통제하는 것이 옳은 길이라고 늘 생각해왔다. 하지만, 경제성장에서 기업인들의 역할은 절대적 비중을 차지해왔고, 지금도 그러하다.

기업가정신에 대해 잘 설명한 인물이 경영학의 대가인 피터 드러커이다. 그가 2000년 초 CEO들 앞에서 했던 말이 "당신의 회사에서 CFO(최고재무책임자)만큼 당신의 사업에 대해 잘 모르는 사람은 없습니다."였다. 피터 드러커는 왜 이런 말을 했을까. 많은 최고경영자가 CFO의 조언을 듣고 결정을 내리는 데 피터 드러커가 이렇게 CFO의 역할을 깎아내린 데에는 기업의 본질적인 측면을 꿰뚫어 본 지혜가 담겨 있다.

드러커는 지식 즉 재무적 지식은 과거에 관한 것이고, 기업가정신은 미래에 관한 것이라는 점을 강조했다. 운전할 때 백미러를 보고 차를 몰면 안 되는 것처럼, 과거의 기준으로 기업을 이끌어갈 수는 없으니 미래를 내다보고 자신의 지식을 활용하는 기업가정신을 살려야 한다고 강조했던 것이다.

복지국가의 대명사인 스웨덴은 1990년대 초반 심각한 금융위기를 겪었다. 국내총생산(GDP)은 1990년부터 1993년까지 연속적으로 하락했다. 실업률은 1980년대 후반 2퍼센트 대에서 1990년대 중반 10퍼센트로 급격하게 높아졌다. 이러했던 스웨덴은 1990년대 초에 GDP의 70퍼센트를 초과했던 국가 부채를 2013년에 거의 30퍼센트까지 줄였다. 놀랍게도 그 기간에 세율도 크게 낮아졌다는 사실이다.

스웨덴의 경제 기적을 주도한 대표적인 인물이 안데르스 보리 재무장관이다. 그는 불황에 직면했을 때 다른 나라들이 돈을 차입하는 방식을 택한 것과 달리 정부 비용을 절감하는 방식을 채택했다. 이는 세율을 인하하고, 복지지출을 축소하는 방식이었다. 기업가들을 스웨덴으로 유인하기 위해 부자들에 대한 재산세도 인하했다.

스웨덴을 대표하는 기업인으로 이케아를 만든 잉그바르 캄프라드, 테트라팩을 키운 루벤 라우징이 있는데 이들은 모두 스웨덴을 떠났다. 높은 부유세와 상속세가 부과되니, 스웨덴 국적으로 기업을 소유하고 경영하는 것이 너무 힘들어 모국을 떠나 버리는 결단을 내렸다. 스웨덴은 오랜 기간 보조금, 규제, 정실 자본주의, 과도한 세금 등을 통해 국가의 활동 에너지를 위축시키는 정책을 폈다. 그러다가 보리 재무장관이 등장하면서 기업인들이 자유롭게 활동하도록 법과 제도를 바꾸었고, 결과적으로 경제가 살아났다.

미국의 경우 1996년부터 2009년까지 사실상 모든 새로운 일자리는 신생기업들에서 창출된 것으로 분석되고 있다. 특히 금융위기 직후인 2009년에는 오래된 대기업들이 일자리를 약 700만 개나 줄인 반면, 신생기업들은 230만 개의 일자리를 만들었다. 현재 미국의 주식시장을 주도하는 대표적인 기업들 가운데 구글 · 페이스북 · 아마존 등은 대표적인 신생기업이다.

정치인은 흔히 세금을 걷으려고 하며, 지식인들은 물질만능주의를 비판하는 경향이 있다. 젊은 세대를 위해 일자리를 만들어주지 못하는 사람들이 오히려 더욱 비판의 목소리를 높이고 있다. 그러나 그들이 의존하고 있는 사회적 부는 결국 투자자, 상인, 노동자, 발명가, 농부, 건설업자 등이 창출한 것이다. 그런 면에서 경제성장이라는 열차는 이들 사회적 부를 생산하는 주체들을 우대하는 풍토에서 제 궤도를 달릴 수 있다.

## 사회 안전망과 불평등에 관한 정확한 이해

경제성장이 중요하다고 해서 그 반대쪽 측면을 보지 않을 수 없다. 경제성장 없이는 사회의 안정과 발전도 없지만, 사회가 안정되지 않으면 경제의 지속적인 성장도 불가능하기 때문이다. 최근 한국에서 경제가 회생하지 않는 것은 수요 부진과 저출산 문제 등이 주요인인데, 이러한 문제를 해결하려면 사회 안전망 구축이 반드시 필요하다.

사회 안전망이 필요성은 역사가 알려준다. 자본주의 시대 이전에도 언제나 불평등 문제는 있었는데, 불평등이 심해질수록 사회가 불안해지고 결국 패망으로 치달았다. 로마의 경우 제국 내 인구가 5,000만~6,000만 명으로 추정되는데 그중 호네스티오레스(더 존귀한 자들)로 불린 상위 0.05퍼센트가 전체 부의 80퍼센트를 소유했다. 매일매일 끼니 걱정을 하던 사람들이 전체 인구의 65퍼센트에 달할 정도로 불평등이 심했다. 로마의 강점은 시민들이 자발적으로 나라를 지키는 상무(尙武) 정신에 있었는데, 빈부격차가 갈수록 심해지면서 건전한 상무 정신의 시민 숫자가 부족해졌다. 그러다 보니 국방을 외부 용병에게 맡기게 되었고, 결국 스스로 자신을 지키지 못하면서 역사의 뒤안길로 사라졌다.

한반도 역사를 보면 고려 말기의 빈부격차에 대한 기록이 있다. 『고려사』를 보면 "권문세족들이 가진 토지의 크기가 산천을 경계로 삼는다. 각기 좋은 땅을 차지하고도 모든 부역에는 한 푼도 내지 않았다. 한 땅의 주인이 대여섯 명이 넘기도 하여 전호(佃戶, 소작인)들은 세금으로 소출의 8~9할을 내야 한다."라고 되어 있다. 권력가와 귀족들이 땅을 차지하면서 빈부격차는 갈수록 나빠졌으며, 이는 결국 고려의 패망이라는 결과를 초래했다.

우리가 불평등을 자연스럽게 얘기한다. 그렇지만 불평등이란 단어는 '격차'와 '차별'이라는 의미를 모두 포함하고 있는 만큼 이를 곰곰이 따져서 생각해 볼 필요가 있다.

사람들이 자본주의와 시장경제를 비판할 때 '격차'라는 용어를 많이 사용하는데, 격차는 '부의 격차' '소득의 격차' 등의 수치로 표현된다. 빈곤퇴치운동을 벌이는 옥스팜(OXFAM)은 2017년 1월 16일 세계에서 최상위 부자 8명이 보유한 재산이 세계 인구를 반으로 나눌 때 하위 36억 명의 재산과 같은 규모라고 발표했다. 이는 차별이 아니라 격차를 의미한다. 반면 차별은 신분이나 인종 등 아무리 노력해도 넘을 수 없는 근본적인 차이를 표현할 때 주로 사용된다.

불평등은 '격차'와 '차별'을 모두 포함하는 용어다. 자본주의가 등장하기 전에는 대부분 국가에서는 대대로 지위가 세습되는 신분사회였으며, 한반도도 양반 · 평민 · 노비를 가로막은 벽은 땀과 노력만으로 도저히 넘을 수 없었다. 권력을 가진 사람이 부와 명예를 모두 지녔다. 자본주의가 등장하면서 신분사회가 시민사회로 변하자, 신분에 따른 '차별 사회'에서 소득과 부에 따른 '격차 사회'로 변한 것이다. 그런 만큼, 불평등에 관해 얘기하더라도 차별인지 격차인지에 따라 접근법이 달라야 한다. 자신의 노력으로 부자가 된 사람을 비난하는 것은 그저 시샘일 뿐이다.

사람들이 흔히 말하는 '경쟁과 능력에 따른 차이는 어쩔 수 없다.'라는 논리는 겉으로는 참으로 쉽게 들리며 설득력도 나름 있다. 다만, 능력을 키우기 위해 무엇을 얼마나 투자할 수 있는가 라는 '초기 출발조건'은 논쟁거리가 될 수 있다. 여기서 바로 '금수저–흙수저–헬조선'이라는 용어가 탄생했다. 예컨대, 최근에는 영어 구사 능력이 국제경쟁력의 척도인데, 외국에 갈 기회가 없는 사람이 영어를 능통하게 하는 것은 매우 어렵다. 언어 구사 능력에는 두뇌보다 경험과 습관이 더 크게 영향을 미칠 수밖에 없고, 그런 면에서 외국 생활을 할 수 있는 사람이 단연 유리한 위치에 선다. 이러한 '초기 출발조건'의 문제를 해결하려면 결국 초기 출발조건을 최대한 평등하게 도와줘야 한다. 미국의 자유주의 법철학자인 로널드 드워킨이 '자유의 전제조건은 평등'이라고 외치는 것도 이 때문이다.

사회적으로 경제적 평등과 관련해 접근하는 방식은 두 가지 형태가 있는데 복지주의(welfarism)와 평등주의(equalitarianism)가 그것이다

복지주의자들은 최소한의 음식 · 주거 · 의복 · 의료보장 · 교육 등에 대해 국가가 지원해야 한다고 주장하면서 자본주의가 도덕적 책임을 충족시키지 못했다고 공격한다. 최소한의 생활 수준만 보장해주면 되므로, 복지주의자들에게 있어서 빈부 차이는 상대적으로 덜 중요하다. 복지주의는 정부 프로그램을 통해 수행되므로 그 의무는 모든 납세자가 함께 지는 형태가 된다.

문제는 복지주의자의 요구가 마을공동체나 국가까지는 가능해도 인류 전체에 확대해서 적용할 수는 없다는 점이다. 무인도에 사는 사람에게나 생산력이 극히 미미했던 원시사회에서는 복지주의의 실현 자체가 불가능했다. 결국 복지주의자들이 주장하는 복지에 대한 권리는 주어진 사회의 경제적 부와 생산능력에 의해 결정되는 극히 상대적인 것으로 봐야 한다.

평등주의자들은 공평한 분배를 강조한다. 소득과 부의 차이를 용납하는 자유주의적 자본주의는 정당하지 않다고 얘기하면서 소득분배에서

통계를 사용한다. 생활 수준이 낮아지더라도 부가 고르게 분배되는 사회가 더 바람직하다고 말하기도 한다. 진보적인 시각을 가진 인사 가운데는 "한국의 국민소득이 일 인당 5,000달러로 떨어지더라도 모두가 평등하게 사는 게 낫다."라고 말한 사람도 있었다.

하지만, 평등적 분배 논리는 개인의 기여도를 나눌 수 없는 사회의 생산물에나 가능하다. 평등주의자의 문제는 최종 생산물을 어떻게 공평하게 분배할 것인가에 대한 분배정의와 원칙이 있어야 한다는 데서 발생한다. 사람에게 적절한 동기가 부여되기 위해서는 각 개인의 기여 정도를 구별할 수 있어야 하는데 이처럼 정확한 잣대를 만들기가 참으로 어렵다. 특히 개인의 능력이 내 것이 아니라 사회적 자산일 뿐이라는 결론에 도달하면, 다른 사람들의 권리는 존중하면서 정작 각 개인의 권리는 존중받지 못하는 상황이 생기게 된다.

경제적 평등과 관련해 복지주의나 평등주의 모두 지향하는 원칙은 있으나, 모든 사람을 만족시키기는 어렵다는 결론에 도달하게 된다.

복지를 얘기할 때 사회보장과 사회복지를 구분할 필요도 있다. 사회보장은 사회 안전망(safety net)을 의미하는 소극적인 방식으로 영국과 미국이 추구하는 방향이며 복지주의와 일맥상통한다. 사회복지는 이와 달리 모든 국민에게 적용되는 보편적인 방안으로 북유럽 모델이 여기에 가깝다. 국민의 복지를 위해 애쓰다 보면 어떤 분야는 보장해주는 게 비용이 덜 들고, 어떤 분야는 복지를 해주는 게 비용이 덜 들 수 있다. 이를 적절히 구분해 적용하는 것은 말처럼 쉬운 일이 아니다.

그런데도 많은 사람은 일정 수준 이상의 복지국가형 자본주의를 옹호하거나 복지국가 자체를 아예 당연한 전제로 여긴다. 여기서 알아둬야 할 사실은 복지국가는 결혼할 때 배우자에게 바라는 것처럼 여러 가지 특성을 가진다는 점이다. 결혼 상대를 찾을 때 대부분 안정적이고 의지가 되는지, 가족에게 충실한지, 가족 부양을 위해 소득은 충분한 지 여부를 따진다. 여러 가지를 고려해서 결혼하지만, 결혼 생활 도중에 자신의 배우자에게 100퍼센트 만족하는 사람은 눈을 씻고 보아도 거의 찾을 수가 없다.

복지국가도 결혼 생활처럼 국민으로부터 대체로 불평불만의 대상이 되는 경향을 보인다. 예컨대 국가가 영유아 보육비를 보조하고, 저렴한 의료혜택을 제공하며, 노인들에게 기초연금을 제공해도 불만의 목소리가 터져 나온다. 여기저기서 "육아의 모든 책임을 엄마에게 뒤집어씌운다. 젊은이들이 결혼할 수 있도록 국가가 대책을 마련하라. 노인들이 제대로 살 수 있도록 국가는 더 지원해야 한다."라고 주장하는 모습을 쉽게 볼 수 있다. 복지는 아무리 늘려도 결코 충분하다는 평가를 받을 수 없는 것이다.

복지국가는 정치적으로 어떤 의미를 지녔을까? 좌파 진보에는 '사회주의의 포기'를 뜻했고, 우파 보수에는 '자유방임주의의 포기'를 뜻했다. 국가가 전부 다 한다는 공산주의나 사회주의도, 국가는 아무것도 하지 말아야 한다는 자유방임주의도 현재 전 세계적으로 신임을 크게 잃은 상태다. 복지국가의 위치는 그 중간의 어디쯤이다.

## 공짜 복지는 없다

복지의 복잡한 성격을 얘기하면서 생각해볼 원칙이 하나 더 있다. 세금으로 운영되는 나라 살림살이는 궁극적으로 수입과 지출이 같아야 한다. 건널목에서 보행자를 위해 '파란 신호의 시간을 늘려라!'는 주장을 외친다고 하자. 그러면 나에게 파란불은 다른 사람에게 빨간불이 된다. 시장에서 보면 파는 사람이 있어야 사는 사람이 있으며, 한 사람의 지출은 다른 사람의 소득이 된다.

재미있는 사례를 들어보자. 시민단체가 절약해야 한다며 '아무것도 안 사는 날'로 정하는 경우가 있었다. 그렇지만 소비자가 하루 소비를 줄이면 누군가의 소득도 감소하는 것이다. 오늘 사지 않았다고 필요한 물건의 절대적인 양이 줄어드는 것도 아니다. 사람들은 오늘 사지 못하면 내일은 그 물건을 사기 때문이다. 대형 마트의 휴무제 지정이 소비자들을 불편하게만 할 뿐, 주변의 작은 가게들을 돕는 효과가 작은 것도 이 때문이다. '아무것도 사지 않은 날'은 참으로 어리석은 아이디어라고 할 수 있겠다.

복지 정책에 따른 분배는 '좋은 재분배'와 '나쁜 재분배'로 나눌 수 있다. 나쁜 재분배는 정부가 일부 국민의 돈을 가져다 다른 국민에게 주는 정책을 말한다. 나눠주는 과정에 비용이 들어가게 되므로, 전체적으로 경제에 마이너스 효과를 가져온다. 반면, 좋은 재분배를 세금에 빗대어 표현하면 '나쁜 것에 과세하고 착한 것은 면세하자!'라는 말로 설명할 수 있다.

미국의 경제학자인 피터 린더트는 세련된 복지국가일수록 부가가치세를 활용하고 법인세를 낮추는 등 보다 효율적으로 조세제도를 운용하는 경향이 있다고 설명했다. 복지국가인 스웨덴, 핀란드, 노르웨이 등의 법인세율은 20%대 초반으로 한국과 비슷하거나 더 낮다. 법인세는 돌고 돌아 국민 전체가 부담하게 되기 때문이며, 일자리 창출의 주역인 기업들을 국경 밖으로 내쫓기 때문이다.

복지는 적절한 수준에서 추구돼야 한다. 예컨대, 복지재원을 확보하기 위한 증세는 국민적 저항을 부르게 마련이다. 복지비로 쓰기 위해 도로나 항만 등 사회간접자본과 같은 지출 프로그램을 줄이면 국민 삶이 불편해지고 경제에 악영향을 끼친다. 2019년 기준으로 한국의 GDP 대비 사회복지 지출은 12.2퍼센트에 불과하다. 이를 경제협력개발기구(OECD) 평균인 20퍼센트로 올리려면 조세부담률을 현재 19.5% 수준에서 27.3%로 높여야 한다. 약 8% 포인트 가량 조세부담률을 올린다는 얘기는 연간 120조 원 이상을 추가로 걷는다는 의미다. 세금을 연간 120조 원 더 걷겠다는 발상은 실현 불가능에 가깝다. 납세자들이 가만히 있지 않을 것이며, 정치인들도 표를 의식해 그렇게 행동할 리 없다.

복지국가를 구축하려면 사회적 약자를 보호하기 위해서 사회 안전망을 구축해야지 규제를 하면 안 된다. 사회 안전망을 구축하기 위해 규제 일변도로 나아가면 경제 활력은 더 떨어지고 기득권층이 오히려 상대적인 혜택을 누린다. 경제성장이 이뤄지지 않으면 일자리가 만들어지지 않고, 노동하지 않으면 당장 먹고살기 힘들어지는 저소득계층이 가장 먼저 타격을 받는다. 일부 지식인들은 '자발적 가난'을 미화하는 경향이 있지만, 이는 인간 본성에 합당하지 않다.

'기여한 만큼 대가를 받아야 한다.'라는 자본주의와 '기여분에 상관없이 같은 대가를 받아야 한다.'라는 사회주의 사이의 경쟁은 이미 끝났다. 성장과 복지를 얘기할 때 사용하는 언어는 늘 '분배와 성장'이 아니라 '성장과 분배'여야 한다. 성장이 말이라면 분배는 마차와 같은 존재다. 성장이라는 말이 분배라는 마차를 이끌어야지, 분배라는 마차가 성장이라는 말의 앞에 서면 전진이 불가능하다. '평등과 분배'만으로 복지국가와 정의가 이뤄질 수 있다고 보는 것은 정상적인 사고를 지닌 사람이 할 말이 아니다.

2016년 미국 대선 과정에서 민주당 후보로 나온 버니 샌더스는 힐러리 클린턴과의 TV 토론에서 '무상 의료, 무상 대학교육, 무상 보육' 같은 복지제도를 갖춘 덴마크를 배워야 한다고 역설했다. 샌더스의 주장에 깜짝 놀란 덴마크 총리인 라르스 뢰케 라스무센 총리는 "덴마크는 사회주의가 아니고 시장경제"라며 서둘러 진화하는 모습을 보였다. 2016년 한국을 찾은 에르나 솔베르그 노르웨이 총리는 "복지는 국민 세금이 아니라 활발한 경제 활동과 높은 생산성에서 나온다"라고 강조했다. 복지제도라고 하는 것이 정치적인 선택이 아니라, 국민이 열심히 일하고 경제가 잘 돌아가야 가능한 제도라는 게 그의 설명이었다. 복지에는 결코 100퍼센트 만족이라는 것은 없고, 가장 큰 걸림돌은 재원 마련임을 잊어서는 안 된다는 게 복지국가의 대명사인 북유럽 국가들의 오랜 세월을 지나면서 터득한 지혜였다.

'요람에서 무덤까지'라는 표현으로 유명한 영국의 '베버리지 보고서'가

나온 시기는 제2차 세계대전이 한창이던 1942년이었다. 보고서의 목표는 5대 사회악인 '궁핍 · 질병 · 무지 · 불결 · 나태'를 최대한 극복하는 것이었다. 보고서를 주도한 윌리엄 베버리지는 그러면서도 "5대 사회악 제거를 위해서는 필요할 때 국가권력의 제한 없는 사용을 감수해야 한다. 그러면서도 개인이 국가보다 더 중요하며 개인이 국가가 존재하는 목적이라는 것을 잊지 말아야 한다."라고 강조했다.

현대 복지국가를 추구한 선구자들은 국가의 역할을 강조하면서도 개인의 절대적 권리를 보장하려고 노력했다. 그러기 위해서는 묘수에 가까운 경제정책과 사회정책이 필요했다. 세계 각국에서 이러한 묘수를 발견하고 실행한 완벽한 사례는 여태까지 없었다. 앞으로도 나오기가 불가능할 것이다.

# 21장. 기본소득과 토지공개념은 이상일까 몽상일까

정부는 거대한 허구다. 이것을 통해 모든 사람은 다른 모든 사람을 희생시켜가며 살아가려고 노력한다.

— 프레데릭 바스티아 (프랑스의 경제학자) —

사람들이 일상적으로 쓰는 언어에는 이데올로기(ideology)가 담겨 있다. 이데올로기는 사람들이 세상을 보는 눈이다. 개인들마다 갖는 세계관 · 종교관 · 가치관 · 사상 · 사고방식 등 믿음의 체계와 생각의 체계를 의미한다. 언어가 이처럼 이데올로기를 담고 있다 보니, 같은 사안도 어떠한 단어와 문장으로 표현되느냐에 따라 전혀 다른 각도에서 해석될 수 있다.

철학자 비트겐슈타인의 표현을 빌리면, 내 언어의 한계는 내 생각의 한계가 되는 것이다. 그런 만큼, 어떠한 개념이 등장하면 그 내면에는 자세히 생각하지 않으면 쉽게 포착하기 힘든 강력한 이데올로기가 담겨 있음을 염두에 둘 필요가 있다.

경제 활동을 하면서 일상적으로 접하는 단어 가운데 소득(income)과

부(wealth)가 있다. 국민소득이나 기업소득, 저소득층과 고소득층, 소득의 불평등, 부자, 부유층 등은 뉴스와 사적인 대화에서 많이 거론된다.

여기서 소득은 개인이나 기업이 일정한 기간에 걸쳐 노동이나 자본, 땅 등을 투입해 경제 활동을 한 후 얻는 벌이를 의미한다. 일 년 동안 국민 전체가 벌어들인 소득이 전체 국민소득(GDP)이며, 개인이 일 년 동안 회사에 다니고 받은 소득을 모두 합한 게 연봉이 된다. 소득에는 대체로 '일한 만큼 받는 대가'라는 일반적인 믿음이 깔려 있으며, 소득이란 단어에는 이념적으로 편향된 측면이 전혀 없다.

사람들은 대체로 고소득자와 부자를 같게 보는 경향이 있다. 그렇지만 고소득자는 소득이 많은 사람을 뜻하고, 부자는 재산이 많은 사람을 뜻한다. 소득이 사람에게 들어오는 현금흐름이라면, 부는 오랜 세월을 동안 쌓아놓은 재산이다. 기업에 비유하면 소득이 손익계산서라면, 부는 대차대조표라고 할 수 있다. 대체로 부자는 노년층에 많은데 이는 그들이 오랜 세월 재산을 축적했기 때문이다. 그런 만큼 젊은이들이 무작정 부자를 미워하면 곤란하다. 부자들에게 물어보면 그들 가운데 손쉽게 재산을 모은 사람은 거의 없다. 부자를 무작정 미워하는 것은 그들의 땀과 노력의 정당한 결과를 부정하는 것이므로 '공정한 대우'가 아니다.

### 기본소득은 개념이 틀렸다, 기본 복지다.

세계적으로 핫이슈가 되고 대한민국에서도 뜨거운 논쟁거리가 된 기본소득은 기본과 소득을 합친 단어이다. 현재 거론되는 기본소득(基本所得, basic income)은 재산이나 소득의 많고 적음, 근로 여부나 근로할 의사와 관계없이 모든 사회 구성원에게 똑같이 주는 돈을 말한다. 소득이란 단어에는 근로의 의미가 담긴 것으로 느껴지는데, 기본소득은 사실 근로와 전혀 관계가 없다. 그런 측면에서, 기본소득이라는 단어에는 강력한 이데올로기가 포함돼 있다. (돈의 성격상 국민의 관점에서는 기본소득보다는 기본수입이라는 게 더 타당한 표현으로 느껴진다)

기본소득을 보면 돈을 받는 개인으로서는 돈이 들어오니까 소득이 확실한데, 돈을 지급하는 국가(궁극적으로 세금)의 관점에서는 일하지 않아도 주는 만큼 복지가 된다. 대체로 기존의 복지가 어려운 사람을 가려서 도와주는 선별적 복지인 반면, 기본소득은 모든 국민에게 똑같이 적용되므로 보편적 복지로 봐야 한다. 무상교육 · 무상급식 · 무상보육이 결국 세금으로 걷은 돈인 재정에서 지급되므로 재정교육 · 재정급식 · 재정보육으로 불러도 무방한 것처럼 기본소득도 보편성을 지닌 기본 복지와 같은 맥락으로 이해해야 한다.

그러다 보니, 세계적으로 평등과 개인의 권리를 더 중시하는 진보 진영에서는 기본소득을 환영하는 반면, 자유와 책임을 더 중시하는 보수 진영에서는 포퓰리즘 공약이라며 비판하고 있다. 기본소득이란 단어 자체가 '소득이 아니라 복지'이며, 복지제도의 근간을 흔들 수 있는 매우 민감한 사안이기 때문에 이념적 대립의 한복판에 놓이게 된 것이다. 특히 복지는 한번 시작해 국민이 그 단맛을 보고 나면, 축소하거나 되돌릴 수 없다는 성격이 있다. 기본소득은 전 국민에게 적용되는 것이므로 한

번 시동이 걸리면 그 파괴력이 너무나 크다.

기본소득은 최근 급부상한 이슈이지만 역사는 매우 오래됐으며, 진보적인 생각을 지닌 사람들이 주로 비슷한 의견을 많이 냈다. '유토피아'의 작가인 토머스 모어는 범죄를 근절하는 방안은 사형이 아니라 소득의 보장이라고 주장했다. 최소한의 소득을 보장해주는 게 국가와 위정자의 책무라고 본 것이다.

18세기 말의 사회사상가인 토머스 페인은 1796년『토지분배의 정의』에서 "이 세상에 태어난 모든 사람에게는 자신이 살아갈 땅이 기본권으로 주어져 있다."라고 말했다. 땅이 공공재이므로 거기에서 나오는 수입은 모두에게 일정한 금액만큼 지급하는 게 당연하며, 이는 자연유산에 대한 사람들의 정당한 권리라고 설명했다. 19세기의 공상적 사회주의자인 샤를 푸리에는 "기본적 자연권을 누리지 못하는 탓에 자신의 필요를 충족시킬 수 없는 사람들에게 사회는 기본 생존을 보장해줘야 한다."라고 주장했다.

진보적 자유주의 사상가인 존 스튜어트 밀은 1849년『정치경제학의 원리』 2판에서 "분배에 있어서, 특정한 최소치는 노동을 하거나 하지 않느냐에 관계없이 공동체 모든 구성원의 생존을 위해 먼저 할당된다."라고 썼다. 모든 사람이 자기의 능력을 발휘하려면 기본적인 생계가 보장돼야 한다고 본 것이다. 철학자인 버트런드 러셀은 1918년『자유로 향하는 길(The Proposed Roads to Freedom)』에서 생계에 충분한 소득을 모두에게 주어야 한다고 주장했다.

자유주의 경제학자 밀턴 프리드먼은 1962년『자본주의와 자유』에서

'음의 소득세'를 주장했는데, 음의 소득세란 특정 수준 이하의 소득이 있는 사람은 세금을 내는 것이 아니라, 반대로 정부로부터 보조금을 받는 세금체계를 의미한다. 경제학자인 제임스 토빈도 최소 보장 소득인 데모그랜트(demogrant)를 얘기했는데, 1972년 민주당의 대통령 후보인 조지 맥거번의 대선 강령에 포함되기도 했다.

## 세계 각국의 기본소득 "잘못 생각했다."

기본소득이 세계적으로 뜨거운 논쟁거리가 된 계기는 스위스의 국민투표였다. 스위스에서는 2016년 6월 5일 기본소득에 대한 국민투표가 이뤄졌으며, 스위스 국민의 23.1퍼센트만 찬성해서 기본소득 도입은 부결됐다. 스위스의 새로운 시도는 중단됐지만, 핀란드에서는 2017년부터 2년간 시험 운영에 들어갔다.

핀란드는 2019년부터 모든 국민을 대상으로 기본소득을 시행하는 것을 목표로 했다가 결국 포기했다. 국가 단위 시도로는 핀란드가 처음이었다. 대상자는 25~58세 실직자 17만여 명 가운데 2,000명을 선택해 월 560유로(약 70만원)를 지급하는 것이며, 대신에 기존에 주던 실업 · 육아 · 질병 수당은 주지 않는 조건이었다.

핀란드는 기본소득이 복지를 추가하는 게 아니라 복지를 대체하는 개념이며, 온갖 수당이 복잡하게 얽혀 통제가 어려워진 복지제도를 재정비하고 실업자들의 근로의욕을 높이려는 조치라고 설명했다. 기본소득의 수혜 대상자들도 종전에는 일자리를 얻으면 각종 수당이 깎이는 불이익을 당했지만, 기본소득은 2년 동안 조건 없이 계속 지급되므로 어떤 일이라도 하게 되는 효과를 거두게 된다는 게 핀란드 정부의 생각이었다. 그렇지만 실험 결과, 기본소득을 받은 실업자들 대부분은 여전히 실업 상태로 남아 있었다는 점에서 실패로 결론났다.

기본소득 도입은 후진국에서도 논의가 활발한데, 인도 재무부는 최소 2억 명의 인도 국민이 빈곤에 시달리는 점을 고려해 연간 약 113달러(13만 5,000원)의 기본소득 도입을 주장하기도 했다. 한국에서는 제20대 총선에서 노동당과 녹색당 같은 진보 정당들이 기본소득 도입을 주장했으며, 20대 대선에서 출마 의사를 밝힌 인사들이 기본소득의 필요성을 역설하기도 했다.

스위스에서 기본소득 도입을 주장한 인사들은 '풍요 속의 빈곤'을 주장하며, 『Was fehlt, wenn alles da ist?(모든 게 있는데, 왜 부족할까?)』란 책을 펴내기도 했다. 한국에서 번역된 책의 제목은 『기본소득, 자유와 정의가 만나다』로 되어 있다. 기본소득이 자유와 정의의 상징처럼 해석될 오해의 여지가 있어 보이는 제목이다. 이들은 기본소득이란 어떠한 조건도 없으므로 자유주의와 통하고, 모두에게 주어지므로 사회적인 측면도 있다고 보고 있다.

기본소득에 찬성하는 측에서는 기본소득이 복지 정책이 아니라 기본권이라고 설명한다. 인간을 고통스러운 노동에서 해방하는 것이 경제의 궁극적인 목적이며, 사람들을 실패자로 낙인찍는 효과가 있는 기초생활자금과 달리 기본소득은 시민권에 기초한다는 것이다. 기본권 측면에서 어떠한 대가도 요구해서는 안 되며 검열도 필요 없다고 본다. 기본소득 찬성론자들은 관료주의를 줄이는 효과도 있다고 설명한다. 나라마다 복지시스템이 매우 복잡해 엄청난 행정비용이 투입되는데, 기본소득은 투명하고 간명하다는 것이다.

기본소득 찬성론자들은 기본소득의 비용은 받는 사람의 계좌에 더 많은 돈을 넣는 게 아니라, 다른 방식의 배분일 뿐이라고 설명한다. 재원 조달의 시각만 바꾸면 된다는 얘기다. 최근에는 인공지능과 로봇의 도입 등 제4차 산업혁명과 같은 기술적 충격으로 많은 일자리가 사라질 것이므로, 여기서 발생하는 실업자들의 구제를 위해 기본소득을 도입하자는 얘기도 나오고 있다.

기본소득 반대론자는 기본소득이 자유와 정의와는 거리가 멀다고 주장한다. 기본소득이 다른 사람 특히 비용을 내는 사람에게 억압과 고통이 될 수 있다는 것. 빈곤을 사회적 책임이라기보다는 하나의 자연스러운 현상으로 간주하는 미국 등에서 이러한 시각이 강하다. 사회는 구성원 모두가 어떤 방식으로든 사회에 공헌해야 유지될 수 있으며, 자신의 생계를 스스로 꾸려가는 것은 책임의 실천이자 자유를 누릴 수 있다는 근거가 된다고 생각하는 것이다. 이들은 소득 자체를 정부가 책임지게 되면 근로를 통한 소득의 가치를 부정하고 자유로운 경제 활동을 저해한다고 본다.

기본소득 반대론자들은 또한 자유의 짝은 책임이며, 책임을 질 줄 모르는 사람은 자유도 포기해야 한다고 설명한다. 그러면서 '기본소득이 자유에 대한 부정이며 사회주의 방식'이라고 규정하고 있다. 기본소득

반대론자들은 "빵을 나눠 먹으려면 먼저 빵을 구워야 한다. 아무리 커다란 빵도 나눠 먹다 보면 언젠가는 한 조각도 남지 않고 사라지게 되며, 사회시스템도 그렇게 무너질 것이다"라고 주장한다. 기본소득 반대론자들의 주장을 대변하는 말이 성경에 나오는 사도 바울의 "일하기 싫어하는 자는 먹지도 말라!"라는 유명한 구절이다.

기본소득에 거부감이 강한 미국은 '강력한 근로 윤리'의 정신을 토대로 건국됐고, 그 대표적인 사례가 초기 정착지인 제임스타운이다. 스페인이 중남미에서 금광과 은광으로 노다지를 캘 때 후발 주자인 영국의 개척자들은 대박을 노리고 미국 땅에 도착했다. 그들이 처음 정착한 장소가 제임스타운인데, 불행히도 늪지대에 자리 잡고 있어 물에는 소금기가 들어 있고 모기떼가 들끓어 말라리아가 창궐했다. 초기에 들어온 100여 명 가운데 절반가량이 첫 번째 겨울을 버티지 못하고 죽었으며, 초기 15년 동안 들어온 6,000명 가운데 생존자는 3,400명에 불과했다.

무능력과 끝없는 다툼 속에 고생하던 제임스타운의 개척자들이 점차 생존의 법칙을 만들었다. 그게 '일하지 않으면 먹지 못한다.'라는 원칙이었으며 정치적으로 누구나 똑같은 투표권을 갖는다는 규정이었다. 아무런 노다지도 없는 땅에서 그들은 스스로 담배나 면화 농사를 지으면서 부를 창출해냈고, 그들이 만들어낸 정치와 생활 원칙이 미국의 건국 과정에서 중요한 철학이자 윤리로 기능했다.

일부 학자들은 기본소득과 유사한 사례로 미국 알래스카주가 시행하는 영구기금배당(permanent fund dividend)을 언급하기도 한다. 이 기금은 알래스카주가 석유 등 천연자원을 매각한 수익으로 조성해 1982

년부터 주민들에게 연 2,000달러가량 지급하는 배당금이다. 알래스카는 인디언 말로 '거대한 땅'이라는 의미이며 한반도의 일곱 배에 달하는 넓은 면적에 비해 인구는 70만 명을 약간 웃도는 수준이다. 넓은 땅과 적은 인구로 인해 적절한 도로나 항만 등 사회적 인프라를 제공하는 게 어려운 만큼, 이에 대한 반대급부의 명목으로 배당금이 지급되는 측면이 강하다. 알래스카의 사례를 일반 국가에 적용하기는 현실적으로 불가능하다.

## 기본소득, 재원도 부족하고 공평하지도 않다.

기본소득과 관련해 여러 가지 견해가 있지만 가장 중요한 두 가지 제약이 있다. 하나는 막대한 재원의 마련 문제이고, 다른 하나는 공평이라는 가치의 위반 문제이다.

2016년 국민투표를 시행한 스위스에서 일 인당 기본소득은 성인에게 매월 2,500프랑(약 300만 원)가량 주는 것으로 추정했다. 이를 비용으로 따져보니, 조건 없는 기본소득이 시행될 때 필요한 예산 규모는 총 2,000억 프랑(약 240조 원)으로 스위스 국내총생산(GDP)의 3분의 1에 해당하는 금액이었다. 2,000억 프랑 가운데 1,300억 프랑은 기존의 각종 복지와 수당 등에서 조건 없는 기본소득으로 전환될 수 있는 것으로 나타났으며, 나머지 700억 프랑(84조 원)이 더해져야 했다. 그만큼 추가적인 세금 징수가 더 필요하다는 의미였다.

한국에서도 기본소득 논의가 활발하나, 결론부터 얘기하면 기본소득은 사이비 대안의 성격이 강하다. 사이비 대안이란 문제 해결을 위한 해결책이 문제를 더욱 꼬이게 만들었을 때를 지칭하는 것이다. '풍요 속의 빈곤 해결, 불평등 완화'를 위한 대안으로 기본소득이 도입됐을 때, 자칫 '최악의 선택'이 될 수 있다는 의미다.

한국에서 스위스보다 4분의 1로 낮춘 성인 1인당 월 80만 원(연간 약 1,000만 원)을 지급한다면 어떻게 될까. 성인 인구를 약 400만 명으로 보고 연 1,000만 원을 보장하게 되면 총 400조 원이 투입된다. 2022년 정부 예산은 607조 7,000억 원이었으니 예산의 3분의 2 수준이다. 이는 전체 국민소득(2020년 1,933조 원)의 20.7%에 해당한다. 기존 복지 수장의 기본 소득으로 전환해 절반을 충당한다고 해도 나머지 금액은 국민 1인당 연간 400만 원의 추가 세금으로 채워야 한다. 나라 곳간과 세금 문제를 생각하면 기본소득 구상은 이상이 아니라 헛된 몽상인 게 확실하다.

기본소득은 공평(公平)의 가치에도 어긋난다. 공평과 관련해 유명한 그림이 있다. 단신인 어린이, 중간인 청소년, 장신인 어른이 담장 너머로 야구 경기를 보는 그림이다. 의자가 없을 때는 어린이와 청소년이 야구 경기를 볼 수 없고, 장신인 어른만이 볼 수 있다. 이때 의자를 준다면 어떤 높이의 의자를 줘야 할까?

좌파 진보가 생각하는 기본소득은 모든 사람에게 키에 상관없이 같은 높이의 의자를 주는 방식이다. 단신인 어린이는 여전히 담당 너머로 야구를 볼 수 없고, 장신인 어른은 필요도 없는 의자를 갖게 된다. 의자의 필요성을 실감하는 사람은 중간인 청소년밖에 없다.

우파 보수가 생각하는 방식은 단신인 어린이에게는 높은 의자를, 중간인 청소년에게는 보통 의자를 주고, 장신인 어른에게는 아무것도 주지 않는 방식이다. 그렇게 되면 세 명 모두 같은 높이가 되어 야구 경기를 관람할 수 있다. 사람마다 각자에게 적합한 맞춤형 의자를 주니 세 명의 만족도가 모두 높아지는 셈이다.

먹거리에 빗대어 생각하면 배부른 사람과 배고픈 사람에게 똑같이 빵을 나눠주는 게 좋은가, 아니면 배고픈 사람에 더 주는 게 좋은가? 경제학에 나오는 '한계효용 체감의 법칙'을 굳이 들먹이지 않더라도 우리는 본능으로 배고픈 사람에게 더 많이 줘야 한다고 생각한다. 거기에 이의를 제기할 사람은 거의 없을 것이다.

공평(equity)은 '공정한 평등'을 의미하며, 복지에서는 선별 복지가 여기에 해당한다. 세금을 부과할 때 고소득자에게는 높은 세율을 적용하고, 저소득자에게는 낮은 세율이나 면세를 적용하는 누진세율이 정착된 것도 바로 공평의 원칙이 적용된 사례라고 할 수 있다. 선별 복지나 누진세는 이미 현대 사회에서 정착된 제도인데, 기본소득은 여기에 정면으로 반한다.

기본소득 도입을 주장하는 정치인들의 특징이 있다. 그 재원을 어떻게 마련할 것인지에 대해서는 자세히 설명하지 않고 얼버무린다는 것이다. 기본소득 주장으로 일단 표를 얻고, 재원 마련은 나중으로 미루는 전형적인 무책임의 발로임이 분명하다.

기본소득은 부자나 빈자에게 모두 같은 돈을 주므로 불평등 완화에도 도움이 되지 않는다. 좌파 진보는 그렇게나 '격차 불평등'이나 '차별 불평등'을 구분하지 않고 불평등을 미워하면서 오히려 기본소득 도입으로 불평등을 부추기려고 한다. 정상적인 사고라면 참으로 이해하기 어려운 행태이니 현명한 국민이 막는 수밖에 없을 것이다.

## 토지공개념, 자유와 재산의 강탈

문재인 정부의 아이콘이었던 조국 전 법무부 장관은 장관 청문회에서 이렇게 말했다. "사회주의가 우리 사회에 필요하다. 토지공개념은 이론적으로 사회주의 정책의 하나라고 그렇게 본다."

부동산 즉 토지와 주택, 건물에 대해 좌파와 우파의 관점과 철학은 확실히 다르다. 좌파 진보는 불로소득의 근원이라고 보는 반면, 우파 보수는 사람들의 땀과 노력이 결실인 재산인 만큼 지켜줘야 한다고 생각한다. 자칭 좌파 진보이면서 토지 · 건물 · 아파트를 가진 부동산 부자가 불로소득의 원천인 자기 재산을 흔쾌히 내놨다는 얘기는 거의 듣지 못했다.

사람들은 좌파 진보가 늘 얘기하는 '평등과 분배, 공동체 정신' 등의 단어에 본능적으로 호감을 느끼는 것 같다. 그 속에 담긴 '비민주적이며 파괴적인 성격, 그리고 패망으로 귀결되는 악마성'을 거의 알아채지 못하면서 말이다. 조국 전 장관이 사회주의 정책이라고 언급한 토지공개념이 현실에서 어떻게 작동하는지 살펴보자.

토지 즉 땅은 사람이 발을 딛고 사는 기반이자 모든 생산 활동의 기본 자산이다. 그러면서도 땅은 움직이지도 않고 사실상 늘리는 것도 거의 불가능하다. 부동성(不動性)과 공급의 한계로 인해 어느 나라에서나 공공(公共)개념이 필요하다. 그렇다고 공공개념이 국가나 공기관이 소유권을 갖는 공유(公有)나 모든 사람이 함께 소유권을 갖는 공유(共有)를 의미하지는 않는다.

대한민국에서 흔히 얘기되는 '토지공개념'이란 토지의 개인적 소유권은 인정하되 활용은 공공복리에 부합하도록 하자는 것이다. 토지시장이 제대로 작동하지 못하면 정부가 토지시장에 개입하게 되는 것을 말하는데, 대한민국에서는 전국적으로 부동산 투기 바람이 불었을 때 '택지소유상한제' '토지초과이득세' 등이 시행됐다가 위헌 판결을 받은 바 있다. 토지거래 신고제, 농지취득 자격증명제 등의 제도는 시행 중이다.

토지공개념의 취지는 언뜻 들어서는 좋은 것 같은데 왜 위헌 판결이 나오고 그 부작용을 걱정하는 사람들이 많은지는 시장경제이지만 사회주의 국가인 중국을 보면 알 수 있다.

사회주의 국가인 중국은 토지에 대한 개인 소유가 허용되지 않고 사용권만 인정된다. 도시를 건설하려면 농촌의 땅을 국유화(징용)하고, 정지 작업을 거친 후 부동산 개발업자나 기타 수요자에 넘긴다. 농민이 경작하는 땅을 보상할 때는 농작물 가치를 기준으로 하는데, 국유화 이전 3년 평균 작물 가치의 6~10배 규모다. 지방정부는 이를 행정 배정, 출양(出讓), 연조, 기업출자, 수탁 경영의 방식으로 토지 사용권을 넘긴다.

가장 보편적인 제도가 출양이다. 출양의 경우 현이나 시의 정부가 토지 사용권을 부동산업자에게 넘기고 일시불로 토지 출양금을 받는 것이다. 토지 사용권의 기간은 주거 용지 70년, 공업 용지 50년, 상업 용지 40년 등이다.

여기서 가장 큰 문제는 지방정부가 부동산업자로부터 받는 출양금이 농민들이 받는 보상비의 10배가 넘는 상황이 비일비재하다는 것. 출양금이 1조 원이라면 농민에게는 기껏해야 1천억 원 안팎이 돌아간다는 의미다. 나머지 9,000억 원은 지방정부의 몫이 된다. 농민들은 엄청난 불만을 가질 수밖에 없어 시위에 나서는데, 집단시위 사건의 원인 가운데 절반가량이 토지 징용과 재개발 관련으로 분석되고 있다.

여기서 주목할 부분은 출양금에서 보상비를 뺀 엄청난 이익을 지방정부, 달리 말하면 공산당 간부들이 마음대로 쓰게 된다는 사실이다. 땅을 사서 아파트를 짓는 개발업자도 엄청난 부를 얻게 된다. 토지 징용으로 인해 농민만 피를 흘리고 '공산당 간부와 부동산업자의 돈 잔치'가 이뤄질 수 있는 게 토지 소유를 허용하지 않는 사회주의 중국의 현실이다.

다른 자원과 마찬가지로 토지도 소유권과 사용권으로 분리해 생각해 볼 수 있다. 개인 소유권을 제한하면 사용권에 대한 정부가 행사할 수 있는 권한이 커진다. 정부란 정치인과 관료들을 의미하므로 실제로 소유권을 갖지 않는 사람들이 권한 행사를 하는 것이다. 정치인과 관료들이 국민 세금을 제멋대로 쓰는 사례, 힘 있는 권력자와 결탁한 기업인들이 공공사업에서 대거 이익을 취하는 사례와 비슷한 일이 토지공개념 확장의 경우에 나타날 수 있는 것이다.

토지공개념으로 대표되는 공적 통제란 결국 국민 개개인이 아니라 정치인과 관료들이 제멋대로 자원을 사용할 권리를 확대하는 말에 지나지 않는다. 2021년 대한민국을 강타한 대장동 사건에서 성남 도시개발공사가 토지 주인들로부터 헐값에 땅을 사들인 게 좋은 사례라고 할 수 있겠다. 토지공개념이 도입되면 정치인과 관료가 이런 장난을 치지 않는다고 어떻게 장담할 수 있겠나?

토지공개념에 의해 개인의 소유권이 제한되면 '공유지의 비극'이 나타날 수 있다. 공유지의 비극이란 주인이 따로 없는 공동 방목장에서 농부들이 너나없이 가축을 키워 토지를 황폐화한 사례를 말한다. 개인 소유권이 인정되지 않으므로 토지를 함부로 사용해 땅을 망가뜨리고 더럽히는 것이다. 동유럽과 소련에서 사회주의 체제가 막을 내린 이후 조사해 보니 토지에 대한 오염이 자유민주주의 시장경제 체제와 비교해 너무나 심해서 서구 경제전문가들을 놀라게 한 적도 있다. 국내에서 '공유지의 비극'으로 명태가 사라진 것도 사례가 될 수 있다. 바다에는 주인이 없어 먼저 잡는 어부가 이익을 얻게 된다. 결국 어부들이 쌍끌이 어선으로 마구 잡아들이다 보니 명태가 사라져버렸다. (민간이 자율적으로 공유지의 비극을 막는 사례도 소개했으나, 그건 지역이 특정될 때 효과를 발휘할 가능성이 크다.)

토지공개념과 관련해 광복 이후 한반도의 토지 소유와 사용 사례를 보자.

농업사회에서 땅은 생명이자 목숨이었다. 농민들은 땅에 모든 인생을 건다. 1945년 광복 당시 한반도는 농업사회였고, 농업인구는 전 국민의

80퍼센트에 육박했다. 정권을 잡은 세력들은 농민들의 마음을 사로잡기 위해 토지개혁에 착수했다. 북한이 선수를 쳤다. 광복 이듬해인 1946년 '무상몰수 무상분배'의 원칙(?)을 확립했다. 사고팔거나 소작, 저당이 금지되고 경작하는 사람에게만 권리가 인정되는 방식이었다.

대한민국은 '유상매입 유상분배' 방식이었다. 지주로부터 땅을 사들여 농민들에게 싼값으로 소유권을 넘겼다. 연평균 생산량의 30퍼센트를 5년에 걸쳐 내면 자기 땅이 됐다.

남북한의 토지개혁을 언뜻 비교하면 북한이 훨씬 나은 것처럼 보인다. 우리나라의 좌편향 국정교과서에서도 북한의 토지개혁을 '무상몰수 무상분배'로 표현했다. 이건 전혀 진실이 아니다. 북한에서는 무상몰수만 있었을 뿐 무상분배는 없었다. 무상분배는 농민이 땅을 가진다는 의미인데, 농민들은 매매나 채권 설정이 불가능했으니 사실상 소유권 없이 농사만 지어야 하는 예속된 신세에 불과했다. 농사를 지은 뒤 무려 25퍼센트에 달하는 세금을 내야 했으며, 그나마 나중에는 농지 전체가 집단농장이 되었다. 소유권을 잃어버린 농민들은 땅에 열정을 쏟지 않았고, 북한 땅은 황폐해졌으며 1990년대 대기근의 원인이 됐다.

북한이 토지개혁을 할 때 그 본질을 꿰뚫어 본 사람들이 "농민들이 아무리 열심히 일한다 해도 그들은 아무것도 소유할 수 없고, 수확물은 모두 적군(赤軍, 인민군)이 가져갈 것이다"라고 경고했는데 북한에서는 그게 현실로 나타났다. 반면에 대한민국의 농민들은 작은 땅이나마 열심히 가꿔 양식으로 삼고, 여분의 곡식을 돈으로 바꿔 자녀 교육에 투자했다. 그렇게 교육받은 선배 세대들이 대한민국 산업발전의 주역이 됐다.

사람은 자기 물건을 소중히 사용하는 본성이 있다. 자신의 물건이 아니면 함부로 취급하는 경향이 강하다. 자유민주주의가 채택한 사유재산제란 소유권과 사용권을 일치시키는 것이며, 그때 사람들은 자원을 가장 효율적으로 사용할 동기를 갖게 된다. 사회주의는 개인의 소유권과 사용권을 인정하지 않기에 사람들이 자원을 효율적으로 사용하지 않았고, 생산력이 급속히 떨어졌다. 대표적인 사례가 바로 집단농장이었다. 독일의 시인 프리드리히 횔덜린은 "국가가 지상 지옥이 된 것은 항상 국가를 지상천국으로 만들려고 했기 때문이다."라고 말했는데, 사회주의의 토지정책이 여기에 해당한다고 할 수 있다.

# 22장. 세금과 재정은 늘 적정선이 문제다

세금에 관한 모든 특혜는 불법이다.
— 볼테르 —

선사(先史)와 역사(歷史)는 인류의 지나온 발자취를 구분하는 방법이다. 문자 기록으로 남아 있지 않은 시대가 선사시대이며, 문자를 통해 알아볼 수 있는 시대가 역사시대다. 동서양을 통틀어 역사시대 자료를 살펴보면 빠짐없이 등장하는 게 세금(稅金) 기록이다.

인류의 역사 자체가 세금의 역사였다. 약 6,000년 전에 메소포타미아(현재 이라크) 지방의 수메르 문명에서 만들어진 점토판에는 "한 나라가 끝나고 다음 나라가 와도 세리(稅吏)는 있다. 너에겐 신도 있고 왕도 있고 사람도 있다. 그러나 네가 두려워할 대상은 세리다."라고 적혀 있었다고 한다.

영국의 정치가인 에드먼드 버크는 "국가의 재정수입이 국가 자체다. 유지든 개혁이든, 실로 모든 것이 이에 달려있다. 모든 힘의 원천인 재정수입의 경영이 모든 활동적 미덕의 영역이 된다고 말할 수 있다. 국가 조직은 재정수입만을 통해 진정한 재능과 성격을 발휘할 수 있다."라고 강조했다. 20세기를 대표하는 경제학자 가운데 한 명인 조지프 슘페터는 "국가 재정을 알고 판독할 수 있는 사람은 국가의 운명을 좌우할 수 있다."라고 단언했다.

인류가 태어나서 피할 수 없는 진실이 두 가지인데 하나는 세금이고 다른 하나는 죽음이다. 워낙 널리 알려진 얘기이다. 세금에 관해서는 사람마다 입장이나 관점이 몹시 다르다. 본인의 재산 유무, 소득의 많고 적음, 지향하는 가치 등에 따라 말과 행동이 수시로 바뀌기도 한다.

자유민주주의 시장경제를 지향하는 사람들은 대체로 '누구로부터 어떻게 세금을 걷을 것인가'를 고민한다. 우파 보수의 시각이다. 증세는 국민 고통이고, 세금은 결국 국민 지갑을 홀쭉하게 하므로 세금 인상에 신중하다. 그들은 증세가 돌고 돌아 전 국민의 부담으로 작용하고, 자본 탈출과 투자 감소로 이어져 결국 경제에 악영향을 끼칠 수 있음을 걱정한다. 증세의 과정에도 공짜는 없으며 반드시 상당한 대가를 치러야 한다고 여긴다.

사회주의 시각을 가진 좌파 진보는 '세금을 왜 더 걷지 못하는가'라고 생각하며, 그 방법으로 늘 '부자증세'를 외친다. 구체적인 방법론과 후유증에 관해서는 그다지 고민하지 않는다. 북한이 토지개혁을 한다면 외쳤던 것처럼 좌파 진보는 '무상'이라는 말을 즐겨 쓰면서 마치 '공짜는 있다.'라는 식으로 선전 선동을 한다.

좌파 진보는 재정을 운용할 때도 수입은 고민하지 않고 '왜 더 주지 못하는가?'라고 묻는다. 결과적으로 좌파 진보의 시각을 지니고 사회주의 경향의 재정 집행을 채택한 나라들은 대부분 재정파탄을 겪었다.

여기서 분명한 사실이 있다. 좌파 진보나 우파 보수나 정치적, 이념적 성향에 상관없이 세금을 내는 건 모두 싫어한다는 사실이다.

## 증세를 외치건 감세를 외치건 모두 세금 내기를 싫어한다

세금의 세(稅)를 한자로 풀이하면 벼 화(禾)와 바꿀 태(兌)가 합쳐져 만들어진 것을 알 수 있다. 태(兌)는 '빼내다'의 뜻도 가지고 있다. 한자 원래 뜻으로 해석하면, 과거 농경시대에 수확한 곡식 중에서 일정 부분을 관청에 바치는 것이 세금이었다.

고대 문명에서 세금은 의무였다. 나라와 백성은 신과 같은 존재인 군주의 소유물이었으며, 왕이 곧 나라인 상황에서 천하고 무지한 백성은 싫어도 힘에 억눌려 세금을 낼 뿐이었다. 백성은 해주는 것 없이 뺏어가는 세금이라는 게 반가운 존재일 리가 없었다. 세금을 걷어가는 권력자들이 백성의 반발을 조금이라도 누그러뜨리고자 생각해낸 게 세금에 종교색을 입힌 '예물(禮物)'이나 '성물(聖物)' 같은 단어였다.

구약성경 레위기 27장에 보면 각종 예물에 대한 설명이 있는데, 30절에는 "땅의 십 분의 일은, 땅의 곡식이든 나무의 열매든 모두 여호와의 것이다. 여호와에게 바쳐진 거룩한 것이다."라고 했으며 32절에는 "큰 가축과 작은 가축의 십 분의 일은 여호와에게 바쳐진 거룩한 것이 된다."라고 되어 있다.

십 분의 일의 세금, 즉 세율 10퍼센트는 동서양이 비슷하다. 중국의 공자는 세율이 10퍼센트를 넘지 않아야 이상적이라고 말했으며, 몽골의 징기스칸도 정복지 주민들에게 10퍼센트의 조공만 받아 갔다. 나폴레옹이 1799년 이집트 원정을 갔을 때 발견한 로제타석은 기원전 4세기에 제작된 것으로, 이집트 고대 상형문자의 비밀을 풀어주는 열쇠가 됐다. 로제타석에는 같은 내용을 성직자들을 대상으로는 고대 상형문자로, 일반 관리를 대상으로는 당시 민중 언어로, 이집트를 통치하던 그리스인을 대상으로는 고대 그리스어로 표기해 놓아 서로 비교가 가능했다. 로제타석에 적혀진 메시지는 세금이었다. 과거 프톨레마이어스 5세의 통치 시절 납세자들이 반란을 일으켰는데, 납세자를 사면하고 방면하면서 예전처럼 성직자와 신전에는 세금을 면제해준다는 내용이었다.

신전 앞에 세워진 로제타석은 면세의 증표이자 세리를 쫓아내는 표지판과 같았다. 성경에서 요셉과 마리아가 베들레헴으로 갔다가 예수를 낳았는데, 이러한 역사적 사실도 세금과 관련이 있다. 당시 로마 황제인 아우구스투스가 로마 영토에 사는 모든 사람에게 호적 등록을 위해 각자 자기의 고향으로 가도록 명령했다. 이는 제국의 효과적 통치 즉 인적 자원을 제대로 파악해 세금을 효과적으로 잘 걷으려는 계산된 조치였다.

동서고금을 막론하고 누구나 세금을 싫어하다 보니, 역사적인 인물들이 수많은 명언을 남겼다. 동양에서 가벼운 세금은 나라를 다스리는 기본 원칙이었다. 중국 춘추전국시대의 제나라 재상인 관중은 "세금을 가볍게 하면 백성은 부유해진다. 너무 무거운 세금을 거두면 백성은 위정자를 원망하게 된다. 백성의 힘이 다하면 명령은 결단코 시행되지 않는다.”라며 과중한 세금을 경계했다. 노자도 『도덕경』에서 “백성이 굶주리는 이유는 세금이 많기 때문이다.”며 과도한 세금을 반대했다. 맹자는 “세금을 부과하는 방법에는 직물을 거두거나 곡물을 거두는 것, 노동력을 징발하는 것 등 세 가지가 있다. 두 가지를 동시에 적용하면 백성들이 굶주려 죽는 일이 있고, 세 가지를 동시에 적용하면 부모와 자식이 흩어지게 된다.”라고 지적했다. 증세를 외치는 사람들은 동양권 성현들의 이야기를 읽지 않은 게 아닐까?

영국의 엘리자베스 1세는 “세금을 걷는 사람은 사랑받을 수 없다.”라면서, 당시에는 파격적으로 국가가 세금을 정하지 않고 국민이 주는 대로 받겠다고 약속했고 이를 실천했다. 그 결과, 당시 영국의 세금 부담이 유럽에서 가장 낮았다. 여왕의 선언에 감동한 영국 국민은 스페인의 무적함대와 싸울 때 전쟁 비용 모금에 적극적으로 동참했다. 전쟁은 국민이 단결한 영국의 승리였다.

프랑스의 중상주의자인 콜베르는 “세금이란 거위의 털을 뽑는 것처럼 해야 한다.”라며, 너무 적어서도 곤란하지만 과중한 세금은 절대 피해야 함을 인식시켰다. 중세시대의 철학자인 토머스 아퀴나스는 “과세는 허용된 강도질이다.”라는 험한 표현을 썼다. 계몽사상가인 볼테르는 “세금에 관한 모든 특혜는 불법”이라고 말했으며, 미국의 벤저민 프랭클린은 “사람이 결코 피할 수 없는 두 가지가 있다. 하나는 죽음이며, 다른 하나는 세금이다.”라고 재치 있게 표현했다.

우리 역사에서도 세금은 ‘조(租) · 용(庸) · 조(調)’가 핵심이었다. 농경사회였던 만큼 오늘날 소득세와 같은 조(租)는 벼 화(禾)라는 글자에서 보듯이 쌀로 징수했고, 16~60세의 남자에 매긴 용(庸)은 노동력의 징발을 뜻했다. 조(調)는 특산물에 부과하는 세금이었다.

## 납세는 국민으로서 권리 획득

인류의 역사와 함께 한 세금은 늘 적정선이 문제였다. 너무 가벼운 세금은 나라 운영을 어렵게 하고, 지나치게 무거운 세금은 경제를 망치고 민란의 원인이 되면서 결국 나라를 무너지게 하는 원인이 됐다.

1776년 미국의 독립은 영국이 부과한 차(茶)에 대한 세금에서 비롯됐고, 1789년 프랑스혁명은 과중한 세금으로 재정적자를 메우려는 왕에 대한 저항에서 발생했다. 근대 시민사회 헌법의 효시가 된 영국의 '대헌장(Magna Carta)'도 왕이 가진 세금 징세권을 제한한다는 문서에서 비롯됐다. 이를 계기로 왕의 자의적인 명령이 아니라 법의 규정대로 세금을 부과한다는 조세법률주의가 싹트기 시작했다.

세금은 이렇게 중요한 문제인데도 사람들은 세금에 대해 깊이 생각하지 않는다. '왜, 무슨 이유로, 무엇을 위해, 어느 정도의 수준에서' 세금을 내야 하는지에 대해서 따지는 사람도 많지 않다. 세금이 과연 공정한지 아니면 공평한지에 대해 고민하는 사람도 없다. 많은 사람이 '국가에서 나에게 주는 혜택은 좋고, 국가가 내 지갑에서 걷어가는 세금은 나쁘다.'라고만 생각하는 경향이 있다.

2015년 1월에 발생한 '연말정산 파동'은 세금에 대한 정부와 국민의 소통 부족이 빚어낸 안타까운 일이었다. 정부는 오랜 기간 직장인들에게 세금을 징수할 때 '평소에 많이 걷고, 연말정산 때 많이 돌려준다.'라는 원칙을 지켰는데, 이를 '평소에 적게 걷고 연말정산 때 적게 돌려준다.'라는 방식으로 바꿨다. 그러면서 제도 개선을 통해 저소득자 세금 부담을 줄였다. 제도를 바꾼 다음 일부 구간에서 연말정산을 하고 나니 상당수 직장인은 적자가 나서 생돈(실상은 매월 세금을 적게 낸 결과임)을 토해내야 하는 상황이 됐다. 일단 목돈을 내야 하는 직장인들은 매우 화가 나는 일이었다.

먼저 많이 내고 나중에 많이 돌려받느냐, 먼저 적게 내고 나중에 적게 돌려받느냐의 차이였을 뿐인데 정부의 소통 부족으로 국민의 분노가 커진 대표적인 사례였다. 조삼모사(朝三暮四)냐 조사모삼(朝四暮三)이 생각나는 대목이었다.

사회적으로 약자 계층은 세금에 대해 크게 신경을 쓰지 않는 경향이 있다. 한국의 근로소득세 면세자 비율은 2014년 48.1퍼센트였으며, 2018년에도 38.9퍼센트로 여전히 높다. 2014년 추계를 보니 전체 납세 대상 1,669만 명 중 802만 명이 근로소득에 따른 세금을 전혀 내지 않았다. 일본의 15.8퍼센트, 독일의 19.8퍼센트, 미국의 32.9퍼센트와 비교해 매우 높은 비율이다.

일반적으로 직장 생활을 시작한 지 얼마 지나지 않은 20~30대 청년 세대, 기술이나 전문성이 떨어지는 계층은 소득이 낮다. 이들은 증세해도 별다른 부담이 없다. 한국의 근로소득세를 보면 상위 1퍼센트가 전체 근로소득세의 40퍼센트가량을, 상위 10퍼센트가 80~90퍼센트를 부담한다. '1인 1표'가 적용되는 정치적인 셈법으로 계산하면, 증세하면 부담이 늘어나는 사람은 늘 소수이기 마련이다. 한국에서 법인세의 경우 상위 0.1퍼센트에 해당하는 기업이 법인 세수의 60퍼센트 이상을 담당한다.

세금은 국회에서 법으로 정하게 되어 있는데, 정치인들이 감세와 증세를 할 때 표현이 다르다. 국민의 표를 의식하는 정치인들은 세금을 줄이는 감세의 경우 누구나 이해하기 쉽게 직접적인 표적을 명시한다. 농민의 어려움을 덜고, 어린이집 학부모의 부담을 줄이고, 생활이 어려운 어르신들의 부담을 조금이라도 가볍게 해드린다는 식이다. 그러면, 해당 계층의 지지는 높아지게 된다.

누군가의 세금 부담을 줄이면 당연히 다른 쪽에서 세금을 더 걷어야 할 필요가 생긴다. 이때는 지금까지 세금을 내던 사람들에게 세율을 높인다든지 세액 구간을 조정하는 등의 방식을 동원하며, 누가 누구를 위해 얼마나 내는지를 모르게 납세 고지서에 두루뭉술하게 끼워 넣는다. '거위 깃털을 뽑듯이' 은근슬쩍 부과하다 보니 세금이 어떻게 더 걷히는지 이해하기 어렵다.

사회적 약자를 위하고 특정 계층을 위하며 가진 사람이 더 내는 게 좋지 않으냐는 구호는 정치적으로 다수의 지지를 받기 쉽다. 한국 사회에서 늘 제기되는 '부자증세나 법인세 인상'은 정치적 수사로는 참 매력적이다. 다만 이러한 과세 방식에는 과연 부과된 세금이 옳은 것인지에 대한 의문이 제기될 수밖에 없다. 미국에서는 납세자(taxpayers)라는 말이 매우 즐겨 사용된다. 국가를 위해 세금을 내야 권리가 생긴다는 뜻이다.

과세의 기본 원칙은 '세원(稅源)은 넓게, 세율(稅率)은 낮게'이다. 많은 조세 전문가가 서민이 한 달에 1만~2만 원이라도 세금을 내야 납세자로서 권리가 생긴다며 소득세 면세자의 축소를 주장한다. 헌법에 명시된 진정한 국민의 의무는 '국방과 세금' 두 가지인 상황에서 세금을 제대로 내야 발언권이 생긴다고 본 것이다. 백번 옳은 말이다.

세금을 내는 데는 원칙이 있어야 한다. 그래야 납세자들이 화를 덜 내고 조금이라도 더 수긍하게 만들 수 있다. 세금을 매길 때 거론되는 원칙은 크게 응익원칙(應益原則, 이익설)과 응능원칙(應能原則, 능력설)이다.

응익원칙은 나라에서 제공하는 행정서비스로부터 이익을 받으면 그 혜택에 비례해 세금을 내야 한다는 원칙이다. 국가로부터 받은 만큼 국가에 지급해야 한다는 원칙인데, 해당 지역주민에 부과하는 주민세나 도시계획세 등이 여기에 해당한다. 그렇지만 현대국가에서 응익원칙을 기본 원칙으로 택하는 곳은 없다.

응능원칙은 응익원칙과 반대개념으로 세금을 정할 때는 그 사람의 생활 수준을 고려해 즉 납세자의 납부 능력을 따져서 세금을 부과하는 것이다. 국가의 지출이 시민에게 어떻게 쓰이는지에 관계없이 많이 가진 사람이 많은 부담을 지는 것이다. 응능원칙을 적용하면 늘 세금을 많이 내는 사람은 불만을 지니게 되고, 부과되는 세금이 너무 지나치다고 생각하게 되면 세금포탈을 하거나 아예 외국으로 재산을 빼돌리는 경우가 발생한다.

응익원칙과 응능원칙이 갈등을 빚을 때 나라에서 이를 해소하는 방식으로 생각하는 게 요금과 공과금이다. 요금은 고속도로 이용료처럼 국가 서비스에 대한 대가를 치르는 것이고, 전기료나 수도료 같은 각종 공과금은 할증체계 등이 있음을 생각하면 반은 비용이고 반은 세금과 같은 형태라고 할 수 있다. 그래서 전기료를 전기세, 수도료를 수도세라고 부르는 사람들도 많다.

세금은 국가 재정을 위해 잘 걷혀야 하며, 어려운 사람들을 위한 재원이 되어야 한다. 동시에 납부 과정은 투명하고 납부 금액도 공정해야 한다. 그렇지만, 세금은 공정하지 않은 부분이 많다는 점도 알아야 한다.

세금의 역사에서 중요한 여러 가지 사건이 1894년 일어났다. 이때 영국에서는 증여를 통한 과세가 이뤄지는 등 상속세가 정리됐고 미국에서는 소득세(영국은 세계 최초로 1798년 도입)가 시행됐다. 영국의 상속세와 미국의 소득세가 모두 누진세율이었으며, 영국은 친인척 관계가 멀수록 높은 상속세율을 부과했다.

흥미로운 사실은 누진세율을 얼마로 정하는 게 공정하냐는 부분이다. 예컨대 한국에서 부가가치세율 10퍼센트는 원칙이지만, 누진세율은 자의적으로 정해진다. 정부와 국회는 2017년부터 소득세 과세표준이 5억 원을 초과하는 구간을 신설하고 세율을 종전 38퍼센트에서 40퍼센트로 높였다. 최고세율이 40퍼센트대로 높아진 것은 2001년 이후 16년 만인데, 추가되는 세금 수입은 약 6,000억 원으로 예상됐다. 적용대상자는 4만 6,000명으로 추정됐다. 최고세율을 왜 40퍼센트로 했을까? 안타깝게도 그건 어디까지나 정치적 결정이며, 40퍼센트가 공정하다는 증거는 어디에도 없다.

최고세율을 적용받는 사람들은 투표권 숫자로 보면 워낙 정치적으로 소수인지라 어디에 항변하지도 못했다. 소득세와 관련해 부유세가 거론되기도 하지만, 이는 뜯어보면 부자들에 대한 질투 세금일 뿐이다. 부자들에게 높은 세금을 물리려면 모든 소득세 요율을 조정해야 하며, 특정 구간에서 갑작스럽게 세율을 확 올리는 것은 불가능하기 때문이다. 부유세는 결국 정치적인 선전일 뿐 경제적으로 그다지 실익이 없는 세금이다.

소득에 따라 공정한 세금을 내는 문제도 매우 복잡하다. 소득이 같더라도 가족 규모, 나이, 건강 상태 등에 따라 생활 조건이 달라지면 세금이 달라야 한다. 생활 조건이 같지만, 소득이 다를 때 세금을 어떻게 부과할지도 쉽지 않다. 열심히 일해서 연 1억 원을 버는 사람과 빈둥빈둥 놀면서 연금과 이자로 연 7,000만 원을 버는 사람이 있는데, 일해서 돈을 버는 사람이 더 많은 세금을 낸다면 이를 공정하다고 여기기는 쉽지 않다. 언뜻 생각하기에 가난한 사람은 덜 내고 부자는 많이 내는 게 공정해 보이지만, 그 내면을 들여다보면 세금 부과는 정말 복잡하고 머리가 아픈 고차원의 문제가 된다.

## 법인세 · 사치세 · 종부세, 돌고 돌아 국민이 낸다

세금을 부과했는데 엉뚱한 쪽에서 피해를 보는 경우도 많다. 대표적인 세금이 법인세와 사치세와 종부세다.

사람들은 법인세를 높이면 기업의 대주주들이 그 세금을 부담한다고 생각한다. '법인세를 높여서 재벌들이 더 많이 부담하게 해야 한다.'라는 주장이 상식적으로 타당해 보이며, 이러한 정치적 발언이 많은 국민의 지지를 받는 것도 현실이다. 경제학자인 김종인 전 의원은 이에 대해 "법인세는 원래 많이 걷히지도 않는 세금이다. 돌고 돌아 최종적으로 소비자에게 부담이 전가된다는 게 근대 조세 이론"이라고 반박하기도 했다.

기업은 자본을 제공한 주주(자금대여자), 노동을 제공하는 근로자, 각종 원재료나 반제품을 제공하는 공급자(협력업체), 생산된 물건과 서비스를 사들이는 소비자 등 4개의 기반 집단으로 구성돼 있다. 여기에 세금을 부과하면 이익을 줄이고 싶지 않은 기업은 이를 누군가에게 떠넘기게 된다. 공급자 즉 협력업체가 약하면 납품단가를 후려치게 되고, 근로자들의 입지가 약하면 임금을 줄이거나 아니면 각종 수당을 줄이는 방식으로 대응할 것이다. 제품 가격의 변동에 따라 수요가 크게 줄지 않는다면 제품값을 올려 소비자에게 부담을 지운다. 협력업체 · 근로자 · 소비자 중 누구에게도 전가할 수 없으면 그때 주주가 세금 부담을 지게 된다. 법인세가 온전히 주주 부담으로 가기 전에 거치는 경로가 이렇게 복잡하다.

흥미롭게도 대기업의 회장이나 사장은 고임금을 받는 근로자이며, 회사 지분이 있을 때 주주가 되는 데 국내 대기업 회장들의 지분은 그다지 높지 않다. 국내 대기업의 주식을 가장 많이 보유하고 있는 대주주는 국민연금이다. 2020년 말 기준으로 삼성전자의 10.7퍼센트, 현대차의 10.2퍼센트, SK하이닉스의 11.0퍼센트, LG화학의 9.7퍼센트, 포스코의 11.7퍼센트, 네이버의 11.6퍼센트, 카카오의 8.6퍼센트를 보유하고 있다. 법인세를 올려 그 부담이 주주에게 모두 전가된다면, 가장 손해를 많이 보는 곳은 국민연금에 돈을 맡겨둔 일반 국민이라는 결론에 이르게 된다.

법인세는 모든 국민이 부담하는 세금이니, 소득재분배 효과를 크게 기대할 수 없으므로 대다수 국가가 단일 세율을 택하고 있다. 부의 불평등에 관해 전문가인 김낙년 동국대 교수도 한 세미나에서 "법인세 인상은 코스트(비용)가 높다. 국제비교 조세이므로 신중해야 한다. 사람들은 자기가 직접 안 내니까 법인세를 기업부담이라고 착각하는데, 법인세는 결국 소비자나 협력업체 등에 전가되는 게 대부분이라는 점을 알아야 한다."라고 일침을 놓았다.

법인세는 국제적으로 비교가 가능한 세금이므로 기업 유치를 위해서도 낮게 유지하는 게 세계적인 흐름이다. 국내의 경우 법인세를 김대중 정부 당시 1퍼센트포인트 낮췄고, 2004년 노무현 대통령 때도 '기업 유치 경쟁에 필요하다.'라며 2퍼센트포인트 내렸다. 이명박 정부 시절인 2008년에 법인세 최고세율을 25퍼센트에서 22퍼센트로 인하했다. 문재인 정부는 2017년 법인세 최고세율을 22퍼센트에서 25퍼센트로 다시 높였다. 법인세의 성격에 대한 이해 부족이라고 하지 않을 수 없다.

세계적으로 유명한 복지국가들인 북유럽도 투자와 성장에 도움을 주고자 법인세를 대한민국보다 낮은 수준에서 적용 중이다. 핀란드는 20

퍼센트, 스웨덴은 20.6퍼센트, 노르웨이도 23퍼센트로 경제 친화적인 조세제도를 채택하고 있다.

사치세도 늘 논란이 되는 세금이며 언뜻 보기에 부자들의 부담을 늘리는 것으로 비친다. 실상은 그와 반대로 나타나는 경우가 많다.

미국에서는 1990년 최고급 자동차 · 보석 · 모피 · 악어가죽 등에 사치세를 부과했다가 3년 만에 폐지했다. 부자들은 사치세가 부과되자 이를 피하려고 해당 물품을 사지 않았다. 당장 사지 않는다고 해서 생활에 아무런 불편이 없었기 때문이다. 사치세로 인해 수요가 크게 줄었고 이는 사치품 생산과 연관된 저소득 근로자들과 개발도상국 원료 생산자의 일감이 줄어드는 결과를 가져왔다. 사치세가 날린 화살의 목표는 월가의 금융인이나 대기업 임원이었는데, 엉뚱하게 화살을 맞은 사람들은 공장과 부두의 종업원, 그리고 가난한 나라의 사람들이었다. 이처럼 납세자와 실제로 이러한 세금을 부담하는 사람이 다른 경우를 '납세 전가 현상'이라고 하는데 사치세가 대표적인 경우였다.

대한민국에서 말썽이 많은 종합부동산세(종부세)도 법인세, 사치세와 크게 다르지 않아 보인다.

2021년 기준 종부세는 총 94만 7,000명이 대상으로 2020년보다 숫자가 42퍼센트 늘었다. 문재인 정부는 "국민 98퍼센트는 종부세 청구서를 받지 않는다. 주택값이 26억 원이어도 1가구 1주택이면 소나타 자동차세보다 적다."라고 강조했다. '종부세 폭탄'이라는 주장에는 부자 편만 드는 사람이라며 공격했다. 국민의 2퍼센트가 해당하니 폭탄이 아니라면 국민의 몇 퍼센트가 해당해야 폭탄이 되는 걸까? 대한민국에서 종부세는 조세가 아니라 정치 프레임이며 정치인들의 공격 수단이 되었다.

2021년 종부세 부과 대상자의 숫자를 가구로 나누면 전체 가구의 4.6퍼센트가 종부세를 내는 꼴이다. 지역별 자가 보유율을 2019년 기준으로 보면 집값이 특히 문제가 되는 수도권 가운데 서울은 42.7퍼센트, 경기도는 53.5퍼센트, 인천은 60.2퍼센트 등이다. 종부세가 대부분 수도권에서 발생하는 상황을 고려하면 주택 보유자의 대략 8퍼센트가 종부세 대상자가 된다고 할 수 있다. 국민의 2퍼센트라는 말은 진실과 거리가 멀다.

종부세는 어떤 세금일까? 종부세의 목적을 규정한 종부세법 제1조를 보면 '이 법은 고액의 부동산 보유자에 대하여 종합부동산세를 부과하여 부동산 보유에 대한 조세부담의 형평성을 제고하고, 부동산의 가격안정을 도모함으로써 지방재정의 균형발전과 국민경제의 건전한 발전에 이바지함을 목적으로 한다.'라고 되어 있다. 현실을 보면 종부세로 형평성도 높아지지 않고, 부동산 가격도 안정시키지 못했다.

종부세는 보유세이다. 보유세는 재산세와 종합부동산세를 합친 개념으로 국민이 가진 재산에 부과되는 세금이다. 재산은 국민이 열심히 일해서 모은 재화(財貨)와 자산(資産)을 통틀어 말하는데, 토지 · 가옥 · 가구 · 금전 · 귀금속 등으로 구성돼 있다. 국민은 소득이 발생하면 소득세를 내고 남은 돈으로 재산을 불린다. 그런 만큼 재산에 부과되는 세금은 이중과세의 문제를 지닌다. 특히 알뜰살뜰 살면서 고생한 국민을 징벌하는 성격도 지닌다. 자기 집이 땀과 노력의 대가인 사람으로서는 억울하기 짝이 없다.

종부세는 비싼 집 한 채와 값싼 집 두 채 이상의 다주택자 사이의 형평성 문제도 생긴다. 예컨대 30억 원짜리 집 한 채와 15억 원짜리 집 두 채를 갖고 하나는 살고 하나는 임대주는 사람을 어떻게 봐야 할까. 15억 원짜리 하나를 전세를 주는 사람이 오히려 국가 경제에 도움을 준다. 두 채 이상의 다주택자 가운데 원룸 · 빌라 · 오피스텔 등을 가진 사람도 많다. 이들이 30억 원짜리 주택을 가진 사람보다 더 많은 종부세를 낸다면 그건 조세 정의상 바람직하지 않다.

종부세는 무엇보다도 전월세 가격을 높일 가능성이 있다. 법인세나 사치세처럼 '납세 전가현상'이 나타날 수 있는 것. 그렇게 되면 임대차 3법처럼 저소득층과 청년 등의 고통으로 이어질 수 있다. 2020년 7월 도입된 임대차 3법은 전월세신고제 · 전월세상한제 · 계약갱신청구권제 등을 핵심으로 하는 '주택임대차보호법' 개정안과 '부동산 거래신고 등에 관한 법률' 개정안을 말한다. 임대차 3법은 부동산 가격안정이 아니라 집값은 물론 전월세 가격 폭등으로 나타났다. 비슷한 정책이 2020년 6 · 17 대책으로 나온 재건축 대상 2년 실거주 의무 규제였는데, 재건축의 집값 폭등과 전세대란만 부추기는 후유증을 일으켰다. 정부는 2021년 7월 문재인 정부는 슬그머니 이 규제를 폐기했다.

세금을 제품에 매기면 물건값이 올라가고, 그에 따라 사람들이 구매하는 물량이 줄어든다. 세금을 사람이나 기업에 매기면 처음에는 심리적으로 저항하다가 세금을 다른 사람이나 기업에 전가하고, 나중에 조세 포탈을 감행하며, 그것으로도 해결이 안 되면 다른 나라로 국적을 옮기는 경우가 생긴다. 전문가들의 연구에 따르면 중간소득을 올리는 사람들에 대한 세율이 소득의 30퍼센트를 초과하거나 소매업체에 부과되는 판매세가 10퍼센트를 넘어가기 시작하면 조세회피의 문제가 점점 심각해진다고 한다.

조립 가구의 대명사로 2014년 한국에 들어온 이케아(IKEA)는 1982년 스웨덴의 높은 세금을 피해 네덜란드로 본사를 옮겼다. 이케아는 그 이후에도 룩셈부르크, 리히텐슈타인, 스위스 등에 각각 다른 계열사나 재단을 두면서 세금 납부를 최소화하고 있다. 창립자이자 세계적으로 유명한 부자인 잉바르 캄프라드는 1976년 이후 스위스에서 살았다. 아일랜드 록그룹인 U2의 리드싱어 보노(본명 폴 휴슨)는 에이즈(AIDS)와 전염병 퇴치 등을 주장해왔다. 그는 세계 각국의 정상들을 만났으며 빈곤과 억압에 맞서 싸운 진보주의의 상징이자 반(反)세계화 운동의 아이콘 같은 인물이다. 화려한 음악으로 수많은 수익을 올린 U2는 모국을 떠나 네덜란드에 'U2 언리미티드'란 명칭의 지주회사를 설립했다. 세금을 아끼기 위해서였다. 반세계화 운동을 하는 사람도 세금은 무서워했다.

1597년 런던 비숍게이트 구청의 세금 기록에 영국의 빅토리아 여왕이 인도와도 바꾸지 않겠다고 얘기한 작가 윌리엄 셰익스피어의 얘기가 나온다. 불명예스럽게도 세금 체납에 관한 기록인데, 5파운드가량의 가격이 나가는 부동산을 거래하면서 5실링의 세금을 내지 않았다는 기록이다. 당시 5파운드라면 지금 화폐가치로 200만 원 남짓이라고 하는데, 5실링이면 이미 경제적 성공을 거둔 셰익스피어에게 큰돈은 아니었던 것으로 보인다. 그런데도 셰익스피어는 자기 소유의 극장이 있는 템스강 남쪽으로 주거지를 옮겼고, 나중에 세무서에서 세금 납부를 독촉하자 마지못해 세금을 냈던 것으로 후대 역사가들은 해석하고 있다.

탈세와 절세가 부자들의 전유물인 것 같지만 많은 일반인도 미처 인식하지 못하는 사이에 이 대열에 동참하고 있다. 아기 돌보미나 청소 도우미, 집안 배수관 공사 등을 할 때 계약서를 쓰지 않는 경우가 대부분이다. 영세식당을 가서 카드 대신 일부러 현금으로 내는 경우도 많다. 현금결제 때 일부 할인해주는 것도 나라에 내야 할 세금을 판매자와 구매자가 나눠 가지는 사례에 해당한다. 이러한 거래는 세무서의 감시망에 포착되지 않으니 모두 지하경제에 해당한다. 세금이 부과되지 않는 것이다. 거래 당사자들로서는 특별히 누군가의 돈을 빼앗거나 훔치지 않았으니 범죄라는 생각이 들지 않겠지만, 엄연히 탈세에 해당한다. 사람들은 정말 세금 내는 걸 싫어한다.

## 과도한 세금과 포퓰리즘이 젊은 세대의 미래를 망가뜨린다

세금을 적게 부과해서 나라 운영이 꼭 잘된다는 보장은 없지만, 세금을 지나치게 많이 부과하는 경우 대부분이 망했다. 확실한 사실은 세금을 거둔 만큼 적절히 잘 쓴 국가들은 번영했으며, 먼저 펑펑 쓰고 난 뒤에 세금을 거두려고 한 국가들은 쇠락의 길을 걸었다는 점이다.

로마제국은 전성기에 자신들이 지배하는 속주(屬州)들에 낮은 세금을 부과했고 속주의 반발도 거의 없었다. 로마는 거둔 세금을 기반으로 도로와 수도시설을 짓고, 도서관과 공중목욕탕을 건설했다. 그러다가 로마 말기에 가서는 잦은 전쟁과 거대한 공공지출로 재정적자에 시달렸다. 로마는 부족한 돈을 만회하기 위해 속주의 세금을 올렸고, 이는 농민들의 이탈 즉 세금 회피로 이어졌다. 로마가 농민의 이탈을 막으려 하자 농민들은 반란을 일으켰고, 낮은 세금을 약속한 게르만 집단에 투항하기까지 했다. 이슬람 제국은 서기 7세기에 태어난 이래 급속도로 세력을 확장했는데, 그 배경에는 정복지에 대한 적은 세금 부과가 있었다. 지배자의 과중한 세금에 시달리던 사람들이 이슬람 군대를 오히려 반기는 현상까지 나타났다.

역사상 가장 엉터리 같은 세금은 16세기 스페인에서 있었던 알카발라(Alcabala)라는 소비세였다. 알카발라 세금의 원리는 거래할 때마다 거래금액의 10퍼센트가 세금으로 붙는 방식이었다. 기업인이 여기에 10퍼센트의 이윤을 생각하고 구입 원가에 총 20퍼센트를 얹어 판매한다고 생각해보자. 이런 식으로 계산하면, 스페인 화폐단위로 100페소의 물건이 한번 거래되면 120페소가 되고, 두 번째 거래에서는 144페소, 세 번째 거래에서는 173페소, 네 번째 거래에서는 207페소가 되어 겨우 네 차례 유통에 물건값이 2배가 넘는 일이 발생하게 된다. (현대 조세체계에서는 이러한 세금 누적 현상을 방지하고자 최종 판매단계에서 한 번만 매출세를 매길 수 있도록 중간 단계에서 매입세액공제라는 제도를 두고 있다)

간단히 포도주 한 병의 거래를 생각해보자. 포도주가 포도농장–도매상–소매상–음식점 등으로 연결될 때마다 가격이 마구 뛰게 된다. 알카발라는 정부에게 축복이었지만 대중에게는 악마와 같은 존재였다. 상인들은 알카발라를 피하려고 제품의 생산부터 최종판매까지 하나의 거래로 묶어 하나의 기업이라는 우산 아래에 둘 수밖에 없었다. 이는 경제의 효율성을 높이는 분업과 협업체계에 반대되는 것으로 비효율과 비능률을 초래했다. 어쩔 수 없이 알카발라를 무릅쓰고 거래해야 하는 사람들은 조세회피를 통해 저항했고, 그러다 보니 세원의 90퍼센트가량이 사라지는 결과를 초래했다. 거래 자체가 줄거나 아니면 지하로 숨어들었다. 알카발라의 여파로 물가는 뛰고 생산은 줄어들면서 스페인의 경제는 질식했다.

알카발라를 굳이 비유하자면 교각살우(矯角殺牛)라고 할 수 있겠다. 소의 뿔을 고치려다가 소를 죽이는 일, 즉 수단이나 방법이 잘못돼 결과가 엉망진창이 된 셈인데 그런 잘못은 수없이 반복돼왔다.

현대에 와서 알카발라 만큼은 아니지만 비슷한 결과를 초래한 사례가 있는데 그게 스웨덴의 증권거래세였다. 스웨덴은 1984년 증권거래 전반에 세율 1퍼센트짜리 세금을 도입하기로 하고, 다음 해에 세율을 두 배로 올렸다. 세율이 두 배로 오르자 세수는 조금 늘어난 반면 주식의 거래량은 줄어들기 시작했다. 1990년이 되자 스웨덴 증시의 거래량은 절반으로 줄었고, 세금 수입도 반 토막이 나는 매우 나쁜 결과가 나타났다. 스웨덴 정부는 1991년 증권거래세 실험을 중단했는데, 그런 이후에도 거래량이 종전 수준으로 돌아오는 데는 상당한 시간이 필요했다.

프랑스의 경제학자 토마 피게티는 저서 『21세기 자본』에서 불평등 해소를 위한 대책으로 두 가지를 제시했다. 소득세의 최고 적정 세율을 80퍼센트로 인상하고, 글로벌 자본세를 도입하자는 것이다. 불평등을 줄이는 데 가장 흔하게 그리고 쉽게 제기되는 방안이 부자에 대한 세금을 올리거나 신설하는 것이다. 하지만, 정부가 세금을 더 거두면 민간이 쓸 돈은 줄어든다. 탈세가 만연하게 돼 세금 징수 비용이 커진다.

자본에 관한 세금과 관련해 오늘날 자본은 쉽게 국경을 넘을 수 있다. 피게티는 그러한 취지에서 글로벌 자본세를 언급하지만, 이상을 넘어 탁상공론이자 몽상에 가깝다. 모든 나라가 참여하는 세제의 도입이란 원래부터 불가능한 얘기다. 경제학적으로나 실질적으로나 모든 나라와 국민에 유익하다고 입증된 자유무역도 모든 국가가 합심해서 실행해본 적이 없다. 실천 가능성이 전혀 없는 제안을 내놓는 피게티의 모습에서 소득주도성장을 열심히 외치던 대한민국의 몇몇 경제학자가 연상되는 건 왜일까?

많은 사람은 '본인이 납세자가 되지 않는다는 조건만 충족된다면 증세는 좋은 것'이라고 인식한다. '네가 부담하고, 내가 쓴다.'라는 전형적인 놀부 심보라고나 할까. 여기에 대해 '우물쭈물하다가 내 이럴 줄 알았다(I knew if I stayed around long enough, something like this would happen)'라는 묘비명으로 유명한 극작가 조지 버나드 쇼는 "피터의 것을 빼앗아 폴에게 준 정부는 항상 폴의 지지를 받을 수 있다."라고 비꼬았다.

피터(납세자)가 소수일수록 다수인 폴(비납세자)의 환호는 뜨겁기 마련이다. 미래를 생각하지 않는 정치인은 특히 각종 복지 정책을 위해 빚을 얻어 나라 살림을 꾸려가는 적자재정을 마다하지 않는다. 현재의 복지는 곧바로 표로 연결되기 때문이다.

하지만 오늘의 복지에 따른 부채는 내일의 적자 보전을 위한 세금으로 연결된다. 복지는 현재 세대가 누리고, 부담은 미래 세대가 지는 것이 바로 적자재정이다. 선배 세대가 흥청망청하다가 후배 세대가 큰 고통을 겪는 대표적인 나라가 남미의 아르헨티나와 베네수엘라, 유럽의 그리스 등이다.

이 가운데 베네수엘라는 '현대판 국가 붕괴의 표본'으로 불린다. 베네수엘라는 '작은 베네치아'라는 뜻인데 산유국들이 대단한 위세를 떨쳤던 1970년대에는 프랑스 파리와 베네수엘라 수도인 카라카스 사이에 초음속 여객기인 콩코드(Concorde)가 날아다녔다.

베네수엘라의 비극을 얘기할 때 우고 차베스를 빼놓을 수 없다. 1998년 권력을 잡은 차베스는 "가난을 끝장내는 유일한 방법은 빈민들에게 권력을 주는 것이다. 수많은 지식인이 말해왔듯이, 우리는 자본주의를 넘어서야 한다. 자본주의 안에서 자본주의를 넘어설 수는 없다. 사회주의를 통해서만, 평등과 정의가 살아있는 진정한 사회주의를 통해서만이 자본주의를 넘어설 수 있다."라고 강조했다.

차베스 집권 시절에는 석유 가격이 괜찮았다. 베네수엘라는 석유가 수출액의 80퍼센트를 차지하는데, 석유에서 번 돈을 빈민들에게 마구 뿌렸다. 무상 의료, 무상 교육, 무상 주택을 시행하니 통계적으로 빈곤층이 줄었다. 차베스는 영웅이 되었고 사람들은 선거 때마다 만세를 부르며 그를 찍었다. 차베스는 2013년 암으로 죽었는데 그가 만들었던 베네수엘라의 영광은 유가 폭락과 함께 신기루처럼 사라졌다. 왜 그런 일이 생겼을까?

차베스의 진짜 잘못은 무엇보다도 시장경제와 산업발전의 기반을 붕괴시켰다는 점이다. 차베스는 2002년 정국 혼란기에 반대 진영의 총파업으로 대형 상점들이 문을 닫았을 때 국가 지원을 받는 생필품 지급 네트워크의 필요성을 강조했다. 그가 권력을 되찾은 후 세운 게 정부 지원으로 운영되는 슈퍼마켓 '메르칼(MERCAL)'이었다. 메르칼에서는 쌀 · 빵 · 햄 · 우유 등과 같은 기초적인 식료품을 시중 가격의 절반에 공급했다. '메르칼'은 2003년 12월 200개 지역에 생겼고, 2004년 2월에는 2,000여 개로 늘었다.

국가보조금으로 운영되는 '메르칼'은 시장 가격을 왜곡해 민간경제를 무너뜨렸다. 시중 가격으로 물건을 파는 사람들은 막대한 손실 때문에 사업을 접어야 했다. 나중에 유가 하락으로 재정파탄이 나타나고 국영 상점이 더는 '반값 판매'가 불가능해졌을 때, 상품 품귀현상이 일어났다. 상품을 생산할 수 있는 기업인들 자체가 거의 사라졌기 때문이다. 경제의 기반이 붕괴한 나라의 국민은 먹고살 길이 없어졌다. 2020년 초까지 인구 3,000만 명 안팎인 베네수엘라를 떠난 국민이 500만 명을 넘어설 정도였다. 훔칠 게 없어서 도둑과 강도마저 나라를 등진다는 뉴스가 나올 정도였다.

다른 나라의 역사를 보면 적자재정을 유발하는 공약 즉 재원 조달을 생각하지 않는 포퓰리즘의 끝이 좋았던 적은 전혀 없다. 현재 세대의 잘못이 미래 세대의 삶을 지옥으로 만들었다. 포퓰리즘 공약을 바라볼 때, 젊은 세대는 자신의 미래를 망가뜨리는 흉기로 파악하고 결사적으로 막는 것이 합리적이고 옳은 생각이다.

## 재정, '악어의 입'에 먹힐 것인가 피할 것인가?

재정을 설명할 때 '악어의 입'이란 게 있다. 이명박 정부 시절인 2011년 박재완 기획재정부 장관이 일본을 방문했을 때 일본 관료가 '악어의 입'을 언급했다고 한다. 그 관료는 경기 불황에 대처하고자 '세입보다 많은 세출'을 폈더니 재정적자가 급속히 늘어나 어느 순간 돌이킬 수 없더라고 일본의 처지를 설명했다. 한국은 부디 일본의 전철을 밟지 말라고 했다는 것이다.

'악어의 입'은 먹이를 잡으려는 악어가 입을 크게 벌린 모양에서 유래했다. 정부 지출(악어의 위턱)은 크게 느는 데 비해, 정부의 수입(악의 아래턱)은 감소 또는 정체되어 국가 부채가 급격하게 증가하는 현상을 말한다. 그래프로 그려보면 아래턱은 평평하고 위턱은 오른쪽 위로 올라가면 악어의 입 같은 모양이 되는 것이다.

대한민국에서 악어의 입 현상은 문재인 정부의 '재정 중독' 즉 '세입을 초과한 포퓰리즘 성격의 지출'이 본격화한 2019년부터 본격적으로 나타났다.

재정 운용 현황을 보면 2019년에는 54.4조 원의 적자로 GDP의 2.8퍼센트였고, 2020년에는 119조 원으로 GDP 대비 6.1퍼센트였다. 외환위기 당시인 1998년에 재정적자가 24.9조 원(GDP 대비 4.6퍼센트)인 사실과 비교하면 얼마나 재정적자 규모가 컸는지 알 수 있다.

물론 2020년은 코로나 사태라는 변수가 있었다. 그렇더라도 2020년 재정적자 119조 원 가운데 코로나와 관련된 금액은 대략 47조 원으로 전체의 39퍼센트 수준이다. 나머지 재정적자 72조 원은 설명이 되지 않는다. 재정적자 규모는 2022년에도 무려 120조 원에 이를 것으로 전망된다.

문재인 정부 5년 동안 339조 원의 국가 부채가 늘었다. 2020년 말 국가채무는 846조 6,000억 원으로 국가채무비율은 43.8퍼센트였다. 2021년 51.4퍼센트, 2024년 58.7퍼센트가 된다고 하는데 실상은 그보다 더 빠를 것이다.

문재인 정부는 일본과 참으로 사이가 좋지 않게 지냈고, 걸핏하면 친일 세력 공격을 정치적 무기로 삼았다. 그런데 재정적자에서 나타나는 '악어의 입' 현상에 있어서는 일본이 간 길을 그대로 따라갔다.

재정이란 무엇인가? 국민경제를 구성하는 주체는 기업, 가계, 정부, 해외로 구분할 수 있다. 여기서 세금을 걷어서 지출하는 정부의 활동을 통칭해서 재정이라고 한다. 재정은 자원배분, 소득분배, 경제 안정과 성장 기능 등의 활동을 한다.

2018년 기준으로 간접세인 생산 및 수입세가 195조 원, 기업과 가계에서 직접 걷는 법인세 · 소득세 · 재산세 등 직접세가 178조 원, 국민연금 · 건강보험 · 고용보험 · 산재보험 등 사회보험 부담금이 152조 원이었다. 총 525조 원으로 GDP 대비 28%에 달했다.

세금을 걷는 데는 대체로 좌파 성향의 정부가 앞장섰다. 진보 좌파 성향의 김대중 · 노무현 · 문재인 정권 시절에는 GDP 대비 국민부담 증가 규모가 연평균 2.2퍼센트포인트씩 늘었다. 보수 우파 정권의 0.8퍼센트포인트에 비해 약 3배 많았다. 특히 GDP 대비 국민부담률은 노무현 정권 때 23.4퍼센트, 이명박 정부 24.3퍼센트, 박근혜 정부 24.9퍼센트로 그리 높지 않았는데 문재인 정부때 27.5퍼센트로 껑충 뛰었다.

재정적자는 왜 좋지 않을까?

일단 세금을 많이 걷으면 민간에서 쓸 돈이 줄어든다. 국민의 소비가 감소하면 그게 자영업자, 소상공인 등에 두루 악영향을 끼친다. 경제의 역동성이 떨어지는 것이다. 공무원이 세금을 걷어 지출할 때는 자기 돈이 아니므로 더 허투루 쓸 가능성이 커진다. 직장에서 법인카드를 써본 경험이 있는 사람은 알겠지만, 아무래도 자기 지갑의 돈이 아니면 더 펑펑 쓰는 경향이 있다.

재정적자는 국가 경제 차원에서도 좋지 않다. 한국은 소규모 개방경제로 국내외에서 밀려오는 충격에 대비하는 방파제가 필요하다. 가계부채와 기업 부채가 많은 상황에서 재정이 안전한 방파제 역할을 할 필요가 있다. 특히 대한민국은 앞으로 더욱 심해질 고령화에 따른 비용, 언젠가 다가올 통일에 대비한 비용도 미리 마련해둘 필요가 있다.

2019년 고민정 청와대 대변인이 기가 막힌 이야기를 한 적이 있다. 고 대변인은 "곳간에 있는 작물들은 계속 쌓아두라고 있는 게 아니다. 쌓아두기만 하면 썩어버리기 마련이기 때문에 어려울 때 쓰라고 곳간에 재정을 비축해두는 것"이라고 말했다. 국가 재정이 그대로 놔두면 썩는다는 발상은 어디서 나왔는지 모르겠으나, 고 대변인은 어찌 됐든 2020년 국회의원으로 선출됐다.

재정적자를 무서워하지 않는 나라들은 하나같이 어둠의 길로 갔다. 남미의 아르헨티나와 베네수엘라, 남유럽의 그리스 등이 대표적이다.

대한민국이 1998년 외환위기를 쉽게 극복할 수 있었던 것도 재정이 튼튼한 덕분이었다.

재정 전문가들은 국가 재정의 올바른 관리를 위해 가장 먼저 재정적자와 국가채무 한도를 설정하는 재정 준칙(fiscal rule)의 도입을 강조한다. 어렵고 힘든 시절, 우리의 어머니들이 식량이 생기면 매일 먹을 양을 정확히 정해 두었다. 오늘 배불리 먹으면 내일 먹을 게 없었기 때문이다. 심지어 어렵고 힘들 때를 대비해 밥을 할 때마다 한 줌씩 떼어냈는데, 그걸 '좀도리 쌀'이라고 불렀다. '재정 준칙'은 바로 이러한 정신을 반영해 정부가 스스로 절제하고 통제하는 방식을 의미한다.

재정 전문가들은 페이고(PAYGO, pay as you go) 원칙을 얘기한다. 재정 지출이 필요한 법안은 재원 조달 방안을, 세입 감소를 초래하는 법안은 재정 감축 방안을 내놓는 게 페이고 원칙이다. 미국은 1990년 도입해서 재정적자를 크게 줄이다가 2002년 폐지했는데, 재정건전성 문제가 불거지자 2010년 2월 다시 법을 부활시켰다.

그밖에 건전 재정을 위해 국회 예산심의 체제의 정비, 지출의 제어, 비용을 절감하는 맞춤형 복지의 강화 등이 필요하다는 의견도 많다. 그렇지만 정치인들의 처지에서는 재정적자를 감수하고서라도 마구 쓰는 걸 좋아한다. 돈을 펑펑 써서 선거에서 당선되면 좋고, 선거에서 떨어지면 빚을 갚는 부담은 자신이 아니라 승리한 정치인이 해결해야 할 문제가 되기 때문이다. 문재인 정부에서 도입한 '예비 타당성 조사 면제'도 이런 목적에서 한 것이 아닐까?

가정이나 기업이나 나라나 변하지 않는 진리가 있다. 빚을 지면 갚아야 하고, 빚을 갚지 못하면 불행이나 파산을 면치 못한다는 것이다.

가정의 살림살이가 가정의 운명이듯이, 국가의 살림살이인 재정은 국가의 운명이다. 우리는 알뜰하게 살아야 할까, 펑펑 쓰고 살아야 할까? 우리는 후손에게 튼튼한 곳간을 물려줘야 하는가, 엄청난 빚더미를 물려줘야 하는가?

# 23장. 역사는 권선징악(勸善懲惡)이 아니다

국민의 마음이 역사를 만든다.
— 단재 신채호 —

'한국은 진정한 선진국일까?'

선진국과 후진국은 대체로 경제개발 수준에 따라 구분된다. 대체로 일 인당 소득수준이 높으면서 기술이 발전하고 산업화가 앞선 나라들이 선진국으로 꼽힌다. 소득은 높으나 산업화가 진행되지 않은 산유국을 굳이 선진국이라 하지는 않는다. 경제의 발전은 정치와 사회 제도, 과학과 기술의 발전 등이 두루 이뤄져야 가능하다. 한국은 일 인당 소득수준, 국내총생산(GDP), 수출과 무역 규모, 전력소비량, 사회 인프라, IT(정보기술)와 첨단기술 등에서 매우 발전해 있다. 삶의 양적 측면을 보면 선진국이다.

선진국과 후진국을 구분할 때 다른 기준도 있다. 삶에 대한 올바른 철학과 가치관, 사회적 약자에 대한 배려, 기부활동의 생활화 등 국민의 의식 수준을 기준으로 보는 방식이다. 한국은 세계에서 자살률 1위, 유례없이 낮은 출산율(2020년 합계출산율 0.84명), 세계 최고의 사회갈등지수 등을 기록하고 있다. 과거에는 사회 전반의 투명성은 낮고 신뢰도는 높았던 반면, 지금은 투명성은 그리 개선되지 않으면서 신뢰도는 하락하고 있다. 삶의 질적 측면을 보면 선진국이라고 말하기가 참으로 쑥스럽다.

여기서 주목할 것은 한국이 지닌 긍정적인 측면과 부정적인 측면 모두 한국인들이 만들었다는 사실이다. 한국을 특징짓는 빛과 그림자 모두 한국인에 의해 비롯됐다는 점을 스스로 느껴야 한다는 것이다. 그런만큼, 현재 한국이 당면하고 있는 모든 문제를 풀어나가야 할 책임은 한국인에게 있으며 누구에게 떠넘길 수 있는 것이 아니다.

2021년 지구촌을 놀라게 한 아프가니스탄의 비극은 많은 나라에 변치 않는 진실을 알려주었다. 그건 스스로 서지 못하는 국가를 도와줄 나라는 이 세상에 전혀 없다는 진실이었다.

## 한국은 추월하는 것일까, 추락하는 것일까

국가의 운명은 늘 변하기 마련이다. 세계 각국을 보면 선진국을 추격하는 나라도 있고, 선진국을 추월한 나라도 있다. 반면에 한참 잘 나가다가 추락한 나라도 있다.

국가나 개인이나 다가오는 기회를 얼마나 잘 잡느냐에 따라 성공과 실패가 엇갈릴 수 있다. 거대한 시장의 출현과 지리적인 변화, 새로운 경제 패러다임의 출현, 국가의 발전 의지와 일관된 정책 등이 국가의 운명을 좌우하는 대표적인 요소로 꼽힌다.

예컨대, 스페인과 포르투갈은 유럽의 변방이었다가 육로가 아닌 새로운 바닷길을 개척하면서 강대국으로 우뚝 섰다. 네덜란드는 주식회사라는 새로운 시스템을 구축해 부를 일궜다. 영국은 무역이 아니라 산업혁명 즉 새로운 에너지원을 활용한 제조업 육성을 통해 국력을 키웠고 '해가 지지 않는 대영제국'이라는 명성을 쌓았다. 일본, 한국, 대만, 중국 등은 정부 주도의 '수출중심 성장전략'을 통해 경제를 발전시켜 지금은 세계 경제의 대표적인 중심축이 되었다.

한때 성장의 역사를 썼다가 추락한 사례도 있다. 아르헨티나는 1913년 수도 부에노스아이레스에 지하철을 놓을 만큼 번영을 구가하면서 세계 5대 경제 대국의 위상을 자랑했다. 아르헨티나의 번영은 드넓은 평원을 기반으로 한 농업과 목축업의 발달 덕분이었다. 인구는 적고 땅은 넓은 상황에서 곡물과 고기는 넘쳐났고, 19세기 말 냉동선의 발명과 함께 이들 제품이 유럽으로 수출되면서 막대한 부를 축적했다. 하지만, 아르헨티나는 20세기 들어 농업경쟁력이 뛰어난 호주 · 뉴질랜드 · 미국 등과의 경쟁에 직면했고, 농업과 목축업 이외의 새로운 산업 즉 산업화를 제대로 이뤄내지 못했다. 국가적으로 점차 어려움이 가중되는 상황에서 아르헨티나의 리더들은 단기적 고통을 외면하면서 포퓰리즘으로 일관했고 이는 국가의 추락으로 이어졌다.

신흥국 경제를 얘기하면서 브릭스(BRICs, 브라질 러시아 인도 중국)가 한때 엄청난 주목을 받았다. 세월이 흐르다 보니 중국과 인도가 앞서고, 브라질과 러시아는 뒤처졌다. 중국과 인도는 첨단기술과 산업화를 통해 경제를 키운 반면, 브라질과 러시아는 국제경쟁력을 갖춘 제품이 적고 지나치게 에너지와 농산물에 의존하는 경제였기 때문이다.

많은 개발도상국도 일 인당 국민소득 3,000달러에서 5,000달러까지 올라갔다가 일부는 더욱 도약했을 뿐 대다수는 정체나 퇴보의 길로 들어섰다. 이들 국가가 선진국 추격의 대열에서 이탈한 요인은 고등교육과 기술혁신의 부재 때문이었다.

예컨대, 남미 여러 국가와 한국 · 대만은 1980년대에 한 해 50여 개 정도의 특허를 미국에 출원했다. 국내총생산(GDP) 대비 연구개발비용(R&D)이 차지하는 비중이 0.5% 정도로 비슷했다. 그러다가 2000년대 들면서 남미는 GDP에서 차지하는 연구개발비의 비중이 여전히 비슷한데, 한국과 대만은 GDP의 2%를 훌쩍 넘었다.

연구개발에 따른 국가의 혁신 능력이 중요한 것은 경제의 발전단계별로 국제시장에서 경쟁하는 제품이 달라지기 때문이다.

개발도상국은 경제도약을 시작할 때 저임금에 기초한 노동집약적 제품을 만들어 수출하게 된다. 점차 수출이 늘어나고 경제가 발전하게 되면 임금수준이 높아지고 자국의 화폐가치가 상승(환율 하락)한다. 수출하는 제품의 가격이 높아지는 것이다. 이때 제품의 부가가치를 높여서 국제시장에서 더 높은 가격을 받지 못하게 되면, 여전히 질 낮은 제품을 갖고 다른 개발도상국과 다투는 '상호경합의 문제(adding-up problem)'를 겪게 된다. '중진국의 함정'에 빠지는 것이다. 남미가 이러한 함정에서 헤어 나오지 못했고, 동남아의 여러 국가에서도 그러한 현상이 발생하고 있다. 한국과 대만은 반도체와 전자제품, 철강 등 세계 첨단제품을 만들면서 함정에서 벗어났다.

그렇지만 대한민국은 여전히 갈 길이 멀다. 『축적의 시간』은 서울대 공대의 교수 26명이 2015년 발간한 책이다. 여기에서는 선진국 문턱에 다다른 한국의 한계를 설명하고 있다.

『축적의 시간』은 대한민국의 산업화를 이끌었던 제조업, 모방과 추격 중심의 한국 제조업의 구조가 낡았으며 지금 이대로는 미래에 새로운 먹거리를 창출하기 어렵다는 사실을 알려줬다. 서울대 교수들은 제조업의 업그레이드를 위한 해법으로 '경험의 축적'을 강조했다. 경험이 축적되어야 창의적인 개념을 설계할 수 있고 거기서 더 큰 부가가치를 창출해야 한국이 선진국 문턱을 뛰어넘어 진정한 선진국으로 진입할 수 있다는 지적이었다. 과연 한국은 『축적의 시간』이 알려주는 미래를 향한 궤도에 제대로 올라타고 가고 있는가?

## 역사는 실력자를 우대하고 약자를 처벌한다

대니 로드릭 하버드대 교수는 국제 정치와 경제의 관계를 연구하는 석학이다. 그는 성장의 사다리를 올라가다가 주저앉은 나라의 특징에 대해 살펴보면서 개별 나라마다 성장을 저해하는 요인이 다르다고 설명했다.

한국의 경우, 여러 가지 요인이 있겠지만 그 중대성으로 볼 때 인구와 일자리 문제가 성장의 최대 제약요인으로 지목됐다. 특히 일자리 창출은 세계 각국이 직면한 문제인 반면, 인구 문제는 한국 특유의 문제라는 점에서 심각성이 크다는 특징을 지닌다.

인구 문제와 관련해, 한국인의 역사에서 2017년은 '대격변기의 원년'이다. 2016년 신생아 수가 40만 6,300만 명이었는데 2017년에는 35만 7,000명 대로 내려갔다. 2017년에는 65세 이상 노인인구가 14퍼센트를 넘어 '고령 사회'로 진입했으며, 생산가능인구는 2016년 3,762만 7,000명을 정점으로 줄어들기 시작했다.

인구학에서 신생아의 출산 추이는 매우 중요한데 정확한 미래 예측이 가능하기 때문이다. 한국에서 신생아 숫자는 1972년 100만 명 밑으로 떨어졌고, 정확히 30년 즉 한 세대 후인 2002년 50만 명 선이 무너졌다. 그 후 15년이 흘러 40만 명 선이 무너졌는데, 급기야 2019년에는 30만 3,000명으로 줄었다. 결국 2020년에는 27만 2,400명의 신생아가 태어나 20만 명대로 진입했다.

초저출산(초저출생) 시대가 열리면서 모든 사회시스템의 재조정이 불가피해졌다. 한해 60만 명대 출생을 기본 전제로 삼아 짜인 대학 정원과 군 병력구조는 바뀔 수밖에 없다.

신생아 감소는 벌써 사회 곳곳에 그림자를 드리우고 있다. 2015년 기준으로 한국의 미성년자는 전체 인구의 22퍼센트에 해당하는 1,100만 명 수준이었다. 갈수록 미성년 숫자는 줄어들다 보니 교사 임용부터 시작해 책과 패션 등 이들을 대상으로 한 매출이 계속 줄어드는 상황이다. 미성년자층이 각종 먹거리의 왕성한 소비층임을 고려할 때 식품 시장에도 악영향이 예상되며, 실제로 과일 소비 감소 등이 나타나고 있다. 대학은 이제 벚꽃 피는 순서대로 차근차근 문을 닫을 것으로 예상된다.

일자리 문제는 한국뿐만 아니라 전 세계가 직면한 최대 현안이다. 2015년 발간된 갤럽 보고서에 따르면, 지구촌 70억 명의 인구 가운데 일하고 있거나 일하고 싶어 하는 인구는 약 30억 명으로 추산된다. 이들 가운데 정규직 일자리는 세계적으로 12억 개 정도에 불과하며, 잠재적으로 18억 개의 양질의 일자리가 부족하다는 것이 갤럽의 추산이다. 여기서 양질의 일자리란 매주 평균적으로 30시간 이상 꾸준히 일하며, 고용주로부터 정기적으로 일정한 보수를 받는 일자리를 말한다.

일자리 창출이 중요한 이유는 일자리가 경제력을 좌우하고 국가의 흥망을 좌우하기 때문이다. 경기가 침체하고 실업자가 늘어나면 세금을 부과할 수 있는 기반이 약해진다. 세금 걷기가 어려워지면 당연히 정부의 재정이 큰 타격을 입을 수밖에 없다. 세금이 덜 걷혀 재정 지출이 줄어든다는 얘기는 사회 안전망이 취약해짐을 뜻하며, 이는 국가가 제 기능을 하지 못하고 무너질 수 있음을 의미한다.

양질의 일자리는 기업가정신과 혁신에 의한 성장을 통해 만들어진다. 일자리와 국내총생산(GDP)은 상생 관계이며, 서로가 서로의 원인이자 결과로 작용한다. 일자리가 늘어나면 GDP가 증가하고, GDP가 높아지면 대체로 더 많은 일자리가 만들어진다. 닭이 먼저냐 달걀이 먼저냐의 관계와 비슷하다. 경제전문가들이 '일자리가 생기는 짓이라면 무슨 짓이라도 할 수 있다는 생각을 가져야 한다.'라고 주문하는 것도 일자리 문제가 경제에서 가장 중요하기 때문이다.

대니 로드릭 교수는 세계화의 트릴레마(globalisation trilemma) 이론을 제시했다. 그의 기본적인 아이디어는 민주주의를 신장시키고, 국가 주권도 강화하며, 글로벌 경제와 연결되는 세계화를 이루는 등 세 가지를 동시에 모두 충족시키는 게 불가능하다는 것이다.

세계화를 이루면 나라 전체로는 이익을 보지만 반드시 손해 보는 계층이 생기게 된다. FTA(자유무역협정)로 농산물 수입을 자유화하니 농민들이 손해를 보는 게 대표적인 사례다. 세계화로 손해 보는 계층은 국내 정치에서 극단적인 주장을 하게 되면서 민주주의가 위협을 받게 된다. 이러한 분위기 속에 미국의 도널드 트럼프 대통령이 당선됐고, 영국의 EU(유럽연합) 탈퇴가 이뤄졌다. 세계화를 통해 물건과 돈이 국경을 자유롭게 넘게 되면 한 나라가 독립적인 경제정책을 펴기도 어려워지고 효과도 줄어들게 된다.

무역으로 먹고사는 한국은 세계화를 피할 수 없다. 그러면서 민주주의도 발전시켜야 한다. 미국, 중국, 일본, 러시아 등 세계 4강에 둘러싸인 채 세계에서는 가장 위험한 국가인 북한을 옆에 두고 있는 처지에서 국가 주권도 지켜나가야 한다.

한국은 이러한 트릴레마 속에서 국제경쟁력을 높여야 한다. 국제경쟁력은 곧 생존의 문제와 직결되기 때문이다. 국제경쟁력은 위험 회피보다는 창의성 경쟁에서, 간판 따기보다는 실력 경쟁에서 높아질 수 있다.

역사는 무엇보다도 공정하지도 않으며, 옛이야기 속에 나오는 '권선징악(勸善懲惡)'처럼 착한 사람들에게 상을 주지도 않는다. 경제학자이자 진보성향이 강했던 존 스튜어트 밀은 "진실이 항상 박해에 맞서 승리한다는 격언은 수많은 사람이 반복하는 유쾌한 거짓말들 가운데 하나이다. 역사를 돌이켜보면 진실과 선의가 박해에 굴복한 사례를 무수히 볼 수 있다."라고 일갈했다.

역사는 실력을 갖춘 사람과 효율성을 높인 사람을 우대하는 방식으로 움직인다. 개인이든 나라이든 관계없이 약자는 역사에서 언제나 피해자 처지를 벗어나지 못한다. 한국의 지난 역사도 늘 그렇게 흘러왔다. 대한민국의 현재와 미래도 당연히 '역사의 냉혹한 생존 법칙'에서 예외일 수는 없다.

|맺음말|

# 현명한 국민이 좋은 세상을 만든다

"철학은 국가의 기초입니다."

국내 유명한 철학자의 글에서 읽은 문장이다. 해당 글귀를 보고 무언가를 알아냈거나 깨달음을 얻었을 때 쓴다는 유레카(eureka)라는 단어가 떠올랐을 정도였다.

철학은 한마디로 생각하는 것이다. 많은 사람이 이런 문장을 보거나 들어봤을 것이다.

'생각을 바꾸면 행동이 바뀌고, 행동을 바꾸면 습관이 바뀌고, 습관을 바꾸면 성격이 바뀌고, 성격을 바꾸면 인격이 바뀌고, 인격을 바꾸면 운명이 바뀐다. 결국 생각을 바꾸면 운명이 바뀐다.'

철학이 곧 생각이라고 할 때 철학은 사람의 운명을 바꾸는 힘이 있다고 말할 수 있다. 철학이 사람의 운명을 바꿀 수 있다면 결국 사람의 집합체인 국가도 바꿀 수 있게 된다. 철학은 국가의 기초라는 말은 그런 면에서 진실이다.

철학은 생각이며 세상을 보고 판단하는 눈이다. 어떤 철학을 지녔느냐에 따라 인생관, 행복관, 국가관, 세계관이 달라진다.

철학은 자신의 정체성을 확인하고 키워가는 힘이다. 나는 누구이며, 왜 사는지, 왜 공부를 하는지. 행복이란 무엇인지, 왜 행복해져야 하는

지를 생각하고 고민하는 과정이 모두 철학이라고 할 수 있다. 예전에 '공부를 왜 해야 하는가?'라는 질문에 필자가 가장 정답이라고 생각한 답변이 있었다. "공부를 왜 하는지는 해보면 알아!"

사람은 하나하나가 소(小)우주이며 완전체이다. 그런 면에서 사람은 모두 철학자들이다. 그렇다면 우리는 어떤 철학자일까?

한국보건사회연구원(보사연)이 2016년 9월 국민 1만 명을 대상으로 정신건강 상태를 조사해 2017년 2월 발표했다. 보사연은 '한국인 열 명 가운데 아홉 명은 근거 없이 멋대로 생각한다. 빈곤 · 질병 · 부채 · 건강 문제에 따른 우울과 불안, 직장과 학교에서의 스트레스 등 정신건강 문제가 나날이 심각해지고 있다.'라고 요약했다. 보사연은 사람이 살아가면서 접하게 되는 수많은 정보를 처리하는 과정에서 각종 오류를 범하게 되는데, 이러한 '인지적 오류'가 한국인에게 특히 심각하다고 지적했다. 달리 표현하면 '철학의 빈곤'이라는 얘기였다.

보사연은 몇 가지 대표적인 사례를 꼽았다. 세상 모든 일을 옳고 그름으로 나누는 이분법적 사고를 한다. 어떤 일을 결정할 때 내 의견을 묻지 않았다고 해서 자신을 무시하는 것으로 간주한다. 하나를 보면 열을 안다고 생각하는 일반화의 오류를 범한다. 과거의 잘못과 실수, 실패를 자꾸 생각하는 반추 습관이 있다. 어떤 일을 시작하기도 전에 잘못되지 않을까 생각하는 걱정 습관이 강하다. 많은 사람이 자신을 가치 없는 사람으로 여기는 부정적 사고를 한다.

보사연의 연구 결과는 지금도 여전히 유효하다고 볼 수 있으며, 오히려 더욱 확고해졌다고 한다면 지나친 비약일까? 한국인의 정신적 습관이 부정적이고 남과 비교하며 자신의 처지를 비관하다 보니, 사회 전체적으로 행복감이 떨어지고 있는 것도 사실이다. 과거보다 훨씬 잘살게 됐는데, 과거보다 크게 행복하지는 않다는 '풍요의 역설'이 한국 사회를 어둡게 하고 있다.

이러한 현상은 선진국에서도 나타난 바 있었는데, 이를 연구한 학자가 오스트리아 태생의 영국 학자인 프레드 허쉬(Fred Hirsch, 1931~1978)이다. 그는 1970년 영국을 분석 대상으로 삼았다. 당시 영국은 물질적으로 풍요로워졌으나, 분배와 평등에 대한 요구가 거셌다. 생활이나 미적 취향은 극단적으로 개인주의 성향을 보인 반면, 경제정책에서는 강력한 국가 규제가 필요하다는 목소리가 높았다. 영국 사회는 '고비용-저효율 사회'가 되었고, 영국인들의 무기력과 방임적인 태도는 '영국병(英國病)'으로 불렸다. 국민 개개인이 개인주의 성향을 보이면서도, 분배와 평등에 대한 욕구가 높고 나라에 대한 요구사항도 많은 한국의 현재 모습과 크게 다르지 않았다. 영국병은 1979년 '철의 여인'으로 불린 마가렛 대처 총리의 등장으로 점차 치유됐다. 그녀는 '저비용-고효율'로 경제구조를 전환하기 위해 재정 지출 삭감, 공기업 민영화, 규제 완화, 경쟁 촉진, 금융개혁, 그리고 노동 개혁에 나서는 등 자유시장경제의 원칙을 충실히 지켰다.

프레드 허쉬는 사람들이 살아가는 데 필요한 재화를 물질재(material goods)와 지위재(positional goods)로 구분했다. 물질재란 삶의 기본적인 욕구를 충족해주는 재화로서 음식 · 집 · 의복 등 생존에 필요한 가장 기본적인 재화들을 일컫는다. 지위재는 대체재의 존재 여부나 다른 사람들의 요구에 따라 그 상대적 가치가 결정되는 재화나 서비스를 말하며 상대적으로 희소성을 지닌다. 대표적인 게 환경 · 교통 · 교육 · 일자리 등이다.

경제성장이 이뤄지는 초기에 물질재의 공급을 늘리면 사람들의 만족감과 행복감은 커진다. 그러다가 경제성장이 일정 수준을 넘어서고 먹고살 형편이 되면 점차 지위재가 더 중요해진다. 물질재의 공급만으로 해소되지 않는 불만이 쌓인다는 점에서 '풍요의 역설'이 발생한다는 것이다.

한국의 상황을 보자.

물질재는 공급을 늘리면 어느 정도 해결될 수 있다. 그렇지만, 지위재는 상대적 서열이 중요하고 특히 이를 둘러싼 경쟁은 최소한 단기적으로는 늘 제로섬 게임의 모습을 보인다. 자신이 지위를 높이려면 누군가를 끌어내려야 하는 상황이 발생하는 것이다. 지위재를 과도하게 추구하다 보면 권력을 지향하는 '출세'에 대한 관심이 더욱 뜨거워진다.

예컨대 더 나은 대학교육, 더 좋은 일자리, 편리한 주거, 쾌적한 환경 등이 늘 상대적이다. 지위 상승을 위한 대입 경쟁이 심해지고, 대졸자 양산으로 좋은 일자리 찾기는 어려워지니 결국 '과잉 교육과 노동시장의 비효율'이 나타나는 것이다.

주택도 물질재이면서 동시에 지위재의 성격을 지닌다. 전국적으로 주택 보급률이 100퍼센트를 넘어서도 서울에서 내 집 장만은 어렵다. 부수적인 희소성(incidental scarcity)이 나타나므로 서울과 수도권의 주택을 갖고 있느냐 없느냐, 주택이 크냐 작냐에 따라 경쟁은 물론 시기와 질투가 전염병처럼 국민 사이에 퍼져 있다. 교통체증이 물리적 적체를 의미한다면, 명문대학 입학 경쟁이나 좋은 일자리를 둘러싼 과도한 경쟁, 좋은 집을 향한 경쟁은 사회적 적체를 뜻한다. 한국에서는 사회적 적체가 켜켜이 쌓여있는 사회다.

풍요의 역설로 인해 한국은 '배고픈 사회'에서 '분노하는 사회'로 변했다. 타인과 비교하는 성향이 강해질수록 일과 지위 및 물질을 중시하고, 과소비와 과시적 소비 경향도 강해진다. 특히 공정경쟁이 가능하지 않은 상태에서 상호 비교는 자기 발전의 촉매가 되기보다 역기능이 커지는 경향이 있다. 낮은 지위로 인해 자신의 운명을 더는 스스로 만들어가거나 지배할 수 없다고 느끼는 사람은 더욱 분노를 키운다. 상대적 박탈감이 커지고 행복감도 떨어지는 것이다.

한국인 특유의 특성도 행복감을 낮추는 기능을 하고 있다.

한국인은 제도보다 사람을 중시한다. 각종 사건과 사고의 후속 대책을 위해서는 시스템 변화가 중요하지만, 한국인은 나쁜 사람을 징벌하는 데 주력한다. 시스템의 변화와 개선이 없으니 나쁜 사건과 사고는 계속 반복해서 일어나기 마련이다.

경영컨설턴트인 폰스 트롬페나스는 41개국 8,841명의 임직원을 대상으로 한 조사를 통해 문화적 차이의 설명을 시도했다. 그가 든 사례는 '당신이 친구가 모는 차에 함께 탔는데, 친구는 제한속도를 25km나 초과해 운전하다가 보행자를 치었다. 제한속도를 위반하지 않았다고 증언해주면 심각한 처벌을 받지 않는다고 했을 때 당신은 친구의 편에 서겠는가?'라는 물음이었다. 북미와 북유럽 사람들은 대부분 법을 지켜야 한다며 본대로 증언하겠다고 답했다. 반면에 중남미 · 남유럽 · 아시아 사람들은 대체로 친구를 구하기 위해 법정에서 거짓말을 하겠다고 답했다.

보행자가 사망했다고 가정했을 때 답은 더욱 엇갈렸다. 중남미 · 남유럽 · 아시아의 사람들은 친구가 심각한 문제에 직면했기 때문에 더더욱 도와줘야 한다고 생각했다. 사람과의 관계에 얽매여 제도를 무시하다 보니 시스템의 개선은 어려워지고 그만큼 나쁜 일들은 많아지는 악순환이 발생하게 된다. 나쁜 일들이 많아지면 당연히 세상은 더욱 나쁜 곳으로 인식되고, 그만큼 사람들의 행복감은 낮아질 수밖에 없다.

한국인은 이처럼 심정을 중시한다. '내 마음 너도 알지?'라는 문장에서 나타나듯이 이심전심을 통해 진심을 느끼기를 원한다. 원칙을 지키기보다 마음을 중시하다 보니, 사회 부조리에 대해서도 갑질 · 프로불편러 · 감정노동자 등 묘한 신조어로 표현한다. 어떠한 잣대로도 쉽게 설명하기 힘든 용어들이 탄생하고 인기를 끌면서 문제의 진짜 본질은 흐릿해져 버린다. 본질을 제대로 파악하지 못하니 판단이 정확할 리가 없다.

한국인은 세상은 선택의 연속이며, 선택은 곧 포기라는 사실을 인정하지 않으려고 한다. 무엇을 선택하건 항상 최선만을 생각한다. 최선은 커녕 차선을 선택하기도 쉽지 않은 세상에서 최선만을 추구하다 보니 자신은 늘 실패자가 되고, 그만큼 불행함을 느끼게 된다.

한국인은 눈에 보이는 것만을 중요하게 여긴다. 눈에 보이지 않은 것의 가치를 중시하지 않으며, 아예 무가치하거나 비합리적인 것으로 생각한다. 대표적인 사례가 음식점에서 '이거 서비스예요?'라고 묻는 것인데, 여기서 서비스는 한국인 모두가 인식하는 것처럼 '무료'를 의미한다. 그렇지만 세상에 공짜가 없듯이 서비스에는 그에 상응한 값이 매겨져 있다. 서비스는 절대 무료가 아니다. 겉으로 좋아 보이는 것과 진짜 좋은 것을 구분해서 선택할 수 있는 눈, 지금 한국인에게 필요한 게 바로 그런 지혜가 아닐까?

한국인의 특성을 이해하고 한국인 특유의 불행 요인을 줄이려면 사람보다 제도를 중시하고, 개인의 다양한 선택을 존중하며, 눈에 보이지 않는 진짜 가치까지 높여야 한다. 지위재를 둘러싼 지나친 경쟁을 완화할 필요도 있다. 이를 위해서는 사회 각 분야에 공정성과 투명성을 높이는 것 외에 다른 해법은 찾기 어렵다.

공정성과 투명성을 확립하려면 어떻게 해야 할까? 공정성과 투명성이 있는 사회는 거짓과 위선, 가짜와 짝퉁이 자리 잡을 수 없는 사회를 말한다. 거짓말하는 사람을 응징하고 불법과 탈법을 엄벌하는 법과 제도의 원칙이 확고해져야 한다. 정치는 믿음이고, 거짓과 가짜 때문에 믿음이 무너지면 나라와 사회가 무너질 수 있음을 인식해야 한다.

한국을 떠받치는 정치와 경제의 기본 원리에 대한 이해도 절실히 필요하다. 정치와 경제의 작동 원리를 인식하고, 감성보다는 이성을 중심으로 생각하고 행동하며, 사회 전체를 균형 잡힌 자세로 보는 시각을 지녀야 한다. 이를 통해 정치와 경제는 상대방을 쳐부수는 전쟁의 원리에서 작동하는 게 아니라, 더 좋은 선택과 더 나은 미래를 위한 선의의 경쟁을 기반으로 작동한다는 사실을 인식할 필요가 있다.

그리스의 역사가이자 철학자인 플루타르코스는 삶에 대해 "잘 나가도 너무 기뻐하지 않고, 역경에도 너무 절망하지 않으며, 쾌락에 빠져 무절제하지 않고, 분노로 인해 사납고 잔인해지지 않는 것이 가장 중요하다."라고 강조했다.

대한민국은 지금 국운(國運)의 중요한 전환기에 들어서 있다. 상승이냐 추락이냐, 발전이냐 쇠락이냐, 전진이냐 퇴보냐로 얘기되는 역사의 갈림길에서 국민이 꼭 필요로 하는 덕목은 국민의 훌륭한 절제력 · 인내력 그리고 이성적인 판단력이 아닐까 싶다.

'분노하면 판단력이 흐려진다. 말하기 전에 두 번 생각하라.'

필자가 늘 염두에 두고 행동하려는 문장이다. 현실에서 실천에 성공한 적이 거의 없는 생각이라서 스스로 쑥스럽게 생각하는 말이기도 하다.

이 책을 마무리하면서 부족한 내용이나마 독자들의 생각과 판단 지평을 조금이라도 넓힐 수 있었으면 하는 바람이다. 책을 보신 독자들이 장밋빛 감성보다는 합리적인 이성, 특히 가슴의 분노보다는 머리의 지혜로 대한민국의 정치와 경제를 이해하고 어떤 결정을 내리는 데 티끌만큼이나마 작은 도움이 됐다면 그건 필자의 커다란 행복이 될 것이다.

책은 집필자의 몫이다. 그렇지만 책에 혼(魂)과 생기를 불어넣는 주체는 독자이다. 읽히지 않은 책은 살아 있는 책이 아니기 때문이다. 독자의 사랑과 보살핌 속에서 이 책이 무럭무럭 자라고 활짝 꽃피우기를 희망한다.